HISTORIAS HÍBRIDAS
La nueva novela histórica latinoamericana (1985-2000)
ante las teorías posmodernas de la historia

MAGDALENA PERKOWSKA

COLECCIÓN NEXOS Y DIFERENCIAS, N.º 19

Colección nexos y diferencias
Estudios culturales latinoamericanos

Enfrentada a los desafíos de la globalización y a los acelerados procesos de transformación de sus sociedades, pero con una creativa capacidad de asimilación, sincretismo y mestizaje de la que sus múltiples expresiones artísticas son su mejor prueba, los estudios culturales sobre América Latina necesitan de renovadas aproximaciones críticas. Una renovación capaz de superar las tradicionales dicotomías con que se representan los paradigmas del continente: civilización-barbarie, campo-ciudad, centro-periferia y las más recientes que oponen norte-sur y el discurso hegemónico al subordinado.

La realidad cultural latinoamericana más compleja, polimorfa, integrada por identidades múltiples en constante mutación e inevitablemente abiertas a los nuevos imaginarios planetarios y a los procesos interculturales que conllevan, invita a proponer nuevos espacios de mediación crítica. Espacios de mediación que, sin olvidar los nexos que histórica y culturalmente han unido las naciones entre sí, tengan en cuenta la diversidad que las diferencian y las que existen en el propio seno de sus sociedades multiculturales y de sus originales reductos identitarios, no siempre debidamente reconocidos y protegidos.

La **Colección nexos y diferencias** se propone, a través de la publicación de estudios sobre los aspectos más polémicos y apasionantes de este ineludible debate, contribuir a la apertura de nuevas fronteras críticas en el campo de los **estudios culturales latinoamericanos**.

Directores	**Consejo asesor**
Fernando Aínsa	Jens Andermann
Lucia Costigan	Santiago Castro-Gómez
Frauke Gewecke	Nuria Girona
Margo Glantz	Esperanza López Parada
Beatriz González-Stephan	Kirsten Nigro
Jesús Martín-Barbero	Sylvia Saítta
Sonia Mattalia	
Kemy Oyarzún	
Andrea Pagni	
Mary Louise Pratt	
Beatriz J. Rizk	

HISTORIAS HÍBRIDAS
La nueva novela histórica latinoamericana (1985-2000)
ante las teorías posmodernas de la historia

Magdalena Perkowska

Iberoamericana · Vervuert · 2008

Bibliographic information published by Die Deutsche Nationalbibliothek.
Die Deutsche Nationalbibliothek lists this publication in the Deutsche Nationalbibliografie; detailed bibliographic data are available on the Internet at <http://dnb.ddb.de>.

Reservados todos los derechos

© Iberoamericana, 2008
Amor de Dios, 1 – E-28014 Madrid
Tel.: +34 91 429 35 22
Fax: +34 91 429 53 97
info@iberoamericanalibros.com
www.ibero-americana.net

© Vervuert, 2008
Elisabethenstr. 3-9 – D-60594 Frankfurt am Main
Tel.: +49 69 597 46 17
Fax: 49 69 597 87 43
info@iberoamericanalibros.com
www.ibero-americana.net

ISBN 978-84-8489-319-6 (Iberoamericana)
ISBN 978-3-86527-353-6 (Vervuert)

Depósito Legal:

Cubierta: W. Pérez Cino
Impreso en España por
The paper on which this book is printed meets the requirements of ISO 9706

ÍNDICE

Agradecimientos 15

Introducción 19

Capítulo I
Los debates posmodernos y la historia en la posmodernidad: viajando del Norte al Sur 45
Hacia un concepto de la historia en el marco del debate posmoderno ... 50
El fin de la historia en la teoría crítica posmoderna 58
La historia y su fin vistos desde la teoría crítica y la historiografía 68
La posmodernidad y la muerte de la historia desde América Latina ... 81
La historia y América Latina 97

Capítulo II
Un duelo de memorias: la memoria oficial y una memoria vivida en *1492. Vida y tiempos de Juan Cabezón de Castilla* de Homero Aridjis 107
1492: La historia nacional como familiarización y celebración del momento fundador 108
Vida y tiempos de Juan Cabezón de Castilla: desplazamiento y desfamiliarización 115
Una historia desplazada 116
Una visión desplazada: España vista desde América 131
Desplazamientos estructurales: una novela sin protagonista 134
Desplazamientos genéricos 136

Capítulo III
La historia como bufonada: reescritura paródica del discurso del descubrimiento en *Maluco. La novela de los descubridores* de Napoleón Baccino Ponce de León 147
El narrador: la mirada desplazada y la mirada que se desplaza 157
Una realidad dialógica 163
Historia *versus* experiencia: el tiempo narrativo 168
La historia y el humor 172

El humor y la carnavalización del cuerpo imperial 178

Capítulo IV
Rememoración y reescritura desde los márgenes de la historia y la nación en *La tierra del fuego* de Sylvia Iparraguirre 183
La rememoración 185
Un relato desde los márgenes 187
La rememoración: una escritura resistente 191
El presente de la rememoración: resistencia de la escritura 209
La reescritura de la ficción fundacional 213

Capítulo V
***Tinísima* de Elena Poniatowska: la negociación del espacio de la mujer en la historia** 223
La mujer y el espacio público 226
Existir *en* la historia: la negociación 234
La novela biográfica: negociación y reescritura 236
El sujeto biografiado: estabilidad y coherencia *versus* movilidad y contradicción 239
El sujeto móvil 241
El reto a la figuración temporal del sujeto 245
El reto a la transparencia: las voces narrativas 248
Fotografiar, escribir 252

Capítulo VI
La historia y su discurso en el banquillo de los acusados: parodias y encrucijadas en *Castigo divino* de Sergio Ramírez 257
La novela histórica en *Castigo divino*: andamiaje y deconstrucción ... 263
Castigo divino: un relato de detectives frustrados 278
El narrador: un historiador que manipula, un detective que no encuentra 283
La historia y la cultura de masas: un contagio posmoderno 287

Capítulo VII
***Ella, yo, nosotros*: la reelaboración de la historia y de las sombras identitarias en *Santa Evita* de Tomás Eloy Martínez** 293
El cuerpo que significa 298
Ella ↔ yo: el desvarío de un Coronel kantiano 305
Ella ↔ yo: la obsesión de un narrador argentino 311
Nosotros: un *corpus* contradictorio 317

El cuerpo de la nación, el cuerpo de la novela 327

Proposiciones en lugar de conclusiones 335

Bibliografía 349

A mis padres, Maria y Jan Perkowscy.

Dla moich rodziców, Marii i Jana Perkowskich.

O passado é apenas um lugar de reflexão que o homem presente pode escolher (ou não) para melhor direcionar a sua posição no hoje e no amanhã. Sendo o lugar da reflexão, o passado não tem un valor em si que deve ser preservado a todo custo, mas pode e deve ter un volor que lhe é dado pelo horizonte das expectativas do presente.

SILVIANO SANTIAGO

Las mejores ideas son precisamente las que nunca logro llevar al papel, porque al hacerlo pierden la magia de lo imaginado y porque el resquicio del pensamiento en que se alojan no permite que sean escudriñadas, y, al sacarlas de allí salen trastocadas, cambiadas y deformes.

REINALDO ARENAS, *El mundo alucinante*

Agradecimientos

El origen de este libro se remonta lejos en el tiempo, a la década de los setenta en Polonia, cuando yo no sabía todavía que años más tarde iba a enseñar literatura latinoamericana y escribir artículos o libros en español. Un día, al regresar de la escuela, compartí con mis padres lo que había aprendido esa mañana en la clase de Historia, a saber, que el 17 de septiembre de 1939 el ejército soviético había cruzado las fronteras para proteger la parte este de Polonia de la invasión de la Alemania nazi. Me acuerdo del silencio, de las miradas graves que mis padres primero intercambiaron entre sí y después me dirigieron. "No fue con el fin de ayudarnos. La Unión Soviética nos invadió, igual que Alemania. Había entre ellos un pacto para invadir y dividir a Polonia." Las palabras cayeron lentas y pesadas, mientras que yo descubría que la Historia eran versiones, aunque en aquel momento todavía no podía entender a qué se debía esa diferencia de perspectivas y relatos. El duelo de versiones históricas volvió a surgir nítidamente cuando en el verano de 1994 regresé a Polonia para descansar después de los exámenes de doctorado. Me había ido a los Estados Unidos tres años antes y en este periodo mi país había cambiado drásticamente. La calle enfrente de mi casa, que siempre había llevado el nombre de un general del ejército popular polaco, ostentaba ahora el de Juan Pablo II. Me sentía perdida cuando viajé a Cracovia, ciudad cuyas calles había recorrido a diario durante los seis años que viví allí cuando estudiaba en la Universidad Jagellona: las viejas referencias onomásticas o históricas fueron borradas y reemplazadas por otras, las que antes habían sido obliteradas y consecuentemente resucitadas después de 1989. Recordé entonces la primera página de *El libro de la risa y del olvido* de Milan Kundera, que describe la presencia y, después, la ausencia de una figura en una foto histórica, y entendí por qué me sentía más a gusto leyendo novelas que libros de historia. De esta experiencia nació el trabajo que estoy terminando ahora.

El tiempo de su elaboración y redacción ha sido muy extenso y muchas personas e instituciones han dejado su impronta en este proceso. La memoria de gratitud es, sin embargo, parecida a la Historia: retiene las contribuciones más significantes de algunos, mientras que borra el apoyo menos visible de otros. Como todo texto histórico, la enumeración que sigue es incompleta y siempre abierta a modificaciones.

El trabajo sobre este libro comenzó en el Departamento de Español y Portugués de la Universidad de Rutgers (New Jersey). El conocimiento y el rigor crítico de Susana Rotker, quien fue directora de mi tesis, me estimularon y enriquecieron como persona e investigadora; sus comentarios y una crítica a la vez severa y generosa habían guiado la formulación de mis propias lecturas, elucubraciones y propuestas. El destino no ha permitido que ella leyera estas páginas con las que quisiera honrar ahora su memoria, pero su presencia ha sido constante durante esta larga itinerancia crítica. Los profesores Gabriela Mora y Carlos Narváez me orientaron en los vericuetos de la investigación. Un agradecimiento muy especial para Tomás Eloy Martínez, quien encontró tiempo para compartir conmigo sus reflexiones sobre ficción e historia y me proporcionó materiales y datos que no se encontraban en ninguna biblioteca. Su generosa amistad ha sido y sigue siendo muy importante. En la generación más reciente, Marcy E. Schwartz me ha dado un apoyo inspirador y constante, además de haber sido siempre un modelo para seguir.

Mis colegas del Departamento de Lenguas Romances de Hunter College (CUNY) me recibieron con comprensión y amabilidad en el difícil año de 2001 en Nueva York y no han dejado de crear alrededor de mí un ambiente muy propicio a la investigación. Le agradezco al profesor Giuseppe Di Scipio, el jefe del departamento, su incondicional apoyo y confianza en el término feliz de este proyecto. Doy las gracias a María Luisa Fischer, quien se ofreció a leer el manuscrito en mitad del semestre y lo hizo con una admirable dedicación, y a Virginia Santos Rivero, quien se encargó con una sonrisa de unas últimas y apresuradas correcciones. La beca de City University of New York PSC-CUNY Research Award Program, otorgada en 2004, así como la generosidad de la Oficina del Decano y del Rector de Asuntos Académicos de Hunter College garantizaron el apoyo financiero indispensable para cubrir los gastos de la publicación de este libro.

Numerosos amigos y colegas ofrecieron ayuda bibliográfica, me invitaron a presentar los primeros resultados de mis disquisiciones en seminarios o conferencias o compartieron conmigo su conocimiento y experiencia, salvándome de errores y simplificaciones: Elizabeth Garrels (MIT), Malva Filer (CUNY), Marcy Schwartz (Rutgers University), Enrique Foffani (Universidad de Rosario y de La Plata), Rita De Maeseneer (Universiteit Antwerpen, Bélgica), Ilse Logie (Universiteit Gent, Bélgica), Geneviève Fabry (Université Catholique de Louvain, Bélgica) y Juan Pablo Neyret (Penn State University).

Partes del libro (capítulos III, V y VI) aparecieron publicadas, en primera versión, en *A Twice-Told Tale: Reinventing the Encounter in Iberian/Ibe-*

rian American Literature (University of Delaware Press, 2000; ed. Santiago Juan-Navarro y Theodore R. Young), la revista *Estudios* (Universidad Simón Bolívar, Caracas, 1997) y *Murales, figuras, fronteras. Narrativa e historia en el Caribe y Centroamérica* (Iberoamericana/Vervuert, 2003; ed. Patrick Collard y Rita De Maeseneer), respectivamente. Doy las gracias a los editores por haberme otorgado la autorización de reproducir estos artículos, todos revisados, actualizados y ampliados.

Por último, un agradecimiento especial a algunos amigos y familiares que han sido mi más firme e imprescindible apoyo. La comprensión y el afecto de Michele Bocquillon, colega en el Departamento en Hunter College y amiga del alma, me han mantenido a flote durante algunos naufragios de los últimos años. La ternura y generosidad de Rita De Maeseneer y Paul Van der Spiegel, mis amigos entrañables de Bélgica, han sido fuente de energía, optimismo y confianza cuando éstos parecían agotarse. A Rita le debo, además, incontables fotocopias de artículos publicados en Europa o de difícil acceso en los Estados Unidos, que ella enviaba sin demorar con el entusiasmo que la caracteriza. Con mucho cariño evoco a Juan Carlos Álvarez, que vio nacer este proyecto y fue el testigo más cercano de sus transformaciones. Su amor, sonrisa, paciencia y entendimiento animaron mis búsquedas durante largos años. No hemos podido terminar juntos esta travesía, pero de alguna manera este libro le pertenece. Finalmente, mi más hondo agradecimiento para mis padres, Maria y Jan Perkowscy. En la infancia, me han dado mis primeras lecciones imprescindibles sobre la Historia y el respeto a la otredad. Su pasión por la lectura me ha conducido hacia la historia y la literatura, hacia otra(s) lengua(s) y otros espacios. Han sabido aceptar con serenidad esta partida y la separación, y han encontrado siempre una manera de rodearme de su afecto, a pesar del tiempo y la distancia. Les dedico este libro con amor y gratitud.

Introducción

En la década de los ochenta sonaron voces europeas y norteamericanas que anunciaban el fin o la muerte (cancelación) de la historia. El diagnóstico provenía de distintos espacios discursivos y de posiciones ideológicas a veces opuestas: Francis Fukuyama (1989) representaba la tendencia neoconservadora de las ciencias políticas, mientras que Fredric Jameson (1984), Gianni Vattimo (1985), Terry Eagleton (1985) o Jean Baudrillard (1981) expresaban la visión marxista o posmarxista de los estudios literarios y culturales y de la filosofía. En su famoso artículo "Postmodernism, Or, The Cultural Logic of Late Capitalism", publicado en *New Left Review* en 1984, Jameson habla de la parálisis o del debilitamiento de la historicidad y duda si el hombre posmoderno, sumergido en la homogeneidad del presente, es capaz de experimentar la historia como vivencia. Como si estuviera haciendo eco, Eagleton declara en su artículo de 1985 que el posmodernismo, entendido como la última etapa del capitalismo tardío, reduce y borra la historia intentando hacernos olvidar "that we have ever known or could know any alternative to itself" (68). Vattimo comparte la opinión de Jameson acerca del desvanecimiento de la historicidad y define los tiempos actuales, sumidos en la repetición de lo mismo, como "post-historia" (1988: 6-7). Para Jean Baudrillard, la época contemporánea ostenta la "agonía de lo real", siendo la historia nuestro "referente perdido" (1981, 69-70). Vivimos en el presente y del pasado recuperamos, por obra de nostalgia o fantasía, solamente ideas e imágenes, estereotipos y simulacros. Jameson, en particular, insiste en la cancelación del discurso histórico en la novela posmoderna que transforma lo histórico en fantasías historiográficas.

Estas declaraciones ominosas acerca del fin de la historia en la época posmoderna, forjadas desde las satisfechas y, en gran parte, des-ideologizadas sociedades de Europa y América del Norte, coincidieron con tres procesos muy significativos en América Latina: 1. una progresiva redemocratización política desde la mitad de los ochenta; 2. un intenso y riguroso debate teórico acerca de la posmodernidad, iniciado a principios de la misma década, pero casi desconocido en los Estados Unidos y Europa; 3. el auge de una forma renovada o ruptural de la novela histórica que se ha manifestado como una de las tendencias más importantes de la novela latinoamericana de las décadas de los ochenta y los noventa. Es esta coyuntura, confrontada con el debate posmoderno en los Estados Unidos y Europa, la que explora mi libro. Aquí reflexiono sobre la historia tal como se inscribe en la novela histórica latinoamericana del final de los años ochenta y de la década de los noventa, tratando de contestar dos preguntas fundamentales: ¿es posible hablar de la muerte o disolución de la historicidad y de la historia en y desde América Latina?, ¿qué visión de la historia transmite la novela histórica en las postrimerías del siglo XX?

* * *

A principios de los ochenta, Ángel Rama señaló nuevas tendencias que se estaban vislumbrando en la literatura latinoamericana. Por una parte, la recuperación del realismo, el testimonio y la novela de no-ficción indicaban el "reingreso de la historia" entendida como la realidad o la condición social y política inmediata en la producción de los "novísimos" (1981: 15-20). Por otra, el discurso histórico entendido como la reconstrucción del pasado entraba en un periodo de crisis. Dice Rama, refiriéndose a las novelas publicadas después de 1973:

> los novelistas históricos siguieron en su línea (García Márquez, Alejo Carpentier, Mario Vargas Llosa) con la sólo parcial incorporación de Julio Cortázar (*Libro de Manuel*) y con una admirable aportación de otro novelista histórico..., Augusto Roa Bastos, quien da a conocer *Yo el Supremo*; pero, al contrario, los restantes intensificaban su alejamiento, no sólo en la producción de Cabrera Infante, Sarduy, Donoso, Puig, Sábato, sino aun en aquellos narradores que se iniciaron en el discurso histórico (Onetti, Fuentes) que llegan a proponer la explícita cancelación de ese discurso (*Terra nostra*) (1985: 290).

Al afirmar la crisis del discurso histórico en la ficción latinoamericana, Rama señala dos fenómenos independientes y, a la vez, relacionados. Por un lado, se refiere a la manifestación concreta de una crisis "histórica" en la novela: según evidencia la lista preparada por Seymour Menton, la producción de la novela histórica es bastante escasa y proviene sobre todo de los autores ya consagrados (Alejo Carpentier, *Concierto barroco*, 1974 y *El arpa y la sombra*, 1979; Mario Vargas Llosa, *Conversación en La Catedral*, 1970; Augusto Roa Bastos, *Yo el Supremo*, 1974). Pocos nombres nuevos emergen y logran trascender en los setenta: entre los más conocidos se encuentran Enrique Molina (*Una sombra donde sueña Camila O'Gorman*, 1973); Edgardo Rodríguez Juliá (*La renuncia del héroe Baltasar*, 1974); César Aira (*Moreira*, 1975); Abel Posse (*Daimón*, 1978); Antonio Benítez Rojo (*El mar de las lentejas*, 1979) y Miguel Otero Silva (*Lope de Aguirre*, *príncipe de la libertad*, 1979)[1]. Por el otro, Rama apunta hacia un cambio del discurso ficcional sobre la historia que "[abandona] el modelo historicista romántico de la reconstrucción de periodos pasados" (1981: 19-20) para "edificar vastas estructuras interpretativas del largo tiempo latinoamericano y del largo espacio del continente" (1981: 19). *Yo el supremo* y *Terra Nostra* ilustran esta tendencia, cuya novedad

> no radica en la recuperación del pasado sino en el intento de otorgar sentido a la aventura del hombre americano mediante bruscos cortes del tiempo y del espacio que ligan analógicamente sucesos dispares, sociedades disímiles, estableciendo de hecho diagramas interpretativos de la historia (20)[2].

Rama enuncia aquí claramente un nuevo uso y una nueva percepción del discurso histórico en la literatura latinoamericana: ya no una reconstrucción de los hechos pasados, sino una construcción e interpretación de macroestructuras en las que se encierra una visión global del destino continental. Este cambio de paradigma anuncia el advenimiento próximo de la nueva novela histórica.

Los comentarios de Rama acerca del discurso histórico en la literatura latinoamericana de la década de los setenta no aparecen aislados en la visión histórico-crítica de la época. Evaluaciones similares se encuentran en los artículos de Jean Franco (1978) y de Tulio Halperin Donghi (1980). La primera dedica varias páginas de su artículo a los ensayos *La nueva novela hispanoamericana* de Carlos Fuentes (1969) y *Los signos en rotación y otros ensayos* de Octavio Paz (1967) en los que se enuncia desde la poética el cuestionamiento del discurso realista que hasta entonces imperaba en la novela histórica. Paz crea, afirma Franco, una "política y poética del ahora", basada en la convicción de que la era de revoluciones y políticas utópicas había terminado volviendo obsoleto el historicismo marxista, y en el reconocimiento

---

[1] Cito aquí únicamente los títulos que han trascendido. Para una lista más completa de las novelas históricas de este periodo, véase Menton (1993: 12-13 y 20-21).

[2] Hay una matización de la posición crítica entre los dos artículos. En "El Boom en perspectiva", que parece preceder a "Los contestatarios" en cuanto a la fecha de la redacción, Rama habla de "la explícita cancelación de ese [histórico] discurso" y cita *Terra nostra* como ejemplo, mientras que *Yo el Supremo* es considerada como "una admirable aportación de otro novelista histórico". En el artículo siguiente, Rama se refiere tan sólo al "abandono [del] modelo historicista romántico" y propone ambas novelas como ejemplos de un nuevo modelo de narrar el pasado. El uruguayo parece haber reconsiderado sus observaciones reconociendo que no se trata de la cancelación del discurso histórico *tout court*, sino de un tipo determinado de este discurso.

de la tecnología como el principal factor del cambio en la percepción de la realidad en las sociedades posindustriales. Interponiéndose entre la realidad y el ojo o la mente humana, la tecnología anula el tiempo, la tradición, la referencialidad y crea, en cambio, un espacio vacío en el que los signos juegan libremente formando sin cesar nuevas configuraciones (Franco 1999: 297-298). Una apología similar de la "revolución tecnológica" aparece en el ensayo de Fuentes, quien ve en la automatización, la electrónica y la energía atómica los principales agentes de una transformación cognitiva de las sociedades industriales y, rechazando el realismo, proclama la necesidad de una nueva poética "de la ambigüedad, de la pluralidad de significados, de la constelación de alusiones, de la apertura" (Fuentes 1989: 18). Franco señala que los planteamientos de *La nueva novela hispanoamericana* confirman un cambio de posición ante el contrato mimético, la referencialidad y la estructura histórica que se opera en la escritura de Fuentes a lo largo de la década de los sesenta. La primera muestra de la nueva práctica representacional se da todavía antes de la publicación del ensayo, en la novela *Cambio de piel* (1967) que es, según su autor, "una historia paralizada" en la que no existe ni el progreso, ni la escatología, sólo el presente (1999: 298-299), como si la novela se anticipara a los pronósticos de Jameson, Vattimo, Eagleton y Baudrillard. Esta refutación de lo histórico alcanza su máxima expresión en *Terra Nostra* (1975) en la que, según Franco, "History [...] becomes converted into a kind of science fiction in which the author projects his own ideological fancies under the guise of 'imagination'" (1999: 300). Esta percepción de la obra, en la que destaca la idea de la cancelación del discurso histórico en la novela, concuerda con la primera opinión de Rama y hace pensar en el posterior diagnóstico de Jameson acerca de la fantasía historiográfica.

En "Nueva narrativa y las ciencias sociales hispanoamericanas en la década del sesenta", Tulio Halperin Donghi habla, por su parte, de la "visión histórica en proceso de agotamiento" (1980: 9) y de la "crisis de la imagen histórica de Latinoamérica" (1980: 17). El autor atribuye este cambio perceptual de la realidad del continente a dos factores, el primero de los cuales es histórico-político y el segundo, estético. En el nivel histórico-político se trata de un nuevo contexto creado por la Revolución Cubana y marcado por la convicción de que con ella la "tormentosa historia [del subcontinente] había entrado en su etapa resolutiva" (1980: 5); los tiempos habían alcanzado ya la madurez buscada y el pasado de "monótonas desdichas e iniquidades" (1980: 18) se cancelaba frente al nuevo comienzo. La excitación que produce esta promesa impulsa a los escritores, que en su gran mayoría respaldan la revolución, a renunciar a una narrativa identificable con los modos caducos del pasado, que parece ya superado, y cada vez más ajena a los gustos de los lectores, inspirados por los avances técnicos de la época y alimentados por nuevas tendencias y búsquedas literarias, tanto europeas o norteamericanas como locales (Borges, primer Carpentier)[3]. De esta manera, en el nivel estético, se observa "la búsqueda de un nuevo modo de narrar que quiere ser a la vez un nuevo modo de explorar la realidad y de traducirla con fidelidad que se espera creciente" (1980: 9) y que renuncia a ver a Hispanoamérica "como una realidad histórica, disparada del pasado al futuro" (1980: 9). Halperin Donhgi enumera tres alternativas propuestas por la literatura hispanoamericana de la época frente a la "visión histórica en proceso de agotamiento" (1980: 9): la fabulación que se construye sobre un tiempo circular no acumulativo (*Cien años de soledad*), la mirada que se desliza por las superficies de los hechos y cuya intensidad convierte lo histórico en eterno (*El siglo de las luces*) y una visión mítico-arquetípica que transforma una peripecia efímera en una realidad esencial e intemporal (*Tres tristes tigres*) (1980: 9-10).

Tanto Franco como Halperin Donghi, y de una manera indirecta, Rama, sitúan la crisis del discurso histórico en la ficción latinoamericana justamente en la década de los sesenta, cuando el rechazo de las convenciones literarias realistas y el recurso de nuevas técnicas y procedimientos es una manera de revolucionar la literatura que señala el compromiso del escritor con la Revolución Cubana y crea un vínculo entre la serie literaria y la serie social-política. La revolución fue, sin embargo, un proceso relativamente breve (en su primera fase, antes del Primer Congreso Nacional de Educación y Cultura en 1968 y el caso Padilla en 1971) y geográficamente limitado a Cuba y algunos focos de lucha armada en el continente (por ejemplo, Bolivia). Para el resto de América Latina, señala Franco, la década de los sesenta transcurre bajo la consolidación de la economía capitalista y de una ideología que abierta o subliminalmente fomenta la modernización como una condición deseable (1999: 294). "La velocidad, la movilidad y el cambio eran significantes de lo moderno" (294, la traducción es mía); otro tal significante era la tecnología que, según Fuentes y Paz, cambia la percepción de la realidad y obliga a reformular o, incluso, rehacer las poéticas de la escritura. Si con el Boom la narrativa del continente da "el paso decisivo [...] hacia la modernidad" (Ruffinelli 1990: 33), es porque la modernidad y la modernización,

---

[3] Además de los avances técnicos y tecnológicos señalados tanto por Fuentes como por Halperin Donghi, hay que tomar en cuenta, con María Cristina Pons, que en los años veinte y treinta tiene lugar un fuerte desarrollo de ciertas ciencias y disciplinas (el psicoanálisis, la psicología, la antropología, la sociología, la economía) que ponen el énfasis en el presente, y que a partir de los años cuarenta se observa la subjetivización de la historia (Pons 1996: 99).

al lado de la revolución, son los grandes ideologemas de la década.

La modernización de la serie literaria se manifiesta en la incorporación de técnicas, temas y perspectivas que a menudo entran en conflicto con la visión histórica de la realidad y con las convenciones del discurso histórico tradicional (realista), incluso si se trata de su vertiente ficcional. Según Fuentes, la nueva narrativa se rebela contra el realismo y los valores burgueses que se asocian con él, y en particular, contra el realismo regionalista y criollista de los años veinte y treinta que produjo imágenes estereotipadas y esencializadas de la realidad hispanoamericana, estructuradas sobre la dicotomía de civilización y barbarie, cultura y naturaleza o progreso y atraso. Huyendo del determinismo geográfico e histórico, los autores exploran la universalidad del mito y de la condición humana, o ahondan en la subjetividad cuya complejidad e inaccesibilidad han sido reveladas por el desarrollo del psicoanálisis, la aventura surrealista y la reflexión existencialista (Fuentes 1989: 14-22). El lenguaje y la estructura se constituyen en pivotes del proceso representativo que Fuentes concibe como la "liberación, a través de la imaginación, de los espacios simultáneos de lo real" (1989: 58): los narradores rompen los ejes espacio-temporales, desafían las relaciones de causa y efecto, desdibujan los límites entre lo vivido y lo imaginado o la realidad y la ficción; multiplican las perspectivas y las voces narrativas, recurren a una intertextualidad estridente para construir estructuras en múltiples capas y profundidades, emplean diversos procedimientos metaficcionales mediante los cuales los textos revelan –casi impúdicamente– sus entrañas, texturas y estructuras. Uno de los cauces especialmente violentos del rechazo del realismo es el cuestionamiento del lenguaje heredado de los tiempos de la conquista, la colonización y los proyectos nacionales posindependentistas, "falso y anacrónico", cuyo poder jerárquico y opresor se basaba en su supuesta capacidad de reproducir o calcar la realidad extratextual y su presunta objetividad y transparencia (1989: 30-32). La intertextualidad, el humor, la parodia, los más diversos juegos lingüísticos (el calambur), el entrecruzamiento de distintos discursos y registros del habla y la alusión, son los recursos de la renovación en una novela que, reconociéndose ya como un artefacto, una construcción de plurales y ambiguos significados, "se presenta como una nueva fundación del lenguaje" (1989: 31). En esta rebeldía ante el lenguaje, estructuras y visiones heredadas del pasado se sitúa el germen de la nueva novela histórica que también se rebelará contra un legado ya arcaico: el de la historia y su discurso y el de la novela histórica tradicional.

Por el momento, sin embargo, en las décadas de los sesenta y setenta a las que se refieren los críticos, la novela latinoamericana padece este agotamiento de la visión histórica generado por la promesa revolucionaria, lo que hace que la novela histórica pertenezca "a un plano residual" (Pons 1996: 100). De acuerdo con María Cristina Pons:

> La visión utópica de la emancipación y del hombre nuevo latinoamericano, junto a la perspectiva totalizadora, universal y cósmica de una realidad que desborda las coordenadas del tiempo, el espacio o la lógica, desplazan de los intereses de la narrativa de los años sesenta la incorporación del contexto histórico concreto o la recuperación de la Historia. [...] [S]i se ha de incorporar un contexto histórico, la novelística de esta época manifiesta, en general, una tendencia a escribir libros totalizantes que contengan la cifra de lo real, o que refieran la realidad histórica latinoamericana según el lenguaje universal del mito (102).

Una de estas novelas totalizantes a las que se refiere Pons es *Terra Nostra*, citada por Rama y Franco en sus diagnósticos acerca del cancelamiento del discurso histórico. El "cancelamiento", como se verá, es sólo aparente; se trata más bien de una transformación que no se podía comprender en el momento de su inicio.

El "reingreso de la historia", la segunda de las tendencias que Rama observó en sus escritos de los principios de los ochenta, tiene que ver con los años setenta en América Latina vistos como crisis de la historia, pero no en el sentido posmoderno de Jameson. Al contrario, es un decenio de gran "densidad histórica" (Mudrovcic 1993: 446) que se manifiesta en y a través de numerosas e intensas crisis políticas. Aquellos años están marcados por el fracaso de la visión optimista y utópica del futuro originada en las promesas de la Revolución Cubana y por la crisis de la democracia que produce una profunda desconfianza en la historia entendida como cambio y progreso: la detención del poeta cubano Heberto Padilla (1971) desmiente la promesa de "un nuevo comienzo" (Halperin Donghi 1980: 6) por parte de la Revolución Cubana; la masacre de Tlatelolco (1968) extiende sobre México la nube negra de la represión estatal; en 1972 comienzan las acciones guerrilleras y el terror en El Salvador; 1973 irrumpe en Chile y Uruguay como "el año negro de la democracia sudamericana" (Rama 1985: 290); en 1974 Nicaragua entra en la fase decisiva de la oposición armada contra el régimen de Somoza; en 1976 en la Argentina empieza la guerra sucia, uno de los periodos más crueles en la historia del país. Es "la década de reflujo" (Rama 1981: 18) y de "las ilusiones perdidas" (Rama 1985: 354)[4]. La repre-

---

[4] Al citar el famoso título de Balzac, Rama se refiere a "lo que ocurrió al triunfo de la revolución burguesa" (354) en Europa. No hay ninguna alusión directa a la década de

sión, el crimen institucionalizado y la imposición de la historia oficial que protege y legitima al Estado criminal definen en gran medida la producción literaria de la época, especialmente en lo que se refiere a la ficción histórica. El presente en crisis relega el pasado –la materia prima de la novela histórica– a un segundo plano. En "Los contestatarios del poder" Rama habla del "retorno a la historia" en la literatura (1981: 18), pero la historia no significa aquí el pasado, sino el presente, es decir, la realidad y la condición sociopolítica inmediata a la que responde la producción de los "novísimos". La recuperación del realismo, la novela testimonial, el testimonio y la novela de no-ficción son las tendencias dominantes que resultan "un instrumento insustituible para abordar literariamente la represión política y social que caracteriza ... los setenta" (1981: 18). El título del ensayo de Rama no deja lugar a dudas acerca de la función que el crítico le otorga a la literatura de ese decenio: se escribe para denunciar o contestar, se escribe contra el Poder.

Una visión parecida de la función de la literatura en aquella época se presenta en el ensayo de María Eugenia Mudrovcic, "En busca de dos décadas perdidas: la novela latinoamericana de los 70 y 80" (1993). La autora afirma que "la densidad histórica" y "la radicalización política ... [de] los espacios públicos" durante la década del setenta hicieron que "la práctica literaria convergiera con la práctica política" (1993: 447). Por eso, la literatura latinoamericana del decenio está dominada por la "novela política" que

> ideologizó los espacios del género y desvió la atención del código hacia lo no literario. Tratando de desinstitucionalizar los usos circulantes de la verdad, el poder y el saber, desarrolló proyectos narrativos que quisieron rivalizar sistemáticamente con los relatos del Estado, la historia o la cultura letrada (1993: 448).

Las principales formas de este perfil genérico son la novela del dictador, la novela histórica, la testimonial y la periodística (1993: 448). La inclusión de la novela histórica en esta lista pareciera contradecir el diagnóstico de Rama según el cual en los setenta el discurso histórico se ve cancelado o bien por novelas que subordinan la historia al mito, o bien por discursos de deslegitimación, crítica y denuncia, enraizados en un presente sombrío y trágico. Resulta interesante notar, sin embargo, que la mayoría de los ejemplos de novelas históricas presentados por Mudrovcic datan de los años ochenta, mientras que los testimonios y novelas periodísticas pertenecen a

---

los setenta, pero es posible establecer la conexión mediante la idea de la desilusión posrevolucionaria, como la que se vivió en América Latina con respecto a los eventos en Cuba.

la década anterior⁵. En el fondo, entonces, el fenómeno de la novela política confirmaría la observación de Rama acerca de la crisis del discurso histórico-ficcional en la década de los setenta. A la vez, el artículo de Mudrovcic señala claramente que esta crisis fue de corta duración ya que, tal como sugiere su lista de ejemplos, desde el principio del decenio siguiente la novela histórica se manifiesta como una tendencia dinámica y vigorosa dentro de la literatura latinoamericana, ostentando muchos rasgos que Rama, Franco o Halperin Donghi interpretaron como el cancelamiento del discurso histórico en la ficción⁶. Tenían razón, pero se trataba solamente del discurso histórico realista.

A partir del comienzo de la década de los ochenta, se multiplican títulos de novelas históricas "distintas" que poco después formarán parte del canon, continental o nacional: *Respiración artificial* de Ricardo Piglia (1980), *La llegada* de José Luis González (1980), *La guerra del fin del mundo* (1981) e *Historia de Mayta* (1984) de Mario Vargas Llosa, *Los pasos de López* de Jorge Ibargüengoitia (1982), *Los perros del paraíso* (1983), *El largo atardecer del caminante* (1992) y *La pasión según Eva* (1994) de Abel Posse, *El entenado* de Juan José Saer (1983), *La noche oscura del Niño Avilés* de Edgardo Rodríguez Juliá (1984), *Gringo viejo* (1985), *La campaña* (1990) y *Los años con Laura Díaz* (1999) de Carlos Fuentes, *1492. Vida y tiempos de Juan Cabezón de Castilla* de Homero Aridjis (1985), *La novela de Perón* (1985) y *Santa Evita* (1995) de Tomás Eloy Martínez, *Maldito amor* de Rosario Ferré (1986), *Noticias del imperio* de Fernando del Paso (1987), *La*

---

⁵ Mudrovcic cita seis novelas históricas publicadas en los años setenta y ocho novelas de los ochenta. Entre las primeras se encuentran *Yo el Supremo*, *Terra Nostra* (ejemplo central del cancelamiento del discurso histórico para Rama y Franco) y cuatro novelas menos conocidas: *Breve historia de todas las cosas* de Marco Tulio Aguilera Garramuño (1975), *Sota de bastos, caballo de espadas* de Héctor Tizón (1975), *En este lugar sagrado* de Poli Délano (1976) y *Juego de damas* de Rafael Humberto Moreno-Durán (1977). Los ejemplos de las novelas históricas del decenio siguiente incluyen *Respiración artificial* de Ricardo Piglia (1980), *La vida entera* de Juan Carlos Martini (1981), *Noche de Califas* de Armando Ramírez (1982), *Pepe Botellas* de Gustavo Álvarez Gardeazábal (1984), *1492. Vida y tiempos de Juan Cabezón de Castilla* de Homero Aridjis (1985), *La novela de Perón* de Tomás Eloy Martínez (1985), *Noticias del Imperio* de Fernando del Paso (1987) y *El general en su laberinto* de Gabriel García Márquez (1989). En esta lista hay cinco novelas bastante conocidas y cuatro que se publicaron en la segunda mitad de la década.

⁶ El dinamismo y vigor con los que la novela histórica regresa al escenario literario latinoamericano fueron señalados por numerosos críticos. Véase Del Paso (1986), Klahn (1989), Aínsa (1991), Menton (1993), Flores (1994), Pons (1996), Pacheco (2001).

revolución es un sueño eterno de Andrés Rivera (1987), *Bernabé, Bernabé* de Tomás de Mattos (1988), *Los papeles de los Ayerza* de Juan Carlos Legido (1988), *Castigo divino* (1988) y *Margarita, está linda la mar* (1998) de Sergio Ramírez, *Madero, el otro* de Ignacio Solares (1989), *Maluco. La novela de los descubridores* de Napoleón Baccino Ponce de León (1989), *El general en su laberinto* de Gabriel García Márquez (1989), *Noche de espadas* de Saúl Ibargoyen (1989), *Tinísima* de Elena Poniatowska (1992), *Asalto al paraíso* de Tatiana Lobo (1992), *Vigilia del Almirante* (1992) y *Madama Sui* (1995) de Augusto Roa Bastos, *Réquiem en Castilla del Oro* de Julio Valle Castillo (1996), *El misterio de San Andrés* de Dante Liano (1996), *El castillo de la memoria* (1996) y *Rosas de papel* (póstuma, 2001) de Olga Nolla, *Noticias secretas de América* (1998) de Eduardo Belgrano Rawson, *La tierra del fuego* de Sylvia Iparraguirre (1998)[7]. La profusión de títulos publicados hace evidente que a lo largo de los ochenta y noventa la novela histórica deja de ser un género residual y pasa a ser una nueva forma dominante[8]. El adjetivo "nueva" apunta hacia el proceso de innovación o renovación de algunas características del género tradicional que a principios del siglo XX entró en la etapa residual de su trayectoria. De hecho, María Cristina Pons considera que a principios de los ochenta la novela histórica resurge como una nueva forma emergente, lo cual justifica la denominación "nueva novela histórica" (1996: 18). Dado que los géneros no nacen ni se desarrollan en un vacío, sino que su trayectoria histórica –las etapas de emergencia, de dominación y la residual– y su contenido ideológico están vinculados con y determinados por la serie social y política, es imperativo examinar brevemente la coyuntura histórico-política que subyace en la producción reciente de la novela histórica.

Los años ochenta transcurren bajo el signo de una paulatina redemocratización de América Latina: en 1983 y 1984, respectivamente, se termina el

---

[7] Esta enumeración es selectiva e incluye solamente las obras más conocidas y comentadas. Para una lista más completa (hasta los primeros años de los noventa), consúltese Aínsa (1991: 14-15), Menton (1993: 12-27) y Pons (1996: 15-16). La lista de Menton no toma en cuenta la calidad y difusión de las obras, pero presenta una significativa e iluminadora comparación entre el número de novelas correspondiente a cada década: en la década de los setenta se publican unas 55 novelas históricas; en los años ochenta este número llega a 146; en los tres primeros años de los noventa se publicaron 55 títulos. La frecuencia de la publicación de la novela histórica ha disminuido considerablemente a finales de los noventa y en el primer lustro del nuevo milenio.

[8] Los conceptos de formas dominantes, emergentes y residuales dentro de un determinado sistema cultural han sido elaborados por Raymond Williams en el capítulo 8 de *Marxism and Literature* (1977: 121-127).

régimen militar en Argentina y Uruguay; en Brasil, la democracia regresa en 1985; en 1987 empieza el proceso de paz en El Salvador; entre 1988-1990 Chile se sacude de la dictadura de Pinochet; 1989 pone fin al mando absoluto de Stroessner en Paraguay. Otro proceso histórico-político que caracteriza la década es el comienzo de la integración regional a través de la cual los países latinoamericanos buscan respuestas comunes a problemas económicos provocados por la deuda externa y a la creciente competencia económico-tecnológica por parte de (y entre) los países desarrollados que entraron ya en la fase posindustrial y neoliberal de sus economías. Los bloques regionales como la Contadora (Colombia, México, Panamá y Venezuela) y el Grupo de Apoyo (Argentina, Brasil, Perú, Uruguay), que en 1986 se transforman en el Grupo de Río (o el Grupo de los Ocho), la Comunidad Andina de Naciones o el Mercosur son los principales ejemplos de la creciente transnacionalización de la economía en el contexto de la crisis económica de los años ochenta.

Varios factores económico-políticos desencadenaron lo que se ha venido a llamar la "década perdida". El agotamiento de la industrialización por sustitución de importaciones provocó un fuerte decrecimiento económico; el alza de las tasas internacionales de interés causó la explosión de la deuda externa que llevó a los países latinoamericanos, orientados a la exportación para pagar a los acreedores, a la recesión; en América Central, los conflictos armados de "baja intensidad" desgastaron completamente las frágiles economías de esa región. La deuda hizo que los países latinoamericanos estuvieran extremadamente vulnerables a las presiones del Fondo Monetario Internacional y el Banco Mundial que les impusieron una serie de reformas neoliberales, tales como la privatización de las empresas estatales, la apertura de las economías nacionales, la lucha contra la inflación, la búsqueda del equilibrio fiscal y, por parte del Estado, la reducción del gasto público así como el abandono de su histórico papel protector (Vizentini 1999: 110-114)[9]. A fines de la década, el continente latinoamericano entraba en una nueva fase, neoliberal y globalizante, de su economía y política. Sin embargo, la aplicación del modelo neoliberal, que se llevó a cabo en el contexto de la redemocratización política y la crisis económica, hizo evidente la brecha que existe entre la democracia formal y la democracia social. Afirma Paulo Vizentini, un historiador brasileño:

---

[9] Sobre las consecuencias de estas políticas en la vida de los ciudadanos, especialmente de las clases desaventajadas, véase Fourtané (2002) para Perú y Gilly (1986) para México.

> Como resultado dos programas de ajuste neoliberais, os países latino-americanos sofreram forte retrocesso econômico, especialmente no setor industrial. Sob o pretexto de modernizar e tornar concorrenciais setores pouco competitivos, levaram-se à falência importantes ramos das indústrias locais. Conceituadas e lucrativas empresas estatais foram vendidas a preços simbólicos, em operações geralmente marcadas por irregularidades e favorecimentos. Direitos sociais foram suprimidos do dia para a noite, enquanto o sindicalismo sofria um retrocesso marcante. Pior do que a queda dos salários, entretanto, foi a elevação brutal da taxa de desemprego ... Para completar, o declínio dos indicadores de saúde e educação produziu um processo de fragmentação social inédito na história latino-americana (1999: 113).

El abandono por parte del Estado del rol protector y orientador de la colectividad nacional llevó a la fragmentación y diversificación del cuerpo social que tuvo como resultado el surgimiento de numerosos movimientos alternativos (barriales, feministas, ecológicos, culturales, religiosos, homosexuales). En el campo cultural, con más frecuencia y éxito que antes, por otro lado, se cuestionó los modelos de representación vigentes en las épocas anteriores y se incluyó las voces hasta entonces marginadas. Es en este contexto incierto de redemocratización, crisis y transformación social que la novela histórica emerge con un nuevo vigor.

La lógica que impulsó esta reciente producción de la novela histórica parece cifrarse en las circunstancias de la redemocratización y la crisis que se han esbozado arriba. Al analizar las condiciones del surgimiento de la novela histórica como género a principios del siglo XIX, Noé Jitrik identifica "dos pulsiones o tendencias" (1995: 17) que favorecieron este proceso. La primera, afirma Jitrik, nace de un interrogante que un individuo se hace acerca de su relación con la sociedad y que se vuelve más urgente "cuando una disminución de la represión es acompañada por una incertidumbre política y económica" (17). La segunda "persigue una definición de identidad" (17) y es característica de periodos de cambios e incertidumbres:

> Se diría que aparece como pregunta en períodos de sacudimientos basados en cambios de estructuras radicales, como el paso del feudalismo al capitalismo o del capitalismo al socialismo, o de confusión "republicana", como ocurre cuando las instituciones no tienen muchas respuestas o están amenazadas por golpes militares o por dudas acerca de su eficacia (17).

Salvando ciertas diferencias obvias (por ejemplo, en el siglo XIX la búsqueda de la identidad se concentra en el aspecto nacional, lo que ya no es el caso a finales del siglo XX), es posible aplicar las ideas de Jitrik al surgimiento de la nueva novela histórica durante la década de los ochenta. La redemocratización significa la disminución y deslegalización pública de la represión, pero a menudo el proceso democrático se ve acompañado de agitaciones políticas, como fue el caso de la Argentina en la época del presidente Raúl Alfonsín o de Nicaragua, antes y después de las elecciones de 1984. La explosión de la crisis económica produce incertidumbre y angustia social, mientras pone en duda la eficacia de los gobiernos y los programas neoliberales instituidos por ellos. Finalmente, fenómenos de la globalización, tales como la transnacionalización, la crisis del Estado nacional y la fragmentación de las estructuras sociales, relocalizan y desubican las identidades de tal manera que se produce un vacío epistemológico y con él, una necesidad de confrontar o esclarecer las condiciones que lo originan. La crisis de los años ochenta en América Latina es la crisis de una modernidad "incompleta" (Escobar 1988: 15), contra la cual se dirigirá el pensamiento posmoderno. Ahora bien, para Jitrik "crisis" es un concepto productivo, porque "estimula el imaginario [social, conduciéndolo] a encontrar una salida" (1995: 19-20). El dinamismo con el que la novela histórica contemporánea resurge del estado residual en la década de los ochenta hace pensar que se trata de una respuesta a una crisis: a través de la forma nueva (o renovada) que adopta definitivamente el género, el imaginario social canaliza sus búsquedas y la novela histórica reaparece en la escena literaria latinoamericana como "testigo de la creciente distancia entre las promesas del capitalismo y la realidad del presente histórico en las que se enclavan" (Pons 1996: 22)[10].

El auge de la nueva novela histórica ha ocasionado la renovación del interés crítico por el género. Hasta entonces, los estudios dedicados a la novela histórica datan de la época situada entre los años cuarenta y el primer lustro de los setenta, y su alcance es limitado a la novela tradicional del

---

[10] En el estudio de Pons, al final de la frase citada arriba, aparece una nota a pie de página en la que la autora se distancia de la afirmación de Menton, según quien el factor más importante del auge de la novela histórica a fines de la década de los setenta fue "la aproximación del quinto centenario del descubrimiento de América" (Menton 1993: 48). Coincido con Pons en que el quinto centenario sólo podría influir en la publicación de algunas novelas, las relacionadas directamente con la historia del descubrimiento, y comparto su opinión de que "la reciente producción de novelas históricas ... parece responder a cambios mucho más complejos y profundos" (1996: 22). El análisis de las décadas de los setenta y ochenta presentado arriba sugiere que la novela histórica responde a una crisis del presente. Esto niega otra afirmación de Menton (rechazada también por Pons), a saber, que la novela histórica es "un subgénero esencialmente escapista" (1993: 51). La cara vuelta al pasado de la novela histórica no es un intento de escapar de un presente desagradable, sino más bien, una tentativa de confrontarlo críticamente.

siglo XIX y las primeras manifestaciones del siglo XX[11]. En algunos casos, ni siquiera se trata de un estudio comprensivo de la novela histórica, sino que el autor le consagra a este género una parte de un trabajo destinado a explorar una problemática más amplia (la novela hispanoamericana en el caso de Alegría, el Romanticismo en el caso de Carilla). Es sólo en la segunda mitad de los ochenta cuando aparecen los primeros estudios dedicados a la novela histórica de la segunda mitad del siglo XX y a la relación entre historia y ficción en la literatura del mismo periodo: *Historia y ficción en la narrativa hispanoamericana: Coloquio de Yale* (ed. Roberto González Echevarría, Alejo Carpentier, Emir Rodríguez Monegal y otros, 1984), *The Historical Novel in Latin America* (ed. Daniel Balderston, 1986), *La historia en la literatura iberoamericana: memorias del XXVI Congreso del Instituto Internacional de Literatura Iberoamericana* (ed. Raquel Chang-Rodríguez y Gabriella de Beer, 1989)[12]. Llama la atención el hecho de que estas primeras aproximaciones críticas a la novela histórica más reciente sean estudios cuyo formato carece de un enfoque coherente y uniforme. Se trata, en efecto, de actas de coloquios que se componen de trabajos metodológicamente variados sobre obras individuales, de geografías y cronologías dispares y dispersas[13]. Los intentos por definir la nueva forma de la novela histórica de una manera más integral son escasos; un ejemplo de este acercamiento es el artículo de Juan José Barrientos, "Nueva novela histórica hispanoamericana" (1985), en el que el autor compara *El siglo de las luces* de Alejo Carpentier (1962; ejemplo de la "vieja" novela histórica) con *El mundo alucinante* de Reinaldo Arenas (1969) para aislar una serie de características, tales como erudición/imaginación, verosimilitud/inverosimilitud, cronologías/anacronismos, precisión geográfica/anatopías, literatura/mitología, que

---

[11] De los cuarenta es el trabajo de Amado Alonso, *Ensayo sobre la novela histórica. El modernismo en La gloria de Don Ramiro* (1942); en los cincuenta se publican las primeras ediciones de estudios de Luis Alberto Sánchez (*Proceso y contenido de la novela histórica hispanoamericana*, 1953; la segunda edición es de 1968), Emilio Carilla (*El romanticismo en la América Hispánica*, 1957; la segunda edición, revisada y ampliada, se publica en 1967) y Enrique Anderson Imbert ("Notas sobre la novela histórica en el siglo XIX", 1954). En los setenta, aparecen los trabajos de Fernando Alegría (una parte de su *Historia de la novela hispanoamericana*, 1974) y José Zamudio (*La novela histórica en Chile*, 1973).

[12] El congreso mismo se realizó en 1987, en el City College de Nueva York.

[13] Por ejemplo, *The Historical Novel in Latin America* se divide, prácticamente, en dos partes: la primera contiene estudios sobre las novelas del XIX, mientras que la segunda (después de un *intermezzo* teórico de Neil Larsen) progresa cronológicamente desde los años setenta hasta 1982.

corresponden, respectivamente, a la vieja y la nueva forma de la novela histórica. En 1991 Fernando Aínsa publica el artículo "La reescritura de la historia en la nueva narrativa latinoamericana", que va a ser una referencia obligada para todos los estudios posteriores.

Un verdadero "boom" de trabajos críticos acerca de la más reciente novela histórica corresponde a los años noventa, cuando se publican numerosos estudios monográficos cuyos autores intentan definiciones y/o descripciones de la nueva variante del género. De una manera más o menos directa, todos los investigadores expresan la convicción de que tanto el modelo de Walter Scott, descrito como exponente del género por Georgy Lukács en *La novela histórica*, como las definiciones de la novela histórica latinoamericana basadas en novelas románticas y realistas, resultan demasiado estáticos y estrechos para definir las obras recientes que responden a otras condiciones sociohistóricas y a un concepto distinto de la historia. Las nuevas novelas históricas se apartan del modelo clásico mediante significativas y numerosas innovaciones temáticas y formales y, adoptando una posición crítica y de resistencia frente a la Historia como discurso legitimador del poder, proponen relecturas, revisiones y reescrituras del pasado histórico y del discurso que lo construye. En gran parte, los recientes enfoques crítico-teóricos sobre la nueva novela histórica se basan en una concepción dinámica del género literario que examina sus cambios y movimientos (emergencia, innovación, hegemonía, caducidad) no sólo en función de las modificaciones estrictamente literarias (cambios formales), sino también en relación con las transformaciones de la realidad sociohistórica y cultural que condiciona la producción literaria[14]. Dado el carácter dinámico del género literario, su cambio implica siempre una "pluralidad de duraciones" y "la presencia simultánea de continuidades y discontinuidades" (Claudio Guillén, *Teorías de la historia literaria*, cit. en Pons 1996: 77 y 37). De esta manera, según afirma María Cristina Pons,

---

[14] Dos trabajos que parten de esta concepción dinámica del género son *Memorias del olvido* de María Cristina Pons (1996; véanse la introuccción y el capítulo I) e *Historia y novela: poética de la novela histórica* de Celia Fernández Prieto (1998; capítulos I y II). En cambio, Menton se atiene en su estudio a un concepto muy rígido de género como un conjunto de rasgos presentes o ausentes en una obra e identifica seis características de la nueva novela histórica: 1. la subordinación de la representación mimética a la presentación de algunas ideas filosóficas (borgeanas) sobre la historia; 2. la distorsión consciente de la historia mediante anacronismo, exageración u omisión; 3. la ficcionalización de importantes figuras históricas; 4. la metaficción; 5. la intertextualidad, y 6. los conceptos bajtininos de lo dialógico, lo carnavalesco, la parodia y la heteroglosia (1993: 42-46).

conservando los rasgos del género y a partir de la recuperación de algunas convenciones de la novela histórica tradicional, de la refuncionalización y del olvido de otras, junto a "la veloz irrupción de unas innovaciones o el impacto retardado de otras" (como dice Guillén), la novela histórica contemporánea establece nuevas prácticas y relaciones en la producción de sentido (1996: 255).

Son estas "nuevas prácticas y relaciones en la producción de sentido", forjadas mediante el recurso de la fragmentación, la superposición de planos narrativos y temporales, la metanarración, la intertextualidad, los anacronismos, la parodia, el humor, que no permiten hablar de la novela histórica *tout court* y obligan a la crítica a recurrir a adjetivos como "nueva", "contemporánea", " (la más) reciente", "actual" y "posmoderna"[15]. Estos determinantes ponen en evidencia la transformación sufrida por el género y la distancia entre los parámetros de la novela histórica tradicional (sus rasgos formales y temáticos, así como su contenido ideológico) y las características bastante menos unívocas y todavía en proceso de hacerse y modificarse de la novela histórica producida en las últimas tres décadas del siglo XX[16].

---

[15] Carlos Pacheco señala que el adjetivo "nueva", que marca a la vez continuidad y ruptura del registro genérico, es cuestionable "por su rápida caducidad" (2001: 208). Es, sin embargo, el que más se ha usado en los trabajos críticos. En adelante, voy a hacer uso de este determinante; cuando digo solamente "la novela histórica", casi siempre me refiero también, por razones de economía, a la "nueva", señalando "la vieja" con el adjetivo "tradicional".

[16] Algunos críticos, como Menton y Fernández Prieto, dividen la novela histórica contemporánea en dos líneas: la nueva y la más tradicional. Para Menton, la nueva novela histórica se distingue por el conjunto de seis rasgos mencionados en la nota 14. Las novelas que no manifiestan todos o algunos de estos rasgos pertenecen a la categoría de "más tradicionales" (1993: 15). Fernández Prieto sigue un razonamiento parecido: la "nueva novela histórica o novela histórica posmoderna" altera radicalmente el modelo tradicional, mientras que las novelas que "mantiene[n] en sus rasgos esenciales el modelo genérico tradicional" sólo aportan algunas "interesantes innovaciones formales y temáticas" (1998: 150). Me parece que esta distinción responde a una definición demasiado rígida. Si bien el cuestionamiento de la historia y del modelo tradicional en las novelas contemporáneas muestra diferentes grados de intensidad y radicalismo, ambas "variantes" responden a otras condiciones sociohistóricas y a un concepto de la historia distinto del que rige la novela histórica tradicional. En este sentido, ambas son "nuevas". Vale la pena evocar aquí las memorables palabras de José María Arguedas: "la erudición y la técnica pueden llegar a ser la 'carabina de Ambrosio' o un falso desvío para resolver ciertas dificultades" (1971: 211). Para una crítica de esta dicotomía dentro de lo "nuevo", véase Perkowska (2006).

Los críticos que publican en la década de los noventa abordan la novela histórica contemporánea desde diferentes metodologías y perspectivas, apuntando hacia la diversidad y complejidad de la nueva categoría genérica. *Historia y novela* de Celia Fernández Prieto (1998) examina la relación histórica entre el discurso historiográfico y el discurso ficcional sobre la historia a lo largo de los siglos, mostrando la nueva novela histórica como el último eslabón de esta cadena de transformaciones; *Historia e imaginación literaria* de Noé Jitrik (1995) es un estudio teórico sobre el discurso de la novela histórica, orientado hacia la problemática de la representación; *La nueva novela histórica de la América Latina, 1979-1992* de Seymour Menton (1993), *Memorias del olvido. La novela histórica de fines del siglo XX* de María Cristina Pons (1996), *La fábrica de la memoria. La crisis de la representación en la novela histórica latinoamericana* de Peter Elmore (1997) y *Reescribir el pasado. Historia y ficción en América Latina* de Fernando Aínsa (2003) abordan desde posturas muy diferentes la definición del género en relación con el concepto de historia formulado en la novela histórica. El trabajo de Elmore presenta también un fuerte enfoque temático porque todas las novelas analizadas ficcionalizan la construcción de estados nacionales latinoamericanos en el siglo XIX. *La novela intrahistórica* (2000) de Luz Marina Rivas estudia el género desde el punto de vista del sujeto histórico, como el lugar de enunciación para las voces "desde abajo": las subalternas, femeninas, de los ciudadanos comunes y anónimos. Otro acercamiento explora la novela histórica más como un modo discursivo que un género per se: la parodia (Elżbieta Skłodowska dedica a la novela histórica un capítulo de su estudio *La parodia en la nueva novela hispanoamericana*, 1991), el mito y la ironía (*Le roman historique contemporain en Amérique Latine: Entre mythe et ironie* de Christoph Singler, 1993) y la "metaficción historiográfica" (*Metaficción historiográfica: La novela histórica en la narrativa hispánica posmoderna* de Amalia Pulgarín, 1995)[17]. Esta prolife-

---

[17] Además de los estudios monográficos citados arriba, a partir de los años noventa se publican numerosas colecciones de ensayos y actas de coloquios o congresos sobre la nueva novela histórica. Véanse, a modo de ejemplo: Hermans y Steenmeijer, *La nueva novela histórica hispanoamericana* (1991); Domínguez, *Historia, ficción y metaficción en la novela latinoamericana contemporánea* (1996); Romera Castillo, Gutiérrez Carbajo y García-Page, *La novela histórica a finales del siglo XX. Actas del V Seminario Internacional del Instituto de Semiótica Literaria y Teatral de la UNED* (1996); Kohut, *La invención del pasado. La novela histórica en el marco de la posmodernidad* (1997); Steckbauer, *La novela latinoamericana entre historia y utopía* (1999); Collard y De Maeseneer, *Murales, figuras, fronteras: Narrativa e historia en el Caribe y Centroamé-

ración de estudios sobre la nueva novela histórica en un periodo de apenas cinco años ha creado casi inmediatamente un pequeño canon de obras que representan el género, entre las cuales las más citadas y comentadas son *Las noticias del imperio, El general en su laberinto, La guerra del fin del mundo* y *Los perros del paraíso*.

* * *

El estudio que presento en estas páginas no aborda la novela histórica reciente desde la perspectiva del género para redefinirlo, describir sus nuevas o posmodernas características, o para esbozar su historia, sino que examina la novela histórica como un *locus* ficcional de la reflexión acerca de la historia y el discurso histórico, producido en el contexto de las crisis actuales de las sociedades redemocratizadas y en la encrucijada de los debates posmodernos sobre la historia y el conocimiento histórico, tanto los globales (norteamericanos y europeos) como los específicamente latinoamericanos[18].

Este acercamiento se funda en la convicción de que una novela (no necesariamente histórica), además de ser un producto estético, es una forma de cognición que mediante un específico contrato genérico le ofrece al lector un conocimiento tanto del referente como del sujeto de enunciación, incluso si el cuestionamiento de estos conceptos forma parte del mismo proceso cognitivo[19]. En el caso de la novela histórica, se trata de un conocimiento muy complejo que abarca tanto el pasado histórico que un sujeto de enunciación se propone (re)construir como el presente desde el cual este sujeto construye

---

rica (2003). Cabe mencionar asimismo los números especiales de las revistas como, por ejemplo, *Estudios* (18, 2001) o la *Revista Monográfica* (19, 2003).

[18] Dado este enfoque no voy a definir ni describir aquí la nueva novela histórica como género. Para ello, consúltense los trabajos de Aínsa (1991 y 2003), Pons (1996), Elmore (1997) y Fernández Prieto (1998). Por otra parte, los análisis del corpus en los capítulos II-VII van a ir revelando y comentando las características de la nueva novela histórica, indisociables de la construcción de las *historias híbridas*.

[19] La idea de novela como modo de conocimiento proviene del trabajo de Barbara Foley, *Telling the Truth. The Theory and Practice of Documentary Fiction* (1986), quien basa en esta premisa su análisis de la novela documental (a la que pertenece la novela histórica). Véanse los capítulos 3 ("Mimesis, Cognition, and the Problem of the Referent") y 4 ("Mimesis, Cognition, and the Problem of the Subject"). Dos citas fundamentales sostienen mi afirmación: "Mimesis is, ... first and foremost a *mode of cognition*, enacted through a generic contract of which the purpose is to interpret and evaluate past or present historical actuality" (1986: 64) y "as a mode of cognition, mimesis affords knowledge of both the referent and the subject" (1986: 66).

y escribe su visión del pasado; dicho de otro modo, el contexto referencial y el cotexto (Jitrik 1995: 66-67). Además, el proceso cognoscitivo desencadenado por una novela histórica debe incluir una reflexión acerca del acceso del novelista al contexto referencial que se recupera sólo a través de otros textos y discursos (las fuentes directas, documentos secundarios, relatos históricos), es decir, mediante el acto de lectura en el que también inciden tanto las contradicciones y aporías del sujeto como los patrones ideológicos y culturales colectivos del presente. Vista desde esta perspectiva, la novela histórica puede concebirse como un espacio discursivo ficcional en el que se articulan lecturas y reescrituras presentes del texto de la historia. Cada novela traza una imagen o visión no sólo de un acontecimiento pretérito concreto, sino también de la historia y del discurso histórico y su relación con el presente. Un conjunto variado y representativo de estas articulaciones particulares configura una constelación en la que se cifra un concepto de la historia.

Cronológicamente hablando, Jameson, Eagleton y Baudrillard diagnostican la pérdida y/o muerte de la historia en el mismo momento temporal (los setenta y los ochenta) en el que Rama, Halperin Donghi y Franco constatan el agotamiento provisional del discurso histórico en la novela latinoamericana. Esta coincidencia aproximada de cronologías no significa, sin embargo, que los estudiosos se refieran en sus pronunciamientos a las mismas fases histórico-culturales en sus sociedades respectivas. En Europa occidental y los Estados Unidos se trata de la época posterior a la fase más tensa de la Guerra Fría (1948-1962), seguida por un periodo de *détente* entre 1963 y 1979, a las protestas estudiantiles de 1968 y a la guerra de Vietnam (1973). Son los años de la instauración de los programas neoliberales, la globalización de la economía y la política, y una paulatina desideologización de la sociedad cada vez más conformista, aunque también más consciente de la diversidad de agendas culturales, identitarias y sociales que se elaboran en su seno. En el plano cultural, son los años del afianzamiento del pensamiento posestructuralista y posmoderno, signado por el descreimiento de la historia, del conocimiento, de la representación y del sentido, y por la negación de los valores de la modernidad.

En América Latina, el cuadro histórico-social-cultural es muy distinto. Según lo expuesto anteriormente, los setenta y ochenta corresponden al periodo de dictaduras militares, gobiernos autoritarios y luchas armadas internas (en América Central) que está marcado por la violencia y represión institucionalizada. Esta situación política resulta en "la unión de literatura e ideología" que crean "un espacio común de enunciación" (Mudrovcic 1993: 447). Dado que los regímenes imponen la "verdad oficial" que sanciona y legitima su poder e ideología, la literatura de la época se constituye en un campo de resistencia desde el que los intelectuales impugnan los relatos oficiales y sus prácticas discursivas. La novela histórica publicada a fines de los setenta y en los primeros años de los ochenta, cuando el "agotamiento" cede a la renovación, tiene sus raíces en la desconfianza de la historia inspirada por los acontecimientos de la década y se centra en el problema de la Verdad y del Poder. "Contra el aislamiento impuesto por el Poder, el discurso histórico aparece como un recurso subversivo" dice Tomás Eloy Martínez en 1978 (cit. en Rama 1985: 290), señalando la radicalización política del género que se torna en contra de las versiones institucionalizadas cuya legitimidad se cuestiona. La parodia, la ironía, la intertextualidad, el cuestionamiento de la transparencia del lenguaje como medio de representación y la manipulación de la voz narrativa, pero también la insistencia en el documento como herramienta de verosimilitud, resquebrajan los significados fijos y hacen ver el pasado a través del "ojo de la mosca" (Martínez, *La novela de Perón*). "El duelo de las versiones narrativas" (Martínez 1998: 350) que se realiza mediante la multiplicación de las "verdades" históricas o sentidos de la verdad a través de la ficción es una práctica a la vez subversiva y salvadora: al cuestionar la Verdad oficial, sofocante, represiva y criminal, la novela histórica funciona como una "respiración artificial".

Es en la segunda mitad de los ochenta y los noventa, después de que comienza y se consolida el proceso de la redemocratización y América Latina se incorpora política y económicamente al orden global y transnacional, que el discurso posmoderno internacional empieza a tener más resonancia en los círculos intelectuales y artísticos del continente[20]. El fin de la historia entendida como proceso, disciplina y discurso es una de las ideas fundamentales del pensamiento posmoderno hegemónico, especialmente de su corriente radical (o pesimista) que rechaza y desvaloriza la modernidad, declarando que, según lo parafrasea Jorge Ruffinelli, "Estamos en la posthistoria, descreídos de la teleología, del progreso, de que exista siquiera algún sentido en la realidad o en la vida" (1990: 31). Se imponen dos preguntas fundamentales: ¿es válido hablar de la posmodernidad latinoamericana si el continente nunca ha alcanzado una forma completa de la modernidad?, ¿se puede trasladar la idea del fin o la muerte de la historia al contexto latinoamericano? Esta duda genera una nueva serie de interrogantes que son cruciales para este estudio:

---

[20] La descripción y el comentario de los debates acerca del posmodernismo en América Latina se dan en el capítulo I, "Los debates posmodernos y la historia en la posmodernidad: viajando del Norte al Sur".

– El concepto del fin de la historia se origina en Europa y los Estados Unidos, es decir, en sociedades posindustriales y altamente globalizadas, que insisten en presentarse como homogéneas y desvinculadas del pasado ya superado. ¿Cómo resuena esta idea en espacios sociales latinoamericanos, donde el pasado y el presente o lo local y lo global coinciden, donde las prácticas neoliberales y las políticas de globalización no hacen sino extremar las disparidades y desigualdades, exponiendo una sociedad que funciona a múltiples velocidades? ¿Cuáles serían las consecuencias ideológicas de la aceptación de esta "propuesta" del otro mundo?

– ¿Qué concepto de la historia se maneja al hablar de la "muerte de la historia" o su "fin"? ¿El proceso histórico, la disciplina o el discurso? ¿Se trata de la historia *tout court* o un tipo de la historia, una manera de historiar (narrar el pasado), de percibir el pasado y vincularlo con el presente, de concebir los territorios por donde deambula la historia y los objetos que marca al pasar?

– Finalmente, si la historia ha muerto, ¿cómo explicar el vigor con el que resurge la nueva variante de la novela histórica latinoamericana en los ochenta y noventa, e incluso después, en los primeros años del nuevo milenio?

La búsqueda de una o varias respuestas a estos interrogantes pasa por una pesquisa bi-direccional: por un lado, el examen de la recepción –aceptación o rechazo– y de la adaptación del pensamiento posmoderno en América Latina, especialmente de sus ideas acerca de la historia; por el otro, el estudio de las concepciones contemporáneas de la historia y la indagación del vínculo entre la historiografía y la novela histórica, cuya importancia ha sido subrayada por numerosos investigadores[21]. Tanto la historiografía como la ficción a la que pertenece la novela histórica son conceptos históricos y variables, determinados por circunstancias político-históricas, estructuras sociales y

---

[21] Véase Fernández Prieto (1998), Foley (1986), Jitrik (1995), Oleza Simó (1996) y Pons (1996). Jitrik, por ejemplo, apunta la necesidad de ver "la idea que se tiene de la historia y qué grado de incidencia tiene en la imagen que produce la novela histórica" (1995: 81). Dado que la idea de la historia, de la novela y de la escritura van variando, sería útil "hacer una historia de la idea de historia en la novela histórica" (1995: 81-82). Es lo que ofrece el estudio de Celia Fernández Prieto, que traza la historia de esta relación a través de los siglos, desde la Edad Media hasta fines del siglo XX. Pons señala a menudo que los cambios de la novela histórica como género "se vincul[an] a los cambios de una determinada conciencia histórica" (1996: 109; véase también 43, 49, 54) y de la "práctica historiográfica" (1996: 258-259).

prácticas culturales[22]. Dada la historicidad de estos conceptos y tomando en cuenta el hecho de que la historia es el ingrediente principal de la novela histórica, es fundamental examinar la noción emergente de la práctica historiográfica en la época que abarca este estudio, es decir, la segunda mitad del siglo XX, con un énfasis especial en las tres últimas décadas, cuando se manifiestan tendencias nuevas y, a veces, radicales que reformulan los principios del quehacer histórico con respecto al objeto de la historiografía, la objetividad del discurso y documento histórico, las fuentes, el lugar de enunciación del historiador y las normas de selección (inclusión y exclusión) e interpretación. Todas estas cuestiones teórico-históricas se presentan en el capítulo primero, que constituye el fondo para los análisis de los textos.

Los debates y publicaciones que teorizan y discuten las prácticas y objetivos de la nueva historia articulan no sólo las (re)formulaciones teóricas de una disciplina y su discurso, sino que se reafirma en ellos un importante cambio de la manera de percibir el lazo entre el pasado y el presente en relación con la escritura de la historia. Los historiadores del siglo XIX (tanto los románticos Bancroft y Michelet como los "científicos" Ranke y Taine) perciben el pasado como la pre-historia del presente, es decir, como su contexto formativo; el presente es el efecto lógico de los acontecimientos pasados y la narrativa histórica debe evidenciar y explicar esta conexión. La misma visión informa la teoría de Georgy Lukács sobre la novela histórica de Walter Scott: en ella, la historia se interpreta como un ininterrumpido proceso de transformaciones y el pasado se percibe como la "condición previa concreta del presente" (1976: 18)[23]. De acuerdo con esta idea, la escritura de la historia (tanto en la historiografía como en la ficción) se constituye en una búsqueda de orden y continuidad entre el pasado y el presente, es decir, se trata de un discurso ideológicamente afirmativo y tranquilizador que presupone una imagen sólida y uniforme del presente y la objetividad del discurso histórico[24].

---

[22] "Factual and fictive discourses are not immutable essences but are historically varying types of writing, signaled by, and embodied in, changing literary conventions and generated by the changing structures of historically specific relations of production and intercourse" (Foley 1986: 27).

[23] "Sin relación vivenciable con el presente no es posible una configuración de la historia. Pero para el arte histórico realmente grande esa relación no consiste en alusiones a acontecimientos contemporáneos del autor ... sino en la vitalización de las fuerzas históricas, sociales y humanas que, en el curso de un largo desarrollo, han hecho de nuestra vida lo que es, lo que nosotros mismos vivimos" (Lukács 1976: 54).

[24] A pesar de la supuesta objetividad del discurso histórico postulada por los historiadores decimonónicos y abrazada después por Lukács en su teoría de reflejo, es evi-

Un acercamiento muy distinto a la relación entre el pasado y el presente en la escritura de la historia se realiza en la teoría relativista del filósofo Benedetto Croce, quien otorga el papel central en el proceso historiográfico al historiador y al presente desde el que éste investiga y escribe. Según su opinión más conocida, toda historia (relato del pasado) es "contemporary history" porque "[t]he deed of which history is told must vibrate in the soul of the historian" (Croce 1921: 12), lo cual significa que la narrativa histórica se escribe desde la perspectiva del presente. Para Croce, el presente condiciona la visión del pasado que el historiador recrea con la ayuda de la intuición ("this past fact does not answer to a past interest, but to a present interest", 12); por eso, la imagen del presente está incluida en la imagen del pasado cifrada en el relato histórico. Ahora bien, siendo el presente necesariamente inconcluso, cambiante y atravesado por incertidumbres, el conocimiento histórico sólo puede ser intuitivo y subjetivo, mientras que la práctica historiográfica debería estar abierta a variaciones y modificaciones. Las distintas tendencias de la historiografía contemporánea subrayan hasta qué punto la disciplina ha sido influida por el pensamiento croceano y se ha alejado del concepto homogéneo del presente que se explicaba a través de su relación lógica con el pasado, porque en la búsqueda temática y formal de la nueva historia se manifiesta una visión heterogénea y conflictiva del presente histórico cuyas transformaciones e incertidumbres afectan no sólo a los historiadores, sino también a sociedades enteras. Esta idea informa profundamente la nueva novela histórica latinoamericana que insiste, mediante estrategias autorreflexivas, sobre la función definidora del presente en el proceso de construcción textual del pasado.

Ahora bien, los debates teóricos y las exploraciones prácticas de los caminos de la nueva historia se concentran en las zonas del centro político y cultural de fines del siglo XX, es decir, los Estados Unidos y Europa occidental, en especial Inglaterra, Francia e Italia. Esta disposición parecería ubicar a América Latina al margen de estas discusiones, reproduciendo en nuevos términos la vieja distribución geocultural del trabajo entre el centro y la periferia. "Concentrarse" no significa, sin embargo, limitarse. Desde una realidad particularmente convulsa e insegura, a pesar de la redemocrati-

---

dente que el nexo entre el pasado y el presente se establece desde una determinada postura ideológica. Se impone, entonces, la pregunta: "¿La continuidad, según quién?" que permite relacionar este concepto de la narrativa histórica con la noción de la tradición inventada de Hobsbawm, la cual "attempt[s] to establish continuity with a suitable historical past" (1983: 1). Desde esta perspectiva, el relato histórico sería una forma de la tradición inventada.

zación, América Latina está reflexionando sobre su pasado y su presente. A diferencia de lo que sucede en Europa y Norteamérica, donde el principal aporte se produce en los campos de la teoría cultural/literaria, la historia y la filosofía de la historia, en el continente latinoamericano las contribuciones más significativas y retadoras provienen de los estudios sociales y culturales. Esto no implica que los latinoamericanos no estén reflexionando sobre la historia, su objeto, discurso y función en la sociedad contemporánea. Si la producción teórica sensu stricto es relativamente escasa (o no trasciende hacia el centro), la labor de los nuevos historiadores como Luis González y González (México), Manuel Moreno Fraginals (Cuba), Lilia Moritz Schwarcz (Brasil), Fernando Picó, Ángel Quintero Rivera o Gervasio L. García (Puerto Rico) comprueba la renovación historiográfica en el continente. En algunas zonas, por ejemplo en los países centroamericanos, los historiadores mismos denuncian una "calidad inferior" de la historiografía todavía enfrascada en "la exégesis y la ilustración apriorística de unos cuantos postulados simplistas de manuales escolásticos" que bloquean el entendimiento de "la pluralidad de los caminos evolutivos" de la historia centroamericana (Acuña Ortega 1995: 55); a la vez, estos historiadores reconocen ciertos progresos en consonancia con el estado actual de la disciplina. Al lado de este trabajo teórico-práctico desarrollado en el espacio tradicional de la Academia (la conferencia, el seminario, el ensayo académico), la indagación histórica latinoamericana se ha instaurado en el espacio ficcional de la nueva novela histórica, "[disputando] el derecho exclusivo de la historiografía de contar la historia" (Mackenbach 2005a: 195). Contar, pero también pensar, reflexionar sobre la historia y sus caminos. Al incorporar, cuestionar o ponderar las ideas renovadoras de la historiografía contemporánea y algunos postulados posmodernos sobre la historia, la novela histórica reciente instaura un segundo *locus* latinoamericano de meditación acerca de la historia. Revisando territorios y objetos históricos viejos y consagrados, o recorriendo y descubriendo zonas desconocidas, inexploradas o borradas, los novelistas dibujan un nuevo mapa para el concepto de la historia y su discurso. Vista desde esta perspectiva, la novela histórica latinoamericana no cancela la historia sino que redefine el espacio declarado como "histórico" por la tradición, la convención y el poder, postulando y configurando en su lugar las *historias híbridas* que tratan de imaginar otros tiempos, otras posibilidades, otras historias y discursos. La alianza entre el discurso ficcional y la imaginación teórica realizada en las *historias híbridas* resquebraja, además, la vieja premisa del discurso colonial que atribuía la enunciación del conocimiento (la teoría) al espacio intelectual metropolitano, mientras que asociaba la producción cultural (arte, literatura) con las áreas geoculturales colonizadas y periféricas (Mignolo 1995: 109). La meditación mixta, a la vez ficcional y teórica, que se lleva a cabo en las historias híbridas cuestiona esta distribución geocultural del saber y permite considerarlas como una práctica posmoderna y poscolonial del discurso latinoamericano.

* * *

Esta exploración de la nueva novela histórica como *locus* de reflexión acerca de la historia en el marco epistémico posmoderno se desarrolla alrededor de seis novelas: *1492. Vida y tiempos de Juan Cabezón de Castilla* de Homero Aridjis (México, 1985), *Castigo divino* de Sergio Ramírez (Nicaragua, 1988), *Maluco. La novela de los descubridores* de Napoleón Baccino Ponce de León (Uruguay, 1989), *Tinísma* de Elena Poniatowska (México, 1992), *Santa Evita* de Tomás Eloy Martínez (Argentina, 1995) y *La tierra del fuego* de Sylvia Iparraguirre (Argentina, 1998). El corpus representa equitativamente las dos décadas, recorre todos los periodos de la historia latinoamericana, explora variedad de sujetos, objetos y espacios históricos, e incluye tanto a los autores como a las autoras, cuya participación en la (re)escritura de la historia (tanto científica como ficcional), marginada y marginal hasta hace poco, se ha intensificado considerablemente en la última década. Algunas de las novelas han suscitado ya un abundante comentario crítico (*Maluco, Tinísima* y *Santa Evita*), otras permanecen todavía relativamente inexploradas; no obstante, ambos grupos permiten abordajes creativos y descubridores cuando se leen desde el marco conceptual establecido para este trabajo.

El itinerario de análisis sigue el orden cronológico, pero no el de la publicación de las novelas, sino el de la historia que reescriben. *1492* y *Maluco* re-visitan la época del descubrimiento y de la conquista (siglos XV y XVI) en España; *La tierra del fuego* interroga el siglo XIX en la Argentina; *Tinísima* re-presenta el México de la "edad dorada" (los años veinte y treinta), la Europa de la preguerra y los años trágicos de la Guerra Civil española; *Castigo divino* se concentra en los decisivos años treinta en Nicaragua; *Santa Evita*, por último, bucea en la más reciente historia argentina que comienza en los años cuarenta y cincuenta. La última de ellas no sería considerada novela histórica por un crítico como Menton, quien en las cuestiones de la temporalidad sigue unos parámetros muy tradicionales (y tradicionalistas) exigiendo, con Anderson Imbert (cuyo estudio data de 1952), que la novela histórica cuente "un pasado no experimentado directamente por el autor" (1993: 32). Sin embargo, la vivencia contemporánea de la historia hace obsoleto este requisito. La televisión, la prensa o el internet aceleran la percepción de los acontecimientos: el bombardeo informativo hace que el presente casi inmediatamente se convierta en pasado. La temporalidad se vive de otra manera en las postrimerías del siglo XX y principios del XXI, por lo cual las categorías formuladas a principios del siglo XX para referirse a las obras del XIX ya son anticuadas. Por otro lado, como se ha explicado antes, las concepciones contemporáneas de la historia insisten en el rol del presente como lugar que condiciona las visiones, perspectivas e interpretaciones: aunque narre un hecho pasado, un historiador o novelista siempre habla desde el presente, sus tensiones, sus conflictos (o falta de ellos, como diría Baudrillard), sus carencias. Este presente siempre se inscribe en la visión del pasado, de hecho, la escribe o la re(escribe). Por lo tanto, no tiene sentido insistir en una distancia temporal que ya no convence a nadie y que pareciera, además, encerrar los textos en el supuesto objetivismo histórico-realista, una camisa de fuerza de la que tratan de liberarse[25].

* * *

Mi deambular crítico por las novelas que ejemplifican la revisión del concepto de la historia en la novela histórica contemporánea de América Latina tiene por objetivo evidenciar un desplazamiento de los bordes que solían delimitar el territorio de la historia, la diversificación de los puntos de acceso a los espacios históricos y su reestructuración interna, junto con la multiplicación y la heterogeneidad de los objetos históricos e historiables, así como de los procedimientos narrativos y discursos. El corpus es sólo una pequeña muestra que no puede, ni pretende, ilustrar todas las posibilidades que explora la nueva novela histórica en América Latina. Las novelas exploradas son y postulan *historias híbridas* que desestabilizan nuestra noción tradicional y aceptada de la historia, desdibujan sus límites, abren el espacio histórico a pulsiones y presencias antiguas pero pocas veces admitidas o reconocidas, apuntando hacia la crisis del presente en que nacen, la incertidumbre de los rumbos históricos, las múltiples direcciones en que se mueve la sociedad y la tensión, todavía presente en América Latina, entre el pasado y el presente, lo local y lo global. De esta manera, la novela histórica de las últimas dos décadas del siglo XX representa no sólo una contribución significativa hacia la reconceptualización de la historia, sino que proyecta también la imagen de la realidad presente que es el punto de partida para esta resignificación.

---

[25] Para una crítica del modelo de la nueva novela histórica desarrollado por Menton, véase Perkowska-Álvarez (2006a).

Capítulo I

Los debates posmodernos y la historia en la posmodernidad: viajando del Norte al Sur

> Like people and schools of criticism, ideas and theories travel from person to person, from situation to situation, from one period to another.
>
> Edward Said

En 1983 Edward Said publicó un artículo cuyo título –"Traveling Theory"– anuncia una mirada novedosa dirigida a la circulación de las teorías intelectuales: la atención del crítico se dirige a los "viajes" o desplazamientos de los modelos teóricos entre diferentes periodos y lugares, y a las transformaciones que de ello resultan. Para Said, los viajes de la teoría cumplen una función muy significativa. En primer lugar, necesitan de ellos los teóricos porque los préstamos representan la única manera de eludir las limitaciones del medio intelectual cercano y porque ninguna teoría puede contemplar, encerrar o predecir todas las situaciones en las que podría ser útil (1983: 241). En segundo lugar, los requiere la teoría misma porque su permanencia constante en el lugar de origen embota la conciencia crítica que, habiendo perdido su resistencia con respecto a la teoría, fácilmente puede convertirla en un dogma (1983: 247). Said define la conciencia crítica como una respuesta resistente a la teoría, "un sentido espacial, una suerte de facultad de evaluación" (1983: 241; las traducciones son mías) que permite captar "diferencias entre situaciones" y entender que "ningún sistema o teoría agota las situaciones de las que emerge o hacia las cuales es transportada" (1983: 242). Los viajes o desplazamientos teóricos la mantienen o revivifican porque el proceso de "transplantación, transferencia, circulación y comercio de teorías e ideas" entre situaciones culturales distintas "nunca es un movimiento libre de obstáculos" (1983: 226). Toda teoría que se origina en un punto, es decir, en una determinada situación socio-cultural, y recorre una distancia no sólo espacial, sino también cultural y a veces temporal, se ve confrontada con un conjunto de condiciones (nueva posición en un nuevo lugar y tiempo, nuevos usos) que la transforman para hacerla aceptable en su nueva situación (1983: 227). Como esta transcontextualización implica tanto aceptación como resistencia, todo desplazamiento de modelos teóricos es un test que pone a prueba sus códigos y limitaciones. La primera frase de este texto (citada en el epígrafe) y los ejemplos de viajes teóricos analizados por Said (*History and Class Consciousness* de G. Lukács, 1923; su reescritura por L. Goldmann en *Le dieu caché*, 1955; y el uso que R. Williams hace en 1980 de la teoría de Goldman) sostienen todavía una noción bastante tradicional de la circulación de ideas en el tiempo y entre personas, pero el crítico señala también otro tipo de desplazamiento, el que se realiza en el espacio, entre geografías, culturas y sociedades que existen coetáneamente en situaciones diferentes ("de situación en situación"; 1983: 226). En este sentido, el ensayo de Said contiene el germen de una reflexión sobre circulaciones y transformaciones de los modelos teóricos (y otros productos culturales) entre el centro y la periferia, entre el Norte y el Sur, y para no escamotear casos concretos, entre Europa y los Estados Unidos y América Latina.

El desplazamiento de ideas que alejándose del centro hacia la periferia se transforman y devienen otra cosa no es un tema ajeno a la literatura latinoamericana, que ha sido definida como una "distorsión creadora" cuya capacidad de "releer y reescribir ... puede ser una experiencia a veces salvaje, siempre inquietante" (Molloy 1996: 26). Antes de llegar a esta definición, Sylvia Molloy cita el muy conocido ejemplo de "Pierre Menard" de Borges y recuerda su cuento "El Evangelio según Marcos", cuyos personajes reescriben la Escritura y la Pasión en un escenario doblemente periférico de la provincia argentina, produciendo una cruel y "desviada interpretación" (1996: 26). Ambos relatos constituyen ejemplo de "la *mise en texte* de la escena de lectura en Hispanoamérica y, concomitantemente, de una práctica narrativa" (1996: 26). Otra puesta en escena de la circulación, adaptación y transformación de ideas aparece en las páginas de *Respiración artificial* de Ricardo Piglia, en la discusión entre Renzi y Marconi, quienes representan, respectivamente, el centro de la periferia (Buenos Aires) y la periferia de la periferia (Concordia en la provincia de Entre Ríos). Para probarle a Renzi "la receptividad del interior", Marconi le cuenta un episodio que demuestra, según él, el impacto de la lingüística (una de las teorías que acaba de llegar de la Capital) sobre la gauchesca (2001: 142-143). Marconi mismo se presenta como un poeta que quiere "escribir sonetos en lengua gauchesca" tratando de "integrar ... el lenguaje de Hilario Ascasubi y la forma soneto tal como fue fijada por Stéphane Mallarmé" (2001: 143). Alejadas del origen, confrontadas con una situación diferente, las formas y teorías se releen, reescriben y distorsionan en un proceso de reconversión hacia lo propio que permite pensar un "soneto gauchesco" o "una gauchesca semiológica" (2001: 143)[1].

Esta descripción de la transferencia de ideas que presenta la teoría y la ficción como dos *loci* de enunciación vinculados con dos áreas geográficas distintas parecería confirmar el impopular estereotipo de "la nueva, global división del trabajo" evocado por Fredric Jameson, según el cual la teoría se formula en el centro o el Norte (Said, aunque palestino, habla desde la Academia norteamericana), mientras que la práctica cultural (el arte, la literatura) prospera en el Sur (1993: 420). Sin embargo, esta dicotomía, impugnada por la teoría poscolonial, es sostenible sólo si uno no toma en cuenta (y Jameson sí lo hace) la teoría elaborada en la periferia, en su gran parte desconocida en los círculos intelectuales del centro. América Latina piensa su relación con otros discursos culturales e intelectuales no sólo desde el espacio de la ficción, sino también desde un espacio teórico propio. Así, en 1978, cinco años antes de que Said publicara "Traveling Theory", el escritor y crítico brasileño Silviano Santiago reflexiona sobre el espacio diferencial de la enunciación en el artículo "O entre-lugar do discurso latino-americano". Para Santiago, el discurso latinoamericano es "uma assimilação inquieta e insubordinada, antropófaga" (1978: 22) de los textos, ideas y conceptos originados en el centro:

> A América Latina institui seu lugar no mapa da civilização ocidental graças ao movimento de desvio da norma, ativo e destruidor, que transfigura os elementos feitos e imutáveis que os europeus exportavam para o Novo Mundo (1978: 18).

La reflexión de Santiago se desarrolla todavía alrededor de la ficción (el insoslayable "Pierre Menard", pero también Julio Cortázar en *62*), pero se sostiene en un fuerte andamio teórico que permite extenderla al discurso latinoamericano en general. Este andamio es el concepto de texto escribible de Roland Barthes. Según Santiago, el escritor latinoamericano hace con las propuestas intelectuales (ficcionales o culturales) del centro lo que Barthes hace en *S/Z* con el texto de Balzac: los toma como modelos productores sobre los

---

[1] El concepto de "reconversión" es de Néstor García Canclini que lo aplica al campo de la cultura, especialmente la artesanía. García Canclini cita un interesante ejemplo de la reconversión cultural al referir la historia de un artesano que adoptó imágenes de Picasso, Klee y Miró a la artesanía de tejido, redefiniendo su tradición sin perderla (1990: 223-224). En el caso de los ejemplos que da Marconi en *Respiración artificial*, podríamos hablar de una reconversión literaria o teórica.

cuales posa "una mirada malévola y audaciosa" (1978: 21) reescribiéndolos mediante una *praxis* que el crítico describe como "uma meditação silenciosa e traiçoeira sobre o primeiro texto" (1978: 22). El objetivo de esta reescritura que desarticula y rearticula el modelo es la búsqueda de un espacio crítico propio y diferencial –el entre-lugar del discurso latinoamericano articulado entre el sacrificio y el juego, la sumisión al código y la agresión, la obediencia y la rebelión (1978: 28)– que dé expresión a una zona de experiencia propia.

Quince años más tarde, Nelly Richard lleva estas ideas de Santiago acerca de la transformación de modelos en el discurso latinoamericano un paso más lejos, tomando por objeto de reflexión ya no el discurso ficcional, sino el teórico. En las reflexiones de Richard sobre la transferencia teórico-cultural en las apropiaciones y contra-apropiaciones posmodernas, es la teoría posmoderna la que aparece como el texto primero barthiano que el pensamiento y discurso latinoamericano traduce y transforma, adaptándola a su propia circunstancia. Partiendo de la noción, compartida con Said, de que toda reflexión teórica es una "actividad materialmente situada" (1993: 453), Richard se interroga sobre la manera en que los latinoamericanos podrían echar mano de "conceptualizaciones teóricas internacionales ... sin suscribirse a su gramática de autoridad" y "aprovechar las categorías teórico-conceptuales puestas en circulación por las redes discursivas del centro sin adherirse a sus jerarquías del poder cultural" (1993: 454). ¿Cómo desarticular, en otras palabras, la relación jerárquica entre el original (o el modelo), o sea, el significado enunciado en el centro, y la copia, es decir, su reproducción mimética en el lenguaje de subordinación periférica (1993: 455)? Para Richard, la transformación latinoamericana de las teorías originadas en el centro consiste en traducir sus textos mediante una lectura que "[reapropia] los signos importados en términos de códigos locales" (1993: 455). La teoría, al igual que la ficción en el texto de Santiago, está sujeta a esta "meditação silenciosa e traiçoeira" que desvía sus conceptualizaciones y categorías hacia veredas que no habían sido contempladas en el lugar de origen.

El discurso sobre la posmodernidad, una de las últimas propuestas teórico-culturales enunciadas en Europa y los Estados Unidos, también ha emprendido un viaje que lo lleva del Norte al Sur. El desplazamiento geográfico y cultural, así como el cambio de condiciones materiales en las que se produce la recepción, activan una lectura diferenciada que se vale "de conversão, de perversão, de reviravolta" (Santiago 1978: 27) para resignificar la teoría posmoderna en el contexto latinoamericano. Las páginas que siguen trazan un recorrido de esta relectura, buscando líneas de convergencia y fuga.

La idea de una "lectura diferenciada" o de la resignificación desde un lugar geocultural periférico señala la presencia del enfoque poscolonial, subrayada adicionalmente por el uso de términos o conceptos centrales en las teorías poscoloniales (la hibridez, el subalterno, el *locus* diferencial de enunciación, la mirada doble, el entre-lugar, el discurso intermedio) y múltiples citas de o referencias a pensadores vinculados con este discurso teórico-crítico (Homi Bhabha, Aijaz Ahmad, Walter Mignolo). Esto se debe, en parte, al hecho de que las teorías posmodernas y poscoloniales comparten muchas características y algunas agendas[2]. Ambas, por ejemplo, emprenden un diálogo crítico con la historia, aunque sus enfoques sean distintos[3]. Ambas teorías emergen en "convergencia [con] el pensamiento posestructuralista que cuestiona las grandes narrativas de Occidente" (Castro-Klarén 969). Es por eso que Walter Mignolo afirma que la "razón postmoderna" y la "razón postcolonial" son "dos maneras fundamentales para criticar la modernidad: una, la postcolonial, desde las historias y herencias coloniales; la otra, la posmoderna, desde los límites de la narrativa hegemónica de la historia Occidental" (1995: 92)[4]. Si la modernidad occidental puede conceptualizarse como "un *locus* de enunciación que en el nombre de la racionalidad, la ciencia y la filosofía afirmó su propio privilegio sobre otras formas de racionalidad" (Mignolo 1995: 104), entonces la "razón poscolonial" es "un *locus* de enunciación diferencial" que cuestiona esta razón occidental, tanto en su versión moderna como en la posmoderna (que es una extensión de la primera, dado que en las teorías metropolitanas el prefijo "post" tiene un valor cronológico), "desde las diferentes herencias coloniales" (Mignolo 1995: 104 y 105).

Ahora bien, América Latina es considerada una cultura marginal del Occidente (Castro Gómez 151). Debido a su posición periférica y a su legado colonial originado en la "razón moderna" occidental, la relectura latinoamericana de las teorías metropolitanas de la posmodernidad puede concebirse como un ejemplo de la práctica que se propone "to revise the known,

---

[2] "[T]he major project of postmodernism –the deconstruction of the centralised, logocentric master narratives of European culture, is very similar to the post-colonial project of dismantling the Center/Margin binarism of imperial discourse" (Ashcroft, Griffiths y Tiffin 117).

[3] "Without denying that things happened, post-modernism focuses on the problems raised by history's textualized accessibility: on the problems of representation, and on the impossibility of retrieving truth. Post-colonialism, in contrast, without denying history's textualized accessibility, focuses on the reality of a past that has influenced the present" (Brydon 142).

[4] Algunos críticos señalan que esta similitud lleva a prácticas discursivas y críticas disímiles: la agenda deconstructora del posmodernismo se diluye a menudo en una ambivalencia política que sostiene el statu quo, mientras que el poscolonialismo apuesta al poder recuperativo del mismo gesto (Brydon 137 y 142).

to rename the postmodern from the position of the postcolonial" (Bhabha 1994: 5). Este "gesto descolonizador de refuncionalización cultural" (Richard 1996: 3), que se realiza tanto en los debates acerca de la posmodernidad latinoamericana como en las novelas examinadas, es una manifestación de la crítica poscolonial. De hecho, en el lugar geocultural latinoamericano, las prácticas posmodernas (reconceptualizadas) y las poscoloniales constituyen un horizonte de resignificación más unido que el que forman la "razón postmoderna" (metropolitana) y la "razón postcolonial", comparadas por Mignolo. En el contexto latinoamericano, en ninguno de los dos casos el prefijo "post" tiene un significado cronológico, sino que apunta a un "más allá" crítico de relectura y revisión. Tomando en cuenta esta convergencia, que permite pensar la poscolonialidad como una manifestación de la posmodernidad latinoamericana, así como el hecho de que mi estudio parte de la noción de hibridez elaborada por Néstor García Canclini con respecto a las culturas posmodernas y que en la época en que transcurre el debate posmoderno latinoamericano, las teorías poscoloniales son apenas incipientes o se ven "desatendid[as] o rechazad[as] prematuramente por la crítica latinoamericana en su mayoría" (De la Campa 709), opto por privilegiar un enfoque posmoderno (diferenciado) más que el poscolonial. Se trata tan sólo de un énfasis crítico que no descalifica las teorías poscoloniales, presentes como un fondo constante de la reflexión crítica realizada en este estudio.

Hacia un concepto de la historia en el marco del debate posmoderno

> Postmodernism: does it exist at all and, if so, what does it mean?
> HAL FOSTER

La pregunta de Hal Foster, formulada a principios de los ochenta, apunta hacia la complejidad y la indeterminación del concepto que en aquellas fechas estaba en pleno "litigio" teórico. El debate acerca del posmodernismo, que elaboró numerosas conceptualizaciones, algunas de ellas claramente contrapuestas, se había iniciado casi simultáneamente en Europa y los Estados Unidos, pero sufría al principio de cortocircuitos en la circulación de ideas entre continentes, países o, incluso, disciplinas[5]. Las primeras cons-

---

[5] El resumen del debate se basa en el estudio *Los orígenes de la posmodernidad* de Perry Anderson (1998: 37-106), complementado con mis propias lecturas de las teorías en cuestión. Dado que en la bibliografía figuran cuatro autores con el apellido Anderson, es imprescindible un sistema de diferenciación. Refiriéndome a Perry Anderson (el más

trucciones teóricas de lo posmoderno se dieron en el ámbito de las artes. El término fue lanzado en 1971 por el crítico Ihab Hassan, para quien el posmodernismo es una revisión radical o un ir más allá del modernismo (Hassan 1987: 32 y 39), una estética anárquica y lúdica que impugna la razón totalizante por medio del juego de indeterminaciones (todas las operaciones "de(s)-" como la deconstrucción, la desmitificación, la deslegitimación, etcétera) e inmanencias (procesos de difusión, diseminación, etc.) (1987: 92-93). En 1978 Hassan afirma que el posmodernismo empieza a diseñarse como una nueva episteme de las sociedades occidentales porque las transformaciones en las artes van acompañadas de cambios análogos en la filosofía y las ciencias (1987: 84). En los primeros planteamientos de Hassan, el sello posmoderno es neo-vanguardista, pero no rechaza el arte pop, la cultura electrónica o el *kitsch* (1987: 91); más tarde, a mediados de los años ochenta, el crítico se da cuenta de que el posmodernismo está virando, o ya había virado, hacia el populismo, y que el arte pop, el *kitsch* y un excesivo eclecticismo, de los que se distancia con desilusión, se constituyen en señas distintivas de su estética[6]. Perry Anderson señala que justamente estos rasgos del arte posmoderno fueron celebrados en las propuestas teóricas coetáneas a la de Hassan, provenientes del campo de la arquitectura. Así, en 1977, Charles Jencks publicó un polémico estudio titulado *Language of Post-modern Architecture* que distinguía entre la arquitectura moderna y la posmoderna: la primera "padece de elitismo", mientras que la segunda intenta "superar ese elitismo" recurriendo "a lo profano, a la tradición y al *slang* comercial de la calle" (cit. en Anderson 1998: 35). Como una combinación de funcionalismo con la heterogeneidad de tradiciones, la arquitectura posmoderna es para Jencks una "mezcla liberadora de lo nuevo y lo viejo, lo alto y lo bajo", un "eclecticismo radical" de alcances revolucionarios (Anderson 1998: 35 y 36).

La ampliación del debate acerca del posmodernismo a la filosofía tuvo lugar en 1979 cuando Jean-François Lyotard publicó *La condition postmoderne*. El subtítulo de la obra, "Rapport sur le savoir", apunta hacia la ocasión que la motivó: se trata de un "encargo de redactar un informe sobre el estado del 'conocimiento contemporáneo' por el consejo universitario del gobierno del Quebec, donde acababa de llegar al poder el partido nacionalista de René Levesque" (Anderson 1998: 38). La primera frase del estudio de Lyotard indica una transformación epistemológica debida al advenimiento de la sociedad posindustrial, una transición que el autor sitúa a fines de

---

citado), voy a usar solamente el apellido; todos los demás autores van a diferenciarse mediante el uso de la letra inicial de su nombre de pila.

[6] Véase Anderson (1998: 31-32) y Hassan (1987: xvii).

los años cincuenta. A este nuevo tipo de sociedad le corresponde un nuevo tipo de cultura, la cultura posmoderna, cuyo rasgo principal es la desconfianza de las metanarrativas de la época moderna, tanto la metanarrativa especulativa de la verdad del idealismo alemán como la de la emancipación (Lyotard 1984: 37)[7]. Sin embargo, la deslegitimación de los grandes relatos no equivale a la refutación de la narrativa como tal, porque ésta es "the quintessential form of customary knowledge" (1984: 19). La crítica posmoderna de las metanarrativas y de la metafísica como su aparato de legitimación, abre espacio a los "petits récits" (1984: 60) que imposibilitan el consenso activando un constante juego de diferencias[8].

Una segunda contribución filosófica a la discusión acerca del posmodernismo fue la conferencia "Modernidad: un proyecto incompleto", pronunciada por Jürgen Habermas en 1980 en Frankfurt. A diferencia del aporte de Lyotard, su evaluación del estado de la cultura contemporánea fue negativa y el posmodernismo surgía en ella como una manifestación neoconservadora (Anderson 1998: 57 y 66). El punto de partida de la teoría de Habermas es la visión de la modernidad como un proyecto incompleto (Habermas 1983: 13), cuya realización consistiría en la re-unificación de las tres esferas de valores autónomas descritas por Max Weber –la ciencia, la moralidad y el arte, cada una con sus propias normas– con la praxis de la vida cotidiana (1983: 9). El intento, llevado a cabo por los movimientos de vanguardia, en particular los dadaístas y los surrealistas, había fracasado (1983: 11-12). El posmodernismo, que reemplaza el espíritu estético de la modernidad a partir de los años setenta (1983: 6), es una tendencia crítica del modernismo cultural, una involución o un reverso de sus objetivos: insiste en mantener una

---

[7] Lyotard comenzó a articular la crítica de las metanarrativas años antes, en *Instructions païennes* (1977), un diálogo imaginario en el que distingue entre el gran relato y los relatos pequeños o locales (*"les petites histoires"*). El primero, que afirma su omnisciencia, se enuncia y canoniza desde el estado, mientras que los relatos pequeños vienen de narradores como prisioneros, prostitutas, estudiantes y campesinos.

[8] La posición de Anderson ante *La condition postmoderne* es bastante crítica, debido a que se trata de un informe sobre el estado de las ciencias naturales sobre las que el autor tenía conocimientos muy limitados. Cita una entrevista con Lyotard en la que el filósofo confiesa que "Me inventé historias, me refería a una cantidad de libros que nunca había leído, y por lo visto impresionó a la gente; todo esto tiene algo de parodia... Es simplemente el peor de mis libros" (cit. en Anderson 1998: 40). De darle crédito a esta confesión, uno no puede sino reconocer con Anderson que "la influencia que ejerció el libro guardó proporción inversa a su interés intelectual, en cuanto que se convirtió en inspiración de un relativismo ramplón que a menudo pasa, entre amigos y enemigos por igual, por ser la marca distintiva de la posmodernidad" (1998: 41).

separación entre las esferas de valores y la praxis cotidiana (por ejemplo, la moralidad-justicia y la política o la ciencia y la experiencia vivencial) y niega el contenido utópico del arte, afirmando su inmanencia y relativismo (1983: 13-14). Según Habermas, sus manifestaciones concretas, expuestas entre otros en la Bienal de Venecia, afirman el sacrificio de la tradición modernista a un nuevo historicismo de cuño regresivo.

Anderson observa que hasta ese momento el debate posmoderno carecía de un eje, resultando en una "dispersión discursiva: por un lado, una visión filosófica de conjunto sin ningún contenido estético significativo [Lyotard y Habermas], por el otro una comprensión estética sin un horizonte teórico coherente [Hassan y Jencks]" (1998: 65-66). Adicionalmente, tanto en los acercamientos filosóficos como en los estéticos había discrepancias, opiniones entrecruzadas e inclusive contrapuestas, o indecisión ideológica (falta de un trasfondo marxista en Lyotard y Habermas)[9]. A eso hay que añadir el ya mencionado cortocircuito en la circulación de ideas entre países y disciplinas que hacía que en algunos casos los participantes del debate desconocieran las aportaciones y posiciones de sus contemporáneos[10]. Faltaba, sostiene Anderson, una "verdadera interpretación histórica de lo posmoderno, capaz de determinarlo en el tiempo o el espacio" (1998: 65). En este contexto, la pregunta de Hal Foster:

> Postmodernism: does it exist at all and, if so, what does it mean? Is it a concept or a practice, a matter of local style or a whole new period or economic

---

[9] Anderson señala, no obstante, que a pesar de diferencias conceptuales, Hassan, Lyotard y Habermas coinciden en construir la idea de lo posmoderno como "un modo o un patrimonio de la derecha", en tanto que se expresa en él "la condena de las ilusiones alternativas" (1998: 66). Esta visión de lo posmoderno se relaciona claramente con la noción del fin de la historia que se comentará más adelante.

[10] Es Anderson quien llama la atención al curioso e "irónico *chassé-croisé* de ideas" (1998: 54). Así, por ejemplo, al escribir *La condition postmoderne* (publicada en francés en 1979) Lyotard conocía la posición teórica de Hassan (es de él que proviene el término de "condición posmoderna"; 1998: 37), pero ignoraba la de Jencks de modo que "no estaba muy al corriente de que el término [posmoderno] se empleaba en arquitectura, quizá el único arte sobre el cual nunca había escrito nada, con un significado estético que era la antítesis de todo lo que él valoraba". Lo supo sólo en 1982 (1998: 46). Por otra parte, Habermas, cuyo discurso "Modernidad: un proyecto incompleto" pronunciado en Frankfurt en 1980 fue leído por muchos como una respuesta directa a Lyotard, probablemente no sabía nada de *La condition posmoderne*; en cambio, "estaba reaccionando ante la exposición de la Bienal de Venecia de 1980, la muestra más espectacular de la versión de la posmodernidad que defendía Jencks, justamente la que Lyotard a su vez desconocía cuando produjo la suya" (1998: 54).

phase? What are its forms, effects, place? How are we to mark its advent? Are we truly beyond the modern, truly in (say) a postindustrial age? (1983: ix),

formulada en las primeras líneas del prólogo a una colección de ensayos sobre la cultura posmoderna, era más que justificada porque en aquel momento el concepto del posmodernismo no era sino un cúmulo de "significantes más o menos flotantes o vacantes" (Anderson 1998: 65). *The Anti-Aesthetic: Essays on Postmodern Culture* fue publicado en 1983, lo cual significa que Foster escribió su prólogo uno o dos años antes. Irónicamente, un primer intento de la respuesta a su pregunta se encuentra en este mismo libro; es el artículo de Fredric Jameson, "Postmodernism and Consumer Society", una versión no revisada de la conferencia que el autor pronunció en otoño de 1982 en el Whitney Museum of Contemporary Arts en Nueva York. La versión revisada y ampliada salió bajo el título "Postmodernism, Or, The Cultural Logic of Late Capitalism" en 1984 en *New Left Review*, y se convirtió enseguida en un texto fundacional y una referencia obligada de toda reflexión sobre el posmodernismo[11].

El aporte fundamental de Jameson consiste en situar históricamente la condición posmoderna al vincularla con una nueva etapa en la historia del capital, llamada el capitalismo tardío o el capitalismo multinacional. Sus características incluyen nuevas formas de organización empresarial (las corporaciones multi- y transnacionales), una nueva división internacional del trabajo (el aplastamiento de la clase trabajadora en los países industrializados, el desplazamiento de la producción a los países del "Tercer Mundo" y el predomino del sector de servicios y comunicaciones en los países del centro capitalista), una nueva dinámica en el sistema bancario internacional y en la especulación de las bolsas, los conglomerados de los medios de difusión masiva, así como la automatización y computarización de numerosos aspectos de la vida (1991: xviii-xix). Debido a la conexión establecida entre la cultura, la economía y la política, el posmodernismo deja de ser un estilo, una moda, una estética, un periodo del arte, un movimiento o un cambio epistemológico, para afirmarse como una dominante cultural (1991: 4). Como un corolario cultural de la evolución del capitalismo, el posmodernismo es una manifestación norteamericana (primermundista, dirá Jame-

---

[11] En 1991 vio luz un extenso estudio de Jameson sobre el posmodernismo que lleva un título muy similar: *Postmodernism, or, the Cultural Logic of Late Capitalism*. El ensayo de *New Left Review* aparece en este libro como el primer capítulo, "The Cultural Logic of Late Capitalism" (1991: 1-54). Todas las citas se refieren a esta edición del texto.

son en 1986[12]), pero su alcance es global porque la cultura posmoderna es una expresión interna y superestructural de una nueva ola de la dominación militar y económica de los Estados Unidos (1991: 5). Según Jameson, el avance del capitalismo multinacional homogeneiza las sociedades eliminando paulatinamente viejas formas de producción (por ejemplo: "the destruction of precapitalist Third World agriculture by the Green Revolution"; 1991: 36), limitando el papel de gobiernos nacionales en la definición del funcionamiento de los mercados financieros, desarrollando nuevas formas de poder internacional, tales como el Banco Mundial o el Fondo Monetario Internacional, des-diferenciando las culturas mediante el avance de la cultura comercial y cancelando las alternativas políticas. En consecuencia, sostiene Jameson, el posmodernismo como lógica cultural dominante de este capitalismo global (geográfica, económica y políticamente hablando) extiende su manto sobre las regiones que en apariencia están lejos de haber alcanzado el mismo estado del desarrollo capitalista: América Latina, Asia y África[13].

A lo largo del artículo Jameson identifica y comenta los principales rasgos de la cultura posmoderna entre los cuales figuran: una falta de profundidad que se manifiesta tanto en la teoría contemporánea como en la cultura de la imagen y del simulacro; el debilitamiento de la historicidad en sus dos aspectos fundamentales que son "el sentido activo de la historia, sea como esperanza o como memoria" (Anderson 1998: 79) y la ruptura de la temporalidad a la manera esquizofrénica que le impide al sujeto organizar el pasado, el presente y el futuro en una cadena coherente, enfrentándolo con una

---

[12] Véase el artículo "Third-World Literature in the Era of Multinational Capitalism" (1986) en el que Jameson se basa en un esquema tripartito del mundo: el primero (Europa y los Estados Unidos), el segundo (los países socialistas) y el tercero (el resto). Aijaz Ahmad publicó en 1987 una pertinente crítica a este artículo de Jameson, a la que me voy a referir más adelante.

La asociación del posmodernismo con las sociedades occidentales, y los Estados Unidos en particular, se plantea también en el "Editorial" al número 33 (Otoño 1984) de la revista *New German Critique*, dedicado al debate "Modernity and Postmodernity". Los editores afirman que "The very concept of postmodernism is ... rooted in the American experience of the 1960's" (1984: 4) y se preguntan hasta qué punto el debate sobre la modernidad y la posmodernidad puede ser entendido como "a debate on the values and crises of contemporary Western democracy" (1984: 3-4).

[13] Santiago Colás muestra, sin embargo, que Jameson establece un interesante y estratégico juego de inclusión-exclusión del Tercer Mundo del panorama posmoderno, tratando de preservar de esta manera el concepto de utopía cancelado por la mengua posmoderna de historicidad (1994: 5-8).

simultaneidad de fragmentos desconectados[14]; la mengua de afectos que tiene que ver con la fragmentación y el descentramiento del sujeto posmoderno y con la transformación de su percepción temporal (la dominación de lo sincrónico sobre lo diacrónico, el predominio del espacio sobre el tiempo), evidenciada en la deconstrucción de la estética de la expresión en la teoría y el fin del estilo; la relación fundamental de estas manifestaciones con la nueva tecnología de producción y reproducción de simulacro, "una maquinaria de imágenes" (Anderson 1998: 122)[15]. Al examinar estas características generales de la cultura posmoderna, Jameson hace también la revista del espectro entero de las artes contemporáneas, señalando ciertos rasgos particulares para cada una de ellas: el eclecticismo, el populismo y una desorientadora transformación del espacio en hiperespacio en la arquitectura (1991: 39-45); el pastiche como "parodia vacía", es decir, una imitación neutral de los estilos del pasado en la narrativa (1991: 16-18); la nostalgia del pasado manifiesta en la moda *retro* y la intertextualidad en el cine (1991: 19-21); la supremacía de la superficialidad y la conversión de todo objeto, e incluso el sujeto humano (Marilyn Monroe en la obra de Warhol), en la mercancía, observadas en las artes gráficas y la publicidad (1991: 7-16). En el discurso teórico, identificado por Jameson con el posestructuralismo (1991: 218), reina la deconstrucción (1991: 12). Este recorrido por varios espacios de la cultura posmoderna identifica a la vez un conjunto de rasgos formales que simbolizan desde la forma la lógica global del capitalismo tardío: la fragmentación, la intertextualidad, la autorreferencialidad, la disolución de fronteras entre discursos, artes o categorías de representación (lo fantástico y lo documental, por ejemplo) y entre las esferas culturales (la cultura alta y la baja o comercial). El análisis de Jameson evidencia también que, a diferencia del modernismo que fue una reacción crítica a la cultura burguesa del capitalismo monopolista, el posmodernismo, al ser "una cultura de acompañamiento, más que de antagonismo, al orden económico" (Anderson 1998: 89), se inscribe dentro de la lógica del mercado propia del capitalismo multinacional (Jameson 1991: 4-5).

Al insertar los conceptos del debate posmoderno en un comprensivo marco histórico, Jameson ofreció una sólida respuesta a la pregunta de Hal

---

[14] La pérdida de la historicidad es el rasgo posmoderno más importante en el marco de este trabajo. Se va a comentar con más detalle en la sección "El fin de la historia en la teoría crítica posmoderna".

[15] La lista de las características de la cultura posmoderna se encuentra en la página 6 del capítulo I de *Postmodernism, or, the Cultural Logic of the Late Capitalism*. La descripción más detallada de cada uno de ellos se encuentra en el mismo capítulo (1991: 6-54).

Foster, sin clausurar la polémica en marcha[16]. Su propia reflexión suscitó una nueva ola de reacciones y comentarios críticos, muchos de los cuales intentaban apresar la ideología de la cultura posmoderna. Como se ha señalado antes, Jameson la identificó como complaciente ante la lógica del mercado. En 1985 Terry Eagleton reiteró los criterios de Jameson afirmando que el posmodernismo es una celebración del *kitsch* cuyo resultado es una cultura des-historizada, sin profundidad ni estilo. La visión del inglés es mucho más negativa y crítica que la de Jameson en cuanto a la ideología se refiere: Eagleton ve en el posmodernismo una parodia de las estrategias anti-representacionales del arte vanguardista –especialmente de su sueño utópico de reintegrar el arte en la vida social–, que vacía ese intento de todo contenido político (1985: 60-61). La cultura posmoderna es para él una despolitizada aceptación del orden social existente (1985: 68).

Desde los estudios literarios, Linda Hutcheon sostiene, en cambio, que la cultura posmoderna está marcada por una aguda conciencia histórica y política (1988: 4). Su acercamiento, centrado en las manifestaciones literarias del posmodernismo que la autora identifica con un género denominado "metaficción historiográfica", reevalúa la parodia en términos muy diferentes de los de Jameson y Eagleton, identificados en la primera página del libro como adversos al posmodernismo (1988: 3). Cuestionando la supremacía del pastiche y el desvanecimiento del gesto paródico detectados por Jameson en el arte posmoderno, así como la visión negativa de la parodia posmoderna descrita por Eagleton como una caricatura del arte vanguardista, Hutcheon sostiene que la parodia posmoderna es una de las principales estrategias de subversión de la ideología del liberalismo burgués, con sus principios de orden, sentido, control e identidad (1988: 13). En esta concepción las obras posmodernas son

> overtly historical and unavoidably political, precisely because they are formally parodic. ... postmodernism is a fundamentally contradictory enterprise: its art forms (and its theory) at once use and abuse, install and then destabilize convention in parodic ways, self-consciously pointing both to their own inherent paradoxes and provisionality and, of course, to their critical or ironic re-reading of the art of the past (1988: 23).

---

[16] En otoño de 1984, apenas unos meses después de la publicación del artículo de Jameson en *New Left Review*, apareció el número especial de *New German Critique* (ver nota 12) dedicado al debate, con contribuciones tanto de Jameson como de Foster. Véase también el artículo "Mapping the Postmodern" de Andreas Huyssen (1984) en el mismo número de la revista.

Hacia fines de los ochenta (el estudio de Hutcheon fue publicado en 1988), el debate posmoderno había establecido ya las principales pautas para el entendimiento del nuevo paradigma cultural, aunque no han faltado nuevas intervenciones, muchas de ellas críticas de las conceptualizaciones dominantes[17]. En la misma época se ha cristalizado un nuevo "canon" de la teoría crítica o la nueva filosofía, con el pragmatismo, la deconstrucción y el nuevo historicismo, que a través de acercamientos y métodos distintos buscan impugnar la filosofía tradicional, o la metafísica, y sus fundaciones esencialistas. En la encrucijada entre la teorización del posmodernismo como un nuevo paradigma cultural y las revisiones antifundamentalistas de la teoría crítica posmoderna, se iban anunciando las crisis, las muertes y los finados: la muerte del sujeto y del autor, el fin del arte, el fin de la filosofía, el fin de la literatura y, también, el fin de la historia.

El fin de la historia en la teoría crítica posmoderna

Crisis, desvanecimiento, disolución, cancelación, debilitamiento, pérdida, ocaso, fin o muerte: las palabras varían, pero todas remiten a una profunda e inquietante transformación de la experiencia y percepción histórica que, según señalan las principales teorías examinadas, sobreviene en distintas pero relacionadas áreas de lo que se entiende por la historia: la historia como un proceso político y social de dimensión temporal, la historicidad, es decir, la habilidad de capturar el pasado e invocar un futuro distintos del presente, y la historiografía como el discurso acerca de la historia[18].

---

[17] Anderson cita y examina *Against Postmodernism* de Alex Callinicos (1989), *Condition of Postmodernity* de David Harvey (1990) y *The Illusions of Postmodernism* de Terry Eagleton (1996), tres contribuciones de origen marxista que teorizan el posmodernismo desde su trasfondo político, sus supuestos económicos y su difusión ideológica, respectivamente (Anderson 1998: 108-160). A esa lista se pueden añadir *What's Wrong with Postmodernism* de Christopher Norris (1990), *Postmodernism and Its Critics* de John MacGowan (1991) y *Postmodernity and Its Discontents* de Zygmunt Bauman (1997).

[18] Según Gianni Vattimo, la historicidad es la conciencia de la historia como un proceso objetivo en el que estamos situados (1988: 5). Para el filósofo italiano, el fin de la historia significa una crisis en las tres áreas mencionadas arriba, la historicidad, la historiografía y la historia como experiencia: "the end of history in post-modern experience is characterized by the fact that, while the notion of historicity has become ever more problematic for theory, at the same time for historiography and its own methodological self-awareness the idea of history as a unitary process is rapidly dissolving. Furthermore, in

La afirmación del fin de la historia como proceso de transformaciones políticas y sociales inscritas en el tiempo no proviene directamente de la teoría crítica posmoderna, sino de la historia y ciencias políticas, aunque, según se verá, es posible establecer algunas conexiones entre los análisis elaborados desde ambos campos. En julio de 1989, Francis Fukuyama, un funcionario del Departamento de Estado del presidente George Bush (padre), publicó un polémico ensayo titulado "The End of History?". Basada en el legado de Hegel y Alexandre Kojève como fundamento filosófico, la tesis central de Fukuyama es que la humanidad ha alcanzado el punto culminante de su evolución ideológica con el advenimiento de la democracia liberal occidental que a fines del siglo XX ha triunfado sobre sus adversarios y rivales[19]. Este triunfo significa

> not just the end of the Cold War, or the passing of a particular period of history, but the end of history as such: that is, the end-point of mankind's ideological evolution and the universalization of Western liberal democracy as the final form of human government (1989: 3-4).

Producto de la época que sigue inmediatamente a la desilusión de los años setenta, marcados por la derrota o el repliegue de la izquierda, y en la que la simbólica caída del Muro de Berlín es tan sólo una cuestión del tiempo (cuatro meses), el ensayo declara la victoria del liberalismo económico y político (mercados y elecciones libres), que ha eliminado otras posiciones ideológicas como, por un lado, el fascismo y el comunismo en el pasado, y por el otro, los nacionalismos y distintas formas del fundamentalismo (sobre todo el islamista) que sobreviven solamente como vestigios locales y periféricos de la historia. Según Fukuyama, la democracia liberal se establece como un sistema que ha logrado anular las irracionalidades y contradicciones internas que caracterizaban las formas anteriores de gobernar y que fueron la principal causa de su colapso o inviabilidad. Este concepto del fin de la historia no significa el fin de conflictos o crisis, ni la mengua de acontecimientos, porque Fukuyama no conceptualiza la historia como una sucesión de conflictos o eventos, sino, a la manera de Hegel, como una evolución

---

concrete experience there appear effective conditions which grant it a kind of truly non-historical immobility ..." (1988: 5-6).

[19] De Hegel Fukuyama tomó la nunca enunciada pero siempre presente idea del fin de la historia, su liberalismo y la concepción optimista del fin entendido como la realización de la libertad; de Kojève, el lugar central del hedonismo de la sociedad de consumo moderna y la caducidad del papel tradicional del Estado nacional (Anderson 1995: 95-96).

desplegada en el tiempo, "a single, coherent, evolutionary process, when taking into account the experience of all peoples in all times" (1992: xii)[20]. Percibido en este marco conceptual, el fin de la historia equivale a la llegada al punto culminante de esta evolución –"a form of society that satisfie[s] its [mankind's] deepest and most fundamental longings" (1992: xii)– y el consiguiente agotamiento, o falta de necesidad, de alternativas[21].

Este agotamiento de alternativas es justamente el señalado punto de contacto entre el análisis histórico-político de Fukuyama y las teorías posmodernas. Anderson ha comentado en *Los orígenes de la posmodernidad* que la idea de lo posmoderno elaborada por Hassan, Lyotard y Habermas era "un patrimonio de la derecha" (1998: 66) y que para los tres "lo posmoderno era la condena de las ilusiones alternativas" (1998: 66). Sorprendentemente, la teoría de Jameson pareciera confirmar esta perspectiva. Si el posmodernismo es la lógica dominante del capitalismo tardío que, según ya se ha comentado, va conquistando (Jameson habla de la "colonización" y la "penetración") progresivamente todos los espacios (el inconsciente, la naturaleza, el Tercer Mundo), entonces lo posmoderno se constituye poco a poco en la única opción cultural, convirtiéndose en una suerte de metarrelato cultural, al igual que la triunfante democracia liberal de Fukuyama se revela como un metarrelato ideológico[22]. De esta manera, el capitalismo tardío, la

---

[20] Esta cita no proviene del artículo de 1989, sino del libro *The End of History and the Last Man*, publicado en 1992. En la introducción Fukuyama explica su noción de historia y responde a los que criticaron el artículo aludiendo a los acontecimientos históricos de la actualidad como prueba de su desacierto (1992: xi-xii).

[21] El artículo de Fukuyama ha provocado una amplia controversia y una reacción negativa desde todas las posiciones ideológicas, tanto de la derecha, como el centro y la izquierda (Anderson 1995: 14-15). La revista *The National Interest*, donde Fukuyama publicó el ensayo, le ha dedicado a la polémica dos números (16 y 17, Verano y Otoño 1989). Véase también *Marxism Today* (Noviembre 1989). El artículo "Los fines de la historia" de Anderson (1995; "The Ends of History", la versión inglesa de 1992 se publicó en *A Zone of Engagement*) es un detallado y muy útil comentario de las ideas de Fukuyama, sus fundamentos filosóficos y las refutaciones de su visión desde distintas perspectivas. Al final, Anderson hace su propia crítica de las ideas de Fukuyama, partiendo de ciertas incoherencias en la concatenación filosófica visible no en el artículo, sino en el libro (Anderson 1995: 124-137).

[22] Como muestra de esta lectura de Fukuyama, resulta interesante y revelador el comentario de Eduard Sheverdnadze que figura en la cubierta de *The End of History and the Last Man*: "For me, [Fukuyama's thought] is an attempt to arm Western political thought with new fundamental theoretical arguments to reinforce its practical actions. Moreover, it is not an unsuccessful attempt...". Véase también R. J. Blackburn, que en otro (con)texto recurre a Fukuyama como uno de los ejemplos de la resurrección de la gran teoría (2000: 268-269).

democracia liberal y el posmodernismo se manifiestan como "el horizonte irrebasable" pero no sólo del tiempo, como lo afirma Anderson (1998: 66), sino también del espacio.

Es Jameson quien en un interesante artículo re-escribe el fin de la historia de Fukuyama en términos espaciales: "Fukuyama's 'end of history' is not really about Time at all, but rather about Space" (1998: 90). La imposibilidad de imaginar o concebir alternativas no tiene que ver con el fin de la Guerra Fría o la derrota del socialismo, sino con el impulso globalizador y transnacional de la tercera fase del capitalismo cuyo avance reduce cada vez más los espacios resistentes a la penetración del nuevo mercado global y a la consiguiente mercantilización, creando un sistema autocontenido, sin ninguna válvula de escape, ni interna (algún desarrollo alternativo) ni externa (algún espacio que quede fuera del sistema). Por medio de esta reescritura espacial del esquema temporal de Fukuyama, Jameson logra situar al socialismo fuera del fin de la historia aludiendo al Marx de *Grundrisse*, quien siempre insistió en que "it [socialism] would not be on the agenda until the world market has reached its limits and things and labour power became universally commodified" (Jameson 1998: 90-91). En esta lectura, la supremacía de la democracia liberal marcaría el fin de la pre-historia más bien que el de la historia, porque la última es entendida por Marx –vía Jameson– como "the arrival of a period in which human collectivity is in control of its own destiny, in which history is a form of collective praxis, and no longer subject to the non-human determinism either of nature and scarcity, or of the market and money" (1998: 88), es decir, cuando se realice el verdadero socialismo. Al mismo tiempo, al re-definir el fin de la historia en términos del avance espacial del capitalismo tardío que bloquea toda imaginación histórica, Jameson enlaza la visión de Fukuyama con sus reflexiones previas acerca de la pérdida de la historicidad como una de las características de lo posmoderno.

La historicidad es el sentido activo de la historia que consiste en, por un lado, establecer conexiones entre el pasado (o lo que se sabe sobre el pasado) y el presente y, por el otro, en pensar el futuro como una transfiguración necesaria o deseada de este presente. Su fundamento es la habilidad del sujeto de percibir el presente como historia, es decir, de distanciarse de la inmediatez del presente por medio de su desfamiliarización, o de la diferenciación de su significado respecto del pasado y de las proyecciones futuras (1991: 284; 1998: 90). La relación entre el pasado, el presente y el futuro es aquí de suma importancia, porque para un crítico marxista como Jameson, los eventos sólo pueden destilar su significado y particularidad "if they are retold within the unity of a single great collective story [Marxism] […];

only if they are grasped as vital episodes in a single vast unfinished plot" (1981: 19-20). Lo que se ha perdido o está menguando en la época posmoderna, según lo muestra Jameson en *Postmodernism*, es esta habilidad de inscribir o captar un evento en el marco de una trama histórica (sea marxista o no, se podría decir). Las razones de la pérdida del sentido de la historia son diversas, pero todas tienen su raigambre en la situación particular y concreta de las sociedades posindustriales. Jameson destaca, por ejemplo, la falta de una relación orgánica entre la historia (norteamericana) del manual y la experiencia de la vida cotidiana contemporánea, así como el problema de la temporalidad en una cultura dominada por el espacio y su lógica (1991: 25). La sumersión en la cultura espacial se traduce en la ya mencionada percepción fragmentada de la realidad y la consiguiente incapacidad por parte del sujeto de unificar el pasado, el presente y el futuro en una experiencia coherente. Ello hace que se intensifique el presente: "there is only the present and ... it is always 'ours'" (1991: 286). Una idea similar aparece en las reflexiones de Gianni Vattimo para quien "thanks to the use of new means of communication (especially television), everything tends to flatten out at the level of contemporaneity and simultaneity, thus producing a de-historicization of experience" (1988: 10). La "contemporaneidad" de Vattimo o "el presente" de Jameson equivalen al capitalismo tardío que se impone de esta manera sobre todos los aspectos de la vida como la única realidad conocida y por conocer: "everyone has been born into it [late capitalism], takes it for granted, and has never known anything else" (Jameson 1991: 367).

La imposibilidad de traspasar los límites del presente es, según explica Jameson, un efecto de la modernización homogeneizadora de la sociedad. El modernismo se caracteriza por la superposición del futuro y del pasado, por la perduración de las estructuras arcaicas, por la supervivencia de los residuos de otros sistemas. En cambio, el posmodernismo

> must be characterized as a situation in which the survival, the residue, the handover, the archaic, has finally been swept away without a trace. ... Everything is now organized and planned; nature has been triumphantly blotted out, along with peasants, petit-bourgeois commerce, handicraft, feudal aristocracies and imperial bureaucracies. Ours is a more homogeneously modernized condition: we no longer are encumbered with the embarrassment of non-simultaneities and non-synchronicities. Everything has reached the same hour on the great clock of development or rationalization (1991: 309-310).

La homogeneización posmoderna, fomentada por los medios masivos mencionados por Vattimo, borra las huellas del pasado imposibilitando la experiencia simultánea de distintas formaciones sociales. Ante un mundo que siempre se parece a sí mismo, el sujeto posmoderno pierde la memoria profunda que diferencia la experiencia en el tiempo y permite evocar otras realidades (1991: 366). Sin ella, la historia se convierte en fragmentos inconexos, espectáculos evasivos (1991: 18), colecciones de imágenes (1991: 18), modas (1991: 19) o las interminables repeticiones de lo *déjà vu* (1991: 24)[23].

Esta visión de la cultura posmoderna revela la influencia que ejerció en Jameson Jean Baudrillard, un controvertido pensador francés, admirado por el radicalismo de sus ideas por unos y condenado por sus propuestas intelectualmente no fundamentadas e hiperbólicas por otros (Callinicos 1989: 147). Incluso sus críticos reconocen, sin embargo, que Baudrillard es "a first-rate diagnostician of the postmodern scene" (Norris 1990: 182)[24]; su reflexión sobre el imaginario cultural contemporáneo dominado por el simulacro es profundamente pesimista, para no decir nihilista. En sus escritos, el fin o el desvanecimiento de la historia adquiere varias dimensiones, todas relacionadas con la idea de lo real desvanecido detrás de o suplantado por el simulacro, la desaparición radical de la diferencia entre el modelo y la copia.

En los ensayos "La précession des simulacres" y "L'histoire: un scénario rétro" publicados en 1981 en *Simulacres et Simulation*, Baudrillard señala la neutralización de la sociedad occidental como un factor fundamental de la crisis de la historia, describiendo la época contemporánea como una "coexistence pacifique à l'échelle mondiale" y una "coexistence pacifique à l'échelle quotidienne" (1981: 69)[25]. Para Baudrillard, la historia es la insurrección, la

---

[23] Terry Eagleton, cuya visión del posmodernismo sigue de cerca la teoría de Jameson, declara que la época contemporánea es de negación y superación de la historia (1985: 69).

[24] La frase de Norris hace pensar que Baudrillard participa directamente en el debate posmoderno, lo cual no es del todo cierto. Anderson explica que Baudrillard nunca teorizó lo posmoderno y que su único escrito sobre el tema es un rechazo, pero sus ideas acerca de los fenómenos culturales contemporáneos contribuyeron, como en el caso de Jameson, a la captura del sentido de la posmodernidad (1998: 74, n.7). Anderson olvida, no obstante, que Baudrillard ofrece una muy sucinta y aguda definición de lo posmoderno en el ensayo "Sur le nihilisme", el último de *Simulacres et simulation*: "Je constate, j'accepte, j'assume, j'analyse la deuxième révolution, celle du XXe siècle, celle de la post-modernité, qui est l'immense processus de destruction du sens, égale à la destruction antérieure [moderne] des apparences" (1981: 229-230).

[25] Esta visión de la sociedad subyace también en la teoría de Jameson. Por ejemplo, describe la época contemporánea como "passive momentum" (1991: 46) y relaciona el posmodernismo con la idea de una ruptura radical (remontada a los años sesenta) que produce la sensación del fin: fin de la ideología, del arte, de las clases sociales, de las guerras de liberación nacional, de la Guerra Fría, del comunismo (1991: 1).

revolución, la guerra, el cambio y la disposición de apostar el orden histórico, de ponerlo en juego ("l'enjeu historique"). Esta visión no evidencia una preferencia por "l'histoire événementielle", es decir, la historia como encadenamiento de acontecimientos "fuertes"[26]; tampoco se manifiesta en ella "la nostalgia por una sociedad de crueldad y terror", según sostiene Jean-Pierre Faye (1985: 5). El concepto clave es el de la apuesta ("l'enjeu"): un acontecimiento es histórico sólo si pone en juego el sistema, sólo si es capaz de cambiar el rumbo no de otros acontecimientos, sino de la sociedad, sólo si desde su urgencia cuestiona los límites del orden dominante. Era en las revoluciones o las guerras que la apuesta histórica solía manifestarse con más frecuencia, pero esto ha cambiado, según Baudrillard, en la época contemporánea, después de la Guerra Fría, cuando los acontecimientos violentos no llevan sino al fortalecimiento del orden hegemónico, mediante la eliminación de las singularidades, la liquidación de los elementos irreductibles y de la subversión imprevisible e inimaginable que podría hacer pensar que hay un fuera del sistema. Para él, el conflicto armado del presente es un simulacro de una apuesta, mientras que detrás de esta fachada se consolidan la normalización, la complicidad con el poder dominante y la obediencia al sistema por él instaurado. "Ce qui n'existe plus, c'est l'adversité des adversaires, c'est la realité des causes antagonistes, c'est le sérieux de la guerre" (1981: 64), afirma Baudrillard ofreciendo como ejemplo, escandaloso para muchos, la guerra de Vietnam que fue, a la vez, "un enjeu historique et 'révolutionnaire' maximum" y "un épisode crucial de la coexistence pacifique" (1981: 62) que condujo a la normalización de las relaciones entre Washington y Pekín. Para Baudrillard, la guerra de Vietnam le enseñó a China las reglas del comportamiento en el nuevo orden mundial (la no intervención en contra de los intereses estadounidenses) y terminó cuando el gigante asiático dio pruebas de su complicidad y cuando la guerrilla vietnamita –uno de esos elementos irreductibles no sumisos a ningún orden– fue absorbida por las tropas regulares del Norte, que también representaban un sistema, aunque fuera comunista. Es esta domesticación de relaciones sociales y políticas, esta congelación de la sociedad actual y su satisfacción, real o imaginaria, con el statu quo, que producen la "huelga de los acontecimien-

---

[26] El término, acuñado a principios del siglo XX por un grupo de investigadores reunidos alrededor del sociólogo francés Émile Durkheim y su revista *Année Sociologique*, fue puesto en boga por los historiadores franceses de la Escuela de los Anales (Marc Bloch, Lucien Febvre y, en la generación siguiente, Fernand Braudel) en los años treinta. Véase Burke (1992a: 7) y Veyne (1979: 23-26).

tos" (1993: 39) y expulsan la historia como experiencia[27]. Las reflexiones posteriores de Vattimo complementan esta visión poshistórica al destacar el hecho de que en la sociedad occidental de consumo el progreso se ha convertido en rutina, aboliendo la noción de cambio o renovación: "in a consumer society continual renewal ... is already required physiologically for the system simply to survive. What is new is not in the least 'revolutionary' or suvbersive; it is what allows things to stay the same" (1988: 7). Convertida en una serie de signos que se repiten, significan nada o pueden significar cualquier cosa, la historia se reduce a imágenes y simulacros, regresando tan sólo en forma de un escenario retro (Baudrillard 1981: 69-70).

Otra dimensión del fin de la historia tiene que ver con la era informática y el dominio absoluto de los medios masivos de comunicación que han eliminado toda distancia entre el acontecimiento y su presentación (basta con pensar en "la noticia de última hora" o "breaking news"), comentados también por Vattimo (1988: 10). Baudrillard habla de "la proximidad excesiva, y por ende ... la interferencia desastrosa entre un acontecimiento y su difusión", que convierte a la historia en "la microscopía, o en la estereofonía de la información" (1993: 16). Objetos inmediatos de consumo informativo, partículas multiplicadas y multiplicantes de interpretaciones instantáneas, los acontecimientos flotan por un momento dispersos y disociados ante los ojos del espectador para desvanecerse en el vacío de un olvido inmediato:

> De los acontecimientos nuevos, cabe decir que van excavando ante ellos el vacío en el que se precipitan. Parece como si sólo tuvieran prisa por hacerse olvidar. Apenas dejan lugar para la interpretación, salvo para todas a la vez, mediante lo cual escapan de cualquier voluntad de sentido, y de la pesada atracción de una historia continua, para entrar en la órbita ligera de una historia discontinua. Llegan más de prisa que su propia sombra –imprevistos en la mayoría de los casos– pero no tienen consecuencias. ... Tenemos la impresión de que los

---

[27] El 3 de noviembre de 2001, dos meses después del ataque a las Torres Gemelas, Baudrillard publicó en *Le Monde* un artículo titulado "L'esprit du terrorisme". Controvertido como todos los enunciados del autor, el artículo proclama que la huelga de los acontecimientos ha terminado, porque en el atentado de Nueva York se manifiesta un "acontecimiento absoluto". La palabra "enjeu" (la apuesta) se usa cinco veces en el texto: Baudrillard considera que la acción terrorista –un acto de negatividad irreductible que el sistema generalizado no puede absorber– pone en juego la mundialización hasta ahora triunfante e inexpugnable. Escrito después de que comenzaron los bombardeos de Afganistán (septiembre 2001), el artículo termina señalando que el sistema responde al acontecimiento con el "enjeu factice" (artificial) de una nueva guerra, un pseudo-evento repetitivo y "déjà vu".

acontecimientos se precipitan solos, derivan imprevisiblemente hacia su punto de fuga: el vacío periférico de los medios de comunicación (1993: 35-36).

No sólo se interrumpe toda relación significativa entre los eventos difundidos por la televisión (el "cortocircuito entre la causa y el efecto", 1993: 16), sino que, además, todo acontecimiento se reviste de una espesa capa de comentarios, interpretaciones, teorías e imágenes fabricadas, que encubre la realidad identificándose con ella: "Los acontecimientos no van más lejos que su sentido anticipado, que su programación y difusión" (1993: 39). La insistencia mediática en lo real termina por evacuarlo, poniendo en el lugar así liberado el simulacro de su producción, como lo fue, según Baudrillard, la presentación televisiva de la primera Guerra del Golfo. Los simulacros de información masiva no caen, además, en un campo ideológicamente activo, sino en "las mayorías silenciosas" de las sociedades occidentales, la materia inerte e indiferente de las masas que "neutralizadas, mitridatizadas por la información, ... a cambio neutralizan la historia y funcionan como pantalla de absorción. En sí mismas carecen de historia, de sentido, de conciencia, de deseo" (1993: 13). Baudrillard diagnostica, entonces, que estas sociedades sumidas en una red de simulacros, que desconocen tanto la nostalgia como la utopía, están "ante la imposibilidad de soñar un estado pretérito o futuro de las cosas. Literalmente, el estado de las cosas es definitivo, ni finito, ni infinito, sino definitivo, es decir, privado de su fin" (1993: 181). El pesimismo de esta visión coincide con el desencanto de Jameson y contrasta con el optimismo de Fukuyama, pero los tres pensadores insisten en el fin de la historia como clausura y no como final. El fin es la congelación de la historia en un presente perenne, un estado definitivo (la democracia liberal, el capitalismo tardío, el posmodernismo, el simulacro) que no permite pensar o imaginar un más allá (o más acá) diferente. El hecho de que esta coincidencia provenga de posiciones ideológicas tan distintas no deja de ser perturbador.

Ahora bien, ¿cómo se traduce la crisis de la historia en el nivel de la cultura? En el cine, domina la resurrección nostálgica del pasado. Jameson la explica como fascinación con los estilos del pasado que empuja a imitarlos. No se trata, sin embargo, de una imitación paródica –corrosiva, diferenciadora y subversiva–, sino del pastiche, una práctica neutral que resucita solamente imágenes e ideas estereotipadas del pasado (1991: 17). Para Baudrillard, la fascinación *retro* es una manera de escapar al vacío histórico, recuperar por un momento y a través de las imágenes "le temps où *au moins* il y avait de l'histoire" (1981: 70). Se evocan los acontecimientos y las apuestas históricas del pasado para ocultar su carencia en la época contemporánea. Esta evocación no tiene nada que ver con la toma de conciencia, porque lo que caracteriza el modo nostálgico es la neutralidad; sólo se manifiesta en él la añoranza de un referente perdido. Por otra parte, una película de ciencia-ficción como *China Syndrom*, dramatización ficticia de una fusión accidental de un reactor nuclear, crea un real que como copia precede al modelo real e histórico (el accidente en la planta nuclear de Three Mile Island, cerca de Harrisburg, Pensilvania, el 28 de marzo de 1979), desplazándolo y confirmando así la preponderancia de un evento televisado sobre un evento real (1981: 81).

En la literatura (léase, la novela), la nostalgia es reemplazada por la fantasía, como lo sugiere el rótulo con el que Jameson designa la novela histórica contemporánea: "historiografía posmoderna fantástica" (1991: 367). Sus dos variantes –la fantasía histórica y la historiografía espacial– suprimen el discurso histórico mediante la invención imaginaria y la experimentación formal (Jameson enfatiza en particular la ruptura del eje espacial), convirtiendo a la historia en una fabulación escapista, el realismo mágico o un "bonus of pleasure to be consumed" (1991: 371). De acuerdo con Jameson, la novela histórica posmoderna se resiste a la interpretación, es apolítica, despojada de compromiso con la realidad: busca una manera nueva y sorprendente de figurar las cosas pero no moviliza el conocimiento histórico previo para crear una narrativa/lectura dialéctica, sino que juega con la doxa, las ideas estereotipadas del lector acerca del pasado y los simulacros de la historia producidos desde el presente. El significado político-ideológico se diluye en la fabulación o la experimentación formal, cuyo resultado son incongruencias y disonancias textuales (1991: 366-373). Para Jameson, la novela histórica posmoderna es un juego con la historia cuyo objetivo es el placer del consumidor. En este juego de imágenes y versiones, la historia queda fuera del alcance, es un referente ausente.

Estas evaluaciones del tratamiento de la historia en el cine y novela posmodernos han suscitado una reacción crítica por parte de Linda Hutcheon, para quien, como se ha señalado antes, el posmodernismo identificado con la metaficción historiográfica es una manifestación cultural de alta conciencia política. La metaficción historiográfica abarca novelas que son intensamente autorreflexivas, pero recuperan también a los personajes y los acontecimientos históricos (1988: 5). En contraste con Jameson y Eagleton, Hutcheon sostiene que estas novelas reconceptualizan la historia mediante una escritura paródica que cuestiona el discurso histórico tradicional, exponiendo sus simplificaciones, omisiones y exclusiones. Así, la discontinuidad, la fragmentación, la indeterminación, la intertextualidad, las rupturas del eje temporal y espacial, analizadas por Jameson como elementos clave en la búsqueda de lo "interesante" o lo "sorprendente", son estrategias del cuestionamiento político e ideológico en *A Poetics of Postmodernism*. Sin embargo, según muestra Santiago Colás, Hutcheon descontextualiza su categoría de metaficción historiográfica excluyendo "the social and political conditions out of which [the texts] emerged" (1994: 2-3), lo que le permite analizar y equiparar los rasgos posmodernistas en obras producidas en realidades tan distantes y dispares como Europa, Asia, África, América del Norte y América Latina. Según Hutcheon, la reescritura de la historia cuestiona, en todos estos ambientes geográficos y sociales, el mismo "enemigo común", el humanismo liberal y sus nociones de origen y telos, unidad, totalización, conciencia, progreso, representación, verdad y, en cuanto a la perspectiva temporal, continuidad y linealidad. De esta manera, *A Poetics of Postmodernism* es un modelo global y, por ende, abstracto. Hutcheon capta y analiza con sagacidad los códigos literarios del posmodernismo, pero no establece una relación entre el significado de estas manifestaciones formales (fragmentación, parodia, intertextualidad) y el conjunto de circunstancias que las condicionan, "the differenciating power that specific, local social and cultural elements might exert on dominant forces like 'bourgeois liberal humanism'" (Colás 1994: 4), por lo cual su intento de restaurar la historia en el marco de la cultura posmoderna se basa en la evacuación de lo histórico.

La historia y su fin vistos desde la teoría crítica y la historiografía

> L'histoire ne se décline ... qu'au pluriel.
>
> Krzysztof Pomian

En 1991, el historiador americano Lawrence Stone publicó en la revista *Past and Present* una breve nota sobre la historia y el posmodernismo, preguntándose si la historiografía, amenazada por la deconstrucción, la antropología cultural y el nuevo historicismo, no se estaba transformando en una especie en vías de extinción (1991: 217-218). La inquietud expresada por Stone es una pequeña muestra de la controversia que empezó en la década de los ochenta, se intensificó en los noventa y continúa pasado ya el umbral del milenio, en la que los historiadores, los teóricos y filósofos discuten el estatus de la historiografía en el marco de la posmodernidad. Las posiciones más tradicionales chocan contra las más radicales con una intensidad casi desconocida en el campo de los estudios literarios, donde el posmodernismo y sus formulaciones teóricas (los pos-ismos) fueron acogidos con beneplácito y entusiasmo[28]. No cabía duda de que el cambio epistémico ha afectado la disciplina, pero había mucha divergencia de posiciones cuando se trataba de definir su alcance y consecuencias concretas para la práctica historiográfica: ¿el cambio o la muerte?, ¿una crisis transformadora o un fin irremediable? Así, en 1997 Keith Jenkins presenta tan sólo

> a sort of 'end of history' argument. Not (necessarily) the end of history as such, but arguably the end of those upper and lower case variants expressive of that part of our recent Western past. In short, *the end of the peculiar ways in which modernity conceptualized the past* ... (1997: 8; cursiva en el original)[29].

Apenas tres años más tarde, en 2000, la posición de Jenkins se vuelve mucho más radical cuando, partiendo de la premisa de que "there aren't any credible opponents anymore ...; we are all relativists now, all postmodern now" (2000: 195), el autor declara un fin incuestionable de la historia que es sólo una carga innecesaria:

> Why need it [history] exist? If postmodern critiques have shown that the past will go with anybody, if it will obey any reader, if it will support everything in general and nothing in particular; if, moreover, the status of historical knowledge beyond the statement and the chronicle has been fatally undercut and made problematical by postmodern "skepticisms," relativisms, and neo-pragmatisms anyway, then not only is the question raised as what would a *viable* postmodern history look like, but what a viable historization of the past *per se* might look like raises its head. From the point of view of emancipatory discourse, why would you want to hitch your future-oriented wagon to a knackered old horse that answers to the name of history? (2000: 199).

¿Es este arrebato del entusiasmo poshistórico y posmoderno justificado por la dirección que toman las revisiones de la historiografía desde distintas

---

[28] Véase, por ejemplo, el intercambio de ideas en los números 133 (Noviembre 1991) y 135 (Mayo 1992) de *Past and Present* iniciado por la nota de Stone, la discusión entre F.R. Ankersmit y Perez Zagorin, y entre Keith Jenkins y Zagorin en *History and Theory* (1989-1990 y 2000, respectivamente).

[29] En la terminología de Jenkins, "upper case history" es el gran relato o la metanarrativa (la Historia con una "H" mayúscula); "lower case history" es el estudio del pasado en forma de una investigación, o la historiografía propiamente dicha (1997: 6). Llama la atención el uso que Jenkins hace en esta afirmación de las estrategias retóricas "suavizantes", tanto del vocabulario ("a sort of", "not necessarily", "peculiar ways") como de la tipografía (comillas simples, paréntesis).

posiciones teóricas y por el desarrollo de la disciplina en las últimas décadas? ¿Estamos de verdad en la poshistoria o es la poshistoria un nuevo tipo de metanarrativa? Una mirada detenida a la teoría y práctica de la historia en la nueva situación epistémica se hace insoslayable.

El replanteamiento de la historia como disciplina, que iba registrando cambios desde la década de los treinta, se intensifica en los setenta, en el mismo momento cuando se inicia el debate acerca de la posmodernidad. Según señala Jenkins, la batalla sobre lo que es o debe ser la historia se sitúa entre las "viejas certidumbres" de los historiadores tradicionales y las posiciones "postistas" con sus nuevos discursos retóricos (1997: 4-5), enunciadas a menudo desde el campo de la teoría crítica y la filosofía de la historia, aunque no se pueden descartar las innovaciones que vienen de la práctica historiográfica misma. El modelo tradicional del estudio y del discurso histórico está anclado en los presupuestos ontológicos y epistemológicos de la Ilustración y en la tradición académica del siglo XIX (a menudo asociada con Leopold von Ranke). El fundamento ontológico de la historia tradicional (reconstructivista, empirista) es que existe una realidad pasada que puede ser recuperada y conocida por un sujeto universal, centrado y autónomo, por medio de la observación y estudio de la evidencia, es decir, de fuentes escritas (que, según el "dogma fundamental" de la historia decimonónica, deben ser documentos oficiales recogidos en los archivos; Pomian 1999: 346). El papel del historiador consiste en descubrir el sentido de las estructuras profundas de la realidad pasada y la verdad histórica reside en la correspondencia entre los hechos y estas estructuras. Tanto el sentido del pasado como la verdad histórica descubiertos por el historiador se consideran como estables y fijos, porque se asume la objetividad y el distanciamiento del historiador, es decir, la separación entre el hecho y su valoración; el historiador no evalúa, sino que describe. Finalmente, la historia tradicional considera que el lenguaje es sólo un medio que no hace sino reflejar o copiar la realidad descubierta por el historiador, con lo que se logra la transparencia que confirma el acceso directo a la realidad pasada y el supuesto de la narrativa histórica como reflejo de esta realidad. Esta posición ontológico-epistemológica imprime sus huellas tanto en la actividad del historiador (investigación en los archivos en busca de nuevas pruebas-documentos, en otras palabras, el documentarismo) como en las características del contenido y de la forma del relato histórico: el énfasis en la política y sus eventos significantes ("l'histoire événementielle"), la perspectiva desde arriba (la historia como relato de las hazañas de hombres ilustres), el concepto individualista de la acción histórica, la estructura lineal del relato histórico y la fusión de la interpretación con la factualidad manifiesta en la ausencia del historiador como narrador y organizador de la materia relatada porque, de acuerdo con el presupuesto de objetividad y transparencia, la historia debe contarse sola[30].

Es este modelo básico de "viejas certidumbres" históricas que es cuestionado y revisado a lo largo de los años setenta y a principios de los ochenta, desde distintas disciplinas relacionadas con la historia (la teoría crítica y la teoría literaria) y desde la historia misma. Se pueden destacar tres principales áreas de ataque y reformulación, aunque esta separación es más bien una cuestión técnica de la exposición, porque en realidad se trata de cuestionamientos y revisiones interrelacionados: el posestructuralismo, el cuestionamiento de las metanarrativas y la transformación de la historia en la nueva historia.

El primer reto proviene de la teoría posestructuralista y la deconstrucción, especialmente los trabajos de Michel Foucault y Jacques Derrida, que penetran en los setenta la reflexión acerca de la historia minando sus bases tradicionales. La historia como disciplina forma parte de las relaciones de poder tal como lo define Foucault (Scott 1989: 680; Pomian 1999: 372) y su discurso produce la verdad en vez de descubrirla o encontrarla. El posestructuralismo redefine entonces la historia como un discurso que crea o construye el significado del pasado en vez de descubrirlo ya inscrito en la evidencia, poniendo énfasis en los procesos culturales e ideológicos involucrados en la creación y organización del conocimiento (Munslow 2000: 9). Esta reformulación afecta directamente a dos conceptos fundamentales de la premisa ontológica de la historia tradicional: el del sujeto universal y autónomo y el del pasado directamente accesible y conocible por este sujeto.

Invocando la noción hegeliana de historicidad del conocimiento y el perspectivismo de Nietzsche, los posestructuralistas recuerdan que el sujeto cognoscente nunca es universal ni autónomo, sino situado en el tiempo y el espacio, sujeto a las condiciones materiales así como a las ambiciones personales, y condicionado por su estatus social, raza, género e, inclusive, la lengua en que se expresa. En la teoría posestructuralista el historiador deja de ser un sujeto determinante para transformarse en uno que es determinado (Munslow 2000: 11). El conocimiento producido por este sujeto no es directo ni es un reflejo objetivo y neutral de una realidad exterior, sino que es una construcción mediada por las relaciones de poder, la ideología y las convenciones culturales. Como señala Munslow, el posestructuralismo ha puesto al descubierto la historicidad de la historia, es decir, ha re-instalado la historia

---

[30] Véase Munslow (2000: ix y 1-5), Jenkins (1997: 3-5), Pomian (1999: 346-347), Burke (1992a: 2-6), Stone (1991: 217), LaCapra (1985: 17-19).

en la episteme a la que pertenece, mostrando que no es posible pensarla fuera de sus presuposiciones ontológicas y epistemológicas: "Whatever history is, it is not a culturally neutral depiction of past reality. ... Beyond the simple factual or truth-conditional statement, historical truth is ethically/ideologically situated, culturally dependent, and rethorically created" (2000: 12). Esta deconstrucción de la universalidad y objetividad del historiador subraya el relativismo criticado por los historiadores tradicionales, quienes ven en él la negación del pasado en tanto hechos y la disolución de los límites entre la historia y la cultura o la ficción. Sin embargo, cabe tener en cuenta con Joan Wallach Scott que toda retórica empleada por los tradicionalistas para convertir lo que no cabe en su noción de la historia en la no-historia es un ejercicio en "boudary maintenance" cuyo propósito es "the establishment and protection of hegemonic definitions of history" (1989: 681), que siguen negando que la historia sea "conocimiento guiado por un objetivo" e insisten en el acceso directo y privilegiado del historiador al pasado[31].

La imposibilidad de acceder al referente histórico, o la pérdida de este referente, es el segundo corolario del replanteamiento ontológico-epistemológico llevado a cabo por el posestructuralismo. Si la práctica historiográfica es parte de una episteme, entonces todo estudio o examen de las huellas materiales del pasado es sólo una lectura determinada de estas evidencias que debe tomar en cuenta que el documento (para retomar el objeto privilegiado de la historia tradicional) no es un fragmento neutral de aquella realidad, sino un texto condicionado por la situación epistémica del momento de su producción, con sus normas de valoración, selección y organización, y por el lenguaje, que no es una herramienta para crear un reflejo transparente de la realidad, sino un instrumento de posicionamiento ideológico, cultural, racial, etcétera. Vista desde esta perspectiva, la actividad del historiador es menos un excavar vertical en búsqueda del núcleo duro de lo real hecho inaccesible por una espesa capa textual, que un proceso horizontal e intertextual de lectura y relectura, un desciframiento cuyo juego itinerante de significantes produce un significado, no un referente.

Es justamente esta reformulación de índole derrideana de la labor historiográfica que junto con la propia teoría del lenguaje de Derrida y el énfasis puesto en el papel del lenguaje en la creación de significados históricos

---

[31] La definición de la historia como "knowledge directed by purpose" es de Carl Becker (1932: 226) y proviene de su discurso presidencial ante la American Historical Association, pronunciado en 1931. No se debe dejar escapar su similitud con la idea de Claude Lévi-Strauss de que "History is ... never history, but history-for" (1966: 257).

marcan el "giro lingüístico" en la historia. Su máximo exponente es Hayden White, cuyo estudio *Metahistory* (1973) replantea el papel de la figuración y de la retórica en la historiografía. En el modelo tradicional, la escritura y la composición del relato histórico ocupaban el tercer lugar en la jerarquía de las actividades del historiador después de la investigación y la interpretación, y se suponía que no ejercían un impacto mayor sobre la construcción del significado y de la verdad histórica porque no hacían sino re-presentar o reconstruir una realidad anterior. La teoría tropológica (o narrativista) de White desafía esta jerarquía insistiendo en la función de la prefiguración tropológica en la escritura de la historia. Para White, no existe ninguna estructura profunda inscrita en los acontecimientos que el historiador podría descubrir o identificar *a posteriori*; al contrario, el historiador idea tramas que corresponden a su propia prefiguración de los hechos que, a su vez, se origina en las presuposiciones ontológico-epistemológicas del presente. Es decir, es el historiador que construye e impone sobre el pasado una forma narrativa orientada por uno de los cuatro tropos: la metáfora, la metonimia, la sinécdoque y la ironía, transformándolo en una historia, es decir, una construcción poética de forma significante. El acto de tramar o urdir es, de acuerdo con White, un acto de conocimiento, pero éste no procede de una observación e investigación empírica, sino de una decisión epistemológica y estética del historiador. Si el relato histórico representa algo, este "algo" no es la realidad pasada, sino una idea acerca de esta realidad (1973: 1-42). Frank R. Ankersmit, un seguidor de la teoría tropológica de White, compara la historia posmoderna con un texto literario y con el psicoanálisis (1989: 144-146) y contribuye con la idea de la opacidad del lenguaje en el relato histórico, en el que el texto ocluye la realidad representada resaltando a la vez la presencia y el trabajo del historiador (1994: 128-129, 219).

El giro lingüístico ha provocado numerosas reacciones negativas entre los historiadores. Los críticos del aspecto deconstruccionista atacan el cuestionamiento de la referencialidad del lenguaje y de la relación directa entre las palabras y las cosas, la naturaleza diferida de la significación en el lenguaje, su papel fundamental en la construcción de la realidad y la consiguiente transformación de la historia en textualidad. Para ellos, la concepción lingüística de la realidad desarrollada por el posestructuralismo implica el desvanecimiento de la historia porque no sólo cuestiona la noción del pasado como un objeto recuperable, sino que también le niega al lenguaje la capacidad de referir, minando de esta manera los fundamentos de la historiografía (Spiegel 1992: 195-197; Himmelfarb 1989: 665-667; Zagorin 1999: 7-8). Los oponentes de las teorías de White y Ankersmit denuncian la asociación de la historia con el arte, en particular con la literatura, que lleva a la obliteración de los límites entre realidad y ficción y a la trivialización de la historia subsumida a la categoría general de escritura (Zagorin 1990: 263-272; Zammito 1998: 330-346). Perez Zagorin afirma, por ejemplo, que el narrativismo de White y Ankersmit es un intento de "aestheticize history and sever it from its formerly accepted grounding in condition of truth and reality" (1990: 264)[32]. Se puede responder a estas críticas aduciendo que el posestructuralismo, en general, y el giro lingüístico, en particular, no anulan el pasado, sino que cuestionan un acceso no-historizado –supuestamente directo y objetivo– al pasado. Estas teorías admiten la existencia de una realidad pretérita, pero niegan la posibilidad de recuperarla o reconstruirla en una forma pura, porque está envuelta en una gruesa capa de supuestos conceptuales e ideológicos y en la opacidad del lenguaje, que podría denominarse como "el texto de lo real". Es así como debe entenderse la palabra "texto" en el famoso *dictum* de Derrida: "Il n'y a pas de hors texte" (1967: 227). Explicando los malentendidos provocados por esta frase –la acusación de que la deconstrucción suspende la referencialidad– el filósofo francés afirma que el "texto" implica para él

> all the structures called "real," "economic," "historical," socio-institutional, in short: all possible referents... ["There is nothing outside the text"] does not mean

---

[32] Para alguien que escribe desde y para el campo de la crítica literaria que recibió las teorías de White con entusiasmo, y a veces acríticamente, ha sido muy revelador descubrir la posición ambivalente de White y sus teorías entre los historiadores. Además de las críticas citadas en el texto (las más frecuentes) se le ha reprochado: la identificación y, por lo tanto la reducción, de la historia a la narrativa (con una omisión obvia de otros modos de explanación, como la historia analítica; Zagorin 1999: 21); la obliteración en sus teorizaciones de la fase de investigación (Chartier 1997: 35) o su definición en términos lingüísticos, como el uso literal del lenguaje, a diferencia del uso figurado en la fase de escritura, que elimina la dinámica histórica presente entre la investigación y la narrativa (Lorenz 1998: 325-326); la imposibilidad de conciliar su idea de la ausencia de una estructura de sentido en los acontecimientos y de la libertad del historiador para escoger cualquiera de las tramas disponibles con la historia del Holocausto (Friedländer 1992: 32 y 105). Criticado, White terminó por reconocer que la realidad empírica puede restringir la selección de tramas tropológicas por parte del historiador: "In the case of an emplotment of the events of the Third Reich in a 'comic' or 'pastoral' mode, we would be eminently justified in appealing to 'the facts' in order to dismiss it from the list of 'competing narratives' of the Third Reich" (1992: 40). Esta concesión cuestiona no sólo las posibles tramas acerca del Holocausto, sino la teoría tropológica en general, señalando que ésta debe formularse dentro de ciertos límites. Así lo ve Paul Ricœur, quien reconoce la importancia de la retórica en el discurso histórico, pero insiste en que éste no puede reducirse a la retórica sin poner en riesgo su función referencial (1994: 21-23).

that all referents are suspended, denied, or enclosed in a book ... But it does mean that every referent, all reality has the structure of a differential trace, and that one cannot refer to this "real" except in an interpretive experience (1988: 148).

Para la teoría posestructuralista y la deconstrucción, la historiografía –una práctica discursiva entre muchas– tiene que participar de esta experiencia interpretativa de los "textos". En este sentido, no es anti-factual, sino relativista: "The deconstructionist historical consciousness is concerned ... with the relativism that exists in the process of creating the meanings of the-past-as-history, because it is a cultural practice, a discourse subject to other discourses" (Munslow 2000: 13). El relativismo posestructuralista no significa, sin embargo, que "todo vale", como lo pretende Jenkins (2000: 199). Es posible proponer en su marco una idea de una verdad histórica, ya no absoluta y estabilizada (en el sentido derrideano de "estabilización"), sino provisional, situada y sujeta a la confrontación con otras verdades, producidas en procesos similares; una verdad que desconfía de la correspondencia y del reflejo; una verdad que no es un punto de llegada, sino un vector de búsqueda.

El segundo reto a la historia tradicional, relacionado pero no sinónimo del relativismo posestructuralista, proviene de la crítica de los macro-relatos occidentales realizada por Lyotard. Para el francés, la modernidad se apoya sobre dos metanarrativas del progreso humano: la metanarrativa especulativa del idealismo alemán y la metanarrativa de emancipación cuyo "final feliz" es la libertad universal. La historia ocupa un prominente lugar ideológico en la segunda, tanto en su versión burguesa (el progreso continuo de la razón) como en su versión marxista (la marcha hacia la revolución del proletariado). De hecho, se puede decir que la metanarrativa de la emancipación es una filosofía de la historia moderna, una filosofía que se presenta como universal y que propone un sentido y un final común a todos los eventos particulares. El final del siglo XX representa, sin embargo, el ocaso de esta metanarrativa de la historia. "Can we continue today to organize the multitude of events that come to us from the world ... by subsuming them beneath the idea of a universal history of humanity?" (1989b: 314), se pregunta Lyotard, y da una respuesta negativa.

En primer lugar, son los acontecimientos históricos los que han puesto el gran relato de la emancipación en duda. La primera guerra mundial con millones de soldados muertos en las trincheras, la segunda guerra mundial con Auschwitz y otros campos de concentración, pero también la cruel Guerra Civil Española y, más recientemente, las dictaduras en el Cono Sur en América Latina, las guerras civiles en la ex Yugoslavia y las dos guerras de Irak, han sacudido para siempre la certeza de que el progreso de la razón liberará a la humanidad de la miseria y el sufrimiento. Las revueltas obreras en Hungría (1956), Checoslovaquia (1968) y Polonia (1980), la revolución de terciopelo y la caída del Muro de Berlín (1989) con la subsiguiente integración de los países satélites del bloque soviético en el mundo capitalista, y la descomposición fulminante de la Unión Soviética rebaten, a su vez, la metanarrativa marxista. Hoy en día, los acontecimientos en América Latina (Argentina, Venezuela o Bolivia, por ejemplo), África (Ruanda, Sudán), el Medio Oriente y los atentados de 2001 en los Estados Unidos, refutan ya la metanarrativa de la democracia liberal de mercado como un nuevo triunfo de la libertad. Estos "signos de la historia" desafían la unidad y la lógica de emancipación y progreso de las metanarrativas de la modernidad[33].

Dos otros retos a las metanarrativas vienen del posestructuralismo y el posmodernismo, impugnando sus pretensiones universalistas. De acuerdo con las explicaciones anteriores, el posestructuralismo ha mostrado que los significados supuestamente trascendentes y universales que sostienen las metanarrativas (el sujeto universal, la humanidad, el progreso, la razón, la libertad) son, en realidad, construcciones ideológicas situadas en el tiempo y el espacio, productos de la lógica occidental propia de la episteme moderna. Así, el sujeto universal es el sujeto occidental masculino y la historia universal se revela como una visión de este sujeto, con sus limitaciones de raza (blanca), género (hombre) y clase social (burguesía). Despojada del plumaje universalista y trascendental, la metanarrativa resulta ser un esquema impuesto sobre la historia a precio de incontables exclusiones y silenciamientos de lógicas, eventos, voces y relatos que podrían poner en entredicho los valores e intereses de aquel sujeto hegemónico. Lo señala Vattimo al comentar uno de los tres ejes del fin de la historia, la disolución de la idea que la historia es un proceso unitario (1988). Apoyándose en el concepto de "historia de los vencedores" discutido por Walter Benjamin en "Tesis de filosofía de la historia", Vattimo afirma que la noción de historia como un proceso unitario, racional y trascendental es una creación ideológica de los que "control history, preserving in it only what fits the image of history that they have created in order to legitimate their own power" (1988: 9). Por otra parte, Jameson señala que la conciencia posmoderna ya no es una de categorías amplias (clase, estatus, nación), sino de grupos que representan mino-

---

[33] Los ejemplos aquí citados son una combinación de los que presenta Lyotard en "Universal History, Cultural Differences" (1989b: 318) con mis propias contribuciones. "The Sign of History" es el título de otro ensayo de Lyotard publicado en *The Lyotard Reader* (1989a: 393-411).

rías, intereses especiales y nuevos movimientos sociales, practicando la "micropolítica" (1991: 318-319). En esta cultura que desconoce lo universal y hace del reconocimiento de la diferencia y del pluralismo una de sus bases (fenómenos no necesariamente positivos y políticamente eficaces, según Jameson; 1991: 340-353), surgen nuevos sujetos, cada uno con su agenda, su historia y un relato propio. Los "centros" de la historia se han multiplicado (Vattimo 1988: 10). Lawrence W. Levine sostiene que el actual debate crítico acerca de la historia es justamente

> a debate about to which extent we should widen our historical net to include the powerless as well as the poweful, the followers as well as the leaders, the margins as well as the center, popular and folk culture as well as high culture. The primary criticism of contemporary historiography has little to do with what kind of history we practice and almost everything to do with the subjects of history (1989: 675).

El cuestionamiento de las metanarrativas por la realidad empírica (la historia misma) y el cambio epistémico (el posestructuralismo, la posmodernidad) abre un espacio a grupos, instituciones y culturas marginados o excluidos, creando la posibilidad de una "historia democrática" o una "práctica histórica democratizada" (Scott 1989: 691) que acepte y promueva la proliferación de historias contadas por los nuevos sujetos históricos. Al fragmentar el gran fresco histórico en versiones a menudo conflictivas, la multiplicación de sujetos e historias evidenciaría desde la práctica lo que el posestructuralismo planteó en la teoría, a saber, que toda historia es, necesariamente, parcial y siempre participa en la lucha por el poder y el conocimiento (Scott 1989: 691)[34].

El tercer desafío se realiza en las prácticas de la nueva historia que incorporan numerosos planteamientos teórico-críticos comentados hasta ahora y, a veces, también incursionan en el territorio teórico, participando del desvanecimiento de las fronteras entre disciplinas y esferas de conocimiento que caracteriza la posmodernidad[35]. El término "nueva historia" se usa en refe-

---

[34] El artículo de Scott contiene una interesante descripción de cómo el campo histórico de principios del siglo XX defendía su homogeneidad calificando a los que retaban los lindes establecidos de lo histórico de "outsiders to history, ... either ignorant or willfully destructive enemies" (1989: 682; véase también 682-685). Hoy en día, los partidarios de la homogeneidad histórica hablan de la fragmentación de la disciplina y/o excesiva especialización (Himmelfarb 1989: 662-663; Hamerow 1987: 77).

[35] Esto no significa, sin embargo, que se pueda identificar la nueva historia con el posmodernismo. La relación es bastante problemática, como lo ponen en evidencia dis-

rencia a las innovaciones que reaccionan en contra del paradigma tradicional (ver *supra*); su arranque se sitúa en los años setenta mientras el florecimiento corresponde con las décadas de los ochenta y los noventa. La expresión es conocida sobre todo en Francia donde fue introducida en su sentido actual en 1974 al aparecer en los títulos de las tres partes del trabajo colectivo *Faire de l'histoire* de Jacques Le Goff y Pierre Nora (*nouveaux problèmes, nouvelles approches* y *nouveaux objets*) y en 1978 como el título de una colección de ensayos editada por Le Goff, *La nouvelle histoire*; asimismo, en Francia el término se asocia con otras manifestaciones nuevas de la época (*le nouveau roman* o *le nouveau cinéma*)[36]. Los tres subtítulos del trabajo de Le Goff y Nora son una clara señal de la mutación en el campo de la historia[37]. Los "nuevos problemas" indican las distintas ramas de la historia que se desarrollan como un intento de apartarse de la tradicional historia política que dominó el siglo XIX: la historia económica y social practicada por los investigadores reunidos alrededor de la revista *Annales* (1929) y sus versiones independizadas a partir de los cincuenta (la historia económica y la historia social), la nueva historia cultural, la nueva historia política, la microhistoria y la historia del presente, que es el sector más dinámico e innovador de las últimas décadas. Cada una de ellas propone una diversidad de nuevos objetos históricos, que antes se situaban fuera de los dominios bien delimitados de la historia o ni siquiera existían como objetos de inves-

---

tintas y, a veces, opuestas evaluaciones de los nuevos historiadores. Así, Jenkins sitúa a Carlo Ginzburg en un grupo de historiadores tradicionales, junto con Lawrence Stone y Gertrude Himmelfarb (1997: 23), Ankersmit (definido por Jenkins como uno de los críticos radicales de la historiografía tradicional que parece practicar Ginzburg) cita *Il formaggio e i vermi* como un ejemplo de autorreflexión posmoderna (1994: 123), mientras que Ginzburg mismo insiste en la necesidad de retener cierta noción de referencia y critica el posmodernismo en la historia como un "positivismo invertido" (1991: 83).

[36] El origen de la nueva historia se asocia con la revista francesa *Annales* fundada en 1929 por Lucien Febvre y Marc Bloch, y la generación siguiente de los historiadores como Fernand Braudel. En los Estados Unidos, el término "nuevos historiadores" remite a un grupo de seguidores de Croce que publican en la primera década del siglo XX, tales como James Harvey Robinson, autor de *The New History* (1912) o Charles Beard (*An Economic Interpretation of the Constitution of the United States*, 1913).

[37] Para no repetirme, me limito a discutir en esta parte los aspectos de la renovación/cuestionamiento no comentados en las secciones dedicadas al posestructuralismo y las metanarrativas. La nueva historia incorpora y elabora casi todas sus propuestas, sobre todo la idea de que la realidad (el pasado) se constituye cultural y socialmente y que el historiador no puede ser objetivo porque es determinado, lo que significa que reconoce el relativismo cultural. Algunos nuevos historiadores son, en cambio, bastante críticos de la teoría de White y la anti-referencialidad poesestructuralista (por ejemplo, C. Ginzburg).

tigación y estudio: las variaciones de precios, las crisis, los desfases económicos, el consumo, la historia urbana y rural, la historia del clima y demográfica (epidemias, higienes, prácticas sexuales, etcétera), la historia de las mentalidades, la historia desde abajo, la historia de mujeres, del cuerpo, de la familia, de las ceremonias, rituales y fiestas, la historia oral, la historia de la imagen, de las instituciones, de la tecnología, etcétera. El índice de la tercera parte del estudio de Le Goff y Nora no hace sino confirmar esta multiplicación vertiginosa de objetos históricos: el clima, el inconsciente, el mito, las mentalidades, la lengua, el libro, los jóvenes, el cuerpo, la cocina, la opinión pública, el filme y la fiesta. La nueva historia se percibe y conceptualiza como historia de todas las actividades humanas.

La novedad de contenido va en par con innovaciones de la forma narrativa (cuando de la historia narrativa se trata) y de la metodología. En consonancia con la idea de que el historiador es un autor posicionado ideológica y culturalmente y que la historia es, por lo tanto, una versión o, más bien, una construcción "autor-izada" e histórica del pasado, los nuevos historiadores no se borran del texto para ocultar la instancia que selecciona, organiza y valoriza los acontecimientos del pasado, persiguiendo de esta manera la presunta transparencia. Al contrario, la enunciación se manifiesta a menudo en la superficie del relato contribuyendo a crear, de acuerdo con Ankersmit, su opacidad. Así, Giovanni Levi explica que una de las características de la microhistoria es la exposición en la narrativa del trabajo del historiador y la incorporación de su voz en la enunciación, con el propósito de involucrar al lector en la construcción del argumento histórico:

> The second characteristic [of two discussed in the article] is that of incorporating into the main body of the narrative the procedures of research itself, the documentary limitations, techniques of persuasion and interpretive constructions. This method clearly breaks with the traditional, assertive, authoritarian form of discourse adopted by historians who present reality as objective. In microhistory, in contrast, the researcher's point of view becomes an intrinsic part of the account. The research process is explicitly described and the limitations of documentary evidence, the formulation of hypotheses and the lines of thought followed are not longer hidden away from the eyes of the uninitiated. The reader is involved in a sort of dialogue and participates in the whole process of constructing the historical argument (1992: 106).

Algunos (pocos) historiadores recurren incluso a técnicas narrativas propias de la novela contemporánea, como la multiplicidad de voces narrativas y puntos de vista. Ésta es la estrategia de composición de la historia del Surinam dieciochesco en el estudio *Alabi's World* (1990) de Richard Price que orquesta cuatro voces: la de los esclavos negros trasmitida por sus descendientes, la de los administradores holandeses de la colonia, la de los misioneros moravos y la del historiador mismo (Burke 1992a: 239). En todo caso, la presencia del historiador destruye la ilusión de objetividad y referencialidad directa buscada por la historia tradicional e insiste en la historia como construcción, característica que Le Goff y Nora sugieren hábilmente al usar el verbo "hacer" (*faire*) en el título de su libro. El historiador hace la historia a partir de las huellas del pasado, pero la orquesta desde su presente.

Otro cambio importante llevado a cabo por la nueva historia tiene que ver con la naturaleza de estas huellas. La evidencia de la historia tradicional se limitaba, como ya se ha dicho, al documento escrito y oficial, lo cual tuvo repercusiones en la definición del espacio o territorio de la historia. El documentarismo instauró una separación radical entre la historia (los pueblos que tienen escritura) y la prehistoria (los pueblos sin escritura), centró la investigación histórica en el Estado, sus instituciones, la diplomacia, la guerra y los individuos cuyas acciones fueron documentadas, omitiendo los procesos que los coetáneos no percibían como históricos, es decir, los de larga duración. De esta manera, la historia apoyada en el dogma del documento es "tributaire du temps court, celui des individus et des événements ... scandé par des dates, ... un temps des ruptures dont sont absentes les continuités, un temps des innovations dont sont absentes les permanences" (Pomian, 1999: 348-349). Una de las principales innovaciones de metodología es la ampliación de la noción de evidencia o fuente histórica, que empieza con el advenimiento de la historia económica y social (los historiadores incluyen en el repertorio de fuentes los datos estadísticos, imágenes, vestigios materiales naturales y humanos) y continúa con el desarrollo de la nueva historia cultural que incluye entre sus materiales las grabaciones (de los relatos orales), los afiches, las fotografías, documentos cinematográficos, vídeos, páginas de Internet, mensajes electrónicos, etcétera (Pomian 1999: 363 y 383; Burke 1992a: 4-5 y 16).

Finalmente, los historiadores reconocen que la historia no es un campo aislado, separado de los demás por una valla, sino una práctica interdisciplinaria, un cruce de objetos y temas, conocimientos, metodologías y técnicas. Pomian observa que la historia (sobre todo, pero no solamente la del presente) ha dejado de ser el monopolio de los historiadores, ya que en el marco de la disciplina aparecen importantes publicaciones de los sociólogos, economistas y periodistas (1999: 380). Se observa también un creciente desdibujamiento de las fronteras entre la historia y otras disciplinas: "Les frontières entre le savoir historique et les autres domaines du savoir ont perdu la netteté qu'elles avaient jadis, et les recompositions de leurs rapports réciproques sont loin d'être terminées" (1999: 380). A través de esta interdisciplinariedad constitutiva, la nueva historia participa plenamente en la cultura posmoderna, en la que la disolución de límites entre diversas prácticas es una de las características fundamentales. No cabe duda, los sujetos, objetos y métodos de la historia contemporánea se declinan en plural.

Vistos los cuestionamientos teóricos planteados a la historia y las mutaciones prácticas de la disciplina, ¿tiene razón Jenkins al comparar la historia con un viejo y reventado caballo condenado a la muerte cuando declara nuestra entrada en la poshistoria? La afirmación parece hiperbólica, sobre todo si se refiere a la historia en general (sin adjetivos calificativos). Hay un finado y hay una crisis: el finado es la historia universal y tradicional, o empírica, o realista, defendida por los partidarios de la homogeneidad de la disciplina empeñados en insistir también en la historia como reconstrucción objetiva de la realidad. Es decir, Jenkins tiene razón al diagnosticar el fin de un tipo de la historia. Esta muerte ha provocado una crisis ontológico-epistemológica en toda la disciplina, pero no todas las crisis son mortíferas; cabe recordar con Noé Jitrik que hay crisis que pueden ser "productivas", porque la amenaza o el desequilibrio estimula la búsqueda de nuevos caminos (1995: 19-20). La resolución productiva de los retos de la teoría posestructuralista y del pensamiento posmoderno en la nueva historia, junto con su vitalidad, apuntan en esta dirección.

Un comentario más para cerrar esta sección: Jenkins anuncia la muerte de la historia mientras que en el siguiente renglón proclama una emancipación futura, sin precisar quiénes irán en ese "future-oriented wagon" (2000: 199). Al mandar la historia a la tumba y vaticinar desde la posmoderna Academia europea el advenimiento de la poshistoria, propone (de nuevo) obliterar las voces y los posibles relatos de millones de personas que nunca han podido contar su experiencia de la historia y todavía esperan la emancipación. Quizá si alguien les preguntara dirían que prefieren participar en la carrera en un caballo viejo y reventado que quedarse esperando otra oportunidad. En muchos sitios, América Latina incluida, el problema es la carrera, no el caballo.

La posmodernidad y la muerte de la historia desde América Latina

> Theory must never lose touch with its origins in politics, society, and economics.
> EDWARD SAID

Hasta este punto, la exposición del debate sobre el posmodernismo y la historia se ha centrado en las teorías producidas en Europa y los Estados Unidos, lo cual podría hacer pensar que a pesar de la globalización y la celebración posmoderna de la diferencia, el mapa de las relaciones culturales entre el centro y la periferia en la posmodernidad queda prácticamente indistinto de su modelo anterior, el de la modernidad, ya que la teoría sigue afianzada en sus antiguos centros de producción. En la introducción al número especial de *The South Atlantic Quarterly*, titulado "Postmodernism: Center and Periphery", Jameson observa que sólo se puede hablar de una modificación en el centro, dado que a partir de los años sesenta la teoría se instala en los Estados Unidos, por lo cual la palabra "eurocentrismo" deviene una suerte de anomalía. El autor indica dos percepciones de lo posmoderno y de su teorización en los márgenes: algunos lo perciben como una exportación americana de la teoría y de la cultura masiva que sólo le permite participar a la periferia en la producción de nuevos bienes culturales, reproduciendo así el esquema binario colonial de la distribución geocultural del saber; otros, en cambio, ven en la posmodernidad, aunque llegue a través de los Estados Unidos, un marco teórico y cultural que permite romper con el viejo paradigma eurocentrista y sus metanarrativas legitimadoras de la modernidad (1993: 419-421). Para los últimos, la posmodernidad "comes as something like the declaration of independence of hitherto subordinated (third world) cultures, and their acknowledgment as mature forms and styles in their own right" (Jameson 1993: 421).

La mayoría de los pensadores (teóricos y críticos) latinoamericanos se posiciona entre las dos actitudes señaladas por Jameson: por un lado, son conscientes de que en tanto una exportación europeo-norteamericana, lo posmoderno puede resultar una nueva forma de hegemonía cultural y, por el otro, reconocen que re-leído y re-escrito de acuerdo con las condiciones sociales e históricas del subcontinente, lo posmoderno puede devenir una teoría propia, un nuevo sistema de representación de las relaciones sociales y culturales latinoamericanas a fines del siglo XX y a principios del XXI. Por eso, el debate posmoderno en América Latina adquiere tanta importancia en toda reflexión acerca del posmodernismo en relación con la literatura latinoamericana.

Desde un punto de vista cronológico, la discusión latinoamericana es casi simultánea a la europeo-norteamericana, ya que los primeros congresos y publicaciones sobre el tema datan de los años ochenta[38]. Una diferencia significativa es el lugar desde el que se piensa y conceptualiza la posmodernidad: las teorizaciones norteamericanas y europeas se originan sobre todo

---

[38] Las primeras muestras del debate en América Latina son un número especial (52, 1987) de la revista *David y Goliath* publicada por CLASCO en Buenos Aires y la colección de artículos *Imágenes desconocidas: La modernidad en la encrucijada posmoder-*

en las humanidades (la literatura, la teoría literaria, la filosofía) y la crítica del arte, mientras que las latinoamericanas provienen en su mayoría de las ciencias sociales con sus disciplinas adyacentes (la nueva antropología, los estudios de la comunicación) y los estudios culturales (Beverley y Oviedo 1995: 6; Herlinghaus y Walter 1994: 15). Esto sugiere que las pautas epistemológicas propuestas en América Latina, fundamentadas en las premisas de la "razón poscolonial" entendida como "un *locus* de enunciación diferencial" (Mignolo 1995: 104), buscan sobre todo elaborar nuevas formas de pensar el campo histórico, social y cultural[39].

La reflexión parte de la pregunta sobre la pertinencia histórica del concepto de posmodernidad, es decir, si es válido aplicarlo a la realidad latinoamericana que, según muchos participantes del debate, todavía no ha ingresado plenamente en la modernidad. Así, Nelson Osorio hace la siguiente observación durante el debate del Dartmouth Symposium in Latin American Literary Criticism (1988):

> Me parece una propuesta interesante para la comprensión global de la literatura europea, esto de la modernidad y post-modernidad, pero nosotros la hemos

---

na, editada por Fernando Calderón (1988). En 1989 fue terminado el insoslayable estudio de Néstor García Canclini, *Culturas híbridas: Estrategias para entrar y salir de la modernidad* (1990). En 1990, la revista *Nuevo texto crítico* publicó dos números dedicados al tema de "Modernidad y postmodernidad en América Latina". Jorge Ruffinelli comenta en la presentación que "Los últimos diez años han visto multiplicarse la bibliografía europea y norteamericana sobre la postmodernidad. ... [E]stamos manejando un concepto y un término ... de los cuales no es posible prescindir, a riesgo de dejar incomprendida una vasta región de la realidad" (1990b:3). Estas publicaciones permiten afirmar que en cuanto al debate posmoderno no es muy pertinente insistir de nuevo en el desfase temporal o el retraso del proceso teórico latinoamericano (Orejuela 1991: 4).

[39] Se podría argumentar que no se trata de "pautas epistemológicas" propuestas *en* América Latina, sino *para* América Latina, dado que los cuatro editores mencionados pertenecen a espacios académicos norteamericanos o europeos. Sin embargo, todos los autores de los ensayos incluidos en *The Postmodern Debate in Latin America* y *Posmodernidad en la periferia. Enfoques latinoamericanos de la nueva teoría cultural* tienen su lugar de enunciación en el continente latinoamericano, por lo cual sus teorizaciones son propuestas elaboradas y enunciadas *en* América Latina. El título del libro editado por Herlinghaus y Walter es muy elecuente en este sentido. Cabe mencionar aquí la colección de ensayos y entrevistas editada por Claudia Ferman, *The Postmodern in Latin and Latino American Cultural Narratives* (1996), que ostenta una interesante estructura tripartita en la cual se incorporan "Voices in the South", "Interviews" (con los pensadores residentes en América Latina: Nicolás Casullo, Roger Bartra y Jorge Juanes) y "Voices in the North", creando una suerte de contrapunto teórico. Por otra parte, la composición

importado sin cambiar las placas y la queremos hacer funcionar en las calles barrosas de América Latina ... ¿Cómo vamos a hablar de post-modernidad en Bolivia, en Chile, en Honduras, donde no ha llegado la modernidad plenamente? (1988: 146-147).

El mismo interrogante, revestido de términos más teóricos, es formulado por Jorge Ruffinelli y los editores de la colección *The Postmodernism Debate in Latin America*, John Beverley y José Oviedo:

> ¿[C]ómo podríamos atrevernos siquiera a relacionar la posmodernidad con la literatura latinoamericana, ella misma producto de sociedades y economías subdesarrolladas, sospechosas de no haber ingresado *siquiera* en la modernidad? ¿Cómo podríamos buscar paralelos entre discursos originados en las sociedades posindustriales, y los discursos de nuestras economías neo o semifeudales, con una industrialización –donde existe– rudimentaria e incipiente? (Ruffinelli 1990a: 32; el énfasis es del autor).

> *Postmodern* seems a particularly inappropriate term for nation-states and social formations that are usually thought as not having gone through the stage of modernity, in Weber's sense of the term, or, perhaps, more exactly, that display an "uneven modernity" (Beverley y Oviedo 1995: 2).

Los pensadores latinoamericanos insisten en que la modernidad en el subcontinente es el producto de una modernización caótica, desigual, incompleta e incumplida, un proceso deficitario de desarrollo; como tal, presenta características sociales y culturales que difícilmente corresponden a las que Jameson, Lyotard y Baudrillard detectan en la (supuestamente) homogeneizada, posindustrial, informática y massmediática sociedad norteamericana o europea. En esta situación, "atribuir ... a América Latina una posmodernidad que obedeciera a las pautas epistemológicas de las teorizaciones de Europa y de América del Norte" significaría volver a inscribirla en el marco occidental y universal, el posmodernismo como un nuevo metarrelato cultural (Herlinghaus y Walter 1994: 13-14); implicaría, además, una negación del impulso diferenciador promulgado por la teoría crítica posmoderna. Es aquí donde resulta crucial la noción de teoría viajera (Said), que se transforma de acuerdo con las condiciones concretas del lugar de recepción, y la idea del discurso latinoamericano como una "assimilação inquieta e

---

de los estudios aquí mencionados y los subtítulos del libro editado por Ferman ponen en evidencia la exclusión de Centroamérica de estos debates teóricos y culturales, hecho señalado por Arturo Arias (1998: 317-318).

insubordinada" que realiza una "meditação silenciosa e traiçoeira" (Santiago 1978: 22) acerca del modelo teórico occidental y dominante.

Una propuesta para la salida de esta *impasse* entre una teoría ajena y homogeneizadora y una realidad particular y local es formulada en un artículo de Juan Poblete que discute la polémica entre Perry Anderson y Peter Osborne acerca de la idea de modernidad de Marshall Berman. Siguiendo a Osborne, Poblete explica la necesidad de distinguir entre dos formas de temporalidad del presente: la una que sería una matriz temporal general (un presente posmoderno diferente del ayer y del futuro) y la otra que serían "los presentes históricos concretos de situaciones locales específicas que … insertos en el presente pos/moderno requieren de una teoría que relacione y explique sus diferencias" (1995: 121). Para Poblete se establece de esta manera "una dialéctica entre homogeneización y diferenciación" (1995: 121) que permite declarar a José Joaquín Brunner que "el continente y sus prácticas se hallan inevitable y totalmente inmersas en el sistema mundial", mientras que Néstor García Canclini sostiene que las culturas híbridas latinoamericanas "poseen … un grado de autonomía que es necesario reconocer" (paráfrasis de Poblete 1995: 121)[40]. Es en la tensión entre, por un lado, el marco global y general de la teoría y, por el otro, las condiciones y prácticas locales latinoamericanas, que se dibujan los contornos de la noción diferenciada de la posmodernidad construida desde América Latina.

Un primer signo del impacto de ese presente histórico concreto y local del que habla Poblete sobre la teoría-matriz de lo posmoderno es el desplazamiento del enfoque en las teorizaciones latinoamericanas. Mientras las teorías norteamericanas y europeas se centran en el tema del fin de la modernidad y, negando sus propuestas, valores y políticas por su carácter excluyente y destructivo, conciben la posmodernidad como una sustitución desencantada (y a veces nihilista) del proyecto moderno, los acercamientos latinoamericanos conceptualizan la posmodernidad como una crítica, con posibilidades constructivas y renovadoras, de la modernidad. Para García

---

[40] La crítica que Colás hace a las teorías de Jameson y Hutcheon reposa sobre una distinción parecida entre la homogeneización teórica y la heterogeneidad local de las producciones culturales: "Only from a perspective rooted in heterogeneity can one obtain a critical purchase on theories that reduce it. … Latin American postmodernity demands that attention be given to the heterogeneity that exists … among the various artifacts produced under a variety of local social conditions and aesthetic traditions. … As critics, we must retain, not pretend to resolve, a tension between what will remain an unsatisfactorily homogenizing term: postmodernism, and the heterogeneous local forms produced within and sometimes against its logic" (1994: 17).

Canclini, quien se pronuncia aquí sobre la cultura, la posmodernidad se define

> no como una etapa o tendencia que reemplazaría el mundo moderno, sino como una manera de problematizar los vínculos equívocos que éste armó con las tradiciones que quiso excluir o superar para constituirse. La relativización posmoderna de todo fundamentalismo o evolucionismo facilita revisar la separación entre lo culto, lo popular y lo masivo sobre la que aún simula asentarse la modernidad, elaborar un pensamiento más abierto para abarcar las interacciones e integraciones entre los niveles, géneros y formas de la sensibilidad colectiva (1990: 23).

Nelly Richard expresa la misma idea al afirmar que "la posmodernidad no es lo que linealmente viene después de la modernidad (su nuevo y más reciente 'fin': su acabada 'superación') sino el pretexto coyuntural para su relectura desde la sospecha que históricamente pesa sobre las articulaciones cognoscitivas e instrumentales de su diseño universal" (1994: 16). Al sustraer la posmodernidad a la lógica temporal, a la cronología, García Canclini y Richard modifican el significado del prefijo "pos", que deja de remitir a una linealidad temporal para adoptar el valor semántico del prefijo "re": la posmodernidad como una re-lectura, re-formulación, re-visión y, finalmente, re-escritura crítica de la racionalidad universal y centrada de la modernidad. Es la idea que Lyotard expresa en *L'inhumain* cuando concibe la re-escritura en términos freudianos de preelaboración (anamnesis) y define la posmodernidad como la re-escritura de la modernidad[41].

Una segunda diferencia de las teorizaciones latinoamericanas con respecto a las anglo-europeas tiene que ver con la relación entre la posmodernidad y el estatus de la democracia en las sociedades respectivas. Las teorí-

---

[41] "La postmodernité n'est pas un âge nouveau, c'est la réécriture de quelques traits revendiqués par la modernité, et d'abord de sa prétention à fonder sa légitimité sur le projet d'émancipation de l'humanité tout entière par la science et la technique" (1988: 43). "L'avantage [du terme 'réécrire la modernité'] tient à deux déplacements, la transformation du préfixe 'post' en 'ré', du point de vue lexicale, et l'application syntaxique du préfixe ainsi modifié au verbe 'écrire' plutôt qu'au substantif 'modernité'" (1988: 33).

La conexión entre las ideas de Lyotard y la noción de posmodernidad formulada en el pensamiento latinamericano es señalada también en *La no simultaneidad de lo simultáneo* de Carlos Rincón (1995: 48). Compárese esta propuesta con la siguiente afirmación de Dick Hebdidge: "To say 'post' is to say 'past', hence questions of periodisation are inevitably raised whenever the term 'postmodernism' is invoked" (1988: 183). También Brian McHale define el posmodernismo norteamericano como un fenómeno cultural posterior al modernismo (1987:5).

as posmodernas del centro se incuban en el contexto de ya asumidas y (supuestamente) realizadas democracias de mercado, mientras que en América Latina el debate posmoderno sigue a la caída de los regímenes dictatoriales (Cono Sur) y al fin de cruentas guerras civiles (América Central), lo cual significa que se inscribe en el marco de la restitución de la democracia en el continente. Esta redemocratización es una de las fuerzas que lo impulsan, y a la vez uno de los temas de la discusión, especialmente en cuanto a su relación con "the new sense of cultural and aesthetic agency posmodernism posits" (Beverley y Oviedo 1995: 10) a través del valor de cambio que atribuye a las tendencias destotalizadoras. Al mismo tiempo, muchos planteamientos de la teoría posmoderna encuentran un eco favorable en la izquierda latinoamericana que, desilusionada y "desarmada" (según la expresión de Jorge Castañeda) por su crisis de los años setenta, percibe en esta perspectiva una posibilidad de construir proyectos alternativos de reflexión y movilización política en un nuevo contexto social e histórico, más democrático, pero de ninguna manera, satisfactorio, estable y definitivo[42]. Es en parte por esta razón que en América Latina el desencanto posmoderno con la modernidad no se traduce en la desaparición o neutralización de los impulsos utópicos que sobreviven redefiniéndose en confrontación con la incertidumbre acerca del futuro del continente (Beverley y Oviedo 1995: 9-10). En este marco, los principales rasgos de la posmodernidad –el descreimiento en las categorías universales (sujeto-progreso-razón) y en los metarrelatos legitimadores de la modernidad; el socavamiento del concepto de la verdad y del origen con la consiguiente multiplicación de signos y voces, junto con el énfasis en la polivalencia, la relatividad y la provisionalidad; la discontinuidad e itinerancia de significados; el descentramiento y la fragmentación de los espacios de enunciación– no corresponden a una postura de impotencia o pasividad complaciente, sino que forman parte del cuestionamiento de las tendencias uniformadoras de la razón instrumental moderna, por medio del cual se busca reivindicar la alteridad y la diferen-

---

[42] Esto no significa que la posición de la izquierda con respecto a la posmodernidad sea unánime. Beverley y Oviedo señalan, por ejemplo, la actitud abiertamente anti-posmodernista de Hernán Vidal y Neil Larsen (1995: 10-11). Por otra parte, los editores de *The Postmodern Debate in Latin America* señalan también que la prominencia de los intelectuales de izquierda en el debate posmoderno no equivale a la ausencia de un "posmodernismo de derecha", representado por el "populismo autoritario" a la Thatcher de los gobiernos de Fujimori en Perú y Collor en Brasil y por las publicaciones como *El otro sendero* (Bogotá 1987), el "manifiesto de economía neoliberal" del peruano Hernando de Soto (1995: 13).

cia, es decir, formular una manera distinta de pensar la realidad latinoamericana. Así lo interpreta Nelly Richard: "El discurso posmoderno que teoriza el fracaso de [la] modernidad centrada interviene (desorganiza, reformula) el modo que hasta ahora tuvo Latinoamérica de imaginarse a sí misma" (1994: 211).

La cita de Richard pone en evidencia dos vertientes interrelacionadas de la reflexión latinoamericana: una de ellas es la ya mencionada crítica de la modernidad eurocéntrica, mientras que la otra es la revisión de "las aporías de su propio pensamiento anterior" (Herlinghaus y Walter 1994: 19) acerca de la modernidad latinoamericana[43] y la elaboración de una nueva idea de la modernidad, conocida bajo el rótulo de la "modernidad periférica". Todos los adjetivos que la describen reflejan el desencanto: es "subdesarrollada", "incompleta" o "inconclusa", "trunca", "confusa y refleja, entrecortada y desigual... ha dejado cabos sueltos por todos lados y hay sectores enteros ajenos a sus proyectos" (Escobar 1988: 15). El problema es que todas estas calificaciones implican una comparación tácita con un modelo que se supone completo y abarcador, el de la modernidad occidental, traicionando una contradicción del pensamiento crítico. En un útil giro conceptual, Roberto Follari señala, sin embargo, que más que inconclusa, la modernidad latinoamericana "ha sido heterogénea; es decir, que ha tenido cumplimientos diferenciados según diversos sectores sociales" (1990: 147). Es justamente el concepto de heterogeneidad el que organiza las reflexiones posmodernas acerca de la modernidad periférica latinoamericana para re-escribirla como

> conjunto de experiencias de una nueva dimensión cultural, señalada por medio de las 'topologías' de lo heterogéneo, de lo multicultural y lo multitemporal, de los cruces de lo político con lo cultural y, revelando la riqueza de una historización distinta, de las articulaciones entre lo masivo y lo popular (Herlinghaus y Walter 1994: 14).

Si la posmodernidad se conceptualiza como una crisis de totalizaciones modernas que redefine la sociedad como coexistencia de diferencias y pluralidades, entonces esta nueva percepción de la modernidad es también una articulación propia, diferenciada, latinoamericana, de la posmodernidad. El presupuesto conceptual de heterogeneidad y discontinuidad tiene dos conse-

---

[43] Se trata aquí de los modelos decimonónicos de, entre otros, Andrés Bello, Esteban Echeverría o Domingo F. Sarmiento, del ideal de una modernidad espiritual opuesta a la modernización utilitaria norteamericana de los modernistas, de la "modernidad compensatoria" de Octavio Paz o el macondismo (Herlinghaus y Walter 1994: 19-20).

cuencias para la teoría de lo posmoderno: primero, asumiendo una multiplicidad de articulaciones de la modernidad, descarta la posibilidad de pensar la posmodernidad como su fin[44]; segundo, deriva en la existencia de múltiples posmodernismos o distintas dinámicas de la posmodernidad, "respuestas/propuestas estético-ideológicas locales ante, frente y dentro de la transnacionalización capitalista" (Yúdice 1989: 106). La heterogeneidad (pos)moderna del continente latinoamericano es también un punto de inflexión crucial para la refutación de la muerte de la historia proclamada desde las teorías posmodernas del centro, siempre más dispuesto a hablar del otro que permitirle hablar en nombre propio (Richard 1994: 221-222).

Describir en síntesis la heterogeneidad latinoamericana no es una tarea fácil porque se corre el riesgo de neutralizarla. En efecto, ¿no es la expresión "heterogeneidad latinoamericana" una señal de homogeneización de los procesos histórico-culturales bastante dispares? Haciendo eco de la distinción de Poblete entre una matriz general y los casos históricos concretos, Nelly Richard señala dos dinámicas distintas en la experiencia de los países del continente. Por un lado, afirma Richard, "'Latinoamérica' designa una zona de experiencia (llámese: marginación, dependencia, subalteridad, descentramiento) común a todos los países del continente situados en la periferia del modelo occidental-dominante de la modernidad centrada" (1994: 211); por el otro, la investigadora señala la diferenciación de esta experiencia en el contexto histórico-cultural de cada país: "Perú, Chile o Argentina no comparten los mismos antecedentes de modernidad, modernizaciones, modernismo; el desenvolvimiento de las tendencias no fue uniforme y la mezcla entre mito e historia, entre rito y progreso, entre tradición y mercado, se sedimentó desigualmente" (1994: 210). Hacer un balance crítico de la "heterogeneidad latinoamericana" implica un grado de des-diferenciación; dicho esto, es posible, sin embargo, destacar ciertas características, si no siempre comunes, por lo menos sobresalientes en el marco general latinoamericano.

Los eventos económicos y políticos de las dos décadas que nos conciernen aquí, los años ochenta de la redemocratización y los noventa, reorganizan la estructura social de los países latinoamericanos. El primer decenio, conocido como la "década perdida", transcurre bajo el signo de la deuda externa, la recesión, la hiperinflación, la fuga de los capitales nacionales

---

[44] Este aspecto del aporte latinoamericano revela hasta qué punto el concepto de la posmodernidad como el fin de la modernidad prevaleciente en las teorías del centro se basa en una noción muy moderna –uniformadora y totalizante, en flagrante contradicción con la idea posmoderna de descentramiento y diseminación– de la modernidad misma.

junto con la internacionalización económica y la anulación del compromiso del Estado, lo cual produce la desintegración del tejido político y social[45]. Durante el segundo, se intensifica la inserción desigual de las economías regionales en la economía mundial y la dependencia de sus programas económicos de políticas de corte neoliberal impuestas por el mercado transnacional y los organismos internacionales de control, como el Banco Mundial y el FMI: la liberalización del comercio, la inversión extranjera, las privatizaciones de las empresas estatales y reestructuraciones forzadas, la disciplina fiscal con sus reducciones del presupuesto social y la privatización de la cultura (incluida la educación) debida a la debilidad financiera de las organizaciones estatales. A pesar de optimistas previsiones de los neoconservadores como Fukuyama sobre el poder igualador de la democracia de mercado, la experiencia latinoamericana de las últimas dos décadas es prueba de lo contrario: el avance del modelo neoliberal de economía basado en la maximización de la ganancia, la gerencia privada del *surplus* económico y la concentración del poder en las manos de corporaciones y élites transnacionales, lleva a una creciente fragmentación del tejido social, resultado de un rápido enriquecimiento de élites económicas y el empobrecimiento de las mayorías, la marginalización y exclusión de los grupos sociales que no logran seguir el ritmo de cambios y adaptaciones, o no pueden adaptarse a la especialización exigida por las nuevas tecnologías. Norbert Lechner resume esta situación afirmando que "the development of capitalism ... at least in the Southern Cone [of Latin America], only deepened and complicated the existing structural heterogeneity" (1992: 28).

Los teóricos explican que esta diferenciación no se debe tan sólo a la posición periférica de América Latina, sino que es, sobre todo, un producto del mecanismo interno del funcionamiento del sistema capitalista para el que un éxito económico completo y generalizado significaría el fin de la expansión; por lo tanto, para protegerse y perpetuarse necesita crear constantemente zonas de "subdesarrollo", "desarrollo desigual" o "retraso económico", es decir, "nuevos" espacios por modernizar, desarrollar e integrar gracias a la acción del capital[46]. La homogeneización es más una ilusión que

---

[45] Véase Doria Medina (1986), Gilly (1986), García Canclini (1990), Yúdice (1992), Mudrovcic (1993), Lechner (1995b).

[46] Un buen resumen de esta lógica del capitalismo tardío se encuentra en el estudio de Colás (1994: 8-13), que proporciona numerosas referencias de lectura sobre el tema. Véase también la crítica a Fukuyama en *Los fines de la historia* de Anderson, donde el autor observa lo siguiente: "El estilo de vida de que gozan (sic) hoy en día la mayoría de los ciudadanos de las naciones capitalistas es lo que Harrod denominó riqueza oligárqui-

un verdadero objetivo y resultado de los procesos del desarrollo capitalista que produce "an integrated unity of non-homogeneous parts" (Mandel 1987: 102). La heterogeneidad y desorganización económica y social existen también en los centros industrializados metropolitanos (el Sur de Italia en relación con el Norte, la región valona de Hainaut en Bélgica, las barrios periféricos de las ciudades francesas, así como el Valle de Ohio, las zonas urbanas deprimidas, los habitantes de casas rodantes en los Estados Unidos)[47], pero se manifiestan de una forma mucho más aguda en zonas periféricas, como América Latina, donde el impacto desigual de las transformaciones provocadas por el capitalismo transnacional choca con formas premodernas y modernas de economía, creando una "sociedad a múltiples velocidades" (Lechner, 1995b: 64) y temporalidades[48].

Otro aspecto de la heterogeneidad en América Latina tiene que ver con la crisis del Estado como eje organizador de la experiencia social y política de una colectividad. Una razón del desencanto actual con el Estado es histórica: la experiencia de la dictadura o de la represión interna de las décadas de los setenta y los ochenta se expresa en la desconfianza o la sospecha hacia las instituciones del Estado que se asocian con criminalidad y violencia. Al mismo tiempo, este desencanto se inscribe en el marco de la deslegitimación posmoderna de los metarrelatos o, como dice Lechner, teorías que permiten entender el proceso social en su totalidad (1995a: 152). El Estado-nación, que se define en oposición a otros estados-naciones, construye la unidad por medio de exclusión o negación de las diferencias sociales y culturales, es decir, homogeneiza una estructura compleja y heterogénea. La reevaluación posmoderna de la pluralidad cultural y étnica, de la diversidad de estructuras económicas y de la diferencia social, recupera esta compleji-

---

ca y Hirsch llamó en consecuencia un bien posicional, cuya existencia ... depende de su restricción a una minoría. Si se distribuyese para todas las personas en el mundo la misma cantidad de refrigeradores y automóviles que les corresponde a los habitantes de Norteamérica y Europa occidental, el planeta resultaría inhabitable. Para sostener hoy en día la ecología global del capital, el privilegio de unos pocos requiere la miseria de la mayoría" (1995: 128-129).

[47] Un interesante y poco conocido ejemplo de este retraso estratégico del capitalismo es la situación que padece el estado de Kansas. Véase Thomas Frank, *What's the Matter with Kansas*, especialmente el capítulo 2, "Deep in the Heart of Redness".

[48] Brunner (1995: 51-52) recurre en su análisis de la modernidad periférica al modelo de la dinámica del capitalismo de F. Braudel. El mundo está dividido en zonas concéntricas y el grado de la integración uniforme y exitosa de la modernización está en proporción directa a la cercanía respecto del centro. En las zonas alejadas, la penetración modernizadora del capitalismo produce efectos contradictorios e, incluso, perversos.

dad erosionando, a la vez, el sistema de integración del aparato estatal (Lechner 1995a: 154-155). La estructura social tradicional, basada antes en el orden de clases sociales, se fragmenta con la multiplicación de racionalidades propias y diferenciadas, creando una nueva complejidad con diferentes campos sociales que obedecen a sus propias lógicas y desarrollan dinámicas específicas: "una sociedad sin centro" (1995b: 64). Un lugar especial en esta pulverización de las estructuras tradicionales corresponde a las prácticas informales de formas muy diversas y objetivos a veces contrapuestos, que surgen en distintos espacios sociales y geográficos del continente, escapándose del control estatal e institucional. El narcotráfico es un ejemplo de la economía informal (Yúdice, 1992: 2)[49] el otro son los buhoneros (vendedores ambulantes) que ocupan las calles comerciales de las grandes ciudades desafiando al comercio oficial. El levantamiento zapatista en Chiapas puede considerarse un movimiento militar informal o subalterno, porque el Ejército Zapatista actúa desde la periferia (geográfica, social y cultural) y contra el ejército nacional mexicano. En la "Declaración de la Selva Lacandona", los zapatistas se refieren al ejército federal como "pilar básico de la dictadura que [padecen]" y al Estado, como su enemigo (EZLN 1994: 34).

Finalmente, la implantación en América Latina de las políticas económicas neoliberales contribuye al debilitamiento del Estado-protector, obligado a consentir la privatización de sus principales programas de cohesión social (educación, cultura, salud). Como consecuencia, observa Lechner

> In our countries, the metaphysical halo that the state irradiated has also disappeared; the patriotism with which nineteenth-century theater, painting, and poetry exalted the state as the incarnation of national unity seems anachronistic to us today. The present-day state ends up reduced to one of its three branches, the executive, which, in turn, increasingly carries the stamp of its bureaucratic machinery. The image of the state changes from collectivity to a bureaucracy. Even this finds itself threatened by privatization. To the extent that the state becomes a "political market" of particular interests, it becomes difficult for citizens to recognize the *res publica* in it (1995a: 156).

El cuestionamiento del Estado y de la política estatal como "instancias generales de representación y coordinación de la sociedad" (Lechner 1995b: 64) se traduce en la transformación de la política y la búsqueda de nuevas

---

[49] En Perú, la economía informal (en el sentido amplio, no sólo el narcotráfico) genera el 42% de la producción (Lagarde 1997). Véase también Soto (1987). Sobre la economía informal en Bolivia, consúltese Doria Medina (1986).

formas de representación social. Lechner observa que los partidos políticos tradicionales "carecen de discurso en tanto interpretación global que permita ordenar la realidad en un panorama inteligible y estructurar la diversidad de intereses y opciones en torno a algunos ejes básicos" (1995b: 69). Esto ha conducido al descentramiento y la informalización de la política, a la "redefinición de lo político como campo de interpelación y reconocimiento de los sujetos sociales" (Martín-Barbero 1994: 99). Ilustrativa de este proceso es la proliferación de movimientos sociales y políticos, cuyo carácter difiere de modo considerable de las antiguas organizaciones de representación política y social, según lo explican Fernando Calderón y José Luis Reyna: "los movimientos sociales de hace 25 años tenían fuertes orientaciones político-estatales, ... ahora muchos actores están más orientados hacia la búsqueda de identidades culturales y de espacios propios de expresión social, políticos o no" (1990: 20-21). Calderón y Reyna aluden aquí a los "nuevos movimientos sociales" que surgen en el nivel comunitario o local, buscando, por un lado, estrategias colectivas de sobrevivencia en las condiciones impuestas por el capitalismo transnacional o por las dislocaciones geográficas de las comunidades flageladas por la violencia, y por el otro, maneras de encauzar reivindicaciones materiales y socioculturales. Son movimientos-respuestas a la exclusión social, como el de las mujeres en Chile o las organizaciones indígenas de campesinos; movimientos de orientación ética como las Madres de Plaza de Mayo; movimientos de ayuda social como la organización peruana Federación Popular de Mujeres de Villa El Salvador que lanzó y dirigió la operación "Vaso de leche", las guarderías comunitarias Wawa Wasi y las asociaciones de subsistencia como "las ollas comunes" o "los comedores populares", credos todos como una reacción al derrumbe de la economía peruana entre 1985 y 1990 y al Fujichoc[50]; movimientos ecologistas, urbanos (organizaciones barriales), de música (rock), de estudiantes, étnico-culturales y regionales. Para Jesús Martín-Barbero, estos movimientos "dan rostro y forma a la *resistencia cotidiana* que desde los barrios populares de las grandes ciudades, desde las culturas regionales, o desde el desarraigo social y cultural de las muchedumbres urbanas libra la gente por reapropiarse de la sociedad" (1994: 99); Martín Hopenhayn interpreta esta "micropolítica" como "búsqueda de la democracia en espacios pequeños" (1995: 107).

La diversificación de la arena social plantea, a su vez, nuevos temas, problemas y orientaciones. Es relevante aquí que haya cambiado el concep-

---

[50] Sobre la situación económica y social en el Perú, entre 1980 y 2000, y los movimientos de ayuda social, véase Fourtané (2000: 19-27).

to del "actor" o "sujeto" social-político. Los "grandes actores" nacionales de antes (los campesinos, los obreros, la burguesía, el Estado, los partidos políticos tradicionales) no desaparecen por completo, pero los que protagonizan la vida social actual son los "actores chicos" o "las estrellas enanas" (madres, jóvenes, grupos étnicos) que buscan otro tipo de representación social y cultural (Calderón/Reyna 1990: 23-24). Algunos estudiosos, especialmente los que interpretan los fenómenos de la sociedad latinoamericana actual desde un paradigma marxista tradicional (Neil Larsen), señalan que la fragmentación y dispersión minan la efectividad política de los movimientos cuyas prácticas son más simbólicas que políticas (como lo hace Jameson con respecto al pluralismo de la sociedad posmoderna norteamericana). Respondiendo a esta crítica con una larga lista de ejemplos, Beverley y Oviedo muestran, sin embargo, que a pesar de la heterogeneidad interna y la diversidad de objetivos propios de cada uno de los movimientos, éstos se constituyen casi siempre como un freno o un límite al avance del capitalismo en su forma actual (1995: 11-12). Para Fernando Calderón, la nueva escena social es comparable al efecto de un *big bang* astronómico:

> The social universe is like a great galaxy in formation, incandescent and embryonic, but also spastic, with restricted identities, but also with great ethical cohesion. It is like a joining around a black hole of dispersed energies, which perphaps will be stars tomorrow (1995: 63).

El elemento común en la multiplicidad de nuevas prácticas sociales es la resistencia constructiva frente a los efectos de la globalización del capital, en la que los más optimistas perciben una posible reconstrucción, desde las condiciones de la posmodernidad, de la izquierda latinoamericana (Beverley y Oviedo 1995: 13). Para otros, es una nueva forma de historicidad (Calderón 1995: 63) o una expresión de solidaridad que busca redimensionar el desencanto posmoderno con la modernización hacia un nuevo proyecto para el futuro (Quijano 1995: 216).

El área donde la heterogeneidad se manifiesta con una intensidad distintiva es la cultura, como lo señalan casi todos los estudiosos latinoamericanos, en particular Brunner y García Canclini. Brunner insiste en distinguir entre la diversidad como coexistencia de diversas culturas, etnicidades, grupos y regiones, o como resultado de la superposición histórica de culturas de América Latina, y la heterogeneidad cultural característica de la época actual. Ésta significa "a segmented and differential participation in an international market of messages that 'penetrates' the local framework of culture on all sides and in unexpected ways" (1995: 41). La participación segmentada se debe a la penetración desigual de la cultura hegemónica (norteamericana) que según la teoría de zonas concéntricas (Braudel) se debilita mientras se aleja del centro y es recodificada en las zonas periféricas según los códigos de recepción locales (1995: 41 y 52). La imagen de Cochabamba presentada en 1987 por Fernando Calderón es una elocuente ilustración de la cultura entendida como *collage* de experiencias y prácticas dispares:

> En Cochabamba ... por los recientes efectos perversos de la arcana coca, se vive una conexión directa con Wall Street y sus alrededores, pero también allí se miran y mezclan confusa, metafísica y conflictualmente, es decir, latinoamericanamente, la tradición y el modernismo: arados y computadoras, un concierto de Bach y otro del nuevo rock, el campo y la ciudad, la industria y la agricultura campesina, el quechua con el español y hasta con el inglés. ... También existe un lugarcito que se llama la Feria de la Cancha, donde el mundo intercambia sus poderes: computadoras y videos ... por productos agrícolas producidos por pulmón y mano (1988: 11).

La cita muestra una intersección de los circuitos de la cultura que desdibuja la autonomía de las esferas culturales, creando ramificaciones y contaminaciones que relativizan las categorías y jerarquías asumidas por la modernidad. La heterogeneidad significa entonces un intercambio cultural entre diversas lógicas, como la cultura popular, la cultura de masas y la cultura de élite. En la imagen de Cochabamba resuena la definición de la posmodernidad como revisión crítica de "la separación entre lo culto, lo popular y lo masivo", formulada por García Canclini (1990: 23). Estos tres campos culturales, separados hasta hace poco, se invaden ahora mutuamente y "[no] están donde nosotros habituamos a encontrarlos" (1990: 14). La coexistencia horizontal de distintos sistemas culturales resulta en un cruce que no implica ni la cancelación ni la extinción de uno de ellos, sino que activa la reconversión cultural que consiste en transferir "symbolic patrimony from one site to another in order to preserve it, increase its yield, and better the position of those who practice it" (García Canclini 1992: 31-32). Se producen de esta manera estructuras híbridas, mezclas de lo tradicional y lo moderno, que negocian sus posiciones dentro del gran sistema cultural, reordenando sus principios y reformulando su significado.

Las manifestaciones de la heterogeneidad que se han comentado –las economías informales, la política resistente de los movimientos sociales y la hibridez cultural– son efecto de y contribución a la redemocratización de América Latina. Este proceso no se limita al regreso de la democracia en los países gobernados antes por los regímenes autoritarios (Chile, Argentina,

Brasil, El Salvador, Nicaragua, Uruguay, Paraguay); consiste también en el ya comentado rechazo de la institucionalización y formalización llevadas a cabo por el Estado coordinador. La diferenciación económica, político-social y cultural son efectos del fracaso del proyecto neoliberal y del desencanto con el Estado como ejecutor del Poder (Lechner 1995a: 155); son también una búsqueda de la expresión y articulación de intereses particulares y especializados, opuestos a la totalidad de intereses que representaba el Estado. Estos procesos marcan "the passage from the macrosocial phase of integrating powers to the microsocial phase of desintegrating forces" (Richard 1995: 218). Si se admite que América Latina forma parte del sistema mundial posmoderno, como lo hacen Brunner y García Canclini, el posmodernismo se articula en la heterogeneidad que privilegia micro-espacios sociales y culturales, aunque es necesario reconocer que la centralización transnacional de la cultura amenaza constantemente esta tendencia diseminadora.

Ahora bien, al definir el posmodernismo latinoamericano como el reconocimiento de la heterogeneidad propia de su condición periférica se pone en duda la validez del modelo norteamericano que destaca la homogeneización ("even modernization") del espacio social y cultural como uno de los rasgos fundamentales de la episteme posmoderna (Jameson 1991: 309-310)[51]. Para Jameson, como ya se ha mostrado, la muerte de la historia encarnada en la pérdida de la historicidad es uno de los efectos sobresalientes de las fuerzas uniformadoras de la modernización (1991: 16-28, 46, 302-312, 364-376). Si el modelo latinoamericano se basa en el principio opuesto –la modernización desigual y la heterogeneidad–, ¿cómo afecta esto a la percepción de la historia? La reescritura latinoamericana del concepto de la posmodernidad invita a repensar la crisis de la historia proclamada desde las teorizaciones posmodernas americano-europeas. ¿Se trata de la crisis de *la* historia o de la crisis de *una* historia? Y si "una", ¿de quién? ¿A quién se refiere Jameson cuando dice: "*ours* is a more homogeneously modernized condition"? ¿En quién piensa Baudrillard cuando habla de la "coexistence pacifique à l'échelle *mondiale*"? ¿Qué significa "*our* common experience" en el texto de Vattimo (1988: 7)? ¿Quiénes son *nosotros*? ¿Qué noción del

---

[51] En la teoría de Jameson, la heterogeneidad también es un concepto clave, pero su significado es distinto. La percepción espacial produce fragmentación y el sujeto posmoderno, incapaz de unificar su experiencia en una totalidad orgánica, capta la realidad como "a virtual grab bag or lumber room of disjoint subsystems and random raw materials and impulses of all kinds" (1991: 31). Sin embargo, Jameson asume también que la diferenciación y la fragmentación operan en todos de una manera igual; se trata, por lo tanto, de una experiencia homogeneizada de la heterogeneidad.

mundo informa el adjetivo *mundial*? Si América Latina es una parte "desigual" del *nosotros* y del *mundo*, ¿debe identificarse con sus propuestas?

La historia y América Latina

> One does not have to argue the reality of history; necessity does it for us.
>
> FREDRIC JAMESON

> Necesitamos de la historia, pero la necesitamos de otra manera...
>
> FRIEDRICH NIETZSCHE

El fin de la historia ideado por Fukuyama como el advenimiento mundial de la libertad en forma de la democracia liberal de mercado y la pérdida de la historia elaborada en las teorías de lo posmoderno son productos de la experiencia occidental y se refieren, en gran medida, a esta misma experiencia, aunque proyectan un aire de globalidad que oculta las diferencias y singularidades locales. Vattimo muestra la conciencia de este problema al señalar que "There is a risk involved in describing our current experience in terms of post-historicity, for it appears to indulge in the kind of oversimplifying sociology that philosophers are often guilty of using" (1988: 6). Sin embargo, en el renglón siguiente justifica este procedimiento insistiendo ("must") en la identidad entre la experiencia particular ("our", en la cita arriba) y general ("all"): "Yet any philosophy that wishes to remain faithful to experience cannot but argue on the basis of some sort of approximation of general experiential traits that must be assumed to be apparent to all" (1988: 6). "Todo/s" queda subsumido en "nosotros" que no es otro que "contemporary Western societies" (1988: 7).

La manipulación del espacio en favor de una teoría globalizante es particularmente notoria en el caso de Fukuyama. Su argumento acerca de la extensión universal de la democracia liberal se basa en el colapso de la Unión Soviética con la consiguiente reinserción de los países de la Europa del Este en el sistema capitalista, y en el éxito económico de algunos países del sudeste asiático, sobre todo Japón, Corea del Sur y Taiwan[52]. Perry

---

[52] La fragilidad de este éxito se manifestó apenas ocho años después de la predicción de Fukuyama, durante la crisis asiática de los años 1997-1998. Véase Vizentini (1999: 186-190).

Anderson señala, sin embargo, que la exposición de Fukuyama contiene una serie de falacias que revelan contradicciones entre las conceptualizaciones metahistóricas y el recuento empírico. En primer lugar, el ejemplo del desarrollo económico se limita a un grupo muy reducido de países que, además, según Fukuyama mismo, no representan una verdadera democracia liberal, sino una suerte de autoritarismo paternalista formalmente democrático gracias a las elecciones (Fukuyama 1992: 241). En segundo lugar, es revelador el contraste entre el alcance internacional de la democracia –identificada por Fukuyama con las elecciones libres– y la expansión del desarrollo capitalista de riqueza. Según Anderson, "las elecciones libres se extendieron a lo ancho de una zona que comprende unos 850 millones de personas, en las últimas dos décadas; el ingreso a la zona del capitalismo avanzado se redujo a menos de 70 millones" (1995: 125). A la vez, "la brecha en la distribución entre las zonas avanzadas y las retrasadas se ha ensanchado" y "durante la década de los ochenta, más de 800 millones de personas ... se empobrecieron de forma aún más agobiante, y uno de cada tres niños pasó hambre" (1995: 129). Ésta es la situación que se manifiesta en América Latina, donde la restitución de la democracia no ha coincidido con un rápido, sostenido y democratizador desarrollo económico. Finalmente, Anderson observa que Fukuyama no toma en cuenta lo que Lechner llamaría, sin duda alguna, un desencanto con la democracia, es decir la pérdida del control sobre los asuntos políticos y sociales por parte de la ciudadanía y la indiferencia electoral que tienen lugar tanto en el núcleo mismo del sistema (los Estados Unidos, Francia, Gran Bretaña, Japón) como en las democracias recientes de la Europa oriental (1995: 134)[53].

---

[53] "Hoy en día, la democracia cubre más territorio que nunca. Pero también resulta más débil, como si entre más universal se tornara, menos contenido real poseyera. Los Estados Unidos son el ejemplo paradigmático: una sociedad en la que menos del 50% vota, 90% de los congresistas son reelegidos, y un cargo se ejerce en los millones que aporta. En Japón, el dinero es todavía más importante, y ni siquiera hay una alternancia nominal entre los partidos. En Francia, la Asamblea Nacional ha sido reducida a una cifra. Gran Bretaña ni siquiera tiene una constitución escrita. En las democracias recién acuñadas de Polonia y Hungría, la indiferencia electoral y el cinismo superan incluso los niveles norteamericanos: menos de un 25% de los votantes participaron en las elecciones recientes" (1995: 134). Los datos de Anderson son del principio de los noventa. Al principio de la primera década de 2000, las cosas no mejoraron: solamente el 50.4% de norteamericanos participó en las elecciones presidenciales de 2000 (<www.uselectionatlas.org>); apenas el 45.6% de europeos acudió a las urnas para las elecciones europeas en 2004, mientras que el promedio de participación en las primeras elecciones (1979) era del 63% (<www.elections2004.eu.int/ep-election/sites/en/results1306/turnout_ep/graphical.html>).

Los pensadores latinoamericanos han adoptado una actitud muy crítica con respecto a la teoría de Fukuyama, expresada explícita o implícitamente. En un irónico viraje teórico –irónico porque para Fukuyama el fundamentalismo sólo existe en vínculo con la religión y su atractivo es local– Martín Hopenhayn lee la teoría del norteamericano como manifestación de un nuevo fundamentalismo anclado en la razón instrumental-capitalista. La aclamación del capitalismo avanzado y de la democracia liberal "anuncia el fin de las ideologías y de las utopías en la misma medida en que pretende erigirse en utopía e ideología única" (1994: 49), en una necesidad histórica, una nueva dirección que vuelve a imponer el modelo de los países avanzados del centro industrial y tecnológico como el único modelo para el futuro a escala universal (1995: 104). La reflexión de Lechner sobre la "poshistoria" –sin una alusión específica a Fukuyama– va en una dirección similar. La aceptación de la "poshistoria" equipara el futuro con el fin del desarrollo social, el rumbo supuestamente natural que adopta el mundo. Para Lechner, esta utopía de "un final feliz y una armonía eterna" resulta, sin embargo, de una confusión entre lo imaginario y lo empírico, entre un ideal y la realidad; una confusión peligrosa, porque es fácilmente transformable en un mecanismo de legitimación o consolidación de una hegemonía (1995a: 162).

La globalización teórica es mucho más sutil en los análisis culturales de Jameson y Baudrillard. Ambos teóricos señalan explícitamente que sus teorías son productos y evaluaciones de las sociedades occidentales (la norteamericana y la europea, respectivamente), pero, a la vez, le otorgan un sello global al excluir de sus reflexiones las propuestas teóricas o las experiencias culturales de la periferia y al descartar u obliterar la existencia de espacios de otredad o distinta temporalidad en el centro (las mujeres, la comunidad africano-americana, los inmigrantes ilegales –hispanos en los Estados Unidos, africanos o árabes en Europa–, el Kansas de Thomas Frank). Cabe recordar aquí que la teoría de la pérdida de la historia de Jameson se basa enteramente en la noción de homogeneidad[54], mientras que la de Baudrillard reposa sobre la idea del "fin de los tiempos duros y el advenimiento del paraíso *soft*-y-*cool*" (Hopenhayn 1994: 9). Incluso en estos espacios centrales, el significado de las palabras "nosotros" y "mundo" que aparecen en las citas arriba, se constituye mediante la exclusión de minorías cuya existencia

---

[54] Coincido aquí con Yúdice para quien la visión de Jameson se limita a la esfera pública oficial y no toma en cuenta los movimientos sociales que hoy en día luchan por abrir espacios públicos alternativos (1991: 31).

podría cuestionar la homogeneidad y para quienes el ocaso de la historia significaría un estancamiento definitivo en los tiempos duros.

La experiencia local de la historia en América Latina (un espacio periférico, un *nosotros* sólo parcial) reescribe las coordenadas teóricas esbozadas por Jameson y Baudrillard. La conceptualización de la posmodernidad latinoamericana en términos de heterogeneidad obliga a repensar su relación con la historia. La modernización desigual hace que en América Latina los elementos de la sociedad posindustrial y de una cultura transnacional convivan con las huellas del pasado: las grandes redes de información como la televisión y el internet coinciden con los vestigios de la cultura oral, la cultura pop internacional tropieza con las manifestaciones de culturas locales, el folklore se codea con la industria, en el centro de las ciudades surgen edificios ultramodernos mientras que en su periferia y en el interior de los países se vive en condiciones primitivas, los centros comerciales y los vendedores callejeros combaten por el mismo espacio. Los ejemplos podrían multiplicarse, pero lo significativo es que "este fenómeno nada tiene que ver con ... ningún antojo posmoderno de moda *retro*" (Escobar 1988: 16), sino con el ritmo propio de una cultura donde el pasado y el presente conviven y se iluminan mutuamente, compartiendo "la simultaneidad discrónica del *collage*" (Richard 1994: 216). La idea de una mezcla o intersección de tiempos en la sociedad y cultura latinoamericana es una constante entre los críticos. De allí que Calderón hable de "temporalidades mixtas": "we live in incomplete and mixed times of premodernity, modernity, and postmodernity, each of these linked historically in turn with corresponding cultures that are, or were, epicenters of power" (1995: 55). Los residuos del pasado persisten en el presente de los países latinoamericanos y recuerdan las heridas, las llagas, los dolores que nunca se curaron por completo y que siguen afectando la vida diaria de sus habitantes.

Es por eso que tampoco es viable hablar de la congelación amnésica de la sociedad en el presente o de la pérdida de capacidad de hacer una apuesta histórica. Estas palabras de Baudrillard describen lo que Ticio Escobar llama el "malestar propio de culturas saciadas" (1988: 16) y satisfechas, desinteresadas en consecuencia del cambio que, repetitivo y marginal, adquiere el estatus de *déjà vu*, por lo cual la idea del futuro se diluye en el presente (Lechner 1995a: 160). Para Lechner este tipo radical de desencanto conduce a la utopía de una sociedad completamente autónoma, siempre idéntica a sí misma, desprovista de todo proyecto (1995a: 160). Pero en América Latina, donde *déjà vu* no remite a la repetición de mejoras insignificantes en el presente sino a la regularidad de atropellos, injusticias y sufrimientos en el pasado, y donde el presente está en crisis porque estos problemas del pasado se quedaron sin resolver o vuelven a suceder, la actitud ante la realidad todavía es diferente; el desencanto radical todavía no se ha implantado así como tampoco se ha desvanecido la capacidad de apostar por la historia, aunque se trate tan sólo de unas apuestas locales que apuntan más hacia la reforma del sistema que hacia una ruptura revolucionaria. Éste es, por ejemplo, el caso de la insurrección del Ejército Zapatista en Chiapas (1994) que surgió a raíz de los conflictos agrarios, que sólo aparentemente resueltos acechaban la región desde 1939, y mostró "las aristas de un proceso de modernización desigual que ocurre a diario en varias regiones de [México]" (García de León 1994: 15). Éste es el caso de la crisis nacional en Ecuador, donde el 21 de enero de 2000 los indígenas "atacan" las principales instituciones del Estado: ingresan al Parlamento, avanzan hacia la Corte Suprema de Justicia y cercan el palacio del Gobierno, contestando "una postergación que ya se ha hecho intolerable" (Churampi Ramírez 2004: 172). También es el caso de los indígenas bolivianos que en 2000 protagonizaron violentas protestas "finalmente [reclamando] su derecho a existir" (Churampi Ramírez 2004: 171)[55]; en octubre de 2003, temiendo la repetición de los despojos anteriores (oro, plata, estaño y cinc) tras el descubrimiento de enormes depósitos de gas natural, los mismos indígenas orquestaron una nueva serie de protestas contra los planes gubernamentales de su exportación a los Estados Unidos vía Chile, forzaron la renuncia del presidente Gonzalo Sánchez de Lozada y obligaron a su sucesor, Carlos Mesa, a organizar un referendo nacional en julio de 2004 (Forero 2004: 14). El 18 de diciembre de 2005 el pueblo escogía a Evo Morales, el primer presidente que iba a representar a su silenciosa mayoría. Refiriéndose al problema de la historia y utopía en la posmodernidad, Escobar observa que

> La América Latina –realidad incompleta, carencia, herida– necesita siempre imaginar otros tiempos, soñar con el otro lado de las verdades opuestas ... [N]o tenemos por qué participar del hastío de experiencias que nosotros apenas barruntamos, ni renunciar a producir símbolos que enfrentan a una historia que no nos favorece (1988: 16).

---

[55] Adriana Churampi Ramírez (2004) estudia la pentalogía de Manuel Scorza mostrando a la vez cómo los sucesos históricos del principio de los sesenta ficcionalizados por el novelista peruano "reviven" en el presente (Chiapas, Bolivia, Ecuador en los noventa y el primer lustro del 2000) de manera que para comentarlos se evoca a los personajes de las novelas, como Garabombo el Invisible. Esto indica hasta qué punto las reformas en los países andinos son un proceso histórico irresuelto o postergado.

La rebelión en Chiapas, las protestas de los bolivianos, las contorsionadas búsquedas de un sistema diferente por parte de los venezolanos desde febrero de 1989, las convulsiones de la Argentina en 2001 y 2002, son, sin duda alguna, una manera de "imaginar otros tiempos". Este proceso siempre comienza con una evaluación del pasado y de la historia, que no son la misma cosa. Por lo tanto, en una realidad insatisfactoria, en un presente cargado de urgencias que desea sacudir los *déjà vu* de desigualdad, injusticia y opresión, no se puede hablar del hastío o de la parálisis de la historia porque su relectura es un imprescindible punto de partida para la evaluación del presente y la formulación de nuevos proyectos. Lo que es necesario es la revisión de esta historia, de su discurso y de sus estrategias.

Se puede resignificar la historia mediante una acción política, como el levantamiento en Chiapas, o mediante la escritura. Para Jameson, cabe recordar, la novela histórica posmoderna cancela el discurso histórico mediante una fabulación fantasiosa y experimental o nostálgica, desdibujando la relación entre el pasado y el presente. Desde su *locus* social y cultural específico marcado por la heterogeneidad y una temporalidad mixta, la novela histórica latinoamericana reciente es otra cosa:

> [E]l impulso retrospectivo y la meditación sobre el tiempo no sirven para ensayar un escape ilusorio a un mundo idílico, sino para encontrarse con problemas aún no resueltos, con conflictos todavía vigentes; en esa medida, la escritura se mide con las grandes cuestiones de la actualidad a través de la indagación crítica e imaginativa en las crisis del pasado (Elmore 1997: 11).

No se trata, por lo tanto, de una fascinación *retro*, menos aún de una reconstrucción nostálgica, ni tampoco de una fantasía, sino de una manera distinta de "imaginar otros tiempos", otras posibilidades, a través de la escritura; la nueva novela histórica latinoamericana remueve la historia para descubrir "flancos ocultos de la realidad que la hagan transformable" (Escobar 1988: 16)[56].

A pesar del lugar prominente del concepto de la historia en las teorías posmodernas y en el pensamiento posmoderno, pocos estudios han explora-

---

[56] Véase también esta cita de Kirkpatrick y Masiello: "With the intense self-examination occurring in Argentina and elsewhere in Latin America today, in the aftermath of military rules, the crush of the unresolved debt crisis, the fragility of democratic institutions, and the dominant role of the United States, many look beyond recent events to the postindependence period of the nineteenth century, searching for clues about current crisis in the original blueprint cast by the founding fathers in the nineteenth century" (1994: 2).

do la relación entre las teorías posmodernas de la historia, la historia y la novela histórica en América Latina. Una contribución valiosa es el ya citado libro de Santiago Colás, *Postmodernity in Latin America: The Argentine Paradigm* (1994)[57]. Colás no asume una sola posmodernidad para toda América Latina, por lo que prefiere investigar una región determinada. Esta delimitación reduce las generalizaciones en las que incurre Hutcheon y permite establecer una relación estrecha entre el contexto socio-político de la Argentina de los años ochenta y su expresión literaria, a través de dos novelas históricas: *Respiración artificial* de Ricardo Piglia (1980) y *La novela de Perón* de Tomás Eloy Martínez (1985). Colás define el paradigma argentino como "resisting postmodernity" (1994: 17): las historias narradas en las novelas resisten las formas de dominación y opresión local oponiéndose a la historia oficial. A la vez, en cuanto obras posmodernas de resistencia, resisten también el argumento de Jameson según el cual los textos del llamado "Tercer Mundo" no son representativos del posmodernismo por ser, en la mayoría de los casos, una alegoría nacional despojada de la complejidad propia del sistema de representación de los textos del "primer mundo" (Jameson 1986: 69 y 79-80).

El estudio de Colás se centra en "the emergence of historical representation as a site of social struggle" (1994: 17) y señala una tendencia importante de la novela histórica posmoderna en América Latina: el conjunto de obras escritas entre el final de los años setenta y la primera mitad de los ochenta, en las que "el discurso histórico aparece como un recurso subversivo" (Martínez, 1978, cit. en Rama 1985a: 290) dirigido contra la palabra absoluta del Poder. Sin embargo, como se ha observado en la introducción y en el resumen del debate posmoderno en América Latina, la segunda mitad de los ochenta transcurre bajo el signo de la redemocratización política y de cambios socio-económicos que reorganizan el espacio socio-cultural e inducen una re-valorización de la heterogeneidad. Es válido, por lo tanto, preguntarse cómo evoluciona o cómo se transforma la relación entre el posmodernismo, sus teorías de la historia y la novela histórica en este nuevo contexto. En otras palabras, ¿qué pasa cuando desaparecen o, por lo menos,

---

[57] Otro título que se podría mencionar es el estudio de Amalia Pulgarín, *Metaficción historiográfica: La novela histórica en la narrativa hispánica posmodernista* (1995). Sin embargo, como lo indica el título, se trata de una aplicación directa del concepto de Hutcheon a cuatro novelas hispánicas, dos españolas (*Urraca* de Lourdes Ortiz y *La ciudad de los prodigios* de Eduardo Mendoza) y dos latinoamericanas (*Los perros del paraíso* de Abel Posse y *El general en su laberinto* de Gabriel García Márquez). El resultado es un estudio de los rasgos literarios asociados por Hutcheon con el posmodernismo.

se atenúan, las condiciones que alimentaban el posmodernismo de resistencia de las novelas de Piglia o Martínez estudiadas por Colás? La restitución de la democracia elimina la existencia de un poder represivo concreto y localizable, el blanco inequívoco de la subversión fraguada en el discurso histórico de las novelas. A la vez, el retorno a la democracia se da en condiciones que crean nuevas divisiones y agudizan algunas de desigualdades de larga duración en el continente latinoamericano, haciendo que la sociedad se vuelque más hacia el presente buscando salidas y direcciones futuras. Se ha mostrado y subrayado que el pensamiento latinoamericano rechaza la idea de la muerte o el ocaso de la historia como inconcebible en una sociedad de múltiples temporalidades y apuestas históricas incumplidas. La novela histórica de las décadas posteriores a la redemocratización se inscribe en este intento de rescatar y conservar el espíritu utópico o, por lo menos, de "imaginar otros tiempos". Sigue la principal pauta elaborada por el posmodernismo de resistencia –una relación vital con la historia–, pero respondiendo a tiempos nuevos, cambia de rumbo.

Lechner explica que el desencanto posmoderno con la modernidad tiene dos caras: la de la pérdida de ilusiones y la de la resignificación de la realidad en términos de heterogeneidad constructiva (1995a: 155). Esta última consiste en abandonar la visión monista de la realidad articulada alrededor de una racionalidad hegemónica y en aceptar la idea de que el proceso social consiste en la intersección de diferentes racionalidades o heterogeneidades, lo que significa que la transformación del sistema social existente no puede conceptualizarse más como una ruptura o un cambio radical, sino como una reforma. Para Lechner, reformar el sistema consiste en discernir entre las racionalidades conflictivas y reforzar las tendencias más favorables. El resultado, dice el investigador, no sería nunca un sistema homogéneo y definitivo, sino un continuo, precario y contradictorio proceso creativo que redefiniría la política como el arte de lo posible (1995a: 163). Esta visión resignificada de la realidad se basa en la aceptación de la heterogeneidad y es por esta razón que la sociedad latinoamericana necesita de la historia aunque, como dice Nietzsche, la necesita de otra manera. Lechner afirma que la modernidad construía la identidad mediante una proyección retrospectiva al pasado que postulaba la unidad de la vida social como un *a priori*, por lo cual la diversidad de las manifestaciones y alternativas de lo real se reducía a una historia única y lineal que borraba todas las discontinuidades e intersecciones (1995a: 152). Ahora bien, el posmodernismo en América Latina, según la definición de García Canclini y el concepto del desencanto de Lechner mismo, problematiza estas narrativas homogeneizadoras –"relatos omnicomprensivos sobre la historia" (García Canclini 1990: 23)– y propone una articulación más compleja de las sociedades del continente. La resignificación de la realidad y la búsqueda de nuevos proyectos –reformas– pasa por la heterogeneidad. La nueva función de la historiografía y de la novela histórica consistiría en explorar las discontinuidades e intersecciones obliteradas por el proyecto de la modernidad, recorrer las brechas sociales y recuperar la diversidad del pasado para buscar las raíces históricas de las heterogeneidades y racionalidades diferenciadoras del presente. Si se admite el presente como una realidad contradictoria, entonces la indagación del pasado no tiene que ver con la legitimación de ese presente, sino con el reconocimiento histórico de las incoherencias y discontinuidades en el tejido social. La tesis de este estudio es que la novela histórica latinoamericana posterior a la redemocratización participa en esta tendencia construyendo *historias híbridas*.

Al acuñar el concepto de *culturas híbridas*, García Canclini se refiere a la transformación posmoderna de la relación entre lo culto y lo popular en la cultura latinoamericana contemporánea: cuestiona la separación moderna entre las dos esferas culturales y propone elaborar un modelo abierto e interactivo. La noción de *historias híbridas* retoma la idea de reacentuación de los bordes y contaminación de espacios, pero la traslada al terreno de la historia[58]. Como la cultura erudita, el espacio histórico tradicional se constituyó a fuerza de exclusiones o separaciones; lograba crear la impresión de unidad eliminando del espacio público lo que consideraba no-público o no-histórico[59]. Influida por el pensamiento posmoderno que desafía todo relato

---

[58] Otro estudio cuyo título alude a *Culturas híbridas* es *Narrativas híbridas: parodia y posmodernismo en la ficción contemporánea de las Américas* de Alejandro Herrero-Olaizola (2002). A pesar de la similitud de nuestros títulos (la hibridez, el posmodernismo), el acercamiento conceptual y epistemológico es distinto: primero, Herrero-Olaizola estudia la ficción latino- y norteamericana de los años sesenta y setenta, sin ningún énfasis en la novela histórica (le dedica un capítulo); segundo, el término de hibridez remite a las relaciones literarias y culturales entre el Norte y el Sur y, también, al carácter "híbrido, inestable y resistente de la parodia" (2002: 13), la cual representa para el autor una forma discursiva que "desafía la noción de una autoridad textual" (2002: 24) y se instaura como práctica narrativa dominante en la época estudiada.

[59] Véase al respecto el ya citado artículo de Joan Wallach Scott. La autora discute en él cómo en los años veinte y treinta se defendía una visión monolítica de la historia centrada en las élites y su posición (1989: 682-686). Todo intento de cuestionarla rediseñando los límites del espacio histórico se presentaba como una "crisis": "For those who think their position is or ought to be hegemonic, the appearance of critical challenges constitutes a 'crisis'. By representing themselves simply as guardians of 'History', they deny the possibility of fundamental disagreement about the boundaries of the field, instead representing those who challenge these boundaries as outsiders to history, as either ignorant or willfully destructive enemies" (1989: 682).

uniformador y simplificador, la novela histórica contemporánea pone en tela de juicio esta homogeneidad y propone una articulación más compleja del espacio histórico. Lo concibe como un espacio híbrido en el que lo tradicionalmente histórico (la Historia con mayúscula) se intersecta con realidades y racionalidades alternativas (la historia o las historias): experiencias de los marginados, acontecimientos sin trascendencia, obsesiones colectivas; lo privado y lo popular, lo irracional y el cuerpo, el arte y el *kitsch*, el documento y el chisme. Esta exploración de las facetas insospechadas de lo histórico en la novela histórica latinoamericana establece un nexo interesante, aunque no necesariamente directo, con las propuestas teóricas y las prácticas historiográficas de los nuevos historiadores, para quienes, recordemos las palabras de Pomian, la historia se declina en el plural. "En el plural" significa la diversidad de nuevos objetos y de métodos, pero también las intersecciones de la historia con otras disciplinas, incluida la literatura, que iluminan sus prácticas, discursos y relatos desde ángulos distintos. La nueva novela histórica latinoamericana elabora su propio sistema formal del desdibujamiento de los límites que va a la par con la reacentuación de los bordes asignados a lo histórico. Exacerbando su heterogeneidad original –novela e historia– la novela histórica se abre a una multitud de formas discursivas: géneros menores y de cultura masiva, el cine, el periodismo, la cultura popular, las artes visuales, diarios y cartas, todos se fusionan en su marco original. El eclecticismo de la forma articula de una manera simbólica la búsqueda posmoderna de un espacio heterogéneo y variado en las sociedades de América Latina.

Como *historias híbridas*, las novelas históricas de las últimas dos décadas iluminan una nueva flexión latinoamericana de la relación entre la historia y el discurso de la posmodernidad, que conforma una vertiente del discurso poscolonial. La "razón poscolonial" que informa el universo ficcional de las *historias híbridas* pugna por descolonizar el imaginario histórico. Al igual que las obras de los años anteriores, éstas se oponen a los relatos totalizadores pero cambia el énfasis de su resistencia. En vez de subvertir el discurso oficial de un poder histórico, resisten la muerte de la historia estrellándose en busca de diversidades, discontinuidades y contradicciones históricas que permitan "imaginar otros tiempos".

Capítulo II

Un duelo de memorias: la memoria oficial y una memoria vivida en *1492. Vida y tiempos de Juan Cabezón de Castilla* de Homero Aridjis

> A Christian Spain was struggling to be born. The glacier displaced by its emergence crushed the trees and homes in its path.
>
> Fernand Braudel

> Jamás se ha dado un documento de cultura sin que lo sea a la vez de la barbarie.
>
> Walter Benjamin

> Pero no fueron cruzados los que vinieron. Fueron fugitivos de una civilización...
>
> Oswald de Andrade

La palabra "duelo" tiene en español dos significados de etimología diferente que configuran una secuencia semántica de causa y efecto: la primera acepción, proveniente de "duellum" –una contracción de "duo" y "bellum" en latín–, es la de combate o contienda; la segunda, que tiene su origen en "dolus" –el equivalente latín de dolor–, es la de pena, aflicción o luto. Desdoblado en estos dos significados, el duelo es el eje central de *1492. Vida y tiempos de Juan Cabezón de Castilla* de Homero Aridjis (México, 1985)[1]. La idea de contienda o desafío aflora ya en el título de la novela: la fecha que lo encabeza sugiere que la acción se desarrolla alrededor de aquel momento fundador de la historia española; el subtítulo, en cambio, introduce el nombre de un personaje de pueblo, evocador de los protagonistas de las novelas picarescas, avisando que la novela va a relatar su vida y los tiem-

---

[1] Todas las citas de *1492. Vida y tiempos de Juan Cabezón de Castilla* (4.ª edición, México D.F.: FCE, 1998) corresponden a esta edición y se señalarán de aquí en adelante con el número de la página entre paréntesis.

pos en los que ésta transcurre. A la fecha puntual de 1492, que pertenece a la historia "événementielle" (Veyne 1979: 24) y simboliza los orígenes monumentales de la historia nacional española, se le contrapone el tiempo como extensión y duración experimentadas en la periferia de la misma historia nacional. La novela relata la trágica historia de la represión y violencia desatadas en contra de los conversos y los judíos españoles en los cien años que preceden al momento de la expulsión de los segundos por los Reyes Católicos, en julio de 1492. Los actos de expoliación y exterminio, realizados por el Santo Oficio en nombre de la Fe, tienen por testigo y narrador a Juan Cabezón, quien recorre los reinos de Castilla y Aragón en busca de su mujer, Isabel de la Vega, condenada como tantos otros seres inocentes a la hoguera. El relato de Juan Cabezón abarca aproximadamente 100 años porque incluye la historia de sus antepasados, que empieza con el parto de su bisabuela Sancha durante la destrucción de la aljama judía de Sevilla en 1391, y la de su propia vida hasta el momento en que se embarca en la escuadra de Colón. La narración se construye como una memoria de este viaje tenebroso por el corazón geográfico de la España de hoy, que lleva a Cabezón al puerto de Palos, de donde sale hacia América el 3 de agosto de 1492.

Patrick H. Hutton afirma en su estudio *History as an Art of Memory* que la historia, y en particular la historia nacional, "is no more than the official memory a society chooses to honor" (Hutton 1993: 9), y precisa que nunca es la sociedad entera la que decide cuáles serán los sucesos conmemorados, sino los grupos que detentan el poder (1993: 79). El relato del sacrificio de los conversos y de la destrucción del pueblo y de la cultura judíos por causa de la expansión y consolidación nacional española no pertenece a esta memoria oficial, sino que representa la memoria judía que se yergue o resucita como una contra-memoria de 1492. Esta contra-memoria se reviste de un matiz personal, señalado por el subtítulo de la novela –*Vida y tiempos de Juan Cabezón de Castilla*– e instaurado en el simulacro de una autobiografía ficcional. Frente a la fecha, se colocan una vida y el tiempo como duración; frente a la memoria oficial –es decir, la historia– de esta fecha, se desarrolla una memoria vivida que desfamiliariza su imagen familiar y celebrada, descubriendo o desocultando su flanco oscuro u oscurecido.

1492: La historia nacional como familiarización y celebración del momento fundador

Maurice Halbwachs, un historiador judío que pereció en 1945 en el campo de concentración de Buchenwald, observa en su obra póstuma, *La mémoire collective* (1950), que la caducidad y lejanía del pasado produce en los que se enfrentan con él una sensación de discontinuidad y extrañeza, como si fuera una realidad exterior y muerta, desprendida del encuadre familiar del presente. Dada esta característica, uno de los papeles del historiador, sostiene Hayden White, consiste en familiarizar al lector con el pasado:

> [Historians] make sense of a set of events which appears strange, enigmatic, or mysterious in its immediate manifestations [by encoding] the set in terms of culturally provided categories, such as metaphysical concepts, religious beliefs, or story forms. The effect of such encodations is to familiarize the unfamiliar; and in general this is the way of historiography, whose "data" are always immediately strange, not to say exotic, simply by virtue of their distance from us in time and their origin in a way of life different from our own (1978: 85-86).

Las mayores referencias de esta codificación familiarizadora del pasado suelen ser la nación y la identidad nacional que se constituyen en parte a través de una identificación histórica imaginaria[2]. No obstante, la familiarización de la historia es un proceso de doble filo: es necesaria porque resulta imposible crear una identidad nacional sobre la base de algo percibido como ajeno o extraño; al mismo tiempo es peligrosa porque implica cierta simplificación y homogeneización o, en términos generales, una distorsión ideológica que responde a los intereses de los grupos e instituciones dominantes[3] y puede convertir la historia nacional en una "tradición inventada", tal como la define Eric Hobsbawm:

> A set of practices, normally governed by overtly or tacitly accepted rules and of a ritual or symbolic nature, which seek to inculcate certain values and norms of behaviour by repetition, which authomatically implies continuity with the past. In fact, where possible, they normally attempt to establish continuity with a suitable historic past (1983: 1).

La cita ocasiona varios interrogantes. En primer lugar, ¿qué significa "un pasado histórico apropiado" o quién decide cuál pasado es el "apropiado", digno de repetición? Hobsbawm aclara que entre distintas clases de tradiciones inventadas figuran las que establecen o simbolizan la cohesión

---

[2] Sobre la nación como una comunidad imaginada, véase B. Anderson (5-7).

[3] La noción de "distorsión" puede entenderse aquí en el sentido althusseriano de las técnicas de representación de la historia que interpelan al sujeto a identificarse con el relato dominante de la historia nacional.

social o la pertenencia a determinados grupos o comunidades, reales o imaginarios, y las que establecen o legitiman instituciones, situaciones o relaciones de autoridad (9). Si bien el primer tipo remite a las prácticas que crean y consolidan la comunidad imaginada nacional, el segundo apunta hacia las instituciones y/o grupos con poder y autoridad como fuente de ciertas tradiciones y, con ellas, de una visión apropiada del pasado que sostiene y legitima tanto la idea de la nación como de la jerarquía impuestas por estas instituciones. Por otra parte, según la ya mencionada definición de Hutton, la historia es una memoria oficial y, como tal, es un índice del poder de los grupos políticos o sociales (1993: 88). La familiarización que crea una versión apropiada del pasado es, por lo tanto, una manera de promover y controlar no sólo la imagen de la nación, sino también los intereses de los grupos que la encabezan y gobiernan.

El segundo interrogante concierne la relación entre la historia como tradición inventada y las prácticas rituales o simbólicas mencionadas por Hobsbawm: ¿en qué consiste el ritual familiarizador de la historia? El primer procedimiento de la familiarización de la historia se da a través de la enseñanza escolar que le inculca a cada ciudadano los nombres de próceres y héroes nacionales, los acontecimientos destacados y las fechas que deben recordarse y celebrarse, codificados antes en relatos de memoria oficial que gozan de la aprobación de las autoridades políticas y académicas. La conmemoración periódica y repetitiva de estos episodios, fechas o nombres de la historia patria por medio de celebraciones nacionales, monumentos y otras representaciones conmemorativas complementa este proceso, constituyendo una importante práctica simbólica y ritual a través de la cual una comunidad y sus instituciones reanudan periódicamente el vínculo con su origen histórico que se representa como monumental, épico y heroico. Las conmemoraciones, según Hutton, crean hábitos mentales que permiten percibir el pasado nacional como un marco familiar para la memoria colectiva e individual (1993: 80)[4].

La fecha de 1492, colocada en un lugar prominente en el título de la novela de Aridjis, constituye un núcleo de significación alrededor del cual gira la obra. Desde el punto de vista de la historia de España, esta fecha es un hito cronológico de la memoria nacional que la historia vuelve familiar,

---

[4] "Commemorative places of memory reinforce our habits of mind by prompting our specific recollections of the past. That is why commemoration is so politically significant. As an activity it seeks to strengthen places of memory, enabling fading habits of mind to be reaffirmed and specific images to be retrieved more easily" (Hutton 1993: 80).

enseñando su significado y celebrándola mediante conmemoraciones e imágenes que la establecen en el imaginario colectivo como el lugar emblemático del origen monumental de la nación[5]. Esta imagen celebrada y familiar de 1492 se concentra en tres hechos: la rendición de Granada (el 25 de noviembre de 1491) y el final de la Reconquista señalado y festejado por la entrada solemne de los Reyes Católicos a la ciudad, el 2 de enero de 1492; la publicación, el mismo año, de la *Gramática de la lengua castellana* de Antonio de Nebrija; el viaje de Colón y el descubrimiento de América[6]. Los primeros dos simbolizan la unificación y la consolidación, en otras palabras, el surgimiento de la España cristiana de la metáfora geológica de Braudel que encabeza este capítulo: se unifica el territorio nacional fracturado por ocho siglos de ocupación árabe, se crea un Estado moderno y fuerte y se consolida el idioma en el que va a expresarse la identidad de esta Nación-Estado. En el tercero, España se manifiesta como una potencia que extiende sus dominios más allá de los bordes conocidos de Europa, reconfigurando al mismo tiempo el mapa geopolítico cuyo centro hasta aquel entonces era el Mediterráneo, percibido como el espacio de unión entre los continentes de

---

[5] El concepto de "lugar de memoria" fue elaborado por Halbwachs. Se trata de puntos de convergencia entre la memoria individual y el marco de la memoria social o colectiva (Hutton 1993: 78). La noción fue reelaborada después por el historiador francés Pierre Nora, como director y editor de la obra colectiva *Les lieux de mémoire*.

[6] El discurso de celebración y conmemoración de 1492 como momento fundador de España en tanto nación y Estado es evidente cuando se revisan los manuales de historia o de historia de literatura española. He aquí algunos ejemplos: 1. *Historia de España*, volumen V, *La frustración de un imperio (1474-1714)*: "1492 es un año fundamental para la historia de España, no sólo en sentido político e ideológico, sino también en su dimensión económica. La distinción entre estas tres áreas es ficticia, pues en la coyuntura de este año, la imbricación es muy fuerte: el espíritu de cruzada, el deseo de conquistar nuevos mercados, el impulso por crear un imperio, representan tres aspectos de una voluntad global de expansión" (Le Flem 1993: 11); 2. *Historia de España Alfaguara*, volumen III, *El Antiguo Régimen: los Reyes Católicos y los Austrias*: "El difícil problema de la separación de la Edad Media y la Moderna no se plantea en la Historia de España; se acepta de modo unánime que el reinado de los Reyes Católicos (1475-1516) representó un viraje decisivo en nuestros destinos nacionales ... [L]as novedades que trajo aquel reinado fueron de tal magnitud que justifican la iniciación de una nueva Edad. La unidad política ... La terminación de la Reconquista ... El descubrimiento de América" (Domínguez Ortiz 1977: 9); 3. *Historia y antología de la literatura española* de Rafael Páez y Luis Arconada: "A partir de la primera gramática, la de Nebrija, publicada en 1492 –año feliz en que coinciden el término de la reconquista, el descubrimiento de América y la primera gramática de una lengua llamada a excelsos destinos–, se multiplica el número de tratadistas del lenguaje" (1981: 166).

Asia, Europa y África[7]. Para Enrique Dussel, la empresa española de 1492 representa mucho más que la creación de un Estado moderno; es el comienzo de la modernidad misma que se inicia cuando Europa se afirma como "the 'center' of a *World* History that it inaugurates" (1995: 65) posicionándose "against an other, when, in other words, Europe could constitute itself as a unified ego exploring, conquering, colonizing an alterity that gave back its image of itself" (1995: 66)[8].

Desde el principio, esta auto-afirmación se organiza alrededor del binomio de civilización y barbarie y de la asociación entre la civilización (o la cultura) y la cristiandad. En 1494 el papa Alejandro VI confiere a Fernando e Isabel el título de Reyes Católicos otorgando a su empresa de conquista y colonización la aureola de una gesta evangelizadora. Quien dice "evangelizadora" dice también "civilizadora" porque el pensamiento y el discurso medieval y renacentista establecían una clara equivalencia entre la civilización y la cultura de un lado, y la cristiandad, del otro, según lo muestra Edmundo O'Gorman en su ensayo *La invención de América*:

> [N]o sólo se aceptó que [Europa] encarnaba la civilización más perfecta desde el punto de vista del hombre natural, sino que era el asiento de la única verdadera civilización, la fundada en la fe cristiana y principalmente en el sentido histórico trascendental del misterio de la Redención. Europa, pues, sede de la cultura y asiento de la Cristiandad, asumía la representación del destino inmanente y trascendente de la humanidad, y la historia europea era el único devenir humano preñado de auténtica significación. En suma, Europa asume la historia universal, y los valores y las creencias de la civilización europea se ofrecen como paradigma histórico y norma suprema para enjuiciar y valorar las demás civilizaciones (1984: 148).

---

[7] Hegel afirma en sus *Lectures*: "The three parts of the world [Europe, Asia, Africa] maintain between themselves ... an essential relation and constitute a totality. ... The Mediterranean sea is the element of union between them, and this converts it into the center of all Universal History. ... The Mediterranean is the axis of Universal History" (cit. en Dussel 1995: 70). Edmundo O'Gorman argumenta que el descubrimiento de América convierte "el Océano de la geografía antigua ... en nuevo *Mare Nostrum*, el Mediterráneo de nuestros días" (1984: 158).

[8] A finales del siglo XV, afirma Dussel, España era la única potencia europea con capacidad de llevar a cabo una conquista territorial exterior que le permitiera a Europa esta confrontación fundacional con la otredad. La reconquista de Granada fue una primera muestra de esta capacidad y un acontecimiento que rediseñó el mapa geopolítico antes de que lo hiciera el descubrimiento de América, porque antes de la reconquista de Granada, Europa no era el centro histórico, sino que era una suerte de periferia del imperio islámico (1995: 67).

En cuanto la sede del cristianismo, Europa encarna entonces no sólo la civilización, sino también la superioridad, magistralmente expresada en el grabado de Jan Van der Straet que representa el encuentro entre Americo Vespucci y una indígena americana[9]. El navegante italiano aparece de pie, acorazado, vestido y armado; sus manos sostienen dos emblemas de la civilización europea: un pendón enarbolado en un asta que termina con una cruz y un sextante. Detrás de él se ven unos barcos, símbolos del poder europeo sobre la geografía del mundo. La india, en cambio, está desnuda y aparece sentada o reclinada en una hamaca; alrededor de ella proliferan plantas, animales y flechas, signos de lo exótico, mientras que en la lejanía se divisa un festín antropófago. La desnudez y el canibalismo representan el pecado y la culpa, mientras que la desocupación se identifica con la inmadurez, sugiriendo que la barbarie es un estado no sólo inferior, sino, sobre todo, pecaminoso, como lo es otra creencia religiosa (el islam o el judaísmo en España) o la herejía. La superioridad de la civilización cristiana le impone la obligación "moral" de compartirse con los otros bárbaros (exóticos o religiosos), de educarlos en la verdad y redimirlos de sus culpas. En el caso de España, la creación de un estado moderno y civilizado que se apoya en la pureza y la verdad absoluta del cristianismo exige el sacrificio de lo impuro (los conversos) y de lo otro (los judíos). Esta perturbadora violencia generada y justificada por el mito de la modernidad (Dussel 1995: 75) tiende a obliterarse, sin embargo, detrás de familiares y tranquilizadoras representaciones de los tres acontecimientos fundadores que se celebran en la fecha de 1492. Paul Ricœur se refiere a este proceso como "organización del olvido" (2000: 582)[10].

El filósofo francés recuerda que todo acto fundador de las comunidades históricas se basa en la violencia que enaltece a unos mientras degrada a otros:

> C'est un fait qu'il n'existe pas de communauté historique qui ne soit née d'un rapport qu'on peut dire originel à la guerre. Ce que nous célébrons sous le titre d'événements fondateurs, ce sont pour l'essentiel des actes violents légitimés après coup par un État de droit précaire, à la limite, par leur ancienneté même, par leur vétusté. Les mêmes événements se trouvent ainsi signifier pour les uns gloire, pour les autres humiliation. À la célébration, d'un côté, correspond l'exécration, de l'autre (2000: 99).

---

[9] Uso la reproducción del grabado representado en el frontispicio de *Faire de l'histoire* de Michel de Certeau (1975).

[10] Las traducciones de *La mémoire, l'histoire, l'oubli* de Ricœur citadas como parte de una oración en español son mías.

Dada esta bifurcación semántica del acto fundacional, las celebraciones y conmemoraciones de los orígenes históricos deben ser selectivas y repetitivas y, como tales, se constituyen en "memoria-pantalla" ("souvenir-écran"; 2000: 582) que exalta un acontecimiento para ocultar otro, poniéndolo entre paréntesis (2000: 583). La "memoria-pantalla" es una manera de desviar la mirada, mientras que la repetición obsesiva de este recuerdo (las conmemoraciones anuales o la circulación repetitiva de los relatos dominantes) es una estrategia de olvido, un "olvido de fuga", dice Ricœur (2000: 580), que permite no saber o no querer saber de la violencia del acto fundador:

> [Q]uand on braque le regard sur un aspect du passé ... on se rend aveugle à un autre ... L'obsession est sélective et les récits dominants consacrent une oblitération d'une partie du champ du regard ... Voir une chose, c'est ne pas en voir une autre. Raconter un drame, c'est en oublier un autre (2000: 584)[11].

Recordemos la cita de Braudel: en ella, la monumental gestación de la España cristiana se compara con la formación geológica de un glaciar que aplasta casas y árboles en su camino. En el relato de la memoria oficial que familiariza a una nación con sus orígenes, la imagen del glaciar oblitera u ocluye el recuerdo de la destrucción de esos árboles y esas casas. La celebración y conmemoración tienen entonces un lado oculto que es la desposesión: las víctimas, los perdedores, los que estaban en la trayectoria del glaciar, se pierden de vista y quedan privados de su propio relato, de su propia historia, oculta por la "memoria-pantalla" del discurso oficial. Las representaciones de 1492 en la historiografía, la iconografía y los discursos culturales dirigidos al imaginario colectivo español suelen desviar la mirada hacia el aspecto monumental, silenciando historias de las víctimas y de los vencidos, cuyas casas y vidas habían sido arrasadas por la violencia del momento fundador. Las conmemoraciones, dice Ricœur, "sellan entre sí el recuerdo incompleto y su forro de olvido" (2000: 583).

---

[11] Ricœur desarrolla esta reflexión acerca de la memoria manipulada y el olvido partiendo del estudio de Henry Rousso, *Le Syndrome de Vichy de 1944 à nos jours* (1987), que explora el funcionamiento de la memoria colectiva francesa en relación con el colaboracionismo de Vichy y el mito de la resistencia. La celebración de la resistencia opaca una importante realidad de la historia francesa, el antisemitismo del Estado, permitiendo obliterar o desplazar hacia el olvido su existencia y su rol durante la ocupación nazi. Véase Ricœur (2000: 579-584).

Vida y tiempos de Juan Cabezón de Castilla: desplazamiento y desfamiliarización

Esta pantalla de la memoria oficial se rompe cuando el pasado silenciado o reprimido estalla contra ella, cuando la voz de los testigos, a veces desenterrada en documentos ocultos u olvidados, exige que se escuchen y recuerden historias que no se habían dicho antes. Se produce entonces lo que Ricœur llama un "enfrentamiento entre memorias" (2000: 583), que puede conceptualizarse también en los términos propuestos por Hans-Georg Gadamer, como una fusión de horizontes entre el pasado y el presente o lo familiar y lo no familiar. Para Gadamer, la relación entre el pasado y el presente es dinámica y, por lo tanto, provisional. Nuevas realidades o realidades viejas redescubiertas emergen en el presente y hacen revisar el entendimiento del pasado (Hutton 1993: 159)[12]. En consecuencia, la fusión de horizontes o el enfrentamiento de memorias implica una transformación del entendimiento histórico que conduce a la desmitificación y la reescritura de la memoria.

Reescribir significa contar de una manera diferente una historia ya familiar y arraigada en la tradición y los hábitos mentales de una colectividad. Ricœur asegura que, gracias a la dimensión selectiva del relato histórico y a las variaciones que ofrece la configuración narrativa (Ricœur 2000: 579), siempre es posible suprimir algunos elementos, desplazar los acentos de importancia, refigurar a los protagonistas de la acción y/o redibujar los contornos de la acción misma (2000: 580). El filósofo francés asocia estos procedimientos del relato histórico con la historia oficial y autorizada que suele utilizarlos para ideologizar la memoria (2000: 580). Sin embargo, los mismos recursos sirven también para reescribir la historia impuesta y celebrada porque crean espacios para las voces y las presencias marginadas o expulsadas de la historia y encubiertas en la representación por la pantalla de la conmemoración histórica. En *1492* la contra-memoria brota en forma del acta inquisitorial en contra de Isabel de la Vega que, reproducido tal cual al final de la novela, es el núcleo generador del relato. Se trata de un acta histórica que "surge de la relación Iglesia-monarquía" para legitimar el poder

---

[12] Una de estas "nuevas realidades" o "tradiciones" mencionadas a menudo por los autores citados es el renacimiento en la segunda mitad del siglo XX de la memoria judía, en particular en relación al Holocausto, o el surgimiento del nacionalismo israelí (Hutton 1993: 167; Ricœur 2000: 582-584). *1492*, que se publica en 1985, parece dialogar con estos nuevos horizontes del entendimiento del pasado. La coincidencia puede ser casual, pero no deja de ser interesante y reveladora.

del momento en el que es producida (Jitrik, 1995: 83). Es un documento oficial que el novelista usa para desocultar su función legitimadora en el pasado y, a la vez, dar una versión no institucional de los acontecimientos. En este sentido, es una huella del pasado que hace estallar la pantalla de la memoria oficial, produciendo un enfrentamiento de memorias: la memoria oficial (la historia) y una memoria vivida cuyo narrador desplaza todos los acentos de la configuración narrativa. Tanto es así que en la novela del mexicano el desplazamiento es la principal estrategia de la desfamiliarización y reescritura de los significados familiares asociados con la fecha de 1492.

Una historia desplazada

La mirada que selecciona y organiza los datos y componentes del relato en *1492* pertenece al converso Juan Cabezón de Castilla, huérfano de padre y madre, habitante de Madrid. La ocupación del padre (barbero) y el nombre de resonancia picaresca sitúan el origen del narrador entre las capas bajas de la sociedad del siglo XV[13]. Morador de un barrio popular, cuyos habitantes ejercen oficios manuales, Juan Cabezón es un personaje que encarna la insignificancia histórica. La presencia de su nombre en el título de la novela cuestiona dos tradiciones distintas de la novela histórica: la de Walter Scott que se basa en el personaje medio cuyo nombre, como el de Waverley o Ivanhoe, no está contaminado de significados sociales, históricos o culturales previos a su inscripción en el texto, y la de la novela histórica posterior que a menudo revela su afiliación genérica mediante el nombre propio de algún personaje histórico ilustre en el título (Fernández Prieto 1998: 170). En *1492*, el apelativo del narrador no designa a ningún personaje conocido, pero señala, sin equivocación alguna, la perspectiva popular e intrascendente del relato, a la vez que sitúa su acción en un mundo bajo, típico de la novela picaresca. La yuxtaposición de la fecha de 1492 y del nombre propio de Juan Cabezón en el título define el objeto y el punto de vista de la narración como "intrahistórico", concepto inspirado por Unamuno, pero reelaborado después para referirse a "las perspectivas locales, domésticas o personalismos de personajes

---

[13] Compárese con los nombres como Lazarillo de Tormes, Guzmán de Alfarache, Marcos de Obregón, Teresa de Manzanares e, incluso, Ginés de Pasamonte. La diferencia entre el apelativo del protagonista de *1492* y los de las novelas picarescas reside en el hecho de que en aquél la referencia toponímica remite a una región (Castilla), mientras que en éstos, a un pueblo. Su estructura básica (nombre y el lugar de origen) es, sin embargo, similar.

comunes, sin especial relevancia" (Pacheco 2001: 213). El título señala que la novela narra el nacimiento de la España cristiana desde la perspectiva de los habitantes de las casas devastadas por esta gestación; expulsando la memoria oficial hacia los márgenes, Aridjis sitúa la memoria vivida en el centro de su reescritura desfamiliarizadora de la historia.

La genealogía familiar que abre el relato revela que Juan Cabezón es un converso descendiente de judíos asentados en Sevilla en el siglo XIV. El hecho de que la novela lo presente como un "relator" cristiano-nuevo permite relacionar su figura ficcional con numerosos escritores conversos de los siglos XIV, XV y XVI. Converso fue Hernando del Pulgar, cronista y secretario de los Reyes Católicos mencionado en la novela de Aridjis (107); cristianos nuevos fueron también Diego de San Pedro, el bachiller Rosas, Gil Vicente, Torres Naharro, Sánchez de Badajoz y el autor anónimo del *Lazarillo* (Castro 1967: 127 y 138). Para Américo Castro, estos escritores eran "minoría dentro de una minoría" (1967: 129), que se sentía amenazada por "la casta dominante [de los cristianos viejos] y ... su portavoz el Santo Oficio" (1967:134); esta posición marginal explica el carácter crítico y a veces agresivo de sus escritos, en particular cuando tocan temas eclesiásticos (1967: 129-130). El tono crítico, a veces punzante, caracteriza también la narración de Juan Cabezón, subrayando la perspectiva marginal e impura. La condición de converso –ni judío ni cristiano, ni lo otro ni lo mismo– es el signo de una identidad híbrida, repudiada y desdeñada en una sociedad que busca asentar sus bases en la hegemonía de la identidad cristiana. Por otra parte, la identidad mixta del narrador hace de él un observador privilegiado de la sociedad en transición de la que forma parte. Juan Cabezón es el primer ejemplo en este estudio de un sujeto intersticial al que Homi Bhabha define como "a subject that inhabits the rim of an 'in-between' reality" (1994: 13). La suya es una mirada móvil que pertenece a dos universos y explora los bordes culturales, el ambiguo espacio donde conviven las tradiciones judías y cristianas, que debe ser eliminado porque su indeterminación representa una amenaza para la coherencia deseada de la futura nación. La movilidad de esta mirada se acentúa en la novela mediante el desplazamiento horizontal de Juan Cabezón por los territorios de Castilla y Aragón, los dos reinos fundadores de España. El viaje que responde a la búsqueda personal de la mujer amada perseguida por la Inquisición despliega ante los ojos del narrador y del lector el inflexible avanzar del terror del Santo Oficio y la paulatina, pero no menos tenaz, expulsión de lo ambiguo, lo impuro y lo otro hacia los márgenes de la nación y de la historia.

Isabel de la Vega es una judía conversa de Ciudad Real. Noé Jitrik considera que Isabel no tiene un papel protagónico en el sentido estricto de la palabra, pero tiene en cambio la "principalidad" en la historia narrada: es un personaje "accidental –hasta cierto punto es sólo funcional para las acciones posteriores a su aparición en escena– pero, por eso mismo, tiene tal principalidad que su historia real puede ser desencadenante de toda la escritura" (1995: 79). La figura y el destino de Isabel son una metáfora de la situación de su pueblo en España: sus apariciones y desapariciones de la trama de la novela, su presencia furtiva y su efímera reaparición al final, sólo para ausentarse definitivamente, dan cuenta de la amenaza y persecución que obligan a esconderse, hacerse invisible, estar y no estar a la vez. Al mismo tiempo, por ser judía conversa, Isabel introduce en el universo de la novela elementos de hibridez y otredad que no se articulan en el personaje de Juan Cabezón, un representante de cristianos nuevos mucho más alejado de sus orígenes judíos. Si Juan Cabezón se mueve en un espacio religioso y cultural bastante indeterminado, todas las alianzas de Isabel son judías, como lo evidencian sus escondites en las aljamas de Zaragoza, Teruel y Calatayud[14]. Su paso por estos lugares lo compele a abandonar el espacio familiar y conocido de la cristiandad (y lo mismo sucede con el lector) para adentrarse en territorios culturales distintos y devenir partícipe, no sólo un observador, del sufrimiento y de la desesperación.

La historicidad de Isabel de la Vega queda atestada por la ya mencionada acta inquisitorial que es una fuente de información histórica sobre el personaje, la época y, en particular, el funcionamiento de la Inquisición. Dado su rol, llama la atención la ubicación del acta al final, después del cierre de la narración ficcional a cargo de Juan Cabezón. Pudiera parecer que se trata de una estrategia de veridicción que le confirmara a un lector incrédulo que los sucesos narrados se basan en otros que realmente tuvieron lugar porque dejaron una huella escrita y oficial. Si se asume que el relato narrado en *1492* desfamiliariza una versión conmemorada de los orígenes de España, entonces el documento citado al final de la novela puede interpretarse como un mecanismo que hace verosímil esta desfamiliarización. Por otra parte, el que un acta inquisitorial de una mujer judía haya sido escogida como núcleo generador del relato evidencia o confirma también el principal tipo de des-

---

[14] Concuerdo con Kimberle S. López quien observa que "Isabel's identification with the Jews is absolute, as she is a *conversa* only in name, and in her heart remains devoted to the Hebrew faith; Juan Cabezón, however, who is a second-generation New Christian but not a crypto-Jew, has a much more tenuous relationship with Judaism" (2002: 150). Se podría añadir que esta "lukewarm identification" con la herencia religiosa (López 2002: 153) se extiende también a la religión cristiana porque Cabezón la practica sólo como un modo de autodefensa.

plazamiento histórico que la novela realiza en relación con el discurso dominante o la memoria oficial. Éste consiste en un traslado del foco de atención de los agentes y eventos celebrados de la historia a los "pacientes" afectados por ella[15], anunciado en las tensiones entre la fecha de 1492 y la frase descriptiva "Vida y tiempos de Juan Cabezón de Castilla" en el título de la novela. La selección del documento y la ambigüedad del título evidencian el duelo entre la memoria oficial y una memoria vivida[16].

Celia Fernández Prieto muestra en su estudio sobre la novela histórica que el papel y el lugar que se confiere a los personajes y acontecimientos históricos están "directamente relacionado[s] con el concepto de la historia y del sujeto de la historia que tenga el novelista, conectado a su vez con los sistemas ideológicos de la época en la que escribe" (1998: 184). En *1492. Vida y tiempos de Juan Cabezón de Castilla*, los grandes acontecimientos de la memoria oficial, tanto aquellos que los hábitos mentales asocian directamente con el año 1492 como los que lo preceden y condicionan, están desplazados hacia los márgenes del relato de Juan Cabezón. La muerte de los reyes Juan II y Enrique IV o la proclamación de Isabel II como reina de Castilla en 1474 figuran solamente como noticias que circulan transmitidas de boca en boca entre los integrantes de las clases bajas de la villa insignificante que en el siglo XV era Madrid. La guerra de la Reconquista se menciona en apenas tres breves ocasiones y siempre en relación con el destino de uno de los personajes que pertenece al círculo de amigos o conocidos del narrador. Así, por ejemplo, un episodio tan importante como la toma de

---

[15] White usa el término de "paciente", contrastado con el de "agente", al comentar la concepción de la historia elaborada por Jacques Rancière, para quien el trabajo y el deber del historiador consiste en rescatar para la historia las huellas de las masas anónimas –"who were more patients than agents ... of history"– que con su participación o existencia hicieron posibles las carreras de los personajes ilustres (Napoleón, en el caso discutido por Rancière) y cuyas vidas habían sido afectadas, arruinadas o destruidas en el curso de los eventos (1994: ix).

[16] Una interesante manifestación del cambio de foco en el discurso histórico mismo es el libro *Historia de España en sus documentos*, editado por Fernando Díaz-Plaja. El editor justifica su selección de esta manera: "Al referirnos a textos castellanos del siglo XV es posible que alguien encuentre a faltar los más conocidos de ellos, las *Crónicas*, que en este volumen han sido utilizadas mínimamente. La razón es muy simple. Este tipo de libros, más que testimonio de una época, lo eran del servilismo de unos autores, los cronistas áulicos que, precisamente por serlo, describían los hechos ocurridos con mayor deseo de complacer a quienes les pagaban que a la verdad" (1984: 15). Entre los documentos publicados figura el acta jurídica del proceso del Niño de la Guardia, reconstruido por Fidel Fita.

Málaga –que fracasa dos veces (en 1483 y 1484) y se produce finalmente en agosto de 1487, después de tres meses de cerco y por una rendición incondicional que reduce a los quince mil habitantes de la ciudad a la condición de esclavos vendidos como tales (Pérez 164)–, no merece más referencia que un breve comentario sobre la suerte de dos amigos de Juan Cabezón y Pero Meñique: "El Tuerto y el Moro, habiéndose marchado a Málaga para pelear al lado de Hamete el Zegrí, fueron encañaverados por tornadizos por el rey Fernando, que tomó la ciudad..." (212). La solemne entrada y toma de posesión de Granada por los Reyes Católicos se resume, a su vez, en una breve página (252) que sirve de contrapunto y contraste a las peripecias de Juan Cabezón, quien en el mismo momento está huyendo de Ávila a Trujillo después del fallido atentado en contra de Torquemada. Al terminar la descripción de las ceremonias granadinas, el narrador desvía bruscamente la mirada desde la historia hacia sí mismo para decir: "Yo llegué a Trujillo una mañana fría de niebla densa ..." (253).

El lugar periférico que los acontecimientos históricos celebrados ocupan en el relato de Juan Cabezón es un correlato del posicionamiento de la fecha de 1492 en la arquitectura de la novela. Además de encabezar el título, la fecha aparece como la última palabra de la narración, seguida solamente de la tradicional fórmula de cierre en latín. Con ella se clausura el relato, se apaga la voz de la memoria. Esta ubicación de la fecha en la estructura del texto puede interpretarse en el sentido sugerido por las reflexiones de Ricœur acerca de la "memoria-pantalla". Si la memoria oficial y celebrada constituye una suerte de pantalla o telón que encubre otras memorias para negarlas o reprimirlas, entonces la colocación de la fecha-signo de esta memoria en los bordes del texto, al principio (a la izquierda en la actividad lineal de la lectura) y al final (a la derecha) de su entramado, es una técnica de desplazamiento hacia la periferia comparable al descorrer del telón a los lados para mostrar la escena o la imagen que queda oculta detrás. En la novela de Aridjis, que cuestiona las jerarquías tradicionales de la historia, lo que parece ser prominente es periférico, como sucede con la fecha y los sucesos que se celebran en ella. No cabe duda de que este desplazamiento hacia la periferia de los eventos que suelen ocupar el centro del discurso histórico tradicional (biográfico o político) es una metáfora de una nueva concepción de la historia. Algo similar ocurre en el celebrado estudio de Fernand Braudel, *La Méditerranée et le Monde Méditerranéen à l'Époque de Philippe II*, en el que la muerte de Felipe II se narra fuera del espacio de la narrativa propiamente dicha, en las últimas páginas del estudio, separadas del relato principal por un espacio en blanco. Tal como lo interpreta Jacques Rancière, la expulsión de este acontecimiento del orden narrativo simboliza una nueva manera de historiar:

to displace the event, put it at the end, at the edge of the blank space that separates the book from its conclusion, is to transform it into its own metaphor. We understand that the displaced death of Philip II metaphorizes the death of a certain type of history, that of events and kings. The theoretical event on which this book closes is this: that the death of the king no longer constitutes and event. The death of the king signifies that kings are dead as centers and forces of history (1994: 11).

Se puede afirmar que desde su configuración ficcional de la historia, *1492* hace eco de esta transformación del discurso histórico.

La misma relegación hacia los márgenes de la anécdota es la suerte de los personajes encumbrados y centrales en las representaciones históricas de aquella época. La lista de los miembros de la realeza castellana y aragonesa que desfilan en las páginas de *1492* es larga –Fernando I de Antequera, Juan II, Enrique IV, Alonso V, Isabel II, Juana la Beltraneja, Fernando V–, pero su presencia es efímera, irregular y, la mayoría de las veces, muy distante. Fernando e Isabel, por ejemplo, aparecen como autores de edictos y disposiciones reales que los pregoneros leen en las plazas y por las calles de las ciudades, o se reducen a la presencia de sus símbolos en las monedas que Juan Cabezón describe a Pero Meñique: "[La moneda] lleva en su cara las armas reales y en el reverso el yugo y el haz de flechas, empresas de los reyes; en la orla de ambas caras dice: *Fernandus et Elizabeth Rex et Regina Castellae et Legionis et Aragonum et Siciliae ...*" (73). Por otra parte, todos estos personajes entran en el relato de Juan Cabezón como sustancia de chismes y habladurías que la *vox populi* hace correr sobre sus actos, costumbres o comportamientos. Así, la historia del reinado de Enrique IV se cuenta como una concatenación de comentarios recogidos por Juan Cabezón-niño entre los espectadores del sepelio del rey, introducidos por "Dicen", "Pública voz y fama fue", "Oí decir", "según unos", "según otros" (35-37). De la misma manera, la mendiga Babilonia y su hermano explican su suciedad y desarreglo mediante referencias satíricas a las costumbres de los reyes: "A la manera de nuestra reina Isabel, no me mudo de ropa ni como a manteles" (103); "Yo, como nuestro rey don Fernando, que tiene fama de ser el hombre más codicioso de estos reinos, no mudo mi atuendo gastado hasta que se me cae a pedazos" (100). Es también fama que "Fernando es gran comedor de testículos" (101) y que "ama a su esposa pero se da a otras mujeres" (75). Los personajes históricos se configuran desde el punto de vista del pueblo y, al igual que los acontecimientos celebrados que ocupan la periferia narrativa, ellos deambulan por los bordes del relato. En el centro se sitúan, en cambio, las incontables vidas de hombres y mujeres, "no tan

Reales ni menos reales" (Ponce de León 1990: 52), afectadas por la visión de la historia que estas figuras prominentes representan.

Una excepción a esta disposición narrativa de la materia histórica y ficcional se manifiesta en la figura del inquisidor general, Tomás de Torquemada. Un personaje histórico principal (en su monstruosidad, como a menudo sucede), Torquemada no tiene en la novela de Aridjis un papel protagónico, pero su figura encarna y condensa la imagen de la época que el texto plantea y construye como su centro: el fanatismo, la destrucción y la violencia inherentes al momento fundador. Se impone aquí una reflexión adicional sobre la fecha de 1492 en el título de la novela: si en la memoria oficial ella marca el principio de España como nación y potencia, para Aridjis es un punto culminante y final de un largo proceso de persecución que se inició en Sevilla en junio de 1391, cuando los cristianos atacaron la aljama judía de esta ciudad. Para llegar a 1492 hay que retroceder cien años en la narración:

> Mi abuelo nació en Sevilla a seis días de junio del año del Señor de 1391, el mismo día en que el arcediano de Écija Ferrán Martínez, al frente de la plebe cristiana, quemó las puertas de la aljama judía, dejando tras de su paso fuego y sangre, saqueo y muerte (11).

Es significativo que la narración se abra con una imagen de muerte, destrucción y aniquilación. La apertura de la novela simboliza el principio del conflicto que se irá intensificando hasta estallar en el decreto de expulsión datado el 31 de marzo de 1492, en el que se fija un plazo de cuatro meses a los judíos para convertirse o salir del reino. La fecha (1391) que aparece en la primera página del relato indica que el 1492 del título de la novela no remite a una fecha puntual sino a una época –tiempos– que se encierra entre dos momentos de violencia: el saqueo y la expulsión. Torquemada emblematiza esos tiempos, designados en el epígrafe tomado de Moisés Maimónides como los de persecución.

El relato de Juan Cabezón plasma la imagen de la Inquisición como una máquina de la muerte que se alimenta tanto de la alianza entre la Iglesia y la Monarquía como de la pobreza e ignorancia del pueblo, inflamado por el fanatismo de personajes como el arcediano de Écija Ferrán Martínez, el monje predicador San Vicente Ferrer o Torquemada. Como ya se ha señalado, para el pensamiento medieval y renacentista la cristiandad se constituye en un valor universal y la fuerza generadora de la civilización. Esta concepción tuvo un peso decisivo en el desarrollo de la historia de España. Joseph Pérez indica que los motivos políticos e ideológicos que orientaron el establecimiento de la Inquisición eran "integrar más completamente España en la cristiandad europea [y] fundir los pueblos de los que se componía la doble monarquía en un conjunto coherente mediante la unidad de fe" (1993: 160). La gran aliada en esta empresa de los reyes es la Iglesia Católica, a la que las aspiraciones políticas de los monarcas confieren un enorme poder social y político en España, liberándola de la autoridad de Roma y otorgándole un control desmedido sobre todos los aspectos de la vida en el reino. Aunque "el tribunal eclesiástico funcionaba bajo la autoridad y bajo la voluntad de los soberanos" (Pérez 1993: 160), la génesis de la Inquisición contada por uno de los personajes de la novela de Aridjis muestra que la Monarquía y la Iglesia alimentan y defienden mutuamente sus intereses, ésta por proporcionar pretextos para las acciones reales, aquélla por legitimar la violencia religiosa:

> Hace cuatro años, los clérigos y cristianos de Sevilla, encabezados por Alonso de Hojeda, fraile dedicado a la destrucción del judaísmo, informaron a Isabel y Fernando que muchos conversos hacían ritos judíos en secreto ..., y les rogaron que los castigasen. Los reyes mostraron gran pesar al enterarse de que en su reino había tantos herejes y apóstatas ... Luego ... en Sevilla un tal Guzmán había oído a seis judaizantes blasfemar de la fe católica en Jueves Santo ... De inmediato, los reyes solicitaron una bula de Sixto IV para establecer el tribunal de la Inquisición en Castilla; la que les ha sido otorgada para proceder con justicia contra la herejía judaica por *vía de fuego* (107)[17].

El pacto entre las dos instituciones es también económico. Los historiadores españoles han debatido profusamente si y hasta qué punto la Inquisición, que confiscaba los bienes de los condenados y de sus herederos, y la expulsión, que despojó a los judíos de todos los bienes raíces y valores en oro, plata o moneda, habían contribuido a financiar la guerra de la Reconquista y el descubrimiento de América. Las opiniones están divididas (Domínguez Ortiz 1977: 24-25) pero los documentos de la época, como la transcripción del proceso del Niño de la Guardia hecha por Fidel Fita o el acta inquisitorial del proceso de Isabel de la Vega, señalan claramente que los bienes confiscados se aplicaban "de derecho a la cámara y fisco de los serenísimos rey y reina" (Fita 1984: 290). Aridjis se basa en esta evidencia para insistir a través de su narrador y personajes en que las sentencias dicta-

---

[17] Díaz-Plaja cita, sin embargo, un documento fechado en Valladolid el 18 de marzo de 1485, en el que los Reyes prohíben a Antonio de la Peña, un fraile dominico de Segovia, hacer sermones que inciten a atacar físicamente a los judíos (1984: 255-256).

das por las autoridades eclesiásticas en contra de los conversos acusados de herejía acrecientan (aunque sólo de manera provisional) el tesoro real. Las variantes de la fórmula legal citada arriba, tales como "[sus] bienes confiscados pasaron a engrosar las arcas de Isabel y Fernando" (113) o "sus bienes y haciendas pasaron a manos del rey" (210), se repiten a lo largo del texto como si se tratara de fijar esta frase en la mente del lector. De acuerdo con la tradición crítica de la literatura conversa, la novela sugiere también que el trabajo inquisitorial de la Iglesia era renumerado por la Monarquía en forma de fondos para la construcción de monasterios o conventos (247), la confiscación de bienes judíos en beneficio de las instituciones vinculadas con la Iglesia (como la hospedería en el santuario de Guadalupe, 277) y la entrega de las sinagogas e, incluso, las piedras y ladrillos de los cementerios judíos, a los conventos y monasterios de las principales órdenes religiosas (247, 263, 284). Cabe observar en este lugar que el aspecto económico de la persecución apunta en la novela a la relación problemática entre la historia oficial relegada a los márgenes y la historia no institucional narrada por Juan Cabezón: las empresas históricas de los personajes recordados y celebrados se alimentan del sacrificio de las víctimas anónimas de sus designios.

La novela de Aridjis muestra, sin embargo, que la posición de las masas anónimas en el proceso histórico es un asunto muy complejo. Si bien los conversos y los judíos figuran en ella como víctimas, la presentación de las masas cristianas es ambivalente. Por un lado, el pueblo es claramente víctima de un sistema feudal jerárquico y rígido que divide la sociedad en dos estados –el noble y el llano–, de los cuales sólo el segundo contribuye a las arcas reales mediante tributos o "pechos" (Domínguez Ortiz 1977: 105). Las deficiencias económicas del sistema señorial, las epidemias y las destrucciones provocadas por las guerras –tanto las locales entre distintas facciones nobiliarias como las civiles a nivel del reino, tal la guerra de sucesión de Castilla– causan la pobreza, el hambre y, como consecuencia, una crisis demográfica. Las "estampas madrileñas" de la primera parte de la novela, al igual que algunas imágenes de la visión muralística de España creada mediante el recurso del viaje de Juan Cabezón en pos de Isabel, retratan los extremos de esta condición, encarnados en figuras de mendigos, pordioseros, prostitutas, ladrones y vagabundos que parecen salir de un cuadro de Hiëronymus Bosch[18]. Arruinado por las crisis y atizado por la acción doctrinal de la Iglesia Católica, representada en *1492* por los incendiarios sermones antijudíos de Ferrán Martínez o las no menos fanáticas predicaciones de San Vicente

---

[18] Véase, por ejemplo, las descripciones en las páginas 57, 93-95 y 120.

Ferrer, el pueblo menudo ataca primero a los judíos y después a los conversos, cuyo papel de prestamistas (de reyes, nobles e, incluso, de pueblo), arrendadores de las diversas rentas de la Monarquía o recaudadores de tributos, se asocia en la mentalidad popular con la explotación económica de los grandes (García de Cortázar 1977: 424-427)[19]. De esta manera, la política de los Reyes Católicos cuenta con la adhesión de las masas católicas que pobres, ignorantes, antisemitas y víctimas del sistema social y económico al que pertenecen, descargan su odio y desesperación en contra de judíos y conversos.

Si en la época de los hechos representados la cristiandad se considera como la única verdadera civilización, es decir, como un impulso positivo y constructor, la memoria vivida narrada por Juan Cabezón denuncia la religión católica y la Monarquía basada en la unión religiosa como una fuerza destructora que trae aniquilación y muerte. Su dinamismo cruel y aniquilador se refleja en la estructura de la novela cuyo contenido se divide en dos partes casi iguales. La primera parte (capítulos 1-8) cubre un periodo de casi cien años, desde 1391 hasta 1485; si se descuenta la historia familiar de Juan Cabezón, situada entre 1391 y 1435 en Sevilla, en estos capítulos la acción se desarrolla en Madrid y es bastante morosa porque los personajes se mueven solamente en el espacio de las plazas y las calles de la ciudad. Cada uno de los capítulos trata periodos de años o meses, centrándose en la amistad entre Juan Cabezón y Pero Meñique. Los cambios del ritmo son mínimos ya que la narración retrata el modo y el ambiente de vida de los personajes que viven tranquilos, hacen poco y hablan mucho (así, todo el capítulo 4 es un diálogo de mendigos). La Inquisición fue establecida en un momento que se sitúa entre el capítulo 4 (que se desarrolla durante una noche de noviembre de 1477) y el 5 (ubicado en 1482 según las referencias mencionadas en la página 107), pero todavía no afecta la vida de los personajes y es sólo un tema de conversación. Los primeros efectos de la persecución se producen en el capítulo 7, que tiene lugar a finales de 1483 y corresponde con la llegada de Isabel de la Vega a la casa de Juan Cabezón. Es también el primer capítulo que registra la atmósfera de hostilidad y miedo que invade las calles de Madrid:

> Las calles parecían más estrechas, oscuras, solitarias, como si hubiesen adquirido una calidad terrosa, un silencio apesadumbrado, doliente, sepulcral.

---

[19] Sobre la cuestión económica y otras razones del sentimiento anti-judío en España, véase el estudio de Julio Caro Borja (1978: 73-90, 98), que contiene también un resumen muy útil de la persecución de los conversos y los judíos entre los años 1391 y 1492.

Pero Meñique anduvo con la cabeza ladeada, el bastón en ristre, igual que si temiese ataques invisibles, sombras inquisitoriales lanzándose en contra de él; sus oídos oyendo delaciones, su fantasía alumbrada por infinitos fuegos que abrasaban a hombres y mujeres aterrados (117).

–En estos días no se llama a nadie por su nombre en la calle, en la plaza ni en la iglesia –dijo [Rodrigo Rodríguez], disgustado, mirándome con ojos tan hostiles que parecía herirme, humillarme o matarme (125-126).

En el último capítulo de la primera parte, dedicado a los años 1484 y 1485, que corresponden a la historia de amor entre Isabel y Juan Cabezón, el ambiente de persecución y miedo observado por el narrador en el capítulo anterior se traduce en el encierro de los personajes, especialmente Isabel, que pasan días, semanas y meses escondidos en las habitaciones traseras de la casa. Las visitas esporádicas de Pero Meñique constituyen el único lazo con la ciudad y el mundo externo, pero las noticias que trae están teñidas de sombras amenazantes porque cuentan el avance de la Inquisición por el territorio de Castilla y Aragón.

La segunda parte (capítulos 9-16) presenta, en cambio, un ritmo que refleja la persecución y la locura destructora de la máquina inquisitorial. La narración se apoya ahora en el esquema del viaje que Juan Cabezón realiza buscando a Isabel y se construye como una rápida sucesión de lugares y fechas. Los capítulos narran eventos sucedidos entre 1486 y 1492; en ellos desaparece por completo la impresión de duración o extensión temporal que domina la primera mitad de la novela. Juan Cabezón se desplaza con urgencia y su narración imita este movimiento, concentrándose en el poco tiempo que pasa en las distintas ciudades: dos días en Zaragoza (capítulo 9), una noche en Calatayud (capítulo 10), una noche en Teruel (capítulo 11), una tarde y una noche en Toledo (capítulo 12), y después de una elipsis, un día en Madrid (capítulo 13). Solamente al final el ritmo narrativo desacelera para rendir los preparativos del atentado en Ávila que duran tres meses (octubre-diciembre de 1491; capítulo 14) y dar cuenta de la estadía de Juan Cabezón en Trujillo, donde se esconde durante siete meses después de la muerte de Pero Meñique en Ávila (capítulo 15). El capítulo 16, que narra el breve re-encuentro entre Isabel y Juan Cabezón en el Puerto de Santa María, dura apenas unas horas, y termina con un salto elíptico al 3 de agosto de 1492[20].

---

[20] No incluyo ni comento aquí las narraciones retrospectivas de eventos que tienen lugar en estos capítulos. Se trata tan sólo de mostrar la urgencia del presente que impone un desplazamiento continuo.

Si, por un lado, el ritmo apresurado de esta parte imita el avance implacable de la Inquisición iniciado en los capítulos 7 y 8, por el otro, reproduce el movimiento espacial y cronológico del que huye, como Isabel, sin poder detenerse mucho tiempo en ningún lugar, por miedo a la delación y el arresto. De esta manera, la estructura global de la novela sigue el compás de la memoria vivida que no registra la cronología histórica sino las etapas del avanzar de las víctimas hacia la muerte y la expulsión. Es por esta razón también que las descripciones de las persecuciones, medidas de represión, tormentos y autos de fe se acumulan en la segunda parte cuando la máquina de la muerte está operando a plena velocidad, sembrando humillación y destrucción[21].

Su funcionamiento se apoya en cargos y culpas inventados, de los cuales Juan Cabezón dice que "parecían baladíes, pero su gravedad ante los ojos de los inquisidores no dejaba lugar a dudas de la suerte que los aguardaba [a los reos]" (178). Para instruir al pueblo cristiano en prácticas judaizantes y fomentar así la delación, los inquisidores publicaron

> una lista de 37 artículos de delación, por los cuales se podría probar que un hombre judaizaba: si esperaba al Mesías, si guardaba la fiesta del sábado, ... si quitaba de la carne el sebo y la grasa, ... si comía la carne en días de cuaresma, si ayunaba en los días que lo mandaban las fiestas judías, ... si bendecía la mesa y bebía vino caser, ... si rezaba los salmos de David sin decir al final *Gloria Patri et Filio et Spiritu Sancto*, si una mujer después de haber dado a luz no iba al templo durante cuarenta días, ... si por luto no había salido durante un año de su casa ... (115).

La lista es larga y se reitera muchas veces en las páginas de la novela porque se trata de "los delitos de siempre" (191). En su búsqueda de Isabel de la Vega, Juan Cabezón pasa por Zaragoza, Calatayud, Teruel, Toledo y después viaja con Pero Meñique a Ávila. En todos estos lugares asiste a autos de fe o alguien (por ejemplo, Brianda Ruiz en Teruel, 191) le relata los acontecimientos recientes en los que vuelven a oírse los mismos cargos. En estas secuencias, la repetición se revela como una estrategia fundamental de la construcción discursiva de la contra-narrativa en *1492*. Su primera función consiste en llamar la atención sobre la absurdidad de estas acusaciones,

---

[21] La concentración de la violencia inquisitorial en la segunda parte de *1492* corresponde, además, con la información histórica sobre la época. Según Domínguez Ortiz, los años de máximo rigor se sitúan entre 1480 y 1516, cuando pereció la mitad de todas las víctimas de la Inquisición (1977: 25).

pero gracias al mecanismo reiterativo Aridjis logra también otros efectos. Uno es señalar el papel que el lenguaje, la palabra por sí sola, tiene en la construcción de la realidad y la legitimación del poder (Fowler 1985: 67)[22]. La novela de Aridjis muestra que la repetición desempeña en este proceso una función esencial: a fuerza de oír las culpas de los judíos conversos anunciadas desde la autoridad de la Iglesia, la población cristiana empieza a creer en la realidad de estos cargos; al salir a las plazas para observar los autos, asimila esta realidad inventada por las instituciones religiosas y apoya el orden impuesto por las estructuras dominantes.

Tres otros efectos de la reiteración discursiva se producen al nivel de la recepción. Por un lado, la repetición de los cargos y los castigos aplicados a los conversos así como de las medidas represivas en contra de los judíos –entre las cuales figuran la orden de llevar señales distintivas en la ropa, el encierro obligatorio en las aljamas o *ghettos* y la prohibición de ejercer ciertas profesiones y/o desempeñar funciones públicas– proyecta los hechos narrados en la novela al siglo XX, apuntando al futuro trágico del pueblo judío reconocible para un lector contemporáneo. La reiteración discursiva llama la atención a la repetición de la historia, que de un modo inevitable conduce de 1492 a 1942, una posible transmutación de las cifras del título de la novela. Colocada en esta perspectiva, la obra de Aridjis se vincula con otra novela histórica mexicana sobre la repetitiva represión del judaísmo, *Morirás lejos* de José Emilio Pacheco (1967). La repetición crea también un efecto paródico desfamiliarizador: por un lado, la acumulación en las páginas de la novela de las acusaciones y castigos pone en entredicho los principios de la Fe católica y la ecuación entre cristiandad y civilización, denunciando el "sacrificio humano" inventado y hecho realidad por los "sacerdotes sanguinarios, que habían transformado las parábolas de amor en instrucciones de muerte y el paraíso prometido en infierno terrestre" (176); por el otro, señala e insiste en el sustrato bárbaro dentro de un sistema que suele representarse como encarnación del orden civilizado. La obstinada repetición discursiva del narrador devela la máquina de la muerte como principio de este orden, confirmando la consabida observación de Walter Benjamin sobre la inevitable pervivencia de la barbarie en toda civilización. Por último, la recitación y repetición de los nombres de los condenados pro-

---

[22] Para Roger Fowler, el lenguaje es "an instrument for consolidating and manipulating concepts and relationships in the area of power and control ... The role of language ... is to continuously articulate ideology, to insist on systems of beliefs that legitimate the institutions of power" (1985: 61 y 64).

duce el efecto lírico de un canto fúnebre (Cella 1991: 459) que llora y lamenta a las víctimas de esa barbarie[23].

La barbarie cristiana no sólo se manifiesta en las instituciones religiosas y en sus representantes, los inquisidores y los sacerdotes. A través de sus actos y su lenguaje "que se envuelve en legalidad" (177), según observa el narrador aterrorizado por el primer auto de fe que presencia en Zaragoza, la barbarie ha pasado a formar parte de la realidad de la población entera. Para los habitantes de las villas castellanas y aragonesas un auto de fe es un espectáculo que iguala los estados, despertando en todos la misma curiosidad y emoción: "Las ventanas de las casas vecinas, con vista a la plaza, ya habían sido repartidas para el espectáculo del auto de fe a los nobles de la villa y sus familias. ... Barreras para contener a la multitud exaltada habían sido erigidas ..." (161). Parado en medio de esta "multitud exaltada" por la crueldad de los castigos y el miedo de las víctimas, Juan Cabezón la compara con un "monstruo de mil caras y dos mil puños" (176) que profiere "gritos de deleite feroz" (178).

Jan Lechner ha criticado *1492* –incluso le ha negado el estatuto de novela histórica– porque en su opinión la novela

> muestra sólo uno de los múltiples aspectos de la España del siglo XV y de su dramático año 1492: el de una España que gemía bajo el peso del temor de la Inquisición. ... Una España en la que unos eran perseguidos y todos los demás, la inmensa mayoría del país, encarnizados perseguidores. ... Un país donde no había ni artes ni ciencias, ni Humanismo ... ni espíritus lúcidos, ecuánimes, moderados (1991: 38).

Es cierto que *1492* se concentra en un sólo aspecto de ese "dramático" siglo –la persecución–, pero al mantener que la novela de Aridjis no hace referencia a las artes o el humanismo, el crítico da prueba de una lectura bastante superficial. Juan Cabezón es un personaje de pueblo, pero es también un "letrado": su segundo padrastro, el panadero que "sabía latín y había leído a algunos poetas" (38), "no sólo [le] enseñó a escribir bien, sino que [lo] llevó por cada uno de sus libros" (39). Tanto él como Pero Meñique dan muestras de un profundo conocimiento de la cultura clásica: el ciego cita a

---

[23] Estas nóminas son también una transposición ficcional y poética de los documentos históricos. La Inquisición registraba meticulosamente los nombres de sus víctimas, sus delitos, procedencia y profesión, según lo muestra un documento con 73 nombres publicado por Díaz-Plaja (1984: 268-271).

Catulo (54) y Plinio (61 y 138), mientras que Juan Cabezón describe sus amores con Isabel como una inversión de la historia de Píramo y Tisbe de *Metamorfosis* de Ovidio (142). Pero Meñique recita de memoria versos de Bernard de Morlay (102)[24] y proverbios de Raimundo Lulio (101), que es también un autor citado por Isabel y Juan Cabezón (127, 131, 145). Su narración incluye además numerosas alusiones abiertas o veladas a otros poetas de la época, como por ejemplo, el Marqués de Santillana (53, 294), el Arcipreste de Hita (294) y Garcilaso de la Vega (201)[25]. Asimismo, es significativo que sean Juan Cabezón, Isabel de la Vega y Pero Meñique, personajes que evidencian un conocimiento humanista de la literatura y de la filosofía, quienes denuncian el lado repulsivo y enloquecedor de los tiempos representados en la novela. Los otros aspectos de 1492, como el humanismo que menciona Lechner, son las caras familiares y conocidas de la época, celebradas por la memoria oficial. En cambio, Juan Cabezón hace oír voces y palabras que no se dijeron antes o que no fueron escuchadas. Como toda narración histórica, la memoria vivida que se enfrenta a la memoria oficial es selectiva y lo es porque quiere contar *su* relato para trascender esquemas cognoscitivos familiares y establecidos. Testimonio del sufrimiento, el relato de Juan Cabezón hace estallar en la pantalla de la historia "los gritos de los conversos; gritos que al paso de los días se volverían mudos, pero acusadores, atravesarían los años y los siglos, sin que hubiese lluvia, viento, silencio ni noche que pudiese apagarlos" (176).

---

[24] Es interesante notar que Pero Meñique cita en español el mismo fragmento de *De contemptu mundi* de Morlay con el que Umberto Eco cierra *El nombre de la rosa*, otra novela sobre la Inquisición medieval. Cabe observar también que ambos autores citan con error o alteran la cita, sustituyendo "Roma", que aparece en el original ("Stat Roma pristina nomine, nomina nuda tenemus") por "rosa". Para consultar el texto de Morlay, véase <http://www.thelatinlibrary.com/bernardcluny1.html>. Eco reconoce esta discrepancia en una conferencia explicando que en la versión del poema que usó figuraba "rosa" (<http://www.tannerlectures.utah.edu/lectures/Eco_91.pdf>).

[25] El narrador no nombra a Garcilaso, como nombra a otros escritores, pero su presencia se vislumbra en esta descripción del Tajo en Toledo: "Por las laderas del *río cristalino* subían olivos y álamos, sauces y cipreses, mientras *la corriente reflejaba los arreboles del crepúsculo* ... El Tajo, era fama, estaba repleto de *ninfas y de arenas de oro...*" (201). Esta alusión al poeta renacentista pareciera un anacronismo porque Garcilaso nació al principio del siglo XVI, unos diez años después de los acontecimientos narrados por Juan Cabezón. Es imperativo recordar, sin embargo, que el texto no revela el momento de la escritura y es posible que éste se sitúe muchos años después de los eventos, como sucede en *El entenado*, *Maluco* o *La tierra del fuego*.

Una visión desplazada: España vista desde América

La representación de la delación, intolerancia, persecución, suplicio, muerte, robo, secuestro de los bienes y humillación, en el relato de Juan Cabezón, conforma una reflexión sobre el estado de la civilización española y europea en la época que J. Huizinga llama "el otoño de la Edad Media". Es fundamental, sin embargo, tomar en cuenta que Aridjis es mexicano y que su novela sobre España se escribe y publica en América, lo cual implica nuevos interrogantes acerca del significado tanto de la fecha de 1492 como de la visión de la cultura que la protagoniza. La memoria oficial de 1492 como la fecha del descubrimiento de América padece la misma marginalización que los otros acontecimientos de la historia institucional, comentados arriba. La acción de la novela termina en agosto de 1492, lo cual significa que el momento y el evento del descubrimiento están fuera del relato, aunque el título pareciera incluirlos. En el espacio paratextual lo señala directamente uno de los epígrafes (tomado del *Libro de las profecías* de Colón), pero en la narración misma lo insinúan apenas unos cuantos apellidos, esparcidos y casi perdidos u ocultos entre numerosas referencias a personas y lugares encontrados o visitados durante el desplazamiento espacial del narrador.

El personaje de Colón aparece fugazmente un día de invierno de 1486 o 1487 en un hostal de Toledo cuando un hombre interrogado por un familiar de la Inquisición se presenta como un navegante que busca a la reina Isabel "para exponerle una empresa asaz grandiosa" de "llegar a las Indias por el occidente" (204). Años más tarde, a finales de julio de 1492, el monje Agustín Delfín le comenta a Juan Cabezón en Trujillo que Colón está organizando en Palos una expedición "por mandado de nuestra reina Isabel, con el propósito de llegar a las Indias por el occidente y hallar los palacios fabulosos del Gran Can" (285). El nombre del genovés se menciona sólo dos veces más: la primera, en una extraña prolepsis del narrador ("como después oí decir hizo don Cristóbal Colón", 109); la segunda, en el último párrafo de su relato: "Me hice a la mar con don Cristóbal Colón. En la nao *Santa María* vine de gaviero" (298). La estadía de Juan Cabezón en Trujillo proporciona una ocasión para aludir a los nombres de los futuros conquistadores oriundos de aquella ciudad, presentados en el ejercicio de actividades cotidianas: "Por la tarde paseaban por la plaza los cristianos principales de Trujillo: los Chávez, los Hinojosa, los Pizarro, los Vargas y otros menos importantes, como ... el alarife Alí de Orellana" (257). En la descripción del mesón de la ciudad se cuela otro nombre histórico, el de "Diego García de Paredes, el Sansón de Trujillo o Hércules de Extremadura" (260), fundador de la ciudad homónima en Venezuela. La marginalidad de estos datos en el espacio narrativo señala que a pesar de ser uno de los significados de 1492, el descubrimiento es un no-evento o un evento ausente en la novela cuyo título parece evocarlo[26].

Si la presencia de los protagonistas históricos del descubrimiento y de la conquista es efímera en *1492*, "el espacio americano aparece en negativo" (Cella 1991: 456) porque no se menciona ni siquiera como el lugar desde donde Juan Cabezón cuenta sus memorias. El relato es retrospectivo, pero es imposible decir desde qué punto en el tiempo y el espacio el narrador-personaje rememora los oscuros eventos del siglo XV para convertirlos en la materia de su narración[27]. La prolepsis en la que Juan Cabezón compara las palabras de un hombre encontrado en la calle con las que después habrá de oír de la boca de Colón –"Así que la criación del mondo hasta el diluvio son mil seiscientos cincuenta y seis años ... –dijo, ... haciendo las cuentas del mundo, como después oí decir hizo don Cristobal Colón" (109)– indica sólo que el acto de la escritura tiene lugar después del viaje bajo el mando del almirante. El hecho de que al final de la novela Juan Cabezón mencione, en pretérito, su embarque en la *Santa María* y la salida de la escuadra del puerto de Palos implica que la distancia con respecto a los eventos referidos es no sólo temporal sino también espacial, permitiendo asumir que el narrador habla desde el Nuevo Mundo[28].

Esta puesta en paréntesis o en un afuera narrativo del espacio americano en una novela que se escribe desde América y se titula *1492* evidencia un desplazamiento esencial del objeto y de la perspectiva de la visión presentada. En el discurso oficial de la época –el de las historias y crónicas del descubrimiento– Europa es el lugar asumido e incuestionable del saber desde

---

[26] Menton afirma que "El título de la novela de Aridjis se [identifica] obviamente con la celebración del quinto centenario colombino" (1993: 238) que él mismo considera el factor más importante del auge de la "nueva novela histórica" a fines del siglo XX (1993: 48). El análisis del título y de la configuración de los personajes y los eventos del descubrimiento en la novela revela, sin embargo, que se trata más bien de una reescritura crítica o de una contra-narrativa que cuestiona las nociones de celebración y aniversario.

[27] En esta indeterminación reside una de las diferencias entre *1492* y *El entenado*, *Maluco* o *La tierra del fuego*, novelas que precisan el tiempo transcurrido entre lo enunciado y la enunciación y constituyen el contrapunto temporal entre el pasado y el presente como uno de los principales elementos de su construcción narrativa. Véase mi discusión de *Maluco* (capítulo III) y de *La tierra del fuego* (capítulo IV).

[28] *Memorias del Nuevo Mundo* es el título de la novela de Aridjis que continúa la historia de Juan Cabezón contando su participación en la conquista de México. Se puede asumir, sin embargo, que *1492* es una suerte de "memorias desde el Nuevo Mundo".

donde se construye una imagen del Nuevo Mundo que es una proyección deformada de sus tabúes culturales e ideológicos. Tanto es así que los relatos coloniales producidos desde este espacio hegemónico sitúan la periferia en una posición central –se escribe *sobre* América desde España o desde un espacio español en América– porque es a través de una relación dialéctica con la otredad que la cultura europea define su mismidad y legitima su acción colonizadora (Dussel 1995: 65). *1492* desafía esta convención al posicionar a España en el centro del relato, mientras el espacio americano es desplazado hacia sus bordes. "En lugar de mostrar a América", afirma Susana Beatriz Cella, el texto de Aridjis "trata de dar cuenta del mundo que en 1492 va a encontrarla" (1991: 456).

La insustancialidad de los cargos y la extrema crueldad de los castigos aplicados o los vivos y los muertos, a los presentes y los ausentes, dan cuenta de la relación intrínseca entre poder y violencia. Desde la España del siglo XV esta violencia se justifica, quizá, como una necesidad histórica (la unidad), pero desde la periferia americana a la que pertenece el autor mexicano de la novela, los autos de fe presenciados y presentados por Juan Cabezón son versiones españolas –europeas, civilizadas y, supuestamente, civilizadoras– de los festines antropófagos que los descubridores y cronistas atribuyeron a los pueblos americanos, como ocurre en el grabado de Van der Straet comentado arriba. Debajo del ropaje suntuoso de la Europa encarnada por Vespucci se esconden la miseria, la intolerancia y una barbaridad que sobrepasa la peor ferocidad atribuida a los "salvajes" en el tabú caníbal de la imaginación europea[29]. Tal como lo muestra Michel de Montaigne en su ensayo "Des cannibales" y como lo teoriza siglos después Tzvetan Todorov, la visión eurocéntrica del Otro en el pensamiento europeo no es sino una "projection inconsciente de soi sur les autres" (1989: 30). Desde América, la novela de Aridjis desoculta la realidad traumática y violenta del mundo que la descubre. España se presenta en ella como un lugar del que hay que huir, exiliarse. Muchos seres históricos, en especial intelectuales nuevo-cristianos, lo habían hecho, como lo hace en *1492* Juan Cabezón[30]. Sus memorias

---

[29] Otra novela que reescribe la representación dominante del espacio europeo es *El entenado* de Juan José Saer (1983). Para un estudio que contempla en conjunto las novelas de Aridjis y Saer, véase Cella (1991). Florencia Garramuño examina ambas novelas en su exploración crítica de las "reescrituras" rioplatenses (1997).

[30] Américo Castro cita, por ejemplo, a Torres Naharro o Juan Luis Vives, uno de los más grandes humanistas españoles (1967:141). Nacido en 1492, Vives prefirió vivir fuera de España. Juan de Valdés, otro erasmista español de la época, también escogió el exilio (Jones 1981: 30).

son la voz de un "fugitivo de una civilización", cuya mirada espantada –comparable a la del ángel de la historia de Benjamin– sigue las huellas del barco que lo aleja de la inhumana orilla. De esta manera, al narrar la tragedia de los conversos y judíos españoles, Aridjis cuenta también otra historia que no está en su novela: anticipa una saga que empieza allí donde termina el relato de su narrador, en 1492, fin de una época y principio inevitable de otra. La novela invita así a la reflexión sobre el origen de los que descubrieron y conquistaron América, sobre el carácter de la conquista y sobre el significado de la interacción histórica entre América y España.

Desplazamientos estructurales: una novela sin protagonista

El énfasis que la novela de Aridjis pone en el carácter colectivo de los hechos narrados, tanto desde el punto de vista de las víctimas como de los victimarios (la Inquisición es una institución pero el apoyo del pueblo y de los nobles es fundamental), se manifiesta en la revisión de la concepción del personaje y su lugar en la obra. Muchos personajes deambulan por las páginas de *1492*, pero la novela de Aridjis carece de protagonista. Un breve análisis de las funciones de los personajes más destacados en el plano de la economía narrativa de *1492* realizado por Noé Jitrik muestra que el rasgo característico de la relación entre ellos y la trama es su "secundariedad" (1995: 78-79).

De acuerdo con las observaciones anteriores, los protagonistas históricos de la época, como los Reyes Católicos o Torquemada, no desempeñan el papel protagónico en el argumento. Los reyes nunca se asoman en persona a la narración para actuar frente al lector; son meramente el poder y la autoridad detrás de los edictos y decretos que los pregoneros leen en las plazas, la materia de chismes y noticias trasmitidas de boca en boca por el pueblo, o una imagen reconstruida retrospectivamente por el narrador, como es el caso de la proclamación de Isabel como reina de Castilla en Segovia (37-38) o la ya citada entrada de los reyes a Granada (252-253). El narrador menciona a menudo el nombre y los hechos de Torquemada que figura en los pensamientos de otros personajes como una personificación maléfica de los tiempos, convirtiéndose en una obsesión para Pero Meñique. Su aparición en persona se reduce, sin embargo, a un solo y breve instante, cuando Juan Cabezón y Pero Meñique se cruzan con la comitiva que lo acompaña en una calle de Ávila. La descripción que el narrador ofrece del inquisidor general revela hasta qué punto su persona funciona al nivel simbólico, habiéndose transformado en un fantasma o la imagen encarnada de la muerte:

Por [la Rúa de los Zapateros] venía el Inquisidor General, fray Tomás de Torquemada ... Parecía un cuervo a mediodía. ... Quizás mi fantasía lo hizo caminar un palmo por encima del suelo y descubrió sus manos descarnadas de cadáver. Quizás vi que al menearse se le salían los cuadriles, los codos y las rodillas del cuerpo, que su ropa fúnebre le daba aspecto de criatura de noche, de devorador de muertos (225).

Isabel de la Vega, un personaje histórico que simboliza a todas las víctimas, funciona como el elemento desencadenante tanto de una parte de la trama —el viaje de búsqueda de Juan Cabezón— como de toda la escritura, pero su presencia, regida por el código de verosimilitud del relato que debe rendir su estatus de fugitiva, es discontinua y pasajera. El viejo Pero Meñique, un ciego visionario, "[concentra en sí] el costado crítico de la historia significada" (Jitrik 1995: 79), pero, al igual que Isabel, es un personaje de comparecencia irregular que se debe a la índole de su amistad con Juan Cabezón, quien parece ser el protagonista dado que el título de la novela anuncia que el relato cuenta su vida. Sin embargo, como personaje Juan Cabezón resulta poco convincente y unidimensional, porque su personalidad carece de relieve y no exhibe ningún esquema evolutivo (con la excepción del efecto que tiene en él el encuentro con Isabel); la misma falta de dinamismo se observa en cuanto al lugar del personaje en el mundo al que pertenece, su único desplazamiento siendo del tipo espacial[31]. Estas características de su configuración indican que Juan Cabezón, más que un personaje o protagonista, es una función del texto. Su posición principal en la economía del relato deriva de la función narrativa y del papel que desempeña como "conector de motivos" (Tomachevski 1982: 204-26): es a través de él que las unidades mínimas temático-narrativas se agrupan y adquieren coherencia. A pesar del título, la novela no tiene un protagonista individualizado cuya vida ocupe una posición sobresaliente en el relato. Su personaje es colectivo, porque la novela retrata una colectividad desgarrada en su seno por la violencia fundadora y, dentro de la misma, una comunidad condenada a muerte o expulsión por la heterofobia e intereses políticos que trazan alrededor de ella líneas demarcatorias de la diferencia. De entre "vida" y "tiem-

---

[31] La inmovilidad social de Juan Cabezón puede interpretarse como un elemento de la verosimilitud del relato, dado que en la época retratada por Aridjis "la sociedad [era] un trasunto del orden cósmico y del reino de Dios. Las clases sociales ... son inmutables e inamovibles ...: pretender cambiar de estamento ... supone revelarse (sic) contra la ley natural y la providencia divina ... " (Rico 1976: 46).

pos" anunciados desde el título, en la diégesis sobresalen los tiempos; la vida de Juan Cabezón es sólo un pretexto para retratar la época[32].

Desplazamientos genéricos

En vista de este razonamiento, es necesario indagar el sentido y significado de la modalidad narrativa del relato. Según Cella, *1492. Vida y tiempos de Juan Cabezón de Castilla* pertenece a la categoría de autobiografía ficcional que se apoya en la estrategia discursiva de la primera persona y en el simulacro de la narración de una vida (1991: 455-457). El relato autobiográfico es el mejor cauce para el fluir de la memoria vivida que es de orden personal, a diferencia de la memoria oficial (historia) cuya referencia es la nación, por lo cual suele relacionarse con la esfera pública. En la novela de Aridjis, la memoria vivida de un individuo se confronta con la historia impulsando una reescritura crítica de esta última. La enunciación en primera persona es una clara señal de que el discurso histórico busca nuevos caminos de representación del pasado. Jacques Rancière afirma que una de las tareas de la nueva historia es desregular la dicotomía entre la enunciación histórica y el discurso, conceptualizada por Émile Benveniste en términos de la oposición entre, por un lado, el pretérito y el presente, y por el otro, la tercera y la primera persona narrativa. Según Benveniste, la distancia temporal y la neutralidad atribuida a la narración en tercera persona confieren a la narrativa histórica la objetividad y el poder de autentificación en los que se apoya el discurso histórico tradicional. Para Rancière, el cuestionamiento del concepto tradicional de la historia e historiografía (la de los reyes como centros y fuerzas de la historia, por ejemplo) por parte de la nueva historia debe ir en par con la búsqueda de un sistema de enunciación que refleje esta revolución conceptual al nivel de la forma (1994: 13-14). Se trata de absorber "the system of narrative, a characteristic of the old history, into that of discourse" (1994: 15) mediante los pronombres de la primera persona y la formulación en los tiempos verbales del presente. Se puede argüir que la primera persona de una memoria vivida como la de Juan Cabezón participa de esta revisión y renovación del discurso histórico, constituyendo a la vez

---

[32] Concuerdo aquí con Menton: "Como indica el título de la novela de Aridjis, la recreación de los tiempos de Juan Cabezón tiene por lo menos la misma importancia que la narración de la vida del protagonista. En realidad, la caracterización de Juan Cabezón está subordinada al montaje de un amplio panorama de la España de 1391-1492" (1993: 236).

una estrategia de verosimilitud y veridicción, empleada en la literatura en español desde la publicación del *Lazarillo de Tormes*[33].

Con la excepción del primer capítulo en el que Juan Cabezón presenta la historia de sus antepasados desde 1391 (el parto de la bisabuela) hasta aproximadamente 1435 (el viaje del padre de Sevilla a Madrid), los demás relatan lo que el narrador vio y vivió como participante o testigo de los hechos y de los tiempos. En este sentido, la historia que cuenta es también una historia personal, lo cual justifica el recurso de la primera persona. Sin embargo, tanto el uso de la primera persona como el vínculo (aunque ficcional) de la novela de Aridjis con el género autobiográfico requieren un poco de matización.

Algunos críticos han observado que a diferencia de la subjetividad y la cercanía que suelen asociarse con la primera persona, el recurso del "yo" como modo narrativo en *1492* termina produciendo una sensación de distancia. Menton habla, por ejemplo, de "la relativa falta de identificación del narrador Cabezón con el mundo que describe" (239), mientras que Jitrik constata que "el relato de *1492* es de 'expectación', el narrador está 'en' las cosas pero sin involucrarse, 'para' narrarlas" (1995: 80). El comentario acierta en el diagnóstico general de una distancia entre el "yo" y las experiencias o eventos evocados, que puede explicarse, no obstante, si uno toma en cuenta que las memorias que escribe Juan Cabezón no son de su vida –ésta no es sino un pretexto–, sino de una vivencia e historia colectiva. Al mismo tiempo, la observación del crítico argentino elimina por completo la fluctuación de esta distancia que, a mi modo de ver, define la narración en la novela de Aridjis. La posición del narrador con respecto al mundo que describe no es fija: unas veces se aleja del perímetro de los hechos inmediatos tratando de abarcarlos en conjunto o panorámicamente; otras, está muy cerca de ellos en el espacio, pero adopta la actitud de un observador desvinculado, como ocurre en el episodio que narra los ritos funerarios judíos presenciados por Juan Cabezón cuando llega a Calatayud (180-184); otras aun, comparte el destino de los perseguidos, como si tuviera que sentirlo en su propio pellejo, tal como sucede cuando los familiares de la Inquisición irrumpen en la casa adonde ha llegado en Teruel. Cuando Clara Santángel le

---

[33] Michel Butor comenta al respecto: "Charactéristique à cet égard est le fait que lors de toutes les mystifications romanesques, chaque fois que l'on a essayé de faire passer une fiction pour un document, prenons par exemple le *Robinson Crusoe* ou le *Journal de l'année de la peste* de Daniel Defoe, on a utilisé tout naturellement la première personne" (1969:75). Véanse también los capítulos dedicados a *Maluco* y *La tierra del fuego* donde ahondo en el uso del presente y de la primera persona, respectivamente.

pregunta si es converso, contesta que es un hombre perseguido (196) y al reflexionar sobre el prendimiento probable de la visionaria Brianda Ruiz dice: "Su captura me sobresaltó, como si hubiese sido la mía ..." (196). Un ejemplo particularmente ilustrativo de la fluctuación entre la cercanía y la distancia es la escena que describe el auto de fe de Zaragoza. Juan Cabezón se presenta allí en medio de la muchedumbre observadora; físicamente está cerca del pueblo con el cual se codea y lejos de las víctimas que aparecen en un cadalso. La narración invierte, sin embargo, esta relación: las expresiones como "la plebe fascinada" (176), el "monstruo de mil caras" (176), "la chusma ... como una fiera" (178) evidencian el distanciamiento del narrador que en ese momento se identifica con los condenados:

> Las víctimas no eran santos ni dioses sino hombres y mujeres comunes horrorizados ... Y como si yo mismo fuese judío en la plaza de la Seo, por primera vez en mi vida vi los rostros hostiles vueltos hacia mí, fui consciente de mi cara, del peso de mi cuerpo, y, semejante a un animal acosado por carniceros y cazadores feroces, tuve miedo del hombre (176).

La posición del narrador aflora claramente en su discurso (aunque pocas veces se confirma en sus acciones, como bien señala López 2002: 149, 151 y 158): tanto en las palabras que escoge para las descripciones de los funcionarios de la Inquisición como en las ironías con las que se refiere a sus actos, se manifiestan la indignación, la repulsión y, también, la toma del partido. Su imaginación ante el horror histórico aflora en la subjetividad de su lenguaje. Así, el familiar de la Inquisición encontrado en el mesón de Toledo se presenta como "descolorido, con la tez enfermiza" (203), un "cadáver del Santo Oficio" (205), cuyo modo de hablar y mirar resulta "repulsivo, intolerable" (204). Torquemada, según ya se ha mostrado, se asemeja en los ojos del narrador a "un cuervo a mediodía" (225), mientras que el inquisidor de "nariz rapaz" y "labios heldos" que oficia el auto de fe en Zaragoza da "la impresión de una mujer sentada en la letrina" (177). Las reflexiones del narrador acerca de este evento se construyen alrededor de las palabras "crimen", "víctimas", "verdugos" o "fuerzas destructoras de la vida" (177); la indignación se reviste de ironía que habla de "la parodia del Juicio Final" (173 y 233) y los "delitos de siempre" (191). La imaginación desesperada traduce los cargos repetidos por los edictos y los jueces en una acusación universal contra la vida: "Los inquisidores ... dicen que eres responsable de las lluvias y el trigo, del nacimiento de los niños y el verdor de los árboles, de la salida del sol y los cielos azules" (219), dice Juan Cabezón a Isabel en un sueño que no trae reposo. "L'absence est absolue, mais la présence a ses degrés" (1972: 253), sostiene Gérard Genette al referirse justamente a la categoría de la persona narrativa, y el fluctuar del texto de Aridjis entre distancia y cercanía lo confirma. Este vaivén de alejamientos y acercamientos narrativos es, además, un signo claro de la irrupción del discurso en la enunciación histórica que destruye, según explica Rancière, la ilusión de objetividad. El discurso del narrador atestigua que la memoria vivida se apoya en una mirada y una perspectiva.

A pesar de estas fluctuaciones de distancia entre el sujeto de enunciación y el objeto enunciado, la narración en primera persona que sigue el curso de una vida permite asociar la novela con la vertiente ficcional de la tradición autobiográfica. De acuerdo con Philippe Lejeune, la autobiografía es un relato retrospectivo que una persona real hace de su propia existencia, poniendo el acento sobre su vida individual, en particular, sobre la historia de su personalidad (1975: 14). Incluso si se toma en cuenta que *1492* no es una autobiografía sino una ficción autobiográfica, en la configuración diegética y narrativa resalta la ausencia de dos rasgos fundamentales del género: la descripción y la narración de una vida privada y el desenvolvimiento de la personalidad del autor. Con la excepción de la genealogía familiar presentada en el capítulo 1 y de la historia de la relación amorosa con Isabel, narrada en los capítulos 7 y 8, Juan Cabezón evita contarse a sí mismo. Por otra parte, en ningún momento de la narración es posible observar una trayectoria hacia el autoconocimiento, que caracteriza, por ejemplo, la novela picaresca, la primera encarnación de la ficción autobiográfica en la tradición hispánica. Toda introspección está ausente porque el foco de este relato "autobiográfico" se desplaza hacia el exterior: el mundo y los tiempos. Por eso, y en relación directa con el concepto de la memoria vivida que constituye el eje de la novela, se puede afirmar que en *1492* la narración se construye sobre la modalidad de memorias. Al igual que la autobiografía, las memorias son un relato escrito en retrospectiva, pero en ellas una persona real narra acontecimientos relevantes de su vida, enmarcándolos en el contexto de otros eventos de orden político o cultural en los que ha participado o de los que ha sido testigo. Un autobiógrafo mira hacia dentro, sostienen Scholes y Kellog, mientras que un memorista dirige su mirada hacia fuera (1968: 265). El relato de Juan Cabezón se estructura sobre el "yo" de un testigo que mira hacia fuera, observando "los tiempos".

El cuadro que construyen las memorias de Juan Cabezón es muy amplio y requiere un hábil manejo de la instancia narrativa para evitar paralepsis. Dado que se trata de un narrador homodiegético de focalización interna, su campo de visión y de conocimiento se limita a su vida interior, la existencia propia en el mundo y a la realidad que puede observar o dilucidar por medio de la observación. Es por eso por lo cual en *1492* a veces la narración parece deslizarse sobre la superficie de las personas y sus experiencias, sin penetrarlas. Si bien este procedimiento aplana en cierto grado la realidad representada, es también una estrategia necesaria de verosimilitud, porque un relato en primera persona que excede la información disponible al narrador puede resultar poco fidedigno. Para superar las restricciones impuestas por la naturaleza de la instancia narrativa sin poner en riesgo la verosimilitud del relato, Aridjis desarrolla varias estratagemas que permiten ensanchar el campo de visión del narrador[34]. Uno de ellos es el desplazamiento geográfico de Juan Cabezón: su itinerancia, que sigue el progreso de la Inquisición de una ciudad a otra, expande el espacio de la historia referida, introduciendo en la narración eventos y personajes que se sitúan fuera del marco madrileño de la primera parte de la novela. El viaje no resulta, sin embargo, suficiente, porque su trayectoria, comparable al cauce de un río, deja de lado historias transportadas por las aguas que ya pasaron o por las corrientes de arroyos y riachuelos vecinos. Con el objetivo de vencer esta limitación, Aridjis recurre a dos procedimientos narrativos: la figura del *histor* y los narradores metadiegéticos.

El *histor*, explican Scholes y Kellog, es un narrador-investigador que no presenció los eventos pero construye su narración basándose en la evidencia que pudo acumular mediante una pesquisa de fuentes escritas u orales (1968: 265-266). Aunque Juan Cabezón no hace ningún comentario directo acerca de sus búsquedas ni explica la procedencia de la información cuando sus fuentes no son los personajes presentes en el relato, el trabajo de investigación es notorio en varias secciones de la historia que narra. Es el caso, por ejemplo, de la larga descripción de la vida y obra de San Vicente Ferrer (13-20) que transcurrió años antes del nacimiento de Juan Cabezón (1350-1419) pero es un elemento importante de sus memorias, porque las prédicas del dominico y las conversiones forzadas que ellas provocaron constituyen el fondo histórico de los eventos posteriores[35]. Otro ejemplo es la breve narra-

---

[34] Para una extensa discusión de las técnicas que usan, por ejemplo, Sterne, Flaubert, Conrad y Faulkner, para superar las limitaciones de la perspectiva del narrador-testigo en primera persona, véase Scholes y Kellog (1968: 259-265).

[35] En los agradecimientos Aridjis menciona a "los biógrafos de San Vicente Ferrer", identificando la fuente de su información que, considerada desde el punto de vista de la organización temporal de la materia narrativa, resulta un anacronismo. Sin embargo, su inserción en el relato de Cabezón no es inverosímil: San Vicente Ferrer fue un personaje muy popular en su época y el narrador pudo haber leído alguna crónica –recordemos que es un "letrado"– o recogido información transmitida oralmente.

ción, ya citada, de la entrada de los Reyes Católicos a Granada que ocurre cuando Juan Cabezón está huyendo de Ávila a Trujillo, lo cual indica que la reconstruye *a posteriori* basándose en alguna fuente, probablemente una crónica. Lo mismo sucede con los textos de los edictos reales leídos por los pregoneros. En este caso, Juan Cabezón los escucha en persona, pero la transcripción del texto entero tiene que ser el resultado de una investigación posterior en crónicas o archivos. El hecho de que el relato de Juan Cabezón no esté fechado como lo exigían las convenciones de la época, es decir, que sea imposible determinar la distancia temporal entre la historia referida (en particular, el momento de la partida hacia las Indias) y el momento de la narración, permite especular sobre un posible acceso del narrador a algunas fuentes históricas anteriores o coetáneas a los sucesos narrados.

El narrador como *histor* puede usar también testimonios de otros personajes que funcionan entonces como narradores metadiegéticos. Juan Cabezón cede la palabra a numerosos personajes de su entorno para que complementen su relato con testimonios acerca de sucesos coetáneos que él no pudo presenciar porque se encontraba en otra parte. El más importante de ellos es el ciego Pero Meñique que desempeña varios papeles estructurales en la novela. Por un lado, su ceguera es el pretexto para las descripciones de gentes, vestimentas, objetos, plazas y calles que configuran una imagen muralista de la España de fines del siglo XV, transfiriendo al texto la calidad tangible y palpable de las cosas, responsable de la dimensión lírica de la novela. Por el otro, el personaje de Meñique, quien pasa su tiempo en las calles (aunque tiene casa y dinero), es el depósito de historias o testimonios escuchados o referidos que transmite después a Juan Cabezón. Así sucede cuando este último permanece encerrado en su casa en la compañía de Isabel. Las visitas de Pero son ocasiones para relatar lo que el ciego había oído de otros sobre el avance y los procedimientos de la Inquisición en distintas ciudades. Como muestran los siguientes ejemplos, el narrador no sólo subraya el acto mismo de transmitir las historias, sino que insiste también en su veracidad, remitiendo a los testigos directos:

> De regreso, en la puerta de la casa vislumbramos a Pero Meñique. Venía a *decirnos que unos conversos que habían venido de Ciudad Real le habían dicho* que en aquella villa, en el mes de febrero, ... los inquisidores habían quemado vivas a más de treinta personas ... (136).
>
> Una de esas noches de oscuridad profunda ... vino Pero Meñique ... para *decirnos que un converso le había dicho* que el pasado 10 de mayo, en Zaragoza ... habían sido penitenciados por herejes ... (141).
>
> Mas, para añadir inquietud al miedo, allí estaba en la puerta de la casa Pero Meñique para *contarnos* que los inquisidores habían trasladado los tribunales

del Santo Oficio de Ciudad Real a Toledo ... (149; todos los énfasis son añadidos).

Pero Meñique es también el narrador de la historia del proceso del Niño de la Guardia que tuvo lugar en Ávila entre diciembre de 1490 y el 16 de noviembre de 1491. Se lo cuenta a Juan Cabezón cuando se encuentran en Madrid después de que éste haya regresado de su periplo frustrado en pos de Isabel. El relato –basado en la investigación de Fidel Fita– es muy detallado, lo cual podría despertar sospechas sobre su verosimilitud narrativa, pero el ciego previene cualquier duda explicando que "un amigo [suyo] que mora en Ávila [le] ha dicho que Torquemada tiene presos en esa villa a varios judíos y conversos acusados de matar ritualmente a un niño cristiano y de profanar una hostia sagrada" (213). Más tarde en la diégesis, Juan Cabezón aclara adicionalmente que Martín Martínez, el amigo de Pero, conoció la historia en todos sus pormenores porque se la "había confiado un escribano del Santo Oficio, del proceso del niño de la Guardia" (227).

Si bien el ciego es el principal informante metadiegético del narrador, no es el único. Numerosos son los personajes que cuentan las desdichas suyas y de otros durante fugaces encuentros en las ciudades visitadas por Juan Cabezón. En Zaragoza, doña Blanca relata los hechos de persecución relacionados con el asesinato del inquisidor Pedro de Arbués, ocurridos un mes antes de la llegada de Cabezón (165-168); en Calatayud, Clara Santángel cuenta la desgracia de su familia (197-198). Lo que no puede atribuirse a un narrador concreto, se presenta como un rumor recogido en la calle: "Por esos días corrió el rumor de que en Zaragoza varios conversos habían matado a Pedro de Arbués ..." (152). Al final de la novela, Juan Cabezón vuelve a encontrarse con Gonzalo de la Vega, el hermano de Isabel, y con Isabel misma. Ambos personajes cuentan sus trayectorias, la historia que han vivido en los años de separación, rellenando las elipsis diegéticas creadas por su retirada del campo visual del narrador. Las historias y testimonios que éste no puede contar por no haber estado en el lugar o momento de los hechos complementan su narración en forma de relatos metadiegéticos.

Un caso especialmente significativo de este procedimiento se da en el tramo del relato en que Juan Cabezón narra su encuentro en Trujillo con los judíos expulsados que se dirigen hacia Portugal o hacia los puertos del Sur. El narrador interrumpe su conversación con Gonzalo de la Vega para que las gentes que los rodean puedan "[dar] testimonio como una sola voz de lo que han visto, oído y padecido... " (273). Un niño, un viejo, un hombre dentón y una mujer junto a él, una niña, un viejo medio ciego, un hombre de pelo negro rizado, un hombre con la cara enrojecida por el sol, un hombre pequeño, un hombre de pelo y barbas grises, un mancebo, un viejo de barba sin mondar, un viejo desdentado (268-273) intervienen uno por uno y repetidamente para contar su hambre y dolor, su miedo y aflicción, su pérdida y humillación, así como los abusos, robos, estupros y apropiaciones cometidos contra ellos. Forman un coro de voces anónimas –ni siquiera hay tiempo para registrar el nombre de estas víctimas de la historia y, como se ha visto, el narrador se refiere a ellos de una manera genérica– que relatan distintos fragmentos de la misma historia. "En la memoria todos los recuerdos se harán una sola historia" (269), dice uno de ellos, ofreciendo un comentario metanarrativo acerca del relato de Juan Cabezón y la novela de Aridjis que lo encierra. En *1492* la memoria vivida no es la historia de un individuo, sino una narración a voces, un relato coral o polifónico que expresa la experiencia de una colectividad. El "yo" del narrador y su vida forman tan sólo el hilo conductor sobre el que se hilvanan "piedrecitas" narrativas que encierran otras historias, de vida y de muerte.

Otros códigos genéricos, sugeridos numerosas veces en las páginas anteriores, se imbrican sobre esta armazón "autobiográfica". Esta inclusión también se realiza mediante revisión o desplazamiento de sus convenciones, y cabe subrayar que la desfamiliarización es la estrategia clave de la reescritura de la memoria oficial por la memoria vivida. Mediante la referencia a la vida de un personaje que representa el estado bajo, el subtítulo insinúa un parentesco con la novela picaresca que surge en España apenas sesenta años después de los hechos referidos y que Américo Castro considera como una "reacción agresivo-defensiva de la gente de ascendencia impura [los cristianos nuevos] contra el ataque de la casta dominante y su portavoz el Santo Oficio" (1967: 134)[36]. Esta analogía no permite, sin embargo, clasificar la novela de Aridjis como picaresca (como lo hacen Menton, 1993: 237 y López, 2002: 139-142), porque la genealogía al comienzo de la narración, la figura de una madre de costumbres relajadas, la presencia de un niño y un ciego o el motivo del viaje (que en *1492* es sólo horizontal, sin el componente vertical) son semblanzas demasiado superficiales, aunque obvias. Ni Juan Cabezón, quien tiene una casa propia en Madrid y dispone para sus necesidades vitales de "una olla llena de castellanos de oro" (44) hallada debajo de la cama de su madre, es un pícaro verosímil, ni Pero Meñique con

---

[36] En referencia al nombre del personaje, véase la nota 13 arriba. Sobre la relación entre la picaresca y el estatus nuevo-cristiano de sus autores véase, además de Castro, el artículo de Marcel Bataillon, "Les nouveaux chrétiens dans l'essor du roman picaresque" (1964).

su erudición clásica y "los bienes y dineros" guardados en Madrid (241) es un ciego típico de la novela picaresca. Además, los une la amistad, no una relación de amo y aprendiz o sirviente que constituye el eje del género iniciado por el *Lazarillo de Tormes*. Asimismo, el motivo que impulsa el viaje de Juan Cabezón no es la necesidad o el hambre sino el amor, una realidad ajena al mundo picaresco, propia más bien de la novela bizantina. La diferencia más importante reside, sin embargo, en el diseño global del relato: en *1492* no hay ninguna transformación o conversión del protagonista que creara la distancia entre el "yo" narrado (Lazarillo o Guzmanillo) y el "yo" narrador (Lázaro o Guzmán), justificadora del acto de escribir. Si Lázaro y Guzmán identifican a su destinatario (Vuestra Merced y el lector, respectivamente) y precisan el momento presente porque en su función se explica la vida pasada, en *1492* no es posible determinar ni a quién ni por qué cuenta su historia Juan Cabezón y tampoco cuál es el momento presente que determina su visión del pasado[37].

Esta afirmación y negación del modelo picaresco puede interpretarse a la luz del desplazamiento que va de la vida (el eje de la novela picaresca) a los tiempos (el núcleo de *1492*). La novela picaresca constituye no sólo el principio de la novela en España, sino también el inicio de la literatura crítica que contrabandea una voz humilde e insignificante y un destino que desfamiliariza las convenciones de la sociedad dominante, que en aquel momento significa "la España de los Austria, atormentada por el fantasma de las genealogías y por el imperativo de las apariencias honrosas" (Rico 1976: 104). Su crítica se extiende a la sociedad entera, pero se centra en la vida de un individuo. En *1492*, Aridjis echa mano de una voz humilde e insignificante no para criticar la sociedad, sino para desfamiliarizar las convenciones de la memoria oficial "atormentada por el imperativo de las apariencias honrosas"; dado este objetivo, el énfasis está puesto en la experiencia o vivencia colectiva de los tiempos –el asunto de la historia–, no en una vida individual. El relato de Juan Cabezón no registra la transformación del protagonista, sino la "conversión" o evolución de la sociedad española de fines del siglo XV.

Al ser una representación de "los tiempos" que probablemente se escribe desde América, la novela de Aridjis puede interpretarse también como una curiosa reescritura o inversión de las crónicas coloniales. En estos relatos, aunque muy variados en cuanto al tipo discursivo, un sujeto metropolitano suele presentar los territorios descubiertos y colonizados o la acción

---

[37] Sobre la novela picaresca véase Bataillon (1964), Dunn (1979), Guillén (1957 y 1971), Molho (1968), Pellón (1986), Rico (1976) y Wicks (1989).

colonizadora en una narración de molde histórico y/o personal, dirigida a un destinatario concreto, con frecuencia el rey, realzando su poder y gloria en espera de una recompensa material. En una vena paródica, *1492* desplaza radicalmente estas características sin borrar por completo la trabazón genérica original. De acuerdo con mis observaciones anteriores, el sujeto es metropolitano, pero pertenece a una minoría perseguida y es un "fugitivo de una civilización". El asunto de su relato es la barbarie, no la americana, sin embargo, sino la que corrompe a la metrópoli cristiana. El destinatario de esta relación no es un ser histórico concreto (un rey o cualquier representante de la Corona), sino un lector abstracto y atemporal a quien el narrador lanza una versión americana del *Zakhor* (el mandato de recordar) judío. Su crónica es una contra-memoria, una hermana ficcional de la *Breve relación de la destrucción de las Indias*, cuyo foco se desplaza al corazón del futuro imperio. En estas memorias de la destrucción vivida, Juan Cabezón adquiere la función de un testigo de los tiempos, la cual conecta la novela de Aridjis con otro andamio genérico: el testimonio. No obstante el vínculo, la novela problematiza su relación con este género "posmoderno". El cuestionamiento reside, por un lado, en el recurso del *histor* que implica una mediación textual entre el pasado y su representación y, por el otro, en la descreencia en la recuperabilidad del pasado expresada por uno de los personajes mediante una alusión intertextual al tópico de *Ubi sunt*, que alude también al lenguaje arcaico o arcaizante de la novela: "Sólo palabras nos quedan de los siglos, palabras en idiomas muertos" (102). Además, desde la perspectiva de los hechos referidos y de la narración ficcional de dichos hechos, la relación con el testimonio es anacrónica y representa una imposibilidad narrativa; considerada, sin embargo, desde el presente de la escritura, es decir, desde el horizonte del novelista, es una posibilidad que expresa la búsqueda de nuevas maneras de contar la historia de las víctimas y los vencidos.

Edificada sobre este entre-lugar genérico, la novela de Aridjis da voz a la memoria de un pueblo condenado a muerte y expulsión por una razón histórica y por una memoria oficial que se constituyó como justificación de esta razón y como la consiguiente organización del olvido, no sólo de las víctimas, sino también de la injusticia y del crimen. Así lo ve y dice Isabel de la Vega:

> Los culpables de este edicto quedarán en la historia de los hombres y serán honrados y festejados en memoriales, crónicas, anales y leyendas, pero la injusticia seguirá siendo injusticia y el crimen seguirá siendo crimen, así se escriban las palabras de gloria en el oro y el mármol (291).

Escrita en el papel, la memoria vivida que rescata el relato de Juan Cabezón desfamiliariza "las palabras de gloria" de la memoria oficial. La fusión de horizontes históricos o el duelo entre las memorias construido en las páginas de la novela abre la posibilidad de un duelo por las víctimas sin el que ningún futuro es posible.

Capítulo III

La historia como bufonada:
Reescritura paródica del discurso del descubrimiento
en *Maluco. La novela de los descubridores*
de Napoleón Baccino Ponce de León

> ¿Tú nunca dudas, Guzmán, a ti nunca se te acerca un demonio que te dice, no fue así, no fue sólo así, pudo ser así pero también de mil maneras diferentes, depende de quién lo cuenta, depende de quién lo vio y cómo lo vio; imagina por un instante, Guzmán, que todos pudiesen ofrecer sus plurales y contradictorias versiones de lo ocurrido y aun lo no ocurrido; todos, te digo, así los señores como los siervos, los cuerdos como los locos, los doctores como los herejes, ¿qué sucedería, Guzmán?
>
> Carlos Fuentes, *Terra nostra*

> Estando escribiendo esta relación, acaso vi una historia de buen estilo, la cual se nombra de un Francisco López de Gómara, que habla de las conquistas de México y Nueva-España ... y va muy contrario de lo que fue e pasó en la Nueva-España. ... Aunque había bien que decir della e lo que se sospechó del cronista que le dieron falsas relaciones cuando hacía aquella historia; porque toda la honra y prez della la dio solo al marqués don Hernando Cortés, e no hizo memoria de ninguno de nuestros valerosos capitanes y fuertes soldados ...
>
> Bernal Díaz del Castillo, *Historia verdadera de la conquista de Nueva España* (capítulo XVIII)

Las palabras de Bernal Díaz del Castillo expresan el desacuerdo del autor con un texto histórico que recrea de oídas acontecimientos de los cuales él fue partícipe y testigo. Bernal acusa a Francisco López de Gómara de distorsionar la historia al haberla reducido a las hazañas de un personaje prominente y manipulado la materia de manera que complaciera a don Martín Cortés, el hijo del protagonista de su relato, quien es el destinatario de la obra (1984: 110). Siglos después, para referirse a este concepto de la historia Nietzsche acuñó la noción de "historia monumental" que "belongs above all to the man of deeds and power, to him who fights a great fight ..." (1983: 67). Es una concepción que excluye del espacio histórico a toda persona que no esté investida de los atributos de grandeza: poder, influencia, autoridad, mando, fama, prestigio o riqueza. La Historia se presenta así como un espacio cercado o amurallado cuyas puertas permanecen cerradas para todos aquellos que no logran trascender: el hombre/la mujer común y, sobre todo, los que existen en la periferia socio-político-cultural y experimentan los procesos históricos desde estos espacios marginales. En *Maluco. La novela de los descubridores* (Uruguay 1989)[1], Napoleón Baccino Ponce de León retoma la crítica nietzscheana de la historia monumental para contestar la conexión entre historia y grandeza. Como *1492. Vida y tiempos de Juan Cabezón de Castilla*, la novela de Baccino es una contra-memoria o contra-narrativa[2]. No se trata, sin embargo, de una reescritura desfamiliarizadora de significados asociados con un acontecimiento, sino de un diálogo crítico con otros textos en los que, como en la historia de Gómara refutada por Bernal Díaz del Castillo, sus autores construyeron una imagen monumental de los sucesos referidos en una versión destinada a complacer a sus poderosos patrones.

La novela narra la empresa de circunnavegación de Magallanes que zarpó de San Lúcar de Barrameda, rumbo a las islas de Especiería, el 20 de septiembre de 1519 y retornó al mismo puerto casi exactamente tres años después, el 6 de septiembre de 1522, "habiendo andado, según su cuenta, 14.000 leguas" (Fernández de Navarrete 1964: II, 462). De las cinco naves

---

[1] La novela ha ganado numerosos reconocimientos: Premio Blanes de Oro (Montevideo 1990), Premio Latinoamericano de Narrativa (México 1990), el segundo lugar en el concurso de Premio de Novela Rómulo Gallegos (Caracas 1991) y el prestigioso Casa de las Américas Premio de Novela (Cuba 1990). Todas las citas de *Maluco. La novela de los descubridores* (Seix Barral, Barcelona: 1990) corresponden a esta edición y se señalarán de aquí en adelante con el número de la página entre paréntesis.

[2] La reescritura del descubrimiento es una vertiente importante de la novela histórica latinoamericana, especialmente a partir de la década de los setenta. Además de *1492. Vida y tiempos de Juan Cabezón de Castilla*, los ejemplos más conocidos de novelas que reescriben, con propósito revisionista, los textos historiográficos sobre la conquista son: *Terra nostra* (1975) de Carlos Fuentes, *El arpa y la sombra* (1979) de Alejo Carpentier, *Lope de Aguirre, príncipe de la libertad* (1979) de Miguel Otero Silva, *La crónica del descubrimiento* (1980) de Alejandro Paternain, *Río de las congojas* de Libertad Demitrópulos (1981), *El entenado* (1983) de Juan José Saer, *Daimón* (1978), *Los perros del paraíso* (1983) y *El largo atardecer del caminante* (1992) de Abel Posse, *El mar de las lentejas* (1979) de Antonio Benítez Rojo y *Vigilia del Almirante* (1992) de Augusto Roa Bastos.

con una tripulación de por lo menos 237 hombres regresó solamente una, la *Victoria*, con dieciocho sobrevivientes a bordo[3]. Entre ellos se encontraba Antonio Lombardo, es decir, Antonio Pigafetta, quien se entrevistó con Carlos V en septiembre de 1522 en Valladolid y le hizo entrega de un manuscrito compuesto sobre la base de las notas tomadas durante el viaje. El original de este documento fue entregado a Pedro Mártir de Anglería que lo utilizó para la composición de sus *Décadas*, habiendo redactado, además, una nueva copia que envió al papa (Cabrero 1985: 17). Tanto el original entregado al rey por Pigafetta como la copia enviada por Pedro Mártir a Roma desaparecieron. Un poco más tarde, entre 1523 y 1525, Pigafetta escribió, en cuatro manuscritos destinados a diferentes monarcas y dignatarios, una nueva relación del viaje que ahora se conoce como el *Primer viaje alrededor del mundo*. De esta manera, los textos de Pigafetta y de Pedro Mártir, utilizados y reproducidos después por otros historiadores (Gonzalo Fernández de Oviedo y Antonio Herrera), se han convertido en versiones oficiales de la expedición[4].

Es en contra de estas versiones (re)conocidas que escribe su "crónica" Juanillo Ponce, el bufón de la flota y el narrador de *Maluco*, acusando a Pigaffeta y a Pedro Mártir de falsificaciones parecidas a las que Bernal Díaz del Castillo le recrimina a Gómara. El propósito de Juanillo es similar al de Bernal: escribir "el relato puntual y verdadero de nuestras miserias, relato que en todo falseó vuestro cronista Pedro Mártyr de Anglería para mayor gloria de su Alteza Imperial, así como de las muchas cosas que aquel sagaz caballero vicentino don Antonio de Pigaffeta calló y enmendó por la misma razón" (8). La cita denuncia la manipulación de la historia como acontecer

---

[3] El número exacto de expedicionarios es debatido. Pigafetta afirma que eran "doscientos treinta y siete" (1985: 54), pero las listas citadas por Fernández de Navarrete incluyen a 239 que salieron de San Lúcar y 26 que se unieron a la expedición durante su escala en las Canarias, un total de 265 (1964: II, 421-429). La lista de sobrevivientes, citada también por Fernández de Navarrete, consta de 18 nombres (1964: II, 463).

[4] Muy pocos documentos originales quedan de aquel viaje. Desaparecieron el *Diario* y el cuaderno de bitácora de Magallanes, el diario del cosmógrafo Andrés de San Martín y la relación de Juan Sebastián Elcano (Skelton 1994: 2-3; Esteve Barba 1964: 50). Se han conservado, en cambio, los cuadernos de bitácora de Francisco Albo y León Pancaldo, el derrotero de Ginés de Mafra, todos de la *Trinidad*, así como las cartas de Magallanes (de antes del viaje), de Maximiliano de Transilvania, Antonio Brito y Juan Sebastián Elcano, y las transcripciones de las entrevistas de los sobrevivientes con Carlos V. La mayoría de estos textos fue recogida por Martín Fernández de Navarrete en su *Colección de los viajes y descubrimientos que hicieron por mar los españoles desde fines del siglo XV* (1964: II, 365-657).

–*res gestae*– en las versiones escritas hacia el Poder, pero el narrador inculpa también al Poder –representado en la novela por Felipe II– de manipular la realidad para respaldar las versiones que lo legitiman. Juanillo se presenta como el decimonoveno sobreviviente de la expedición de Magallanes a quien la Inquisición, por órdenes del rey, había interrogado y borrado de las listas y de la historia, privándolo, a la vez, de una pensión: "Así fue ... cómo desapareció de las listas y también de las crónicas, el nombre y toda referencia a Juanillo Ponce, *conde de Maluco* por la gracia de don Hernando mi señor. Así fue cómo me vi privado de mi pensión y de mi identidad" (42). La novela es una crónica-carta que Juanillo –viejo, cansado y necesitado–, dirige en 1558 al emperador Carlos V retirado en Yuste, pidiendo justicia: "Y si el relato puntual y verdadero de nuestras miserias ... llegare al corazón de Vuestra Merced, tenga él en cuenta que en Bustillo de Páramo, mi pueblo natal, sufre gran pobreza este Juanillo, bufón de la armada, que hizo con sus gracias tanto por la empresa como el mismo Capitán General con su obstinación" (8)[5]. Su relato es una de estas versiones contradictorias, escritas desde la otredad, imprevisibles y desconocidas, que teme Felipe II en *Terra Nostra* de Carlos Fuentes.

Como el narrador de *1492. Vida y tiempos de Juan Cabezón de Castilla*, Juanillo es un ser ficcional; de hecho, su nombre es el único inventado entre muchos que figuran en la novela, todos provenientes de las listas históricas de la tripulación de las cinco naves bajo el mando de Magallanes[6]. Su apelativo, siempre en diminutivo, evoca a los personajes de la novela picaresca (como el de *Lazarillo de Tormes*) y a los bufones populares en la corte española durante los reinados de los Austrias: los Francesillos, Luisillos, Estabanillos, Pericos o Miguelillos[7]; a la vez, como señala Norah Giraldi-Dei-Cas,

---

[5] Es interesante observar que esgrimiendo el argumento de vejez y necesidad económica, el Juanillo ficcional hace eco a las palabras históricas de Bernal Díaz: "y digo ... que yo soy el más antiguo y he servido como muy buen soldado a su majestad y dígolo con tristeza de mi corazón, porque me veo pobre y muy viejo, una hija por casar, y los hijos varones ya grandes y con barbas y otros por criar, y no puedo ir a Castilla ante su majestad para representarle cosas cumplideras a su real servicio, y también para que me haga mercedes, pues se me deben bien debidas" (1984: II, 463-464).

[6] Entre capitanes, pilotos y marineros, la novela de Baccino incluye los nombres de 55 personas, documentados en la lista publicada por Fernández de Navarrete. En esta lista figura un "Juanillo", pero una nota a pie de página aclara que se trata del hijito de Juan Caravallo (1964: II, 425), que en la novela figura como Juan Carvajo.

[7] Sobre el significado de estos nombres, véase el estudio de Fernando Bouza, *Locos, enanos y hombres de placer en la corte de los Austria. Oficio de burlas*, el capítulo IV, "Bautismo de graciosos" (1991: 133-153).

denota "la entrada de un insignificante en la historia" (1997: 267). En la figura de Juanillo cobra presencia la comunidad marinera, hombres de clases bajas que, empujados por necesidad o ilusión, se integraron a las expediciones del descubrimiento pero, desprovistos de marcas de grandeza, fueron condenados al anonimato por la mayoría de cronistas e historiadores:

> Doscientos y tantos hombres, como Vos, no tan Reales ni menos reales. Con sed, con hambre, con sueño, con ilusiones, con miedo. ... Capaces de gozar de un buen vino, de una buena hembra, de una mañana de sol y de una comida cualquiera, con o sin especias. Padres, hijos, esposos, novios y solitarios. ... Marineros, capitanes, calafates, contramaestres, lombarderos, toneleros, grumetes, criados y qué sé yo (52).

Ellos son los "descubridores" del título de la novela, pero por ser "reales" solamente con una "r" minúscula, estos hombres están fuera del espacio en que se hace, es decir, se escribe y se lee, la Historia. Como observa Juanillo, para los poderosos a cuyo arbitrio están sujetos, ellos son una no-existencia: "Pero para Vuestra Alteza, nada, una lista más de nombres cuya sola lectura no soportarías por aburrida ya que no puedes imaginarte ni uno. Nombres en una lista y números en un papel" (52). Para impugnar esta borradura histórica, el narrador ficcional de *Maluco* recurre a la misma treta que usa Bernal Díaz en su *Historia verdadera* cuando salpica el relato con los nombres de sus compañeros, reintegrando su presencia, negada por historiadores como Gómara, en el discurso histórico[8]. Juanillo cita nombres, les otorga caras, historias de vida, fantasías, sueños y sentimientos. Al lado de los capitanes y los pilotos, en su relato reviven Pero Pérez (156), Lorenzo de Iruna (182), Gonzalo de Vigo (182), Luis de Molino (67), Antón Salomón (246), Ripart (153), Rodrigo Nieto (276), Cristóbal Rabelo (139), Basco Gallego (235), Filiberto (84), Ginés de Mafra (141) –el autor de uno de los pocos documentos auténticos preservados–, y muchos otros. Es revelador el contraste entre la seriedad y dedicación con las que Juanillo rescata los nombres de sus compañeros y la irreverencia manifiesta en las alusiones

---

[8] Véase, por ejemplo, el siguiente fragmento: "siempre andaban juntos con Cortés todos los capitanes por mí nombrados, y aun ahora los torno a nombrar, que fueron Pedro de Alvarado, Cristóbal de Olí, Gonzalo de Sandoval, Francisco de Morla, Luis Marín, Francisco de Lugo y Gonzalo Domínguez, y otros muy buenos y valientes soldados que no alcanzábamos caballos ... ¿y cómo el Gómara dice en su Historia que sólo la persona de Cortés fue el que venció lo de Otumba?, ¿por qué no declaró los heroicos hechos que estos nuestros capitanes y valerosos soldados hicimos en esta batalla?" (1984: I, 484).

a Pigafetta, que también aparece como personaje en el relato (292): el cronista es "Pigateta" (205) o "aquel Pigurina o Pigafeta o cómo se llamase" (77). Pareciera que su nombre no mereciera la misma atención, quizá porque él mismo supo ganarse "renombre en la posteridad" (Pigafetta 51) al redactar y difundir entre los poderosos la relación en la que figuran sólo él, Magallanes, los capitanes y los pilotos. Juanillo, en cambio, desplaza el foco de las versiones oficiales que privilegian la historia monumental hacia los grupos tradicionalmente escamoteados y restablece para la memoria una presencia y una voz marginadas: la del personaje anónimo, un simple marinero cuyo paso por la Historia se pierde en algún oscuro e inaccesible archivo.

Al dotar la obra de un título en el que una indicación semántica de múltiples resonancias –Maluco– se yuxtapone con una clara indicación genérica –novela–, Baccino señala que este cuestionamiento se realiza desde un espacio imaginario, mediante el desdibujamiento de los límites entre historia y ficción. Sin embargo, la crítica y reescritura realizadas por el ficcional Juanillo se apoyan en una complicada e híbrida armazón genérica que confiere verosimilitud a su empresa escritural. Se trata de una hábil imbricación de tres géneros que son representativos de la tradición discursiva de mediados del siglo XVI, época en la que el autor sitúa el presente de escritura: la crónica o relación, la picaresca y la literatura bufonesca. Lo significativo es, señala Florencia Garramuño, que el autor "no eli[ja] una u otra alternativa, sino que desde el comienzo asum[a] ... una doble" –e incluso, triple– "inscripción" (1997: 46) para lanzar su reescritura desde un espacio genérico híbrido que desdibuja las fronteras entre ficción e historia.

El hecho de que el narrador y personaje principal se presente como un miembro de la expedición a la que la Corona había encomendado la tarea de llegar a la Especiería por la ruta del Occidente, emparenta la obra de Baccino Ponce de León con la "familia textual" (Mignolo 1982: 58) cuyo referente es el descubrimiento y la conquista de Indias. Como explica Mignolo, a esta "familia textual" pertenecen escritos que manifiestan "diversidad de formas y de funciones": cartas relatorias, relaciones, crónicas e historias (1982: 59). Para el momento que constituye el presente de escritura en la novela, ya se habían publicado numerosos textos que podrían servir de modelo o anti-modelo a la actividad escritural de Juanillo, tomando en cuenta su perspectiva, propósito y destinatario. Basta con mencionar, por ejemplo, las cartas relatorias de Colón (a cuyo contenido Juanillo alude en su disquisición acerca del Paraíso terrestre), *Historia General de las Indias* de Gómara (1552), *Chronica del Perú* del soldado Pedro Cieza de León (1553) o los *Naufragios* de Álvar Núñez (1555), cuyo autor, al igual que Juanillo, no tiene otra cosa que ofrecer al monarca sino un relato de fracaso (Beatriz

Pastor, 1988) por el cual pide, sin embargo, una recompensa. Estos textos, junto con la relación de Pigafetta y las *Décadas de Orbe Novo* de Pedro Mártir (1530), constituyen un marco discursivo histórico en el que se apoya el relato ficcional del bufón en *Maluco*. Juanillo se refiere a su relato como "crónica" (41, 186, 207, 266, 296). La designación no es irrelevante porque, leída desde el supuesto contexto de su producción (siglo XVI), señala varias características y funciones del discurso al que remite. Al denominarlo "crónica", Juanillo le atribuye a su relato el principio y la intención de verdad, porque para los autores indianos la "crónica" y la "historia" eran sinónimos, vocablos intercambiables que apuntaban al mismo tipo discursivo cuyo fin era la verdad (Mignolo 1981: 375 y 384-385)[9]. Juanillo evidencia esta intención al declarar que su crónica es un "relato puntual y verdadero" (8), aunque más tarde admite también que está adobada de "mentirillas para realzar su sabor" (41) e inexactitudes debidas a los fallos de la memoria que reconstruye los eventos y los diálogos después de más de treinta años (105, 280)[10]. Para Juanillo, la veracidad no tiene que ver con la reproducción exacta de los hechos, sino con saber captar la esencia de una experiencia y, sobre todo, con el concepto del destinatario. Su crítica punzante de Pigafetta y Pedro Mártir es reveladora. Al criticar tanto al autor-testigo como al historiador de oídas y leídas, Juanillo pone en tela de juicio las dos bases del conocimiento historiográfico, la experiencia directa y el estudio de informaciones indirectas, tanto las inmediatas como las mediatas (Mignolo 1981: 386-387) que estos autores representan. El bufón los acusa de haber falseado sus relatos por haberlos escrito "para mayor gloria de Su Alteza Imperial" (8), es decir, demasiado desde y hacia el centro del Poder; de este modo cuestiona la perspectiva que define la "familia textual" en la que se inscribe y contra la que escribe.

---

[9] Así, por ejemplo, Pedro Cieza de León titula su obra *Chronica del Perú*, pero en el proemio se refiere a "escrebir historia". También Gómara, en el prefacio de la *Crónica de los Barbarrojas*, afirma que escribe historia. Ambos ejemplos son citados en Mignolo (1981: 380 y 384-385).

[10] Es interesante el juego que se establece entre el título de *Maluco* donde el género se define como "novela" y la insistencia del personaje en llamar a su relato "crónica". Por un lado, puede tratarse de la distancia irónica del autor con respecto al personaje; por el otro, el deslizamiento de indicaciones genéricas puede explicarse también como el efecto del cambio epistemológico al nivel de la recepción: para el lector contemporáneo la crónica indiana se manifiesta en gran medida como un texto literario, aunque no se percibía de esta manera en el momento de su producción, cuando se insistía en propiedades historiográficas de estos escritos. Véase Mignolo (1982: 57-59).

Su propia perspectiva se evidencia en la secuencia que abre la narración, que nada tiene que ver con los prólogos usuales en las crónicas donde la instancia enunciadora presenta sus credenciales de historiador culto o se excusa de no tenerlos. El primer párrafo de *Maluco* remite, en cambio, a la novela picaresca, el segundo soporte genérico de la novela y su principal intertexto literario, estudiado o comentado ya en numerosos artículos de crítica[11]. Es cierto que varias características de la novela picaresca se manifiestan en la de Baccino: los motivos de origen incierto, necesidad e itinerancia, la estructura de autobiografía ficcional (aunque limitada al marco temporal de la expedición de Magallanes) y el elemento satírico-cómico, por ejemplo. Faltan, sin embargo, algunos elementos que constituyen la esencia de este género: los principios de la novela del aprendizaje, el elemento didáctico y la idea de un viaje vertical durante el cual el héroe se desplaza entre diferentes clases sociales asumiendo todo tipo de condiciones y originando un panorama crítico de la sociedad, especialmente de ciertos valores como la obsesión por el honor y la corrupción eclesiástica. El parentesco significativo entre la novela de Baccino y el intertexto picaresco no se apoya, sin embargo, sobre similitudes puntuales, sino que reside en la imitación por parte del autor uruguayo del fundamento estructural de la picaresca: la forma de una relación dirigida a un destinatario concreto (Vuestra Merced o el lector) con el fin de dar cuenta de "algún caso", es decir, legitimarse o justificarse a través de la escritura. Guzmán escribe desde la cárcel sobre su conversión y Lázaro explica "su caso" a "Vuestra Merced" para corregir las versiones que circulan sobre su persona. Roberto González Echevarría ha mostrado que el modelo formal y retórico de este formato es una deposición legal, lo cual le ha permitido establecer un vínculo estructural y funcional entre la picaresca y la relación indiana. Ambos géneros constituyen una suerte de diálogo con la autoridad por medio del cual "the *pícaro*-chronicler is not only recounting his life but revising the version of it previously given to the authorities" (1990: 70), con el propósito de legitimarse a través de la escritura (1990: 46).

Como señalan Malva Filer (1994) y Florencia Garramuño (1997), esta doble o compartida situación discursiva se produce en *Maluco*, dado que su protagonista-narrador es un descubridor-cronista que "está calcado sobre el

---

[11] Véase Ferro (2001), Filer (1994), Garramuño (1997), Ribeiro-Gomes (2001), Verani (1994) y Vich (1997). Reviso y corrijo aquí algunas de mis observaciones acerca de la relación intertextual de *Maluco* con la picaresca planteadas en una versión anterior y más breve de este estudio de la novela (Perkowska-Álvarez 2000: 253-274).

personaje del pícaro": él mismo "delata su origen converso, desconoce a su padre, y exhibe las penurias de su vida anterior sin trabajo ni ocupación fija" (Garramuño 1997: 46). Ahora bien, siendo un pícaro-descubridor desplazado hacia el mar, Juanillo es también bufón, otra figura común en la realidad y narrativa del siglo XVI, relacionada estrechamente con la del pícaro. Así, Francisco Márquez Villanueva presenta a diferentes pícaros literarios que ejercen a veces de bufones y observa que incluso "el seudo-ingenuo Lazarillo encarna también a un 'loco' que relata el 'caso' de su vida para divertir a un enigmático V.M. (*Vuestra Merced*, si ya no *Vuestra Majestad* pero en todo caso un gran señor)" (1980: 25). Ésta es la imagen de Juanillo, el bufón de la flota de Magallanes, quien cuenta "su caso" para divertir a Su Alteza y defenderse de las acusaciones. El nombre (diminutivo) de Juanillo, su estatus de converso junto con su apariencia física (enano y contrahecho), apuntan, además, a los populares bufones de la corte española y permiten identificar el tercer soporte genérico de *Maluco*, la literatura de los bufones, cuyo representante más conocido era don Francés de Zúñiga, autor de la escandalosa *Crónica burlesca del Emperador Carlos V* (1527). Juanillo nombra varias veces a Francesillo, menciona a Perico de Ayala, Martiñiniano, Valdesillo y otros bufones famosos para comparar sus servicios de hombres de placer con los que él mismo ofrece al emperador como descubridor y cronista. La conexión de la novela con la literatura y cultura de los bufones es de suma importancia. Mark A. Hernández acierta al sostener que el bufón, no el pícaro, es "the hub from which *Maluco* launches its assault on the official history and levels criticism at the declining state of the Spanish empire" (2000: 6)[12]. Adicionalmente, la figura de bufón de la corte rinde verosímil en la novela la licencia de palabra y el recurso de un humor corrosivo que no tienen que respetar jerarquías y que son las principales armas deconstructivas de Juanillo. La asociación de Juanillo con este tipo histórico, que se consideraba culto, como lo era don Francés, también confiere

---

[12] Creo que Hernández reduce demasiado la importancia de la figura del pícaro y la relación con la picaresca en *Maluco*. Por ejemplo, cuando dice: "Juanillo is a buffoon (not a *pícaro*) who enacts the role of the *pícaro* and the chronicler" (2000: 5), parece no tomar en cuenta que Juanillo fue bufón antes del viaje (en la corte de "[su] señor, el conde don Juan", 2000: 7) y durante los tres años que duró la expedición; después, sin embargo, asumió la identidad de pícaro, como lo evidencia la siguiente cita: "Ellos querían saber por qué andaba yo por casas y plazas diciendo que lo de tus cronistas era todo patraña" (41). Andar "por casas y plazas" es del pícaro, no del bufón de la corte. Me parece más interesante resaltar el cruce de lógicas y tradiciones desde el que se produce la reescritura, que insistir en la preponderancia de una de ellas.

verosimilitud a su erudición, exhibida en la novela mediante referencias intertextuales a las crónicas y a los textos literarios españoles de la época referida, tanto de la tradición popular (los romances y la Danza de la Muerte), como de la erudita (*El Cid*, las coplas de Manrique)[13].

Como se ha indicado, este híbrido andamiaje genérico de *Maluco*, arraigado en la tradición escritural de la España del siglo XVI, legitima la enunciación del único personaje ficcional de la novela: Juanillo puede ser inventado, pero lo que hace y dice es posible y verosímil, aunque no verificable. Así lo sentencia al final de la novela la carta ficcional de Sepúlveda a Carlos V. A la vez, este complicado tejido formal funda el espacio desde el que arranca el proceso de reescritura porque la relación de la novela con sus modelos genéricos no es imitativa, sino paródica. La actitud de Juanillo frente al poder, sus prácticas y los discursos que lo legitiman es de rebeldía (Filer 1994: 294). Para desautorizar el discurso oficial que somete, excluye y silencia a los de su clase y origen, Juanillo recurre al contra-canto de la parodia que Linda Hutcheon define como una repetición diferenciada de textos (1985: 32). La parodia repite para cambiar, pero de acuerdo con Hutcheon, sus implicaciones ideológicas son contradictorias porque combina un gesto irreverente con un homenaje respetuoso (1985: 33), incorporando convenciones para desestabilizarlas desde dentro: "Parody seems to offer a perspective on the present and the past which allows an artist to speak *to* a

---

[13] La intertextualidad es uno de los aspectos más comentados de la novela de Baccino, por lo cual no me ocupo de ella en este estudio, excepto si se establece una relación directa entre la intertextualidad y la reescritura bufonesca que examino (véanse más adelante, mis comentarios sobre *El Quijote*, por ejemplo). Además de los hipotextos historiográficos declarados (Pigafetta, Pedro Mártir y Colón), la picaresca y la literatura de bufones, los críticos han señalado los siguientes hipotextos literarios: *El Cid*, los romances, las coplas de Manrique, el motivo de la Danza de la Muerte, *El Quijote*, *La Divina Comedia*, la *Biblia*, Baudelaire ("Albatros"), Vallejo y *Cien años de soledad*. Consúltese Filer (1994), Garramuño (1997), Giraldi-Dei-Cas (1997), Hernández (2000), Luján Campos (1996), Ortega (2003-2004), Verani (1994) y el artículo de Cynthia Vich, "El diálogo intertextual en *Maluco*" (1997). Discrepo con Ortega, Verani y Vich respecto a *Cien años de soledad* como hipotexto en *Maluco*: en "La soledad de América Latina", García Márquez había presentado el texto de Pigafetta como prototipo de la representación de la realidad latinoamericana, lo cual significaría que la relación de Pigafetta es uno de los hipotextos de *Cien años de soledad* y que las similitudes entre la novela del colombiano y la de Baccino provienen más bien de este legado representacional común que de una relación intertextual directa entre ellas. Sobre la relación intertextual entre Pigafetta y García Márquez, véase el artículo de Humberto H. Robles, "*The First Voyage Around the World*: from Pigafetta to García Márquez" (1985).

discourse from *within* it, but without being totally recuperated by it" (1988: 35). Esta ambivalencia ideológica hace de la parodia una de las estrategias más eficaces para la reescritura desde la periferia, a la que pertenece Juanillo, porque da cabida tanto a la aceptación de una convención discursiva o de una versión del pasado como a su cuestionamiento. Así, Juanillo se inscribe en la *res gestae*, es decir, en la gesta histórica que es presentada en las crónicas, y repite el gesto enunciativo de *rerum gestarum*, pero replantea constantemente su discurso, su modo de producir la historia a partir de los jirones del pasado. Reescribe, pero no destruye, porque la aniquilación del espacio histórico le imposibilitaría recuperarlo para sí mismo y otros insignificantes como él[14].

La repetición diferenciada y diferenciadora de la *rerum gestarum* paródica se realiza mediante una distancia crítica señalada con frecuencia a través de la ironía que es una figura retórica, una manera de percibir el mundo y una estrategia crítica de recodificación y redefinición de significados en los que los discursos dominantes basan su construcción social de la realidad (Hutcheon 1994: 31-33). Sus mecanismos principales –la doble mirada, el humor, el énfasis en el contexto y en la perspectiva–, desestabilizan y subvierten; a través de ellos se cuestiona toda pretensión de verdad o de versiones autoritarias y dogmáticas del pasado. El potencial transgresor y desestabilizador de la ironía y del humor invade toda la novela de Baccino Ponce de León y configura un nuevo espacio discursivo: la historia escrita por un bufón, es decir, la historia como bufonada, que pone en tela de juicio el sistema de exclusión e inclusión que gobierna la historiografía, desafiando los silencios, las omisiones y las falsificaciones de las versiones oficiales para enturbiar los espacios auráticos de la historia monumental.

El narrador: la mirada desplazada y la mirada que se desplaza

El mayor sustento de la reescritura paródica en la novela es el narrador. Juanillo escribe una versión personal y retrospectiva de la expedición de Magallanes, dominada en totalidad por su perspectiva y su voz: " [a]sume la historia, la cuenta desde adentro, dando su revés" (Giraldi-Dei-Cas 1997: 266-267). Su relato ejemplifica la narración abiertamente controlada por el

---

[14] El capítulo V, dedicado a *Tinísima*, va a retomar este tema de la negociación con las tradiciones dominantes del discurso histórico como una estrategia de la inscripción de la mujer en la historia.

narrador que Hutcheon distingue como uno de los modos de narración privilegiados por las reescrituras posmodernas del discurso histórico (1988: 117). Como se ha señalado en el capítulo anterior, la marcada presencia de la primera persona señala la irrupción contestataria del discurso en el relato histórico, cuya supuesta transparencia y objetividad se deben, según Benveniste, a la neutralidad de la tercera persona[15]. El recurso del "yo" localiza la mirada que organiza la enunciación en la subjetividad del que escribe, como lo ilustra este comentario de Juanillo-cronista:

> Para [nuestros cronistas] todo es tan simple como cocinar un guisado a partir de cuatro o cinco ingredientes. Pero, ¿qué saben ellos, Alteza, de lo que en verdad *sentíamos* cada uno de nosotros ante esos cuatro o cinco grandes hechos a los que se limita su historia? Pues os digo que es allí donde está la verdad, *muy dentro de cada uno de quienes fuimos partícipes de esa empresa* y en nadie más, ni siquiera en Vos, Majestad. Ni en ningún otro lugar; es inútil que busquéis en los archivos, hurguéis en las bibliotecas; nada, no hay nada allí (65-66; el énfasis es añadido).

El uso de la primera persona en el enunciado que pretende ser histórico en cuanto reconstrucción de los hechos pasados, transgrede, pues, sus normas, especialmente el principio de disimulación del acto de narrar. La subjetividad de la primera persona desafía la aparente transparencia de la impersonalidad indicando que detrás de cada enunciado se sitúa un "yo" que selecciona, analiza, organiza e interpreta los hechos, construyendo una realidad textual. Esta subjetividad que organiza el relato depende de la posición social del enunciador que, en el caso de Juanillo, es la marginalidad y la insignificancia.

Desde la perspectiva de la historiografía tal como ésta se concibe en la época en la que Baccino sitúa la actitud escritural del bufón, Juanillo es

---

[15] La definición del relato o la narración histórico/a de Benveniste reza: "Nous définirons le récit historique comme le mode d'énonciation qui exclut toute forme linguistique 'autobiographique'. L'historien ne dira jamais *je* ni *tu*, ni *ici*, ni *maintenant*, parce qu'il n'empruntera jamais l'appareil formel du discours, qui consiste d'abord dans la relation de personne *je : tu*. On ne constatera donc dans le récit historique strictement poursuivi que des formes de '3ᵉ personne'" (1966: 239). En el mismo estudio Benveniste describe el pronombre *yo* como representación verbal de la *persona subjetiva* ("personne subjective"), *tú* como signo de la *persona no-subjetiva* ("personne non-subjective"), y *él* como la *no-persona* ("non-personne") (1966: 233). Si la tercera persona se designa como el modo de enunciación del discurso histórico, entonces se trata de una enunciación impersonal, "sans aucune intervention du locuteur dans le récit" (1966: 239).

alguien que no debe hablar y, menos todavía, escribir sobre la historia que se define entonces como "*magistra vitae*" (Mignolo 1981: 369). Dada esta función, sólo algunas personas escogidas pueden emprender adecuadamente la tarea de escribir la historia; como señala Bartolomé de las Casas, los historiadores deben pertenecer a un restringido y selecto grupo de letrados y/o sacerdotes: "Tampoco conviene a todo género de personas ocuparse con tal ejercicio, según sentencia de Metástenes, sino a varones escogidos, doctos, prudentes, filósofos, perspicacísimos, espirituales y dedicados al culto divino, como entonces lo eran y hoy lo son los sabios sacerdotes" (1986: 6). Nada tiene que ver Juanillo con este círculo docto. Hijo de una prostituta (163 y 270), de padre desconocido, es un ser marginal, sin origen ni filiación. Es también extremadamente pobre: se considera a sí mismo "menos que una gallina, simple truhán de pueblo" (163) y recuerda "haber visto a su hermanita de meses morir de hambre y de frío, y haber estado toda [su] vida a punto de morir por las mismas causas" (163). Se enlista en la expedición al Maluco porque "desde la muerte de [su] señor comía salteado y dormía teniendo al cielo por techo y a la tierra por lecho" (7) y, porque, como muchos otros, sueña con riquezas, honores y títulos. Lo marginan también la apariencia física y la religión: es "enano y bastante contrahecho" (74) y, como Juan Cabezón en *1492*, judío converso, un ser despreciado por la sociedad española, dominada por la casta de los cristianos viejos y vigilada por el Santo Oficio. La condición de converso, compartida por muchos bufones históricos, es un signo de inferioridad social. Así pues, Juanillo encarna a las clases más desaventajadas de la sociedad española, los subalternos, los insignificantes para la Historia monumental. Esta insignificancia y marginalidad, mucho más extremadas que el estatus de simple soldado ostentado por Bernal Díaz, lo excluyen como un posible cronista-historiador que se propusiera contar sus verdades. Es por esta razón por la cual su gesto y gesta de cronista es un acto subversivo, al cual las estructuras de vigilancia y poder responden con tortura, borradura y más exclusión (41-42).

La otredad social de Juanillo determina la localización y la dirección de su mirada que aparece desplazada con respecto a la mirada dominante. Este desplazamiento se manifiesta de dos maneras distintas. Primero, por ser un "sujeto banal" (Balandier 1983: 8) sumergido en la vida ordinaria, Juanillo narra enfocando la cotidianidad. Sustituye las visiones macrohistóricas de los historiadores cultos por el espacio microhistórico; analiza con lupa los fenómenos que describe, recupera el detalle que la Historia descartó por insignificante; privilegia la experiencia vivida sobre el conocimiento institucionalizado. Esta dimensión del relato está inscrita en uno de los significados de los "descubridores" del título, porque un descubridor no es sólo el que descubre mundos nuevos, sino también aquel que des-encubre las realidades viejas, revelando sus flancos desconocidos u obliterados.

El segundo desplazamiento se vincula directamente con el primero. George Balandier observa que la perspectiva cotidiana casi siempre es transgresora:

> Le quotidien peut devenir le terrain sur lequel le sujet individuel, et les petits groupes qui encadrent ses activités régulières, situent leur débat ou leur affrontement avec la société globale. C'est en ce sens que la formule usée: la "bataille du quotidien" retrouve un emploi. Le quotidien apparaît ... comme le moyen de la *dissidence* ... ou comme le moyen de l'*alternative* créatrice d'enclaves expérimentales au sein même de la "grande société". Au degré supérieur, il délimite un espace de la *resistance* ... car il fait obstacle à certains totalitarismes; à ses frontières s'arrêtent partiellement le conditionnement et la domination des pouvoirs (1983: 12).

La mirada cotidiana del marginado social es una mirada alternativa que se posiciona de modo diferente del que adopta la mirada dominante o convencional. La novela proporciona una escena que ilustra simbólicamente el lugar social donde se origina la mirada de Juanillo y expone su conciencia de la importancia de este desplazamiento. Se trata del juicio de los capitanes traidores al que Juanillo asiste escondido debajo de la mesa:

> Dime, Majestad Cesárea, ¿habéis estado alguna vez en tu vida debajo de una mesa observando los pies de los comensales y siguiendo su conversación? Pues habéis hecho muy mal, que no es bueno para un príncipe ver el mundo desde el trono solamente ... En cambio, debajo de una mesa las cosas se ven de manera diferente. La inquietud de unos pies, el movimiento de una pierna, el balanceo nervioso de unas rodillas, una mano que baja en gesto furtivo, el sonido de las palabras sin cara; os dirán mucho más de los hombres y de los negocios del Estado que todos los discursos y alcahuetes a los que miráis y escucháis desde lo alto de la regia tarima forrada en terciopelo púrpura. Te lo digo yo que he atisbado la vida desde todos los rincones y lo poco que he aprendido ha sido siempre bajo una cama, escondido en un armario, por el ojo de una cerradura, detrás de un sillón, o debajo de una mesa (129).

En esta cita aflora la idea del conocimiento como perspectiva que puede enlazarse con los planteamientos de Michel Foucault acerca de la relación entre conocimiento y Poder. En el artículo "Nietzsche, Geneology, History", Foucault plantea justamente la idea de "knowledge as perspective" (1984: 90): dado que el conocimiento es base e instrumento del Poder, existe un vínculo significativo entre el Poder y el punto de vista desde el cual se origina una reconstrucción del pasado. Foucault señala que en la historiografía tradicional, siempre cómplice de las estructuras del Poder, se establece una relación muy particular entre el historiador y el objeto de su discurso. Es "la perspectiva de la rana" (1984: 89) que consiste en postrarse ante la grandeza de los personajes, acontecimientos o ideas y contemplarlos desde la distancia, con admiración y veneración. Esta perspectiva monumental –para retomar el concepto de Nietzsche– o aurática[16] es útil para el Poder porque el historiador, al convertir el pasado en monumento, lo centraliza, es decir, institucionaliza una versión que todos deben aceptar y respetar. Perder el control sobre la perspectiva significa, por consiguiente, arriesgar el Poder.

Dos perspectivas se contraponen en la cita comentada: la dominante, la del rey o de los que al rey le sirven, y la marginal; la convencional y la inusual, la desplazada. Es el privilegio de esta última descubrir las cosas vedadas y veladas a la primera, o desfamiliarizar lo que la mirada dominante percibe y define como familiar. En otra ocasión, Baccino se vale de la metáfora del bosque para describir la posición enunciativa del narrador en la novela: "No entiendo nada de esas cosas grandes: grandes ambiciones, grandes sueños, grandes amores. Nada de eso es para mí que soy de los que ven los árboles pero jamás el bosque" (113). En *Maluco*, el narrador ve la historia desde la periferia o desde "abajo" y la reescribe en términos ajenos o contrarios a los grandes proyectos históricos. Su perspectiva periférica ocasiona lo que Homi K. Bhabha llama "restaging [of] the past" (1994: 2): la reinvención del conocimiento recibido y de tradiciones aceptadas.

La re-escritura del descubrimiento en *Maluco* se origina no sólo en la mirada desplazada sino también en la mirada que se desplaza. La movilidad de la mirada de Juanillo radica en la ambivalencia de la posición del bufón: es parte de la chusma marinera, pero tiene acceso al espacio de los poderosos porque, como señala Fernando Bouza, "los truhanes parecían vivir fuera de las convenciones protocolarias y, en buena medida, su gracia consistía precisamente en violar los rígidos usos de la sociedad estamental y de palacio" (1991: 28)[17]. Su profesión, asociada con una locura inofensiva, pero

---

[16] "La perspectiva de la rana" hace pensar en la noción del aura acuñada por Walter Benjamin en "La obra de arte en la época de su reproductibilidad técnica" (1971) porque involucra el distanciamiento y la veneración que, de acuerdo con Benjamin, caracterizan la actitud del espectador ante una obra aurática.

[17] Bouza explica, sin embargo, que esta libertad tenía sus límites, porque ir demasiado lejos en la burla en una sociedad estamental, rígidamente ordenada, podía significar no sólo la desgracia y expulsión de la corte, sino también la muerte, como fue probablemente el caso de Francés de Zúñiga (1991: 28-30, 182, n. 30). Véanse también los comentarios de Hernández (2000: 7-8).

también su aparente ingenuidad, ignorancia y falta de experiencia mundana hacen que nadie sospeche ni desconfíe de su presencia:

> [U]n bufón es como un amigo alquilado ... Con nosotros puede la gente solazarse y sincerarse sin consecuencias, porque ¿quién toma en serio lo que dice un bufón? A nosotros pueden decirnos cosas que no dirían a sus mejores amigos y tratarnos como no tratarían a sus enemigos ... (211).

La posición de bufón puede compararse con la de un bribón, un aventurero, un *parvenu* social, un sirviente, una prostituta o una cortesana, personajes estudiados por Mikhail M. Bakhtin en *Dialogic Imagination* como ejemplo de sujetos que oscilan entre distintas posiciones sociales. Bakhtin señala que, respecto a la vida privada de las clases dominantes con las que entran en contacto, todos ellos se sitúan como una "tercera persona", ajena, pero también cercana y atenta. No participan directamente en el espacio privado de otros (en la mayoría de los casos, los otros son aquí los miembros de las clases acomodadas), ni ocupan en él un lugar fijo y definido, pero tienen acceso a él y pueden observarlo ("espiar" es la palabra usada por el autor; 1981: 124-127). Esta posición favorece el estudio de los secretos de la vida humana, como evidencia Juanillo al afirmar que "lo poco que [ha] aprendido ha sido siempre bajo una cama, escondido en un armario, por el ojo de una cerradura, detrás de un sillón, o debajo de una mesa" (1981: 129). Para los novelistas es un recurso de la subversión textual, porque permite recodificar la vida de los "grandes de este mundo" a través del prisma crítico de los "pequeños".

Entre los miembros ordinarios de la tripulación, Juanillo es el único que puede entrar libremente en el camarote de Magallanes y deambular a sus anchas por el barco, escuchando las conversaciones tanto de los jefes como de los simples marineros. Transita entre los dos espacios –el público y el privado del famoso navegante; el heroico y el humilde de la empresa; el real y el soñado de los hombres; el serio y el cómico del discurso–, sin que se lo identifique de una manera fija con uno de ellos. Como Juan Cabezón, pero por razones parcialmente distintas, Juanillo es un sujeto intersticial que "inhabits the rim of an 'in-between' reality" (Bhabha 1994: 13). De acuerdo con Bhabha, en la condición del sujeto poscolonial "[p]rivate and public, past and present, the psyche and the social develop an interstitial intimacy. It is an intimacy that questions binary divisions through which such spheres of social experience are often spatially opposed" (1994: 13). Aunque en *Maluco* el bufón no es un sujeto poscolonial, actúa como un *traductor* de estos espacios, es decir, los somete al examen de su mirada dialógica creando una realidad híbrida que, como la parodia que es su arma, combina lo bajo y lo alto, el homenaje y la irreverencia.

Una realidad dialógica

La posición intersticial de Juanillo imprime una marca indeleble en el relato que escribe para Carlos V. Su marginalidad y capacidad de transitar entre diversos espacios sociales producen una mirada irónica (doble) que cuestiona la visión monumental y monológica de las crónicas oficiales, reorganizando el espacio histórico. Se crea así una realidad dialógica en la que se borran los límites entre lo grandioso y lo nimio, lo negativo y lo positivo, lo central y lo periférico, lo (in)-significante:

> ahora en la vejez ... determiné, antes de morir, dar cuenta a Vuestra Alteza de los muchos *prodigios y privaciones* que en aquel viaje vimos y pasamos, y *el mucho dolor y la gran hambre* que sufrimos, junto a *las muchas maravillas y placeres* que tuvimos (8; el énfasis es añadido).

La cita pone al descubierto una de las estrategias fundamentales del narrador en *Maluco*: los "prodigios" se yuxtaponen a las "privaciones", el "dolor" y el "hambre" se codean con las "maravillas" o los "placeres", produciendo un juego de matizaciones que le sugiere al lector que no existen oposiciones fijas y separaciones definitivas, sino que cada elemento de la dicotomía participa de su opuesto y se rearticula en la zona designada por él.

Según las crónicas oficiales, el principal logro de la expedición de Magallanes fue el descubrimiento del estrecho que le abrió a España el camino a las islas de las especias. Sin restarle importancia histórica a esta hazaña geopolítica, Juanillo registra este acontecimiento en su crónica, pero lo rodea de descripciones de criaturas, cosas o lugares que él mismo considera relevantes en su calidad de partícipe y descubridor anónimo:

> Allí, en el bajo vientre de la nave, oculto a los ojos del contramaestre por su propia concavidad, tuve ocasión de descubrir aspectos de nuestra aventura, prolijamente escamoteados por los cronistas en su petulante ignorancia del oficio de descubridor.
> Fíjate en las algas, por ejemplo, las hay parecidas a lechugas pero de un verde más intenso, oscuras y suaves como el musgo, ... semejantes a retazos de cuero y viscosas al tacto y otras que parecen astas de ciervo, y pequeños trozos de coral rojo, y hojas de roble en otoño, y vello púbico y angelical, y rosas y plumas ... (83).

En las páginas de la crónica de Juanillo se despliegan minuciosas descripciones de la selva, de la costa vista desde las naves que la bordean, de las plantas terrestres y marítimas, los animales, los colores del fondo del mar, los peces, los nidos de pájaros, las corrientes tumultuosas del río que después se llamará de la Plata. Mignolo explica que la historiografía indiana cambia la concepción del saber:

> De una concepción del saber en la que éste se encuentra establecido y conservado y la tarea del sabio es de transmitirlo a las futuras generaciones, y en el que el medio de transmisión es la palabra y el de recepción el oído, se pasa a una concepción en la que los ojos y manos son "descubridores" de un nuevo saber y no la repetición del que se encuentra ya almacenado (1981: 388).

Las descripciones de Juanillo encarnan este nuevo tipo de saber que se origina en la experiencia del descubrimiento, cuando los historiadores y cronistas tienen que dar cuenta de una naturaleza, un paisaje o una cultura hasta el momento desconocidos. A diferencia de Pigafetta, cuyo afán descriptivo se concentra en los habitantes de las islas visitadas, sus armas, el medio de transporte y los productos alimenticios que pueden ofrecer, Juanillo contempla con regocijo o asombro los pequeños detalles inútiles de este mundo. De esta manera, los hechos que la tradición considera relevantes y los elementos que para ella serían insignificantes se ubican en el mismo plano –el de la realidad descubierta– y se contaminan en el relato del bufón que insiste en su calidad de "descubridor"; la frontera trazada entre lo importante y lo nimio se diluye, produciéndose lo que Carmen Bustillo llama "la pulsión renovadora de las imágenes" (1994: 301): lo glorioso se desvaloriza, pasa al segundo plano, mientras que lo fútil se re-valoriza, adquiere nuevos significados y trepidaciones.

Ahora bien, a esta visión de los "prodigios" del Nuevo Mundo Juanillo contrapone las imágenes de las "privaciones", porque el fabuloso y casi mítico viaje de circunnavegación es también un descenso hacia el dolor, la locura y la muerte. Como señala Paul Ricœur, lo fascinante que suscita admiración –*tremendum fascinosum*– siempre tiene un revés, que es el horror (1983: III, 340), de la misma manera que la otra cara de la celebración es la execración, como se ha mostrado en el análisis de *1492*. Juanillo tiene razón al criticar a Pigafetta porque, con la excepción de tres párrafos (1985: 75-76), su crónica pasa por alto el horror, evitando la relación detallada de las "miserias" de la empresa, mientras se concentra en narrar el hallazgo del estrecho o el descubrimiento de las islas y sus riquezas. El bufón, en cambio, relata prolijamente el encierro de meses durante el invierno en San Julián, la interminable travesía del Pacífico y el accidentado viaje de regreso de la *Victoria* casi derrotada, para revelar el *tremendum horrendum*, invisible o escamoteado, pero siempre ligado a la grandeza narrada en las visiones oficiales que legitiman las decisiones y acciones de los que detentan el Poder. Su narración insiste en el hambre que vuelve invalorables las ratas, hace "[masticar] con resignación los cueros remojados" que se bajan de los palos o las vergas (202) o lleva al canibalismo; se empeña en registrar el frío, el olor nauseabundo del encierro o de la podredumbre, las enfermedades lentas pero inexorables como el escorbuto, la soledad absoluta y el vacío, el miedo, la locura y la muerte:

> De dos tazas al día de un líquido oscuro que olía a cloaca y sabía peor, la ración había bajado a una (58).

> El miedo nos llenó de invisibles pústulas que goteaban pus en nuestros corazones (112).

> Quiero olvidar el frío, el hambre, el miedo. Sobre todo el miedo. ¿Por qué será que es tan difícil olvidar el miedo? Porque lo demás se olvida. El frío pasa y también el hambre, y hasta la incertidumbre ... desaparece; pero el miedo no (173).

> Es que la larga espera lo estaba corrompiendo todo. Se pudrían las naves y se pudrían los hombres. El tedio y la locura nos acosaban como perros y apenas lográbamos defendernos de sus dientes agudos y de sus negras fauces (142).

Insistiendo en "los dobleces de toda peripecia histórica" (Giraldi-Dei-Cas 1997: 267), la perspectiva de Juanillo oscila entre el asombro y el horror experimentados por los descubridores.

Este replanteamiento "bufonesco" afecta también la visión de los personajes históricos, especialmente la de Magallanes. Sorprendentemente, Juanillo comparte la admiración de Pigafetta por el capitán general, a quien prodiga devoción y reverencia, al igual que comparte el rencor y la desconfianza del caballero vicentino hacia Juan Sebastián Elcano[18]. Sin duda alguna, en la crónica de Juanillo, Magallanes es configurado como un héroe, una reencarnación de Ulises del canto XXVI de *La Divina Comedia* de Dante

---

[18] No obstante, Juanillo es un poco más generoso con Elcano que Pigafetta. Aunque siempre de manera crítica, el bufón menciona a Elcano doce veces, mientras que el italiano no lo nombra ni una sola vez en su crónica.

que, al igual que el griego, se atrevió a ir más allá de los límites permitidos al género humano, arrastrando consigo a los compañeros a una muerte segura. Sin embargo, este ser legendario, el jefe de una expedición que logró lo imposible, se desmitifica y humaniza en la narración del bufón que insiste en las contradicciones de su ser. Es en los párrafos dedicados al navegante portugués donde se nota con más claridad cómo el tránsito entre varios espacios le abre a Juanillo perspectivas vedadas a los que nunca cruzan las fronteras del espacio social y cultural al que pertenecen. Cuando su función de bufón pasa al segundo plano y Juanillo es tan sólo uno de los miembros de la flota, se le presenta la imagen pública de Magallanes, el hombre-dios, escogido por el destino para ejecutar hazañas y proezas extraordinarias, o el jefe de una empresa imperial:

> Primero, y recortándose contra el cielo blanco, se distingue a don Hernando, igual a un dios. Sus armas que reverberan y la capa de terciopelo verde que cubre sus espaldas y las ancas de su cabalgadura le dan un aspecto sobrenatural, inhumano (19).

Juanillo insiste a lo largo de su relato que Magallanes nunca se quita la armadura por temor a un acto de traición[19]. Este comportamiento, en primer lugar pragmático, es también simbólico. La armadura oculta de la mirada lo que en el jefe hay de más frágil, vulnerable y humano: el cuerpo. Cubierto por capas de metal reluciente, Magallanes deja de ser una criatura perecedera, expuesta al dolor físico, la fatiga y la enfermedad, es decir, se deshumaniza. Con la armadura, su figura se agranda y dignifica, su presencia se vuelve imponente y majestuosa: "sentí la voz aflautada de mi amo, que surgía lenta y aguda de entre el hierro. Se había puesto de pie y brillaba al sol como un ídolo pagano" (43). A los ojos de los miembros comunes de la dotación y frente a los reyes indígenas, el capitán general debe ser semejante a un dios que empuña las riendas de sus vidas. En una ocasión, sin embargo, cuando Magallanes se libra de la armadura, Juanillo observa que "[e]ra muy pequeñito sin ella" (139). "Pequeñito" se refiere, en primer lugar, al tamaño real del portugués, pero la palabra se lee también en un sentido metafórico y significa "hombre". Por eso es significativo e irónico que Magallanes muera cuando decide luchar sin la armadura para dar pruebas de su valentía a un

---

[19] La armadura que Magallanes lleva puesta en todo momento del viaje, excepto durante la batalla con el rey de Matán, es uno de los *leit-motifs* de la novela. Juanillo la menciona más de veinte veces.

rey indígena. Sin "su caparazón de hierro" (187), el capitán es un hombre como todos los demás, vulnerable, contradictorio e impenetrable, a quien Juanillo compara con la prosaica cebolla: "eres como una cebolla: bajo una capa sólo hay otra capa y bajo ésa, otra capa y así sucesivamente" (148).

El oficio de bufón que desempeña Juanillo le otorga el acceso al espacio privado del héroe histórico; durante sus encuentros con él en el camarote, el bufón es testigo de una metamorfosis que transforma al dios en hombre:

> Yo seguía mudo. ... Sabía que tarde o temprano saldría de su caparazón de metal como un gusano de su crisálida y se metamorfosearía en mariposa de brillantes colores, revoloteando en torno a sus recuerdos y a mis mentiras. Ya había ocurrido otras veces cuando estábamos a solas, en la intimidad de su cámara (105).

La armadura, en su sentido literal y figurado, encubre a un ser humano parecido a todos los demás, con sus deseos, sueños, miedos, goces y sufrimientos. Un hombre que puede sorprender con un gesto de ternura o espantar con una decisión cruel y repugnante, como la de cortarle la lengua al cosmógrafo Andrés de San Martín; un hombre que vive en el mar, pero sueña con una casa de piedra; un ser que se nutre de ambiciones públicas y de fantasías privadas que el bufón inventa para él. Juanillo, quien conoce la complejidad del espacio público y el privado de Magallanes, se percata de que la identidad de su amo es una zona gris de interrogaciones sin respuestas, donde nada es fijo ni coherente. "¿Cuál eres en realidad?" (112), pregunta confundido, sin dar con una respuesta satisfactoria. El texto subraya esta indeterminación con un espacio en blanco que sigue a la pregunta de Juanillo. Los seres humanos, grandes o pequeños, son espacios en blanco donde las circunstancias imprimen signos diferentes, a veces, incluso contradictorios, irreconciliables[20].

---

[20] Una de las posibles lecturas de *Maluco* (que todavía no se ha hecho) consistiría en interpretarla como una novela sobre Magallanes. En este sentido, es reveladora la comparación de la estructura de la relación de Pigafetta con la del relato del bufón. La muerte de Magallanes divide el texto de Pigafetta en dos partes casi iguales; a pesar de ella, la expedición continúa y el cronista registra con el mismo detalle las peripecias que ocurren antes de la llegada a las Molucas, en las islas y durante el regreso de la *Victoria* a España. En cambio, en el relato de Juanillo, después de la muerte del capitán general, queda un solo capítulo que narra de una manera bastante apresurada –"despachando en dos párrafos"– la llegada a las Molucas y la vuelta a España, como si este deceso marcara el final de la empresa, como si el perecimiento del "héroe" fuera el final de la H/historia. Se vislumbra aquí una interesante contradicción en la concepción del texto de Baccino.

Historia *versus* experiencia: el tiempo narrativo

El desplazamiento crítico de la mirada activa también un diálogo entre la Historia como un proyecto trascendental y la historia como experiencia. El narrador tematiza esta dicotomía cuando compara el enfoque de las crónicas e historias oficiales con su propio relato. En aquéllas, los historiadores resaltan el acontecimiento, la hazaña y la acción, insisten en el progreso, en la causa y, especialmente, en el efecto de los hechos. En cambio, a Juanillo lo atraen los espacios intermedios, lo que sucede *entre* la causa y el efecto y, en particular, numerosas bifurcaciones de esta realidad. Así, refiriéndose a la calma de tres meses que inmoviliza a la escuadra en el Pacífico, el narrador se queja de que los cronistas reales "despacharon ... en dos párrafos todo este asunto que [le] lleva a [él] tantas páginas"[21], y pregunta irónicamente:

> ¿No bastaba acaso con decir que nos atrapó una calma de meses y que se nos acabaron por completo los bastimentos, y pasamos gran hambruna; y luego meter a los vientos de nuevo y la flota en marcha hacia su destino? ¿Para qué tanto rodeo? (206).

Para Juanillo este "rodeo" es crucial, porque él percibe la travesía del Pacífico en dos dimensiones distintas que se complementan: la hazaña y la vivencia. Por eso insiste en la vivencia, es decir en el hambre, en las enfermedades, en el miedo, en las estrategias de sobrevivencia, en la implacable quietud de las aguas resplandecientes como un espejo, en las muertes, en el olor a podredumbre, en todo lo que recontextualiza e ironiza el significado de la palabra "hazaña". Por eso, en su calidad de narrador, detiene a menudo la acción y el progreso, para adentrarse en el ser de los tripulantes, indagar en sus historias y sentimientos, hacerles desplegar sus recuerdos y fantasías cuando las velas cuelgan exánimes; se rompe así la línea de la narración que huye al pasado o fluye hacia el futuro.

En el nivel del discurso, dicha problematización del binomio Historia monumental/historia vivencial se articula claramente en la preferencia que el narrador manifiesta hacia el presente como el tiempo de la narración. La crónica de Juanillo es un relato retrospectivo, escrito desde la óptica de más de treinta años que separan al narrador de los sucesos referidos. El pasado

---

[21] Efectivamente, Pigafetta describe la travesía del Pacífico en tres párrafos. Dos de ellos constituyen, no obstante, uno de pocos momentos en su crónica en que asoma el *tremendum horrendum* porque allí se describen el hambre y las enfermedades causadas por la prolongada travesía (1985: 75-76).

no es, sin embargo, el principal tiempo de la enunciación, lo cual es otra señal de la irrupción del discurso en la narración histórica que, según Benveniste, excluye el presente[22]. Se podría aducir que el recurso del presente imita la acción de llevar un diario de a bordo que describe las peripecias a medida que suceden, como sería el caso de muchos fragmentos en la crónica de Pigafetta[23]. Por otro lado, la preferencia dada al presente es una estrategia de reescritura del discurso histórico. Roland Barthes explica en *Le degré zéro de l'écriture* (1972) que el valor de los tiempos verbales es simbólico, es decir, participa en la producción del significado. El pasado connota la depuración, la estabilidad significativa, una realidad acabada y fija; disipa dudas y encubre vacíos; presenta los acontecimientos como hechos inequívocos e irrefutables[24]. En cambio, el presente no impone límites (Barthes lo llama la "parole sans limite"; 1972: 27), señala un mundo abierto a transformaciones, semánticamente inestable; connota una realidad en proceso de devenir, de hacerse y deshacerse, que fluye, que es transitoria, que no tiene fin. La inmediatez del discurso en presente despoja las acciones referidas del clima aurático o *sub specie aeternitatis* que les otorga la distancia introducida por la narración en tiempos del pasado. De este modo,

---

[22] "L'énonciation *historique* ... caractérise le récit des événements passés. ... [Elle] comporte trois temps: l'aoriste (=le passé simple ou passé défini), l'imparfait (y compris la forme en -*rait* dite conditionnel), le plus-que-parfait. Accessoirement, d'une manière limitée, un temps périphrastique substitut de futur, que nous appellons le *prospectif. Le présent est exclu* ..." (Benveniste 1966: 239; el subrayado es añadido).

[23] Digo "de muchos fragmentos" porque la relación de Pigafetta también oscila entre el presente y el pasado, lo que indica que no es un texto redactado, como pretende erróneamente Garramuño, "en el calor de la hora" (1997: 126, n. 7). No hay que olvidar que Pigafetta compone su *Primer viaje* entre 1523 y 1525 y la óptica retrospectiva está presente en su texto, aunque no tan pronunciada como en *Maluco*.

[24] "[Le passé simple] est l'instrument idéal de toutes constructions d'univers ... Il suppose un monde construit, élaboré, détaché, réduit à des lignes significatives, et non un monde jeté, étalé, offert. Derrière le passé simple se cache toujours un démiurge, dieu ou récitant; le monde n'est pas inexpliqué lorsqu'on le récite, chacun de ses accidents n'est que circonstanciel, et le passé simple est précisément ce signe opératoire par lequel le narrateur ramène l'éclatement de la réalité à un verbe mince et pur, sans densité, sans volume, sans déploiement, dont la seule fonction est d'unir le plus rapidement possible une cause et une fin" (1972: 26). "Le passé narratif fait ... partie d'un système de sécurité ... Même engagé dans le plus sombre réalisme, il rassure, parce que, grâce à lui, le verbe exprime un acte clos, défini, substantivé, le Récit a un nom, il échappe à la terreur d'une parole sans limite" (1972: 27).
Sobre el valor narrativo e ideológico del tiempo verbal consúltese también *Temps et récit* de Paul Ricoeur (1983: II).

el presente de narración en *Maluco* es un recurso más de la reescritura de la historia en términos de experiencia, dado que presenta los sucesos y vivencias como algo inconcluso y abierto, como una acción discurrente cuyo significado último siempre se escapa a los que participan en ella.

A fin de reforzar la impresión de inmediatez connotada por la narración en presente, Baccino Ponce de León echa mano del *tempo* narrativo a través del cual establece una relación entre el tiempo vivido, que es el tiempo tal como lo experimentan los personajes, o sea el tiempo de la historia enunciada, y el tiempo de la narración, que es el de la enunciación (Ricœur 1983: II, 143-151)[25]. Algunas veces la acción se demora, se aletarga; otras, acelera vertiginosamente. La larga travesía del océano Pacífico es la mejor ilustración de este juego con la dinámica del relato. La expedición pasa tres meses atrapada en las aguas del océano, tres meses durante los cuales no pasa nada. El narrador reconstruye esta situación a través de periodos muy largos, la acumulación de adjetivos descriptivos y, sobre todo, por medio de repeticiones. Por ejemplo, la frase "Es que hablábamos mucho" se reitera numerosas veces a lo largo del capítulo séptimo, sobre la travesía del Pacífico, cuando a los expedicionarios no les queda nada más sino hablar, intercambiar historias e inventar interminables juegos lingüísticos que ponen en un movimiento deconstructivo el significado de las palabras que solían representar lo esencial: la nave, la muerte, la soledad, la vida, la libertad, el silencio y, por supuesto, Maluco. La acción se detiene y son las palabras las que llenan el vacío.

En contraste, cuando al cabo de meses reaparece el viento, el relato se dinamiza, la frase se acorta y acelera, dominada por sustantivos y verbos que, según explica Bousoño, son elementos del dinamismo expresivo positivo[26]:

> Entonces Su Alteza abre los ojos ... [y lo] que ...ve es otra cosa. Ve a los hombres que se lanzan a las vergas, que trepan por los obenques, que tensan las jarcias,

---

[25] Para una explicación más detallada de la relación entre el tiempo vivido y el tiempo narrativo, véase Genette (1972) y Ricœur (1983: II).

[26] Al estudiar los mecanismos del dinamismo expresivo Bousoño distingue entre el dinamismo positivo y negativo: "una frase posee dinamismo positivo si su estructura *nos obliga* a una lectura rápida, y ... , por el contrario, posee dinamismo negativo si esa misma estructura nos obliga a una lectura lenta" (1970: 337). El dinamismo positivo es encomendado a las partes de la oración que transportan nociones nuevas, es decir, los verbos y los sustantivos. En cambio, el dinamismo negativo se debe a las palabras que sirven sólo para matizar lo ya dicho, los adjetivos y los adverbios. El valor dinámico de la repetición es negativo porque no aporta nada nuevo (1970: 338).

que sueltan las velas. Ve la *Trinidad* que parece un hormiguero roto. Que se encabrita como un potro. Porque en todos los mástiles siguen estallando velas (227).

El narrador tematiza la representación discursiva del tiempo vivido en un comentario metanarrativo dirigido a su lector, sea éste el rey como el narratario diegético de la carta, o un lector de la novela de Baccino: "El episodio siguiente transcurre en Zubu y, como nuestras primeras tres semanas allí, tiene un tono reposado, de frase larga" (232). El *tempo* narrativo varía a lo largo de la novela porque es un instrumento que permite plasmar narrativamente diferentes experiencias del transcurrir del tiempo. Esta reconstrucción discursiva del tiempo vivido modifica la enunciación histórica de la crónica en la cual predominan "la acción y su vértigo" (187).

Ahora bien, la imbricación del pasado y el presente se desarrolla también en otra dimensión, una que no tiene que ver con el tiempo vivencial de lo enunciado, sino con el de la enunciación. La estructura temporal de la novela se construye, de acuerdo con las observaciones de Florencia Garramuño, mediante la técnica de "un contrapunto temporal que no sólo confronta momentos diferentes, sino también historias distintas" (1997: 102). Juanillo-narrador contrapone el momento del viaje (la experiencia) al de la escritura de esta experiencia, deconstruyendo de este modo la ilusión de la inmediatez o contemporaneidad de la escritura que él mismo plasma recurriendo al presente para rendir el tiempo vivencial de lo enunciado. Esta técnica, utilizada en otras novelas como *El entenado* de Juan José Saer o *La tierra del fuego* de Sylvia Iparraguirre (véase el capítulo IV), evidencia que la narración y la representación son "extranjera[s] al objeto", lo cual contribuye a cuestionar la supuesta objetividad del relato sobre el pasado (Garramuño 1997: 105). La idea de que todo acto de escritura traiciona la experiencia, de que necesariamente la empobrece imponiéndole las normas del relato que pugna por volver transparente lo que en realidad es confuso, aflora repetidas veces en las reflexiones metanarrativas de Juanillo. Más aún, el viejo bufón sabe que el relato traiciona también el acto de escritura, porque elimina tanto el mundo interior del narrador como el contexto de enunciación que lo rodea y condiciona, es decir, la subjetividad y el presente que determinan la óptica del relato:

> ¿Qué sabéis vosotros de la historia real de esa página? ¿Cómo sabéis si cuando don Hernando estaba por, el cronista no tuvo que interrumpir porque le han avisado que su madre ha muerto o porque está tiritando de frío ...? Por eso, Alteza, muchas veces, como ahora, me da rabia la continuidad de mi discurso. Vergüenza me da pensar que la tranquilidad, que la protección que te da esa continuidad, sea a costa de esconder mis llagas, de desaparecer tras la máscara de las

palabras, tras los rostros de los personajes, tras las penas inventadas de esos seres fantasmales que se mueven por las páginas que tanto te deleitan o afligen (207).

Para incorporar la vivencia en la escritura de la H/historia, Juanillo subvierte el eje temporal de su relato e inscribe en él el presente del acto de enunciación, su vejez y su cansancio, y también su desengaño con la Historia que se olvida de los Juanillos tan pronto como deja de necesitarlos. Así la novela conjuga dos H/historias y dos vivencias: la expedición a las Molucas y la empresa de contarla.

La historia y el humor

Como ya se ha señalado, la reescritura paródica del discurso de las crónicas en *Maluco* se produce gracias a la posicionalidad del narrador y, sobre todo, a su función en el mundo referido. Juanillo fue contratado como bufón; el bufón es el que se ríe y hace reír a los demás aprovechando el privilegio de la palabra que suspende, aunque sea momentáneamente, la jerarquía en vigor. Como narrador de un relato histórico, Juanillo se ríe y nos hace reír de la historia. En su "crónica", uno de los principales mecanismos de la reescritura del discurso histórico es la risa que se origina en la mirada desplazada, deconstruyendo la "perspectiva de la rana" propia de la historia monumental.

Bakhtin afirma en *Rabelais and His World* que lo importante y lo esencial no puede ser cómico:

> That which is important and essential cannot be comical. Neither can history and persons representing it –kings, generals, heroes– be shown in a comic aspect. The sphere of the comic is narrow and specific (private and social voices); the essential truth about the world and about man cannot be told in the language of laughter (1984: 67).

Más que el tono, la seriedad es una percepción del mundo, como lo es el verbo en el pasado, porque elimina toda ambivalencia e indeterminación, reduciendo la polivalencia semántica de la realidad a un solo significado, fijo, estable y completo. De acuerdo con Bakhtin, la palabra seria es inequívoca, no produce verdades sino la Verdad; como tal, es el baluarte del orden y de la ideología establecidos, imposibilita el cambio y la renovación (1984: 67-81). Es por eso que los discursos oficiales, originados en y orientados hacia el Poder, privilegian los géneros de los que se expulsó la risa. La historiografía, con todos sus subgéneros, es uno de ellos.

El temor a la risa se debe a su "poder terapéutico" (1984: 67) que libera, corrige y renueva: "laughter [is] a universal philosophical principle that heals and regenerates" (1984: 70). La risa desfamiliariza las imágenes normativizadas, destruye los significados fijos, introduce ambigüedad, pone en movimiento lo petrificado por la tradición y la convención; cambia la relación entre el hablante, su discurso y el objeto de este último, causando así la reinterpretación de perspectivas[27]. En una palabra, la risa *altera*, es decir, abre la puerta a la otredad, al discurso del otro[28].

En *Maluco* el humor y la risa del bufón son las "características fundamentales para novelar la historia" (Sierra 1992: 143) y un componente esencial de la reescritura paródica de la historia oficial del descubrimiento. El relato está sembrado de ironía, burla, sarcasmo y chistes que ponen en entredicho los acontecimientos narrados y los valores occidentales que les dan origen: rey, imperio, derecho divino, civilización, barbarie, cultura, religión. Al presentarlos desde una mirada aparentemente ingenua, pero, en realidad, llena de sagacidad, Juanillo resquebraja desde dentro las imposturas ideológicas y culturales del mundo occidental.

El juicio práctico del bufón percibe con claridad la insensatez de las teorías europeas acerca de la geografía del mundo, especialmente la idea del paraíso terrenal elaborada por Colón. Expone la ridiculez de las suposiciones del almirante al contrastarlas con lo que le dicta su conocimiento de la vida y, sobre todo, su sentido crítico agudizado por la inmersión en la cotidianidad:

---

[27] Gilles Deleuze ofrece una interpretación similar del humor: "l'humour est l'art des surfaces et des doublures, des singularités nomades et du point aléatoire toujours déplacé, ... le savoir-faire de l'événement pur ou la 'quatrième personne du singulier'– toute signification, désignation et manifestation suspendues, toute profondeur et hauteur abolies" (1969: 166).

[28] Es revelador el hecho de que, en la mayoría de los casos, la novela histórica también se inscribe en la seriedad. En algunas novelas aparecen escenas cómicas (por ejemplo, en *Santa Evita*, el encuentro entre el coronel y los policías alemanes, o el episodio del desembarque del cuerpo de Evita en Italia), pero muy pocas hacen del humor el principio de la construcción de realidad. En América Latina, además de *Maluco*, se puede citar *Los relámpagos de agosto* de Jorge Ibargüengoitia (1963) cuyo humor devastador caricaturiza la revolución mexicana.

Al mismo tiempo, resulta interesante observar que *El nombre de la rosa* de Umberto Eco (1980), novela que teoriza el potencial subversivo de la risa, mantiene la seriedad a lo largo de sus 500 páginas. Se nota en esta obra una contradicción patente entre la propuesta ideológica/cultural y la praxis de escritura.

[E]l Almirante Colón tenía del Paraíso una teoría diferente de la mía.
... [S]egún aquel ilustre navegante, el mundo tiene forma de una teta de mujer, con el pezón en alto, cerca del cielo y por eso decía, "los navíos van alzándose hacia el cielo suavemente y entonces se goza de más suave temperancia"; de resultas de lo cual aquel empecinado marino colocaba el Paraíso en ese "dulce pezón". Lo que no sé decirte es si se trataba del pezón de la teta de su madre o de la mía, aunque pienso que sería la suya, ya que menguados bienes depararía el Paraíso de estar situado en la magra teta de mi madre (77).

Este fragmento permite esbozar un paralelo entre el discurso de Juanillo y la manera en que Sancho Panza recodifica el mundo caballeresco de Don Quijote. Colón y Don Quijote inventan una visión del mundo basándose en sus ideales culturales (religiosos o literarios); la mirada desplazada –prosaica, popular, "banal" o ingenua– de Sancho Panza y Juanillo *traduce* esta visión, activando una reinterpretación de perspectivas. La cita, pero también la novela entera, ilustra "the processes through which the low troubles the high" (Stallybrass and White 1986: 3) creando una visión cómica y, por eso, más flexible, del mundo.

La risa del bufón reevalúa también el descubrimiento como un proyecto político y cultural. Aunque *Maluco* es una reescritura, ésta se hace desde la perspectiva de los descubridores –el título lo pone en evidencia–, es decir, prevalece en el relato la voz de la cultura dominante, la del colonizador. El Otro radical de la cultura europea, el indígena, está reducido a signos inciertos, presencias furtivas, huellas en la nieve, fuegos en la orilla avistados desde las naves, el olor a la mujer y las manos de Joao Serrano "manchadas de sangre hasta los codos" cuando regresa de las islas afirmando, sin embargo, que "no ha pasado nada" (231). El otro es ausencia y silencio en el relato, como si fuera inenarrable. Por lo tanto, la perspectiva general sigue siendo occidental, pero dentro de ella, la óptica marginal y subversiva del bufón logra desplazar críticamente algunos conceptos y valores por medio de los cuales Europa y España se constituyen en el centro, como indica Dussel (1995: 65-66).

El discurso del Poder, llamado por Michel de Certeau "l'écriture conquérante" (1975: 3), construyó una visión esencialista y simplificada de la realidad del continente americano y sus habitantes. En ella, como se ha comentado a propósito de *1492*, las costumbres de los indios, en particular las prácticas relacionadas con el cuerpo –la desnudez, la sexualidad o la antropofagia– y el estado "primitivo" de sus almas, adquieren un significado especial porque permiten representar a América como una creatura deforme y monstruosa que necesita ser civilizada a través de la dominación. De esta manera, la misión cristianizadora y civilizadora se constituye en base ideológica de la conquista. Al unir la risa bufonesca a su experiencia de judío converso, Juanillo cuestiona este proyecto colonizador, ridiculizando los métodos, los propósitos y también los resultados de los empeños evangelizadores:

> [O]í más de una vez la voz aflautada del cura Sánchez Reina y la de trueno de capellán Balderrama, desgranando a un invisible auditorio los rudimentos de nuestra fe. ... Ambos curas se referían a Sodoma y Gomorra, y a las siete plagas de Egipto, y a otras calamidades destinadas a poner en claro cómo se portaba Dios con los rebeldes a su fe. Y aquello era tan aleccionador que ... me puse a trabajar por temor a merecer alguno de aquellos cataclismos con mi perversa molicie. Ahora, que si aquellos sermones estaban destinados a las mujeres que, se decía, ocultaban en la nave, las infelices debían de estar muy entusiasmadas por la forma tan llana y concisa con que les explicaban cosas como la de la Santa Trinidad y la Reencarnación y la Ascensión y otras así de simples. Y también hablaban del Infierno, y sin duda les mostraban láminas como las que me enseñaron a mí cuando me cristianizaron y que aún no se me borran (85-86).

El bufón no se limita a la ironía verbal; en un gesto de burla irreverente imita la costumbre de los descubridores de bautizar y poner nombres cristianos a cuanto ser vivo o tierra encuentren, como lo hace Serrano después del naufragio de la *San Antonio* o Magallanes al llegar a Zubu. Juanillo repite el discurso religioso emulando la solemnidad del acto, pero lo recontextualiza radicalmente porque sus "neófitos" no son seres humanos sino animales:

> Aquella tarde en una sencilla pero conmovedora ceremonia, di a mis [animales] nombres cristianos.
> Era un poco antes de la hora del ángelus y estaba de regreso en la *Trinidad*, así que aproveché la ausencia del capellán para tomar prestados sus hábitos, y vistiendo el amito, el alba y hasta las casullas que llevaba de repuesto en un baúl, me instalé dispuesto a administrar el Sacramento a mis criaturas. ... Tenía dos cuervos ... a los que llamé *Fonseca* y *Cristobao*, y una pareja de buitres a los que denominé *Los Habsburgo*... . Tenía también una lora parlanchina y muy histérica a la que bauticé *Juanita la Loca*, y un elegante papagayo amarillo y azul al que llamé *Isabelita* (87-88).

Nombrar es construir; bien lo sabían los descubridores y colonizadores que se apropiaban de los territorios descubiertos mediante la nominación. Juanillo imita estos actos, pero los deforma a través de la burla. El "bautismo" administrado a los animales altera la realidad conocida y construye un espacio híbrido en el que coinciden realidades distantes: los animales exóticos y los nombres de personajes ilustres de la historia española. El efecto de esta desfamiliarización es doble: por un lado, degrada y desheroíza a los miembros de las clases gobernantes; por otro, pone al descubierto y ridiculiza la práctica occidental de apropiarse de América imponiéndole nombres europeos[29].

La idea misma del descubrimiento cambia, vista desde la perspectiva del bufón viajero. El suyo no es un proyecto ilustre o una hazaña heroica. Por un lado, Juanillo rechaza la percepción de los cronistas oficiales que describen el viaje de Magallanes como una expedición geopolítica, para re-presentarla como una empresa culinaria, cuyo último fin es proveer las especias que mejorarían los sabores en la mesa imperial:

> ¿Y qué éramos nosotros...?: simples marionetas ... títeres sujetos al arbitrio de unos locos para dar contento a los ricos, para que no falte en la mesa de los poderosos la pimienta con que sazonar la carne ni el clavo y la canela para aromatizar el vino (18).

Por otro lado, Juanillo no deja de insistir en que la expedición es una locura. Lo sugiere claramente el título de la obra que establece un juego entre el nombre del verdadero destino de Magallanes –las islas Molucas–, y el nombre ficcional de éste –Maluco–, que en portugués significa *loco*. El narrador subraya su visión recurriendo a la palabra *loco* o sus derivados cuando describe las peripecias del viaje. Toda persona que tenía algo que ver con la empresa estaba contagiada de una locura colectiva:

> Estábamos locos, sí, como lo estuvo siempre Ruy Faleiro y el Capitán don Hernando, como lo estaba Vuestra Majestad Imperial y los altos funcionarios de la Casa y el obispo Fonseca y don Cristobao de Haro, que financió la empresa.
> Y como lo estaban quienes calafatearon las naves y quienes cargaron con tanta comida y baratijas como jamás había llevado flota alguna. Como lo estaban las mujeres que cosieron amorosas las velas y los herreros que moldearon el bronce de los herrajes y los carpinteros que dieron forma a los mástiles (14).

Los tripulantes eran "locos errantes" (14), "hormigas locas" (115), "pequeños locos" (139); en una ocasión se comportaban "como un puñado de locas muy excitadas por algo" (187); en otra, "el tedio y la locura [los]

---

[29] Es significativo que el "bautismo" causara gran goce entre la tripulación, excepto en las autoridades: el cura acusó a Juanillo de hereje y Magallanes ordenó castigarlo con azotes (88). En su acción se manifiesta la actitud disciplinaria de las estructuras del Poder ante el sujeto que transgrede las normas de la conducta establecida.

acosaban como perros" (142). La expedición se presenta en la crónica de Juanillo como "un loco viaje alrededor del mundo todo" (8) o "el loco proyecto" (29), diseñado por un hombre que enloqueció (45). El estrecho que ahora lleva el nombre de Magallanes se describe como "un escenario absurdo" (179) que "parece creado por la imaginación de un dios loco" (178). No sólo es una empresa loca, sino también absurda, porque al final de la novela, en vista de que la *Victoria* se hunde, los sobrevivientes deciden

> arrojar aquel cargamento de especias que tanto [les] había costado conseguir. Por el que [habían] soportado toda clase de penurias y tormentos. Por el que había[n] navegado durante tres años. Por el que había[n] dado vuelta al mundo. Y en el que tenía[n] puestas [sus] últimas esperanzas de que todo no hubiera sido en vano.
> Sé que os parecerá absurdo, Alteza... (301)[30].

La mirada del viejo bufón no sólo es desacralizadora, sino también desengañada, marcada por la "perspectiva de fracaso" (Garramuño 1997: 126). Con una conciencia crítica o irónica de sí mismo comparable a la de Lazarillo, el narrador se incluye en la burla y el menosprecio; incluso su relato, fruto de aquel viaje, es "una crónica de viejos parlanchines" y su autor, un loco (205).

La percepción de la empresa en términos de locura es reforzada por la alusión intertextual al cuadro "La nave de los locos" de Hiëronymus Bosch (83) y al personaje del *Don Quijote*, el loco más famoso de la literatura en lengua española. Por razones de verosimilitud cronológica, no se encuentran en el texto alusiones directas a la novela de Cervantes, publicada años después del viaje de Magallanes. Sin embargo, Juanillo alude a un niño de nombre Alonso Quijana que vivía en la parroquia del cura Sánchez Reina, partícipe de la expedición (99). Se pueden señalar también otras alusiones que establecen una relación intertextual entre las dos novelas: como Don

---

[30] La descarga de las especias al mar es una invención poética de Baccino, porque la *Victoria* arribó con su carga a Sevilla. Fernández de Navarrete apunta que se pesaron "528 quintales, una arroba y 11 libras" de clavo que fueron entregados a Cristóbal de Haro (1964: II, 556). Otro hecho, ocurrido siete años más tarde, despojó de sentido la búsqueda del derrotero hacia las Molucas, convirtiendo el esfuerzo/sacrificio de Magallanes y los demás expedicionarios en una acción absurda, tal como lo insinúa Juanillo: en 1529, endeudado con los banqueros pero necesitado de dinero para continuar su política europea, Carlos V vendió las Molucas a Portugal por 350.000 ducados (Cabrero 1985: 14). Para el texto de la capitulación sobre la transacción y venta de las islas, véase Fernández de Navarrete (1964: II, 646-657).

Quijote, Magallanes casi nunca se quita la armadura; Don Quijote le promete a Sancho la gobernación de la Isla Barataria para agradecerle los servicios y Magallanes le promete a Juanillo nombrarlo el conde de Maluco (52). Por un lado, esta intertextualidad establece un paralelo entre literatura e historia, desdibujando la división entre ellas. Por otro, equipara el viaje a las islas de las especias con los sueños locos del hidalgo cervantino, subrayando así la intención paródica de la novela. Al reescribir la expedición como un acto de locura, Baccino Ponce desheroíza y desmitifica los hechos del descubrimiento. Al mismo tiempo, cuestiona la racionalidad de la historia, que deja de percibirse como un proyecto trazado por el hombre y adquiere el matiz de una fuerza irracional que arrastra al ser humano, sin mostrar preferencia por su condición social.

El humor y la carnavalización del cuerpo imperial

La risa del bufón no perdona a nadie, ni siquiera al destinatario mismo del relato, el rey Carlos V. Toda la crónica es una larga epístola dirigida al rey, pero a menudo Juanillo la interrumpe para retar de una manera más directa al monarca interpelándolo mediante digresiones cuyo tono oscila entre la osadía y la irreverencia que ni siquiera un bufón se hubiera permitido. En ellas aparece un Juanillo envejecido, en el momento de escribir la crónica, que de vez en cuando deja la pluma para hacerse unas preguntas o hacérselas al monarca que autorizó y patrocinó aquella empresa loca. Para dar con las respuestas, la imaginación del bufón penetra la conciencia de su emperador que, envejecido como él mismo, está terminando su vida en Yuste. Juanillo crea un monólogo interior que a veces le atribuye al rey, otras a sí mismo, señalando que en realidad fusiona en él dos conciencias muy distantes y diferentes.

Los monólogos con los que Juanillo reta al monarca se destacan por una insolencia transgresora, característica del espíritu carnavalesco bakhtiniano. Bakhtin define el carnaval como una "temporary liberation from the prevailing truth and from the established order; ... the suspension of all hierarchical rank, privileges, norms, and prohibitions. ... the feast of becoming, change, and renewal ... hostile to all that was immortalized and completed" (1984: 10). El componente principal del carnaval en los apóstrofes de Juanillo es lo grotesco que degrada y materializa, destruyendo el aura que rodea al personaje real. De acuerdo con Stallybrass y White, el realismo grotesco abarca "transcodings and displacements affected between the high/low image of the physical body and other social domains" (1986: 9) y conduce a una inversión de jerarquías: la cultura popular reescribe la cultura alta produciendo una perspectiva opuesta a la aceptada (1986: 4)[31]. Uno de los emblemas más importantes de la cultura alta es lo que los autores denominan, siguiendo a Bakhtin, el *cuerpo clásico*: elevado, estático, monumental, modelo estético, forma inherente de la cultura oficial, distanciado del contexto social, universal y trascendente, cerrado, sin orificios. La irrespetuosa creatividad del carnaval reescribe el *cuerpo clásico* imprimiendo en él los rasgos del *cuerpo grotesco*: la multiplicidad, la apertura hacia el mundo exterior, el énfasis en las partes pudendas.

En las digresiones, Juanillo manifiesta su curiosidad por saber si el cuerpo real de Carlos V se parece al de los miembros de las clases bajas, es decir, si es un cuerpo fisiológico:

> Incluso me he llegado a preguntar si vosotros los reyes cagáis, si con toda vuestra majestad os ponéis en cuclillas sobre un cubo y hacéis fuerza, si os quitáis la capa de armiños por vosotros mismos, o si un paje tiene tal cometido y el honor adicional de limpiaros el culo, y si en los palacios hay algún lugar destinado a tales menesteres, todo oro y esencias. En verdad que tengo gran confusión al respecto, porque con todo lo que tragáis, manducáis, roéis y corroéis, de todo lo mejor y la mayor parte, ilógico sería que vosotros comierais y nosotros cagáramos (103).

> [T]ú naciste entre púrpuras y apuesto que ni siquiera asomaste a la luz pegoteado y sucio como cualquiera de nosotros, sino inmaculado y soberbio. Y no diste un berrido cuando el aire de este mundo llegó a tus pulmones, sino una orden (163).

La yuxtaposición del espacio real –prístino, puro, estático, noble–, con el espacio fisiológico del cuerpo descompone la estructura binaria que define, también en los términos sociales, la posición de lo alto y lo bajo, produciendo una realidad híbrida, heterogénea e inestable.

El mecanismo más importante de este desplazamiento es el lenguaje. Bakhtin observa que una de las fuentes más importantes de la risa en la obra

---

[31] Esther Quintana Miyamoto observa otra inversión de la jerarquía en la narración de la crónica y los "diálogos" de Juanillo con el rey: "Mientras que al asumir el papel de bufón, Juanillo se coloca en una posición de inferioridad frente al rey ... en su función de narrador manifiesta no sólo su autonomía sino su soberanía respecto a éste y su absoluto control de la narración. ... La existencia del rey llega incluso a depender de la narración del bufón lo cual es importante porque Juanillo invierte los términos de subordinación y dependencia entre el narrador y el monarca" (2000: 133). Efectivamente, Juanillo reescribe no sólo la expedición, sino también la identidad-posición del rey.

de Rabelais es el lado escatológico del habla que incluye las palabras indecentes, vocablos relacionados con la bebida, la defecación, el sexo y otras funciones fisiológicas del cuerpo, así como el lenguaje usado por el hampa de las ciudades y los pueblos. A través de él, Rabelais diseñó un punto de vista específico sobre el mundo, una selección particular de la realidad que difería considerablemente de la visión oficial (1981: 238). Un proceso parecido se observa en *Maluco*. En sus digresiones dirigidas al rey, pero también en la totalidad de su relato, Juanillo recurre al lenguaje a menudo indecente, procaz y soez; sus chistes casi siempre revelan un doble sentido con fuertes connotaciones eróticas. Lo significativo radica en el hecho de que el narrador aplique este habla no oficial, que designa "zonas bajas" como el cuerpo, la cultura popular o la vida cotidiana, a una realidad ajena a estos espacios. La combinación de las palabras *cagar, nalgas, culo, berrinche, teta*, con otras como *rey, imperio, príncipe, capitán, palacio, orden*, produce una incongruencia desequilibradora que empaña el lenguaje oficial de inestabilidad semántica, al igual que la yuxtaposición de apelativos reverenciales como "Vuestra Majestad" o "Su Alteza Imperial" con el pronombre "tú" ("Imagínate, Alteza"; 219) trastorna la sintaxis convencional y las normas de (in)formalidad. Ello se debe a que el lenguaje oficial es un sistema cerrado y convencionalizado, y, por consiguiente, vulnerable ante un gesto transgresor que introduce elementos nuevos o ajenos y se burla de las normas establecidas. Los coloquialismos y "errores" de Juanillo materializan lo que parece no tener cuerpo; su lenguaje es un discurso contaminado que resquebraja las jerarquías discursivas creadas por las clases dominantes como el reflejo de las jerarquías sociales y el mecanismo principal de su hegemonía.

El espacio real puede interpretarse como una realidad "descorporeizada" según la entiende Judith Butler al hablar en *Bodies that Matter* de la "figuration of masculine reason as disembodied body" (1993: 49). El hombre, en cuanto la encarnación del poder, se representa como una figura sin cuerpo: sin nacimiento, sin niñez, sin necesidad de comer, defecar, vivir y morir. En cambio, las mujeres, los niños, los esclavos y otros sujetos subalternos "perform the bodily functions" (49). Esta estrategia encarna la oposición entre la racionalidad del poder o el centro y la materialidad de la periferia. El proceso de racionalizar o "desmaterializar" los espacios del poder es una manera de sublimarlos; y la sublimación es, según Stallybras y White, "the main mechanism whereby a group or class or individual bids for symbolic superiority over others: sublimation is inseparable from strategies of cultural domination" (1986: 197). Al materializar el espacio real y reescribir al monarca en términos fisiológicos, Juanillo convierte lo sublime en grotesco, es decir, desheroíza el espacio del Poder y la Historia que suele legitimarlo.

Ahora bien, la reinterpretación del espacio real se realiza también en la reflexión sobre la decadencia que emprende la crónica de Juanillo[32]. El relato revela el cuerpo degenerado y envejecido del monarca cuyas funciones fisiológicas y demandas materiales se exasperan hasta el límite, terminando con la imagen de un moribundo babeante, soñoliento, achacado por una infinitud de males:

> La piel marchita, de color cetrino. La boca desdentada. El belfo tembloroso. El hilo de baba que escapa de la comisura derecha de los labios y se pierde en la barba entrecana. El mentón prominente, aguzado por la edad. El pelo blanco (261).

> Entonces, [el rey], ... , seguirá su camino hasta el aposento de trabajo. ... Hasta llegar al sillón. Allí vuelve a detenerse. Trepa trabajosamente, como un niño; aferrándose con sus dedos deformados por el reuma al dosel del terciopelo negro. Se le cae el bastón. Busca apoyo en el respaldo. Finalmente logra acomodarse. Sobre la pila de almohadones y bajo el dosel negro, parece el retrato de un recién nacido. Uno de esos príncipes enfermizos cuyas vidas se extinguen en la cuna (225-226).

La risa de Juanillo se llena de crueldad porque muy poca compasión siente por el monarca destruido por la gota, la ceguera y el debilitamiento general del cuerpo; casi se percibe un goce en la enumeración de los achaques reales. María Eugenia Mudrovcic observa que el énfasis en el deterioro físico de los héroes nacionales "cambia la relación de fuerzas entre cuerpo/idea institucionalizada por el discurso historiográfico dominante" (1993: 454). Las figuras prominentes de los panteones patrios no mueren por una *idea*, sino que tratan de sobreponerse a la corrupción del *cuerpo* (193: 454). Este "afantasmamiento físico" es al mismo tiempo un "afantasmamiento simbólico" (Mudrovcic 1993: 454) porque, en *Maluco*, la desintegración corrompe no sólo el cuerpo de Carlos V; el aire de descomposición invade todos los espacios del rey: la familia, el palacio, la corte y, finalmente, el imperio entero. El deterioro físico y moral del monarca encarna la vulnerabilidad de la

---

[32] Numerosos autores latinoamericanos recurren a la imagen del cuerpo para desestetizar el discurso de la historia (Mudrovcic 1993: 453-454). Sirven de ejemplo *El otoño del patriarca* y *El general en su laberinto* de Gabriel García Márquez, *Yo el Supremo* de Augusto Roa Bastos, *Terra Nostra* de Carlos Fuentes, *El mar de las lentejas* de Antonio Benítez Rojo, *La tragedia del generalísimo* de Denzil Romero, *Sota de bastos, caballo de espadas* de Héctor Tizón, *La novela de Perón* de Tomás Eloy Martínez y *Noticias del Imperio* de Fernando del Paso. En la mayoría de estas obras se puede observar la reinterpretación del binomio cuerpo/idea señalada por Mudrovcic.

Historia (la monumental, con "H" mayúscula), la irrevocable finitud de la Idea y la inexorable podredumbre final de todo Poder absoluto. Este último aspecto de la novela, al igual que el impulso de hablar para impugnar las mentiras o los silencios de las versiones oficiales, inscriben en el texto de Baccino el recuerdo reciente de la dictadura en Uruguay.

Bakhtin asegura que la risa, en todas sus formas, introduce una crítica "on the one-sided seriousness of the lofty word, the corrective of reality that is always richer, more fundamental and most importantly *too contradictory and heteroglot* to be fit into a high and straightforward genre" (1981: 55). La risa del bufón, a veces ligera y otras sarcástica, es un gesto de desafío que resquebraja el esqueleto rígido del discurso histórico de las crónicas, una forma de descodificar los signos de la historia y despojarla de toda verdad absoluta y autoritaria. El humor de Juanillo corrige las crónicas oficiales, crea matices nuevos, destruye las convenciones que definen lo significante y lo insignificante para la Historia monumental, y propone una visión más flexible y plural, más inclusiva, del pasado. Con razón, entonces, el ficcional Felipe II de *Terra nostra* (y quizá también el real, así como todos los representantes del Poder) tenía miedo de las "plurales y contradictorias versiones de lo ocurrido". El relato de Juanillo en *Maluco* ataca a la Historia como discurso de prestigio y seriedad, transformándola en un espacio risible, en una bufonada. Este mecanismo de degradación, como dirían Stallybrass y White, humilla y mortifica, pero al mismo tiempo revive y renueva (1986: 8). La historia "descubierta" por el bufón, es multifacética; en el juego de sus caras, se abren espacios nuevos.

Capítulo IV

Rememoración y reescritura desde los márgenes de la historia y la nación en *La tierra del fuego* de Sylvia Iparraguirre

> La memoria está hecha con la trama de los sueños, y de la historia personal, y de la distorsión, y del engaño. ... Cada memoria es una novela.
>
> Juan Carlos Martelli, *Los tigres de la memoria*
>
> Nada de lo que una vez haya acontecido ha de darse por perdido para la historia.
>
> Walter Benjamin

"Nunca fue mi intención escribir una autobiografía" (Hudson 2004: 7) reza la enigmática frase de apertura de la autobiografía de William Henry Hudson, un escritor de origen anglo-americano nacido en la Argentina, quien escogió a Inglaterra como su patria adoptiva. El enigma que encierra la afirmación reside en el carácter indeterminado del objeto de la no-intencionalidad: no está claro si es el acto de escritura en sí o un género (la autobiografía) el que nunca fue la intención del autor. Un lector empeñado en buscar o crear lazos entre textos podría atribuir estas palabras de Hudson al narrador-personaje John William Guevara de *La tierra del fuego* de Sylvia Iparraguirre (Argentina, 1998). En primer lugar, según da a entender la novela, escribir *tout court* nunca fue la intención de Guevara que no habría tomado la pluma si un día no hubiera sucedido "un hecho extraordinario" (Iparraguirre 13)[1] que lo arrancó de una existencia rutinaria y sin sentido en el vacío de la pampa. Segundo, el relato que el lector podría etiquetar como una autobiografía ficcional no arranca en la novela como una historia de la

---

[1] Todas las citas de *La tierra del fuego* (Madrid: Punto de lectura, 2001) corresponden a esta edición y se señalarán de aquí en adelante con el número de la página entre paréntesis.

vida de Guevara, sino como una historia de un indio fueguino conocido entre los blancos como Jemmy Button, protagonista y víctima de hechos sucedidos en la primera mitad del siglo XIX, que apenas podrían figurar en las notas a pie de página de alguna historia muy especializada y meticulosa. En 1829, el capitán Robert FitzRoy de la Armada Británica secuestró y llevó a Londres a cuatro indígenas yámanas de la Tierra del Fuego –Jemmy Button, York Minster, Boat Memory y Fuegia Basket– para realizar una suerte de experimento civilizatorio. Dos años más tarde, aprovechando una nueva expedición científica bajo el mando del mismo FitzRoy y con la participación de Charles Darwin, Inglaterra restituyó a los tres yámanas todavía en vida (Boat Memory murió en Londres de viruela) a su tierra natal, concibiéndolos como una avanzada de la civilización que podría aprovecharse para los planes político-económicos del imperio[2]. El experimento fue, sin embargo, un fracaso, porque muy poco tiempo después de regresar a la Tierra del Fuego los indígenas se reintegraron al antiguo modo de vida y a la desesperada lucha por mantener su medio ambiente y cultura frente a la exterminación llevada a cabo por el hombre blanco, atraído a ese "fin del mundo" primero por los intereses geopolíticos de las naciones que representaba y, después, por el oro, los pastizales para cría de ovejas, la caza de ballenas y lobos marinos[3].

Es con esta historia que Guevara entreteje el texto de su propia vida desdibujando sin cesar las categorías genéricas en un relato que fusiona el formato de una carta con el de un testimonio, la autobiografía con el relato etnográfico, la crónica de viajero con el relato de aventuras. Es posible, sin

---

[2] La versión que presenta Darwin en su *Journal of Researches into the Natural History and Geology of the Countries Visited during the Voyage of H.M.S Beagle Round the World, under the Command of Capt. Fitz Roy* insiste en la culpabilidad de los fueguinos y la benevolencia del capitán: "During the former voyage of the Adventure and Beagle in 1826 and 1830, Captain Fitz Roy seized on a party of natives, as hostages for the loss of a boat, which had been *stolen*, to the great jeopardy of a party employed on the survey; and some of these natives, as well as a child whom he bought for a pearl-button, he took with him to England, determining to educate them and to instruct them in religion *at his own expense*. To settle these natives in their own country, was one chief inducement to Captain Fitz Roy to undertake our present voyage; and before the Admiralty had resolved to send out this expedition, Captain Fitz Roy *had generously chartered a vessel*, and would himself have taken them back" (1972: 206-207; el énfasis es añadido).

[3] El mismo episodio de la historia de la Tierra del Fuego ha sido materia de otras novelas: *Jemmy Button* de Benjamín Subrecaseaux (Chile, 1950), *Fuegia* de Eduardo Belgrano Rawson (Argentina, 1991) y *Savage: The Life and Times of Jemmy Button* de Nick Hazlewood (Inglaterra, 2000).

embargo, distinguir un hilo conductor que atraviesa todas estas configuraciones textuales de una experiencia, engarzándolas como si fuera un filamento invisible: la memoria. La principal actividad de Guevara desde el principio de su historia hasta su cierre es recordar o, más bien, rememorar los hechos del pasado, exhumándolos del olvido o de la inconsciencia, revisando sus significados desde las vibraciones del presente y plasmándolos en un relato para protegerlos de una obliteración futura. Una rememoración es lo que hace y escribe Guevara, aunque quizá ésa tampoco haya sido "su intención". Al mismo tiempo, a través de esta actividad crítica de su personaje, la autora reescribe los discursos o ficciones fundacionales de la nación argentina en los que se sustentó la formación del Estado nacional a lo largo del siglo XIX.

La rememoración

La rememoración como una de las actividades de la memoria ocupa el lugar central en un reciente estudio del Paul Ricœur, cuyo título –*La mémoire, l'histoire, l'oubli*– sugiere una amplia red de interdependencias entre estas tres operaciones que participan en la indagación del pasado. Echando mano de las formulaciones antiguas (Platón, Aristóteles), el filósofo define la memoria como "una función específica del acceso al pasado" (2000: 6)[4] que consiste en "la representación presente de una cosa ausente"; el olvido es conceptualizado como la "borradura de las huellas" (2000: 8) que los sucesos vividos o acontecidos imprimen en la memoria. La memoria y el olvido constituyen los niveles intermedios entre el tiempo (el pasado) y el relato (el texto histórico) (2000: i). A la vez, la historia se coloca entre ellos, como lo indica el título del estudio de Ricœur, porque siendo el relato sobre el pasado, es el espacio en el que se libran las tensiones, los diálogos o, incluso, las luchas, entre la memoria y el olvido; es el lugar textual que resulta de las operaciones de la memoria y el olvido sobre el pasado[5].

Ricœur señala que al estudiar la fenomenología de la memoria es imperativo preguntarse no sólo qué es lo que se recuerda, sino también cómo se produce u ocurre el acto de recordar. Los interrogativos "qué" y "cómo"

---

[4] Las traducciones de *La mémoire, l'histoire, l'oubli* citadas como parte de una oración en español son mías.

[5] Sobre la relación entre memoria e historia consúltese también Krzysztof Pomian, *Sur l'histoire* (1999), y Patrick H. Hutton, *History as an Art of Memory* (1993).

apuntan hacia dos aspectos de la memoria que los griegos denominaron *mnēmē* y *anamnēsis*. *Mnēmē* es una evocación simple, una afección o impresión que sobreviene de improviso y, a menudo, de un modo casi pasivo: "la présence maintenant de l'absent antérieurement perçu, éprouvé, appris" (2000: 22 y 32). *Anamnēsis*, en cambio, designa al "recuerdo como objeto de una búsqueda", un modo activo de indagar o recorrer las huellas y luchar en contra del olvido:

> l'"ana" de'"anamnēsis" signifie retour, reprise, recouvrement de ce qui a été auparavant vu, éprouvé ou appris, donc signifie en quelque façon répétition. L'oubli est ainsi désigné obliquement comme cela contre quoi l'effort de rappel est dirigé. C'est à contre-courant du fleuve *Lēthē* que l'anamnèse fait son œuvre. On recherche ce qu'on craint d'avoir oublié provisoirement ou pour toujours ... (2000: 33).

Anamnēsis puede traducirse como rememoración porque esta búsqueda restituye a través del esfuerzo de la memoria las huellas que han sido borradas, o corrige las inscripciones tergiversadas[6]. El prefijo "re" en palabras como "rememoración" o "representación" (la memoria re-presenta) tiene un valor doble: la memoria va hacia atrás y, a la vez, ve de nuevo un objeto pasado cuya alteridad también es doble, por ser al mismo tiempo anterior y ausente (2000: 33).

Otro interrogante que según Ricœur estructura la fenomenología de la memoria concierne al sujeto de rememoración ("quién") porque la actividad mnemónica es reflexiva, como lo señala la forma pronominal del verbo que la designa[7]. Acordarse de algo significa también y necesariamente acordarse de sí mismo: rememorar, representar, recuperar un "yo" anterior (2000: 3)[8]. Este aspecto de la rememoración se articula con fuerza en *La tierra del*

---

[6] El término *anamnēsis* resiste la traducción al español. Ricœur recurre a *rappel* (2000: 4), *remémoration* (22) o a la palabra inglesa *recollection* (4 y 22). He optado por la "rememoración" en español porque este vocablo rinde con bastante fuerza la idea de recuperación o rescate de algo que existía antes y había sido borrado.

[7] Ricœur se refiere al verbo "se souvenir": en francés, "on se souvient de quelque chose". En español, la situación es más complicada, dado que "se souvenir" acepta dos equivalentes, uno transitivo (recordar algo) y otro, pronominal y reflexivo (acordarse de algo). La existencia de la segunda acepción permite retener la premisa reflexiva del francés.

[8] La tradición filosófica, observa Ricœur, siempre ha privilegiado este lado "egológico" de la experiencia mnemónica, lo cual ha expulsado de la fenomenología de la memoria el estudio de la memoria colectiva (2000: 3). Para contrarrestar esta tendencia, Ricœur dedica un capítulo de su libro a tender un puente entre la memoria personal y la colectiva.

fuego, debido no sólo a la narración en primera persona de un pronunciado cuño autobiográfico, sino también al constante trenzar de las dos historias, la del objeto rememorado y la del sujeto de rememoración. Es por esta razón por la cual el presente estudio de la rememoración en la novela de Iparraguirre comienza con un examen detenido del sujeto narrador y del lugar desde donde recuerda y escribe ("quién"), para pasar después a la materia recordada ("qué") y a la práctica misma de recordar y escribir ("cómo").

Un relato desde los márgenes

El "yo" narrativo pertenece a John William (Jack) Guevara, hijo de una criolla (Lucía Guevara) de una de las familias encumbradas de Buenos Aires (72) y de un soldado inglés (William Scott Mallory) que formó parte del contingente británico enviado a Buenos Aires en 1806 y se quedó a vivir en la Argentina después de la derrota. El nombre del personaje es un significante de una identidad doble y escindida, de un legado ambiguo de dos mundos en contacto, el americano y el europeo. Guevara comparte esta doble herencia con varios personajes de la literatura argentina: la historia de sus padres hace pensar en la pareja de María y Brian en "La cautiva" de Esteban Echeverría, quienes también viven en el desierto de la pampa y allí tienen un hijo, o en Isabel Starkey de *En esta dulce tierra* de Andrés Rivera; la indeterminación identitaria que combina lo autóctono y lo inglés evoca a los personajes de Clarke, Guana y Carlos Álzaga Prior en *La liebre* de César Aira; la hibridez onomástica recuerda a algunos personajes de Borges, como Juan Dahlmann, dividido entre dos tradiciones ("El Sur"), o Eduardo y Cristián Nelson (o Nilsen), dos criollos de melena rojiza ("La intrusa")[9]. El nombre y la historia definen a Guevara como un cruce, pero la hibridez va más allá de la ascendencia, extendiéndose a todos los aspectos de la vida del personaje: nació en las pampas de la provincia de Buenos Aires, pero fue un marinero al servicio de Su Majestad Imperial; creció en la llanura, pero se hizo hombre en el mar; vivió en un mundo primitivo y analfabeto, pero era un hombre letrado; hablaba y escribía dos lenguas, y asumió, según cuenta, "una suerte de doble identidad, la de su madre: criolla, católica y devota; la de su padre: inglés, protestante, blasfemo" (42).

---

[9] No hay que olvidar que la historia familiar de Borges mismo contiene la mezcla anglo-argentina; el niño al que llamaban "Georgie" hablaba el inglés que aprendió de sus padres y de su abuela y era un lector consumado de la literatura inglesa.

La mezcla que personifica Guevara simboliza la impureza y la heterogeneidad características del ser argentino (Iparraguirre 2000: 104), una noción que, al nivel ideológico de la novela, participa de la reescritura de los mitos y discursos fundacionales. Por otra parte, la hibridez del personaje define el lugar y la perspectiva de la rememoración y de la narración que éste lleva a cabo como entidad enunciadora del relato. Al igual que Juan Cabezón en *1492* y Juanillo en *Maluco*, Guevara es un personaje y narrador fronterizo, "a subject that inhabits the rim of an 'in-between' reality" (Bhabha 1994: 13), aunque espacios por los que transita son muy distintos de los del converso y del bufón. De hecho, se podría aducir que Jack encarna lo que Mary Louise Pratt denomina "la zona de contacto":

> the space of colonial encounters, the space in which peoples geographically and historically separated come into contact with each other and establish ongoing relations, usually involving conditions of coercion, radical inequality, and intractable conflict (1992: 6).

Como ya se ha dicho, Guevara mismo es hijo de un encuentro colonial entre dos personas de orígenes geográficos e históricos muy distintos[10]. Es, además, un gaucho-marinero cuya figura une entre sí la llanura y el mar, dos geografías y modos de vida aparentemente disímiles que Jack-narrador no cesa de equiparar[11]. La condición de marinero, con sus significados de

---

[10] Es un curioso detalle histórico que el padre de Guevara hubiera llegado a Buenos Aires en un barco bautizado con un nombre que hoy en día suena muy irónico: *Encounter*.

[11] Véase, por ejemplo:

> "La pampa, que miro a la luz de la luna desde mi ventana, es una inmensidad que provoca una nada y más tarde un sosegado pavor. Salvo los bárbaros y algunos gauchos, nadie se aventura en ese silencio. De vez en cuando, tropas de carretas gigantescas, inclinadas hacia la tierra, cruzan el horizonte como barcos perdidos" (25).

> "–¿Quiere saber cómo es el mar? ... Me levantó del catre y me empujó hacia la puerta. Caminamos un rato y se detuvo. Con el brazo extendido trazó un círculo que abarcaba el horizonte. –Así es el mar –dijo–, como esta tierra inacabable y monótona, pero de agua. La casa es como el barco" (55).

> "La llanura nocturna es como un mar inmóvil" (83).

Estos paralelos enlazan la novela de Iparraguirre con una larga tradición literaria. Las pampas son los "mares de tierra" (1969:46), dice Alonso de Ovalle, cronista jesuita de principios del siglo XVII. En la literatura argentina, cabe mencionar, por ejemplo, los

movilidad, convergencia e interacción espacial y cultural, connota también la idea de mediación. No obstante, son sobre todo los espacios de su existencia los que constituyen las zonas de contacto. El primero es el "caserío de Lobos" (13), suficientemente cerca de Buenos Aires para que alguien en el puerto reconozca el nombre del remitente en el sobre de una carta y la ponga en el correo del sur y, a la vez, suficientemente alejado en la llanura para ser un puesto de avanzada desde donde se organizan "excursiones a los indios ranqueles" en las que participa Mallory (58). El segundo y el más importante, es el barco, un eslabón itinerante entre el imperio y las tierras codiciadas, un medio de transporte y exploración que conecta geografías y culturas, el lugar, por fin, del primer encuentro con Jemmy Button. Al vivir y actuar en estas "zonas", Guevara adquiere una perspectiva de "contacto" que define su mirada y su voz en cuanto testigo y narrador de *una* historia, lo cual al nivel interpretativo de la novela constituye un elemento de la meditación sobre la escritura de *la* historia.

Otro factor determinante de la rememoración realizada por Jack es la posición desde la que recuerda y escribe[12]. La fecha que abre su relato sitúa la escritura en el tiempo: 1865. Esta referencia temporal es un significante del siglo XIX, un momento fundacional de la nación, una época de fervientes debates acerca de la identidad nacional –lo que debe ser el "nosotros" argentino–, en los que las prácticas simbólicas (la historia, el pensamiento político y cultural, la ciencia y la literatura) desempeñan un papel fundamental. Las tentativas de definir al ser nacional son, sin embargo, productos de una élite intelectual y política localizada en los centros de la nación (Buenos Aires y algunas otras ciudades) que construye un "nosotros" excluyente, conforme a sus intereses. Un aspecto crucial de esta visión del "nosotros" es la concepción del tiempo histórico como un progreso lineal y ascendente hacia lo moderno, asociado con la superioridad moral (Elmore 1997: 23). Gracias a Sarmiento, en el discurso fundacional argentino esta superioridad se asocia con las ciudades que intentan "realizar los últimos resultados de la civilización europea" (1985: 48), integrándose de esta manera a la modernidad y

---

relatos de viajeros ingleses o "La cautiva" de Echeverría. Sobre las analogías entre el océano y la llanura en los relatos de viajeros, véase el artículo de Claudia Torre (2003), en especial las páginas 520-526. Le agradezco a María Luisa Fischer (Hunter College, CUNY) la referencia del texto y de la cita de Ovalle.

[12] Para Michel de Certeau, la historia (en el sentido de "estudio histórico") es siempre producto de un lugar socio-económico, político y cultural (1975: 65). Por consiguiente, toda interpretación de una gestión histórica debe precisar el lugar desde el cual ésta se elabora. Véase Certeau (1975: 63-79).

formando el núcleo generador de la nación moderna. La campaña, en cambio, vive todavía en el siglo XII, "remedando los esfuerzos ingenuos y populares de la Edad Media" (1985: 48)[13]; su modo de vida, que elude o anula el modelo lineal del progreso, la sitúa fuera de la historia, o en sus márgenes.

Ahora bien, Guevara escribe justamente desde este espacio periférico, pero el significado de los márgenes no es sólo temporal en el sentido sarmientino, sino también geográfico, histórico y social. "[E]l caserío de Lobos" es un punto de la llanura donde no se aventura nadie, "salvo los bárbaros y algunos gauchos" (25), y hacia el cual el correo del sur no se desvía casi nunca (13-14); en "los ranchos de adobe y techo de totora sin ninguna ventana" (47) vive un "puñado de vecinos dispersos" (13), la mayoría de ellos iletrados (14). La monotonía de la vida aniquila la noción del tiempo y de los hechos, "[reduciéndolos] a una piedra pulida, más tarde a un grano de arena, después a nada" (15). Esta periferia geográfica es también una periferia histórica, porque los hechos apenas llegan a esos confines del espacio nacional. La fecha de 1865, además de connotar el siglo XIX y la indagación de la identidad nacional, señala también uno de los principales conflictos bélicos de la historia argentina, la guerra de la Triple Alianza contra Paraguay que comenzó el 1 de mayo de aquel año. El relato se inicia a finales de octubre del mismo, pero la guerra apenas se menciona. Guevara deja entender que en aquel momento, cuando la historia se hace en la frontera norte, el Sur está fuera de las miradas de los políticos e historiadores: "mis compatriotas me dan literalmente la espalda, embarcados en una guerra que no me atañe y que condeno. Nadie mira al sur" (33). No se sabe nada de los sucesos guerreros, excepto por las noticias traídas por el mensajero postal, que Guevara "[imaginó] a medias ciertas a medias inventadas" (14). De esta manera Lobos está doblemente fuera de la historia: porque vive en un tiempo detenido (lo que significa: fuera del progreso) y porque los acontecimientos históricos no llegan hasta allí. Por eso Guevara puede decir: "Por muchos años he vivido en los hechos, dentro de la Historia. Ahora estoy al margen, y puedo descifrar los acontecimientos del pasado..." (33). Estar fuera, estar al margen, distanciado del centro histórico y discursivo, se postula como una condición necesaria de la rememoración y la re-presentación del pasado.

El margen al que se refiere el narrador-personaje es también social y nacional: primero, por su condición de bastardo; segundo, por el binomio

---

[13] Vale la pena recordar aquí que cuando Juan Dahlmann viajaba hacia su estancia en las pampas del Sur, en el cuento homónimo de Borges, "pudo sospechar que viajaba al pasado y no sólo al Sur" (1974: 528).

sarmientino de civilización y barbarie que coloca al gaucho fuera de o en la periferia del espacio civilizado del "nosotros". Guevara no es un gaucho puro, porque es letrado y fue marinero; el mar era su llanura, sus manos se adiestraron en el manejo de velas, jarcias y obenques en vez de boleadoras, lazos y cuchillos. No obstante, comparte con los gauchos la condición de hombre común, una profesión baja y una vida andariega, que lo descalifican como co-autor de una narrativa nacional o como historiador, como sucede también con el bufón en *Maluco*. Este hecho añade una dimensión nueva a la idea de la periferia: la rememoración realizada por Jack se sitúa en y representa los márgenes de la historiografía y del discurso nacional.

La noción del margen y de la marginalidad como *locus* productor del relato y de la visión que lo orienta es crucial en la novela de Iparraguirre, donde el margen se distancia y diferencia del centro para contar un relato que "amplía la semántica de la narración de acontecimientos nacionales" (Morello-Frosch 1994: 351), pero también para proyectar una mirada crítica sobre el centro y sus deslindes. Este aspecto emparenta *La tierra del fuego* con novelas como *Respiración artificial* de Ricardo Piglia o *En esta dulce tierra* de Andrés Rivera, cuyos narradores también son "figuras degradadas de la escena nacional que cuentan una historia personal desde los bordes del paisaje argentino y desde los márgenes del *corpus* social" (Morello-Frosch 1994: 351; las traducciones son mías), ofreciendo modificaciones o alternativas a las propuestas dominantes.

La rememoración: una escritura resistente

Si, como he sugerido al principio, escribir probablemente nunca fue la intención de John William Guevara, ¿qué lo empujó a cambiar su rutina e iniciar una actividad "por completo ajen[a] al orden natural de [sus] días" (15)? El narrador se apresura a explicarlo en la primera frase de su escrito: fue "un hecho extraordinario" (13), la llegada inesperada de una carta enviada meses antes por un funcionario del Almirantazgo Británico que informaba al destinatario del suicidio del capitán Robert FitzRoy y pedía "una noticia completa" del viaje que Guevara realizó bajo el mando del capitán entre 1829 y 1834, así como del "destino posterior del desdichado indígena" –Jemmy Button (16)[14].

---

[14] Otra novela en la que una carta arranca al personaje-narrador de su rutina desencadenando la diégesis y la narración es *Respiración artificial* de Piglia.

La carta es un elemento de suma importancia en la concepción novelesca de Iparraguirre, por distintas razones, todas ellas entrelazadas. En primer lugar, complica la situación narrativa porque introduce a un supuesto narratario, cuyo nombre, desdibujado por un doblez en el papel, puede ser MacDowell o MacDowness. Esta ambigüedad patronímica parece ser otro guiño de la autora a la tradición literaria argentina, remitiendo, por ejemplo, a la indeterminación borgeana de Nilsen o Nelson en "La intrusa". A la vez, plantea un interrogante fundamental acerca del destinatario para quien se escribe, o para quien Guevara escribe, la historia (Neyret 2005: 5). En segundo lugar, la carta produce efectos. No se trata tan sólo de la sorpresa o del ya mencionado cambio de la rutina que implica la "determinación de escribir" (15). Los efectos parecen ser físicos, aunque operan sobre la mente del narrador: Guevara se refiere al malestar (16), a "la fuerza de un vendaval" que lo arrastra al pasado (19), a "una especie de veneno ... que [pone] pasmosamente ante los ojos imágenes de una fijeza de las que no se podía despertar o salir o huir" (20-21), y a "un organismo extraño" que representa una amenaza (81). Lo crucial es que la carta desencadena la rememoración (recuerdo y escritura), activando así un proceso de significación. En este sentido, es posible trazar una analogía entre su función y las funciones de otra carta literaria, la que genera la significación en el cuento "The Purloined Letter" de Edgar Allan Poe, según las analiza Jacques Lacan en "Le séminaire sur 'La Lettre volée'" (1966)[15].

En el cuento de Poe, la carta, cuyo contenido nunca se revela, es un significante puro, dado que no funciona en el relato como una unidad de sentido (un significado), sino que produce efectos, determinando las acciones de los personajes. En *La tierra del fuego*, Jack revela la parte más importante del contenido de la carta (el suicidio del capitán, el pedido de la "noticia completa"), por lo cual ésta adquiere un sentido, pero, a la vez, no deja de funcionar como un significante. Como carta, pasa de las manos del remitente a las del destinatario, formando una cadena significativa, en la que atrae hacia sí distintos significados y determina diversas reacciones. Para míster MacDowell o MacDowness, la carta es un simple e incuestionable medio de exigir información ("la noticia completa") desde una posición del poder: el expeditor representa el Almirantazgo Británico, o "los dueños del Imperio" (19), que de alguna manera llegó a conocer la infracción de las leyes come-

---

[15] No pretendo realizar aquí un análisis lacaniano siguiendo el modelo del "Seminario". Se trata, más bien, de una apropiación de algunos conceptos y reflexiones que permiten interpretar el lugar y funciones de la carta en el marco de la rememoración.

tida por Guevara cuando había desembarcado en las islas Malvinas para presenciar el juicio de Jemmy Button, lo cual "está prohibido a los habitantes de la Confederación Argentina" (26). En este sentido, es también una advertencia de que Gran Bretaña está en todas partes y lo sabe todo (26). Para Guevara, la carta es otra cosa: un veneno, un cuerpo extraño, una amenaza, aunque el significado de esta amenaza nada tiene que ver con el "crimen" cometido cuando viajó a las islas. Para interpretarla, cabe regresar al "Seminario" de Lacan.

Una de sus observaciones acerca del cuento de Poe concierne la importancia, para un sujeto, de la repetición de la cadena de significación en el circuito simbólico. En "The Purloined Letter" la estructura repetitiva se manifiesta en dos escenas del robo de la carta. La escena primaria ocurre en el tocador de la reina; la escena repetitiva tiene lugar en la casa del ministro. Para Lacan, la segunda escena es la que permite comprender y reinterpretar la primera. Gracias a su estructura repetitiva, el cuento de Poe puede leerse como una alegoría de la lectura y del entendimiento: somos capaces de comprender y evaluar los eventos del pasado sólo cuando tenemos la oportunidad de repetir ciertos escenarios, acciones o posiciones. Ahora bien, en *La tierra del fuego* esta estructura de repetición no es evidente, si se deja de lado la recurrencia de suicidios (Mallory, el capitán, y en un momento, la idea del suicidio en Guevara) de la que se hablará más adelante. Sin embargo, la carta exige una "noticia completa" sobre el pasado, es decir, activa la memoria que es "la representación presente de una cosa ausente" (Ricœur 2002: x) o una repetición –ver/vivir de nuevo– mental de una experiencia vivida. La rememoración que inicia la carta se presenta entonces como un regreso al pasado –la escena primaria– que permite comprender *a posteriori*, desde una recuperación mnemónica, su/s significado/s.

Esta interpretación no explica todavía el sentido de la amenaza que está cifrado en el texto de la carta. El Almirantazgo desea que Guevara dé "una noticia completa de aquel viaje y del posterior destino del desdichado indígena que participó liderando la matanza por la que ha sido juzgado en las Islas" (16). El lenguaje utilizado en este texto –"desdichado", "participar", "liderar" y "matanza"–, señala que el Almirantazgo ya sabe cuáles son los hechos, o más bien, como diría Barthes, que ya había escogido unos significantes sobre los cuales había construido un sentido presentado como hecho (1982: 65). La carta contiene una historia oficial, un relato único, incuestionable desde el punto de vista del poder que lo emite, y a John William Guevara se le pide que corrobore esta historia, es decir, que colabore con la visión imperial como lo había hecho, inconscientemente, en la juventud, al enlistarse en las expediciones del capitán FitzRoy: "ese pedido suyo, míster

MacDowell o MacDowness [...] adquiere un sentido: la justificación de una historia en la que los fracasos se den vuelta y, al mismo tiempo que condene a Button, reivindique al Capitán cerrando una especie de círculo" (60). La carta lo insta a que vuelva a servir al Imperio Británico y su visión del mundo y de la historia, con la que nunca estuvo de acuerdo, aunque esta oposición no fuera del todo consciente. Ésa es la amenaza (el organismo extraño) que encierra la carta y es contra ella que Guevara construye su relato: "La carta ha operado en mí como un organismo extraño del que me defiendo envolviéndolo en la hebra sin fin de este relato para nadie" (81-82). A través de la rememoración Guevara repite la "escena primaria" (el pasado), pero lo hace desde múltiples distanciamientos –la marginalización, el espacio y el tiempo–, que le permiten situarse afuera ("Ahora estoy al margen", 33) y "descifrar los acontecimientos del pasado como se descifra una escritura" (33), releyéndolos y reescribiéndolos. La repetición rememorativa de su propia vida y de los sucesos que presenció le hace tomar conciencia de su disentimiento anterior y canalizarlo ahora en una escritura resistente, esa hebra del relato personal para nadie con la que se envuelve:

> Inglaterra rara vez se ha preocupado desinteresadamente por el mundo que existe detrás de los hechos. Y lo que ha terminado por interesarme es justamente eso: lo que hubo detrás de los hechos (60).

Su fin es imposibilitar una versión definitiva, la "noticia completa" que se le exige, e impedir que el Imperio personificado en míster MacDownell o MacDowness asimile la historia de Jemmy y la suya, los haga parte de su designio histórico, como lo hizo con Mallory y el capitán. Dado que el relato de Guevara se propone cuestionar las certezas del discurso del poder, su rebeldía se manifiesta en la insistencia en el carácter personal de la historia narrada –"yo no quiero contar lo que usted me pide sino lo que yo quiero contar" (36)– y en la multiplicación de los signos de indeterminación que invaden todos los niveles y elementos del texto: el narratario-destinatario, la diégesis y la gestión narrativa.

Según ya se ha mencionado, el nombre del remitente de la carta de la Armada Real Británica y del supuesto destinatario de la respuesta aparece desdibujado. Guevara no puede descifrarlo pero insiste en repetir las alternativas "MacDowell o MacDowness" a lo largo del relato, lo cual señala que, más allá de ser un posible guiño literario, la imprecisión es un importante elemento de significación en su relato y en la novela de Iparraguirre. En primer lugar, cabe considerar la indeterminación del nombre en sí siguiendo la sugerencia del narrador: "No alcanzo a descifrar su nombre ... y esto, presumo, ya significa algo" (18). El nombre señala la identidad del sujeto y su pertenencia al orden social. Perderlo o desconocerlo de repente (por causa de la amnesia, por ejemplo), o verlo confundido con otro (por un doblez o un error) deslegitima e, incluso, excluye, porque nuestra legitimidad social se apoya en un nombre conocido y reconocible[16]. La estrategia del desdibujamiento del nombre del remitente en *La tierra del fuego* es, entonces, una manera de "des-nombrarlo" y, por consiguiente, deslegitimarlo. La ambivalencia onomástica des-autoriza al míster MacDowell o MacDowness, desafiando a la vez el nombre del poder y el discurso que él representa.

Al mismo tiempo, esta problematización del nombre propio conduce a una reflexión acerca del destinatario del relato de Guevara (Neyret 2005: 5). Su "único intento formal de contestar [la] carta" (21) se realiza en una hoja aparte, en unos breves renglones que cuestionan la posibilidad de dar la "noticia completa": "Hechos tan lejanos que no sé si podré cabalmente referírselos" (21). Un poco más tarde, la posición de Guevara se radicaliza: al escoger el español –la lengua de su madre– como el vehículo de su expresión, el narrador suprime toda posibilidad de comunicación y le niega a MacDowell o MacDowness la función de interlocutor y destinatario de su relato:

> ... la decisión o el instinto de usar la lengua de mi madre y no la de mi padre anula de antemano cualquier posible comunicación. En consecuencia, no escribo para usted, míster MacDowell o MacDowness de cara desconocida, ni para el Almirantazgo Británico (36).

Este enunciado suscita dos preguntas: 1. ¿Cómo explicar la constante referencia a MacDowell o MacDowness en el relato de Guevara? 2. ¿Quién es su destinatario? Normalmente, el narratario es también el destinatario del relato que se produce en el mismo nivel diegético, pero en *La tierra del fuego*, mediante el discurso de Guevara, Sylvia Iparraguirre multiplica los narratarios, distinguiendo al mismo tiempo entre narratarios-opositores y narratarios-destinatarios. Guevara no nombra al funcionario inglés para señalar que recuerda y escribe para él, sino para subrayar una brecha infranqueable entre sus visiones y discursos; MacDowell o MacDowness es en el relato un narratario-opositor, es decir, una figura a la que el narrador habla pero contra la cual escribe. ¿Para quién es, entonces, ese relato? El mismo Guevara no parece saberlo al principio; le es más fácil establecer para quién

---

[16] Véase Saul Kripke, *Naming and Necessity* (1980).

no escribe –"tampoco ... escribo para los habitantes de esta llanura, mis compatriotas, que desconocen el extremo austral de nuestro país donde sucedieron los hechos" (36)– que darle un destino positivo a su relato. "En la multiplicidad" –o en la ausencia– "de posibilidades, la narración puede ser para sí mismo" (Neyret 2005: 5), como hace pensar la referencia a la hebra del relato que envuelve al narrador (80-81) o al relato como espejo en el que éste descubre su imagen (217). Es sólo al final que surge una imagen positiva del narratario-destinatario en la persona de Graciana, la joven criolla analfabeta que sirve y vive en la casa de Guevara (27). Graciana es una narrataria invisible, o escondida, en el tejido del relato. Sirve y vive en la casa, pero "no cuenta" (26-27); hasta la última página de la novela, su presencia muda es un enigma para el lector[17]. Sin embargo, su transformación en la destinataria al final no hace sino confirmar la lógica resistente de la rememoración. El relato de Guevara se configura en oposición a la versión oficial y única de los hechos, para descubrir o desencubrir historias y destinos mudos e invisibles que hay detrás de ellos ("lo que hubo detrás de los hechos", 60) y para dotar a sus protagonistas de una historia. Quizá el narratario ideal sería Jemmy, pero Jemmy ya no está. Graciana, muda e invisible en la existencia de Guevara, es el *alter ego* del indígena en la historia oficial. Al destinarle el relato, Guevara hace lo que la historia nunca hizo para con Jemmy: reconoce su presencia y le otorga una historia a la que ella, no míster MacDowell o MacDowness o el Imperio Británico, va a conferir un sentido[18]. De esta

---

[17] Se impone aquí una interesante comparación con *Cien años de soledad* donde la identidad del narrador, Melquíades, también se revela en la última página de la novela en un poderoso *tour de force* narrativo. Como Graciana, Melquíades es una presencia constante, pero todos los indicios que podrían apuntar a él como narrador están cuidadosamente disimulados. Ambos autores crean personajes casi invisibles cuyas historias los descalifican, en principio, de desempeñar funciones narrativas atribuidas al final: Melquíades, el narrador, muere en el transcurso de la diégesis, mientras que Graciana, la narrataria, es analfabeta. Por otra parte, existe también un paralelo con *El entenado* en que el padre Quesada, como Guevara, ofrece a un ser iletrado el don de la escritura. Lo hace también Santos Luzardo al alfabetizar, en *Doña Bárbara* de Rómulo Gallegos, a Marisela, otro posible antecedente literario de Graciana. Sin embargo, la educación de Graciana no pertenece a un proyecto fundacional, por lo cual su significado ideológico es muy distinto.

[18] Norman Cheadle propone una lectura lacaniana de la concesión del poder de leer y escribir a Graciana: "El que Guevara le participe a la muchacha oprimida el poder libertador de leer y escribir, hace eco de un gesto de Equis, protagonista de *La nave de los locos* (1983) de Cristina Peri Rossi, cuando éste se propone hacerle a su pretendida Lucía el regalo de su virilidad, que en términos lacanianos puede entenderse como el poder de significar representado por el falo simbólico" (2000: 87). La duda onomástica "MacDowell o MacDowness" también puede leerse, entonces, como un rechazo simbólico del Nombre del Padre.

manera, la novelista inscribe en la novela no sólo un modelo de sujeto que rememora en contra de las certezas del discurso hegemónico (Historia oficial), sino también un modelo de lector de su contranarrativa[19].

El relato rememorativo que emprende Guevara en reacción a la carta comprende una serie de multiplicaciones, bifurcaciones y deslizamientos de historias. La narración se abre con el adverbio de tiempo "hoy" ("Hoy, en medio de esta nada, sucedió un hecho extraordinario", 13), el momento a partir del cual el relato se bifurca en dos hilos temporales entretejidos: el pasado recordado mediante un salto analéptico hacia el principio mismo de la historia para avanzar hacia el presente, y el presente de la escritura que progresa paulatinamente en un periodo de seis meses, desde octubre de 1865 hasta abril de 1866. Al final, las dos hebras –el pasado rememorado y el presente de la rememoración– se unen.

El pasado rememorado se inscribe en un marco histórico a la vez preciso y borroso. Las fechas que encabezan cada uno de los siete pliegos sitúan la diégesis entre 1806 y 1865. Se trata de un periodo constitutivo de la nación argentina, pero los acontecimientos clave de este proceso o no figuran o apenas se mencionan en el relato y cuando esto ocurre, su inscripción es vaga. La invasión británica de 1806 y 1807, considerada por el historiador inglés H.S. Fern "el evento más importante en la historia argentina" (1960: 17)[20], se nombra oblicuamente como "hechos de sangre, ocurridos años

---

[19] El hecho de que el relato de Guevara genere su propio modelo de lector ha sido observado también por Neyret (2005: 5). Cuestiono, sin embargo, su intento de explicarlo mediante un paralelismo con el relato de viajeros : "La teoría sobre el relato de viajeros señala asimismo que 'cuando éstos se publican generan modelos de lectura'" (la cita dentro de la cita es de Torre, 2003: 517). El relato de viajeros, especialmente de los ingleses, se escribió casi siempre para el Imperio, no en contra de él, dado que, según apunta Mary Luise Pratt, los viajeros representaban, en la mayoría de los casos, "la vanguardia capitalista": "the wave of South American travelers in the 1810s and 1820s were mainly British, and mainly traveled and wrote as advance scouts for European capital. Engineers, mineralogists, breeders, agronomists, as well as military men – these early nineteenth-century travelers were often sent to the "new continent" by companies of European investors as experts in search of exploitable resources, contacts, and contracts with local elites, information on potential ventures, labor conditions, transport, market potentials, and so forth" (1992: 146). Véase también Noé Jitrik, *Los viajeros* (1969). Por lo tanto, comparar el modelo de lector en los relatos de viajeros con el que propone Iparraguirre no me parece adecuado.

[20] "The assault upon the Viceroyalty of the Río de la Plata ... is in many respects the most important event in Argentine history. In that armed conflict not only was the authority of the Spanish Crown overthrown but the Argentine Republic was born. When the Viceroy Sobremonte fled before the British troops, the Spanish monarchy in America

atrás, antes de mi nacimiento, ... aquella contienda entre ingleses y argentinos" que sobrevive en la memoria de los habitantes de Lobos, y como parte de la historia del padre de Guevara; no se alude, en cambio a la Revolución de Mayo, aunque las referencias cronológicas señalan que Guevara nació el mismo año que la República Argentina (Cheadle 2000: 87); la ocupación británica de las islas Malvinas (1832) y el desalojamiento del asentamiento argentino se mencionan de paso, escondidos en la proliferación de otros datos; la guerra de la Triple Alianza, como ya se ha dicho, es algo que pasa en otra parte. Un desplazamiento parecido se observa en la selección de los personajes históricos que pueblan las páginas de la novela. No aparece en ellas ninguna figura eminente de la historia argentina de aquel periodo (es muy visible la ausencia de Rosas y la marginación de Sarmiento, presente sólo desde el epígrafe); tampoco el capitán Robert FitzRoy y Charles Darwin, que representan el lado británico, son grandes actores de la historia en términos de Lukács (a pesar de la opinión de Cheadle 2000: 82), aunque personifican dos caras cruciales e interrelacionadas del siglo XIX: el auge del imperialismo británico y la evolución del discurso científico. El lugar protagónico le corresponde a Jemmy Button, un ser histórico marginado, en todos los sentidos de la palabra: miembro de una tribu "salvaje" que vive en los confines del mundo y de la sociedad, un lugar por donde no sopla el espíritu hegeliano de la historia que encarna el progreso, pero donde llegan, en cambio, los barcos ingleses.

Esta redistribución de posiciones y planos históricos, similar a la observada en *1492*, evidencia que la novela propone una revisión del concepto de la historia tradicional, distanciándose de la historia como registro de hechos y personajes ilustres ("histoire-traités-et-batailles", Veyne 1979: 24) y desplazando el énfasis hacia su faceta "non-événementielle" (1979: 24) y hacia la vivencia histórica de "los de abajo". Al mismo tiempo, se hace manifiesto un cambio de perspectivas en la relación entre el centro y la periferia. El discurso histórico tradicional representa el punto de vista de un centro hegemónico (Europa, la civilización, Buenos Aires, las élites) que constituye sus versiones narrativas en el discurso de la verdad para legitimar sus acciones históricas que, a su vez, otorgan o defienden su poder. Walter Benjamin denuncia esta reciprocidad entre las estructuras dominantes y la historia al criticar el método historicista de empatía en su "Tesis de filosofía de la historia":

---

began to die; when the forces under Santiago Liniers and Juan Martín Pueyrredón compelled the British invaders to surrender, the republic as a living institution was conceived" (1960: 17).

... al plantear[se] la cuestión de con quién entra en empatía el historiador historicista[,] [l]a respuesta es innegable que reza así: con el vencedor. Los respectivos dominadores son los herederos de todos los que han vencido una vez. La empatía con el vencedor resulta siempre ventajosa para los dominadores de cada momento (1971: 181).

En *La tierra del fuego*, este vínculo entre el poder y el discurso histórico se manifiesta en la carta del funcionario del Almirantazgo que busca "la justificación de una historia" (60), mientras que la actitud hegemónica se expresa en las acciones y opiniones del capitán, Darwin y las autoridades inglesas en las islas Malvinas. Junto a esta perspectiva dominante, o en contra de ella, empujándola hacia los bordes del relato, se instala una visión periférica, la visión del otro, que Sylvia Iparraguirre define como una "mirada ... del americano... frente a la civilización occidental" (Castilla 2005: 3). El otro es Jemmy Button, un otro radical en su otredad; también lo es Guevara cuya otredad es distinta, porque representa la hibridez frente a la homogeneidad deseada del discurso identitario argentino (Iparraguirre 2000: 104). Como señala Cheadle, la historia de Jemmy y la rememoración de Guevara "[iluminan] desde otro ángulo una época que comprende 1) la intervención inglesa en la Argentina y las Malvinas, 2) el viaje histórico en el que se ideó la teoría de la evolución de las especies y 3) la juventud formativa de la nación argentina" (2000: 82). A la vez, Iparraguirre invierte en la novela el sentido de la otredad desviándola desde lo americano visto por lo europeo hacia lo europeo visto por lo americano (Iparraguirre 2000: 103).

Un sentido más de la revisión del concepto de la historia se vislumbra en las páginas de *La tierra del fuego*. En la "Tesis de filosofía de la historia" Benjamin ofrece el siguiente comentario acerca del quehacer del historiador: "Articular históricamente lo pasado no significa conocerlo 'tal y como verdaderamente ha sido'. Significa adueñarse de un recuerdo tal y como relumbra en el instante de un peligro" (1971: 180). La expresión "tal y como verdaderamente ha sido" es una referencia a Leopold von Ranke, cuyo método realista o académico de la historiografía se convirtió en el paradigma de la disciplina, en especial de la vertiente "científica" y reconstructivista que predomina en el siglo XIX: un estudio supuestamente objetivo de fuentes escritas (Pomian 1999: 346). De acuerdo con lo establecido en el primer capítulo, sus pilares eran la confianza en el criterio que le permite al historiador distinguir lo relevante y lo insignificante entre los datos recogidos en las fuentes, así como el ideal de la objetividad y de la subordinación del historiador a su material: el historiador no evalúa, sino que describe (White 1973: 162-167). Un detalle interesante es que Ranke vivió (1795-

1886) y escribió en la misma época en la que Iparraguirre sitúa el acto de rememoración de Guevara. El "método" o, más bien, el proceder del narrador de *La tierra del fuego*, es, sin embargo, diametralmente opuesto y corresponde con la noción benjaminiana de hacer la historia: adueñarse de un recuerdo tal como éste surge en un momento de peligro (la carta) y esgrimir una historia como memoria personal frente a la Historia como un discurso dominante e instrumento de dominación. El criterio que rige la historia como memoria no es la relevancia de los hechos o el ideal de una representación objetiva, sino una lucha simbólica contra la muerte –el pasado como un mundo poblado de muertos (Certeau 1975: 117-120; Ricœur 2000: 475-480). Frente a los hechos y la narración, Guevara adopta el papel de un testigo directo que vio y vivió lo que rememora y narra. Su conciencia de que no escribe historia sino una memoria personal orientada por su mirada y voz aflora en las designaciones vacilantes con las que se refiere a lo que escribe: "esta relación" (35), "mi propia historia" (129), "este escrito" (286), "papeles sin destino" (286).

Guevara teje su memoria en dos hebras entrelazadas: una cuenta su propia vida, la otra narra la historia de Jemmy y su pueblo, convertida en ruinas por un ventarrón que se llama civilización y progreso (Benjamin 1971: 183). La primera presenta cronológicamente los momentos y vivencias decisivos en la trayectoria vivida por Guevara: la historia de sus padres, su infancia, la muerte de la madre, la educación a manos del padre, el viaje a Buenos Aires y Montevideo donde se hace marinero, el encuentro con Jemmy y el viaje a Londres, la estadía en la metrópoli europea, el viaje de regreso, dos encuentros posteriores con Jemmy en las nieblas de su país y, finalmente, la asistencia clandestina al juicio de Jemmy. Este hilo "autobiográfico" se elabora mediante diferentes pero correlacionadas modalidades narrativas: por un lado, el relato de viajes y la novela de aventuras, cuyo motivo principal –el viaje como desplazamiento espacial– es el elemento constitutivo en la vida de Guevara, y cuya importancia subraya la autora a través de uno de los epígrafes (una cita de *Moby Dick*) y uno de los intertextos (*Robinson Crusoe*); por el otro, el *Bildungsroman*, en el que la estructura de itinerancia refleja el desarrollo del personaje desde la adolescencia hasta la madurez y el viaje adquiere una doble dimensión simbólica de aprendizaje y búsqueda. Esta última se despliega en dos niveles: el de la experiencia vivida de Jack, o el viaje a través de la vida, y el de la rememoración, o el viaje literario[21].

---

[21] La doble experiencia (vivida y literaria) y el doble aprendizaje (primero como marinero y después como autor de un relato) por los que pasa Guevara hacen posible establecer un paralelo entre *La tierra del fuego* y *Don Segundo Sombra* de Ricardo Güi-

Como adolescente, Guevara está obsesionado con la figura del padre y una parte de sus deambulaciones se realiza para satisfacer esta pulsión. La búsqueda de "una genealogía" (136), formulada como una obsesión con el sentido de la enigmática y fragmentaria figura paterna, llega a su fin después de un encuentro fortuito en una taberna londinense con un borracho que cuenta una historia verdadera o inventada a un Guevara "dispuesto a oírle todo y a pagar toda la bebida que fuera necesaria para oírla" (132)[22]. Una nueva búsqueda, esta vez de un sentido de sí mismo, surge en la rememoración, como una experiencia mnemónica y literaria, de los viajes de la experiencia vivida. "[Querer] contar [su] propia historia" (129), buscar un sentido de sí mismo en el espejo que ofrece el relato ("Para el que lo escribe, un relato es como un espejo", 217) es un mecanismo de defensa al que recurre Guevara para luchar en contra del sinsentido que invadió y truncó la vida de su padre y la del capitán, una segunda figura paterna en su historia. La carta que recibe Guevara anuncia el suicidio del capitán, cuya muerte, ocurrida a los sesenta años de edad, repite la del padre: "El Capitán, degollándose frente al espejo; mi padre, colgado de una viga de un rancho en los confines del mundo. Tenía puesto el uniforme con el que había llegado al Virreinato del Río de la Plata casi veinte años atrás" (67). En cuanto al capitán, el narrador se imagina que en sus últimos momentos iba "vestido con su traje de marino" (20). Cabe recordar aquí la importancia de la estructura de repetición según Lacan. El suicidio del capitán anunciado en la carta hace que Guevara regrese mentalmente al suicidio del padre (la escena primaria); la estructura repetitiva le permite comprender o evaluar su propia situación en el momento cuando recibe la misiva: un hombre que llega al final de una vida de andanzas y aventuras, amenazado por el vacío, condenado a esperar la muerte. La nada es una de las obsesiones del narrador: la menciona en la primera frase de su relato ("Hoy, en medio de esta *nada*... 13, el énfasis es añadido) y a lo largo de la narración no deja de insinuar su maléfica contingencia, como si después de una vida de viajes, peripecias, lances y riesgos

---

raldes. No hay que olvidar, además, que al final de la novela de Güiraldes, Fabio Cáceres es un gaucho letrado, como Guevara lo es según Darwin (166). Existe también un parecido entre la gradual desaparición de la figura de Don Segundo Sombra sobre la línea del horizonte y la lenta disolución en la niebla y la oscuridad de la figura de Jemmy Button.

[22] El encuentro entre Guevara y el amigo de su padre desempeña un papel importante en la construcción de la historia porque representa el final de la búsqueda de "una genealogía". Es posible analizarlo como un ejemplo del cronotopo del encuentro en el sentido bakhtiniano: la unidad de los marcadores del tiempo y del espacio que puede servir como una apertura, una culminación o un desenlace de la intriga (1981: 97-98).

(285), ella constituyera el mayor peligro. En ella se cifra el segundo sentido de la amenaza que encierra la carta, contra el cual Guevara se defiende a la manera de Scherazade, envolviéndose en la hebra de un relato que narra su vida y una búsqueda de sentido en ella[23].

El hilo autobiográfico del relato de Guevara se desdobla sin cesar hacia la historia de Jemmy porque Guevara se busca a sí mismo en Jemmy y a Jemmy en sí mismo:

> Tal vez quiera recordarme que el motivo es Jemmy Button, no mi vida. No lo olvido ... Pero es mi historia la que me lleva hacia él, como décadas atrás el azar cruzó su camino con el mío. Despegado de los hechos, de los hombres, de lo perentorio de la navegación, el destino de Button tomó, hace tiempo, la forma de mi destino... Su aventura fue tragada por el hielo y el viento del fin del mundo. Pero yo la recuerdo. Por alguna razón que desconozco, mi historia no puede explicarse sin la suya (49-50).

Se percibe en esta bifurcación de la historia un eco de la famosa frase de Arthur Rimbaud –"Je est un autre"– que, según opina Philippe Lejeune, permite cuestionar la supuesta coherencia y unidad del sujeto ("yo") autobiográfico o testimonial (1980: 7), aunque sea ficcional. La imagen de sí mismo que teje Guevara contiene dobladuras causadas por la impronta desarticuladora de Jemmy. Por otra parte, "je est un autre" conduce a su reverso, que sería "l'autre suis un moi" en el que se vislumbra la imposibilidad de representar al otro, de hacerlo revivir, sin anegarlo en lo que somos, en lo mismo.

Desde el comienzo de la rememoración de la historia de Jemmy Button, Guevara señala la imposibilidad de una reconstrucción verídica e inequívoca de los hechos pasados porque cada uno de ellos admite múltiples interpretaciones; según el narrador, hay por lo menos dos modos de ver la empresa marítima en la que éste participó bajo el mando del capitán FitzRoy –la del progreso civilizador o la del exterminio bárbaro– (33-34) y varias ver-

---

[23] La última escena de la novela es, sin embargo, ambigua y no permite determinar si la narración salva la vida de Guevara. Después de salir de un estado de depresión, el narrador observa en una reflexión que alude a "El jardín de senderos que se bifurcan" de Borges: "He alcanzado la edad de mi padre cuando tomó su última decisión. Entiendo que siempre hay dos caminos y después otros dos, hasta el infinito; pero al comienzo, sólo dos" (286). El camino que escoge es enseñarle a Graciana a leer y a escribir. Si bien esta elección puede interpretarse como una apuesta por la vida y el sentido, el lector no debe olvidar que antes de escoger la muerte, Mallory se dedicó a educar al hijo y sólo se suicidó en la próxima bifurcación de su camino, cuando ya "no hubo otra cosa que hacer" (68).

siones o imágenes del "desdichado indígena", todas válidas, ninguna exclusiva ni excluyente:

> ¿Cuál era la versión requerida del 'desdichado indígena' ...? ¿El indio de galera y pómulos relucientes bajo la galera, vestido de levita, especie de cochero achaparrado y grotesco, un Button sumiso y sonriente echando monedas al aire sobre los mugrientos adoquines de Londres? ¿O el salvaje del Cabo de Hornos, desnudo bajo la llovizna helada, con su cuerpo pestilente de grasa de foca, la crencha informe y la cara embadurnada de negro? O, por fin, el hombre aventajado y sereno que volví a ver años después en el banco de los acusados, en el juicio en las Islas, cuyos ojos impávidos en las hundidas cuencas miraron por última vez a los blancos ... (16).

Guevara fue testigo de todas estas encarnaciones de Jemmy y su relato va engarzándolas en una configuración llena de inflexiones y de bordes inciertos que resisten a una versión requerida, definitiva o completa de esa historia.

Las secuencias del relato que se concentran en la historia de Jemmy presentan un cierto parentesco con la crónica y el testimonio como modalidades narrativas subyacentes. Esto implica un interesante cruce de miradas porque en la crónica, por lo menos en la versión heredada de los tiempos del descubrimiento y la conquista, predomina el punto de vista del viajero occidental que se apropia del mundo alrededor de él, mientras que el testimonio privilegia la perspectiva subalterna, incluso si ésta se expresa a través de la voz de un mediador culto. Sylvia Iparraguirre aprovecha esta tensión para instaurar una de las principales aporías del texto, haciéndole admitir al narrador que relata la historia de Jemmy su incapacidad para dar cuenta del mundo del indígena. Guevara se presenta como "su [de Jemmy] ... amigo, su camarada" (31) y hace comprender que la amistad era correspondida, refiriendo diálogos en los que Button lo llama "amigo" (152, 206). A la vez, no omite el hecho de que desde el principio de esa amistad el indígena señaló la radical e infranqueable diferencia y distancia entre ellos: "Para mi sorpresa, de inmediato dijo tocándose el pecho con el pulgar: –Jemmy Button, yámana –y señalando mi pecho–, Jack, blanco" (93). Guevara reconoce, además, que al comienzo Button y sus compatriotas le producían una impresión "de seres extraños, como viniendo del fondo del tiempo por los que [sentía] rechazo y conmiseración" (92), a quienes no comprendía (98) y frente a los que se sentía superior (97). Al final del relato, dotado de una experiencia adquirida con el paso de los años, distanciado como un narrador maduro del personaje adolescente que fue, Guevara confiesa que aquella otredad con la que llegó a solidarizarse sigue siendo para él una realidad ambigua e indescifrable:

> Vuelve entonces su gesto de despedida en la popa de la *Nancy*, un gesto de algún modo insondable, envuelto en esa ambigüedad que para nosotros, los blancos, inevitablemente rodeaba todas las acciones de Button. Ambigüedad que sólo se abolía cuando alcanzaba cierta expresión particular en su mirada, un punto de confluencia en el que, al menos eso creía yo, los dos nos entendíamos. Pero, ¿será realmente que nos entendimos o soy yo quien imaginó entrar, a veces, en el ancestral mundo de Button? ¿Qué veía él a su vez cuando me miraba? ¿Un camarada, un hombre pretencioso, un blanco venido del este? Estas preguntas abren un vacío en el que no me reconozco (218).

El mundo yámana permanece inaccesible e incierto para una mirada de afuera, lleno de indicios como el fuego, pero envuelto en una densa capa de niebla en la que desaparece la figura de Button. Desorientado ante lo desconocido, un observador externo sólo puede proponer interpretaciones y construir relatos de múltiples significados, como lo señala Juan José Saer en *El entenado*, otra novela argentina sobre la aporía epistemológica frente a la experiencia de la otredad:

> todo lo que creo saber de ellos [los indios] me viene de indicios inciertos, de recuerdos dudosos, de interpretaciones, así que, en cierto sentido, también mi relato puede significar muchas cosas a la vez, sin que ninguna, viniendo de fuentes tan poco claras, sea necesariamente cierta (1988: 160).

Consciente de las restricciones que le imponen, además, su raza y su cultura, Guevara deja entrever que su testimonio es sólo un acercamiento tentativo a una realidad impenetrable para él, un relato en voz blanca sobre un pueblo que nunca pudo hacer oír su propia voz. Esta limitación se evidencia en el uso simbólico de los nombres "Jemmy Button" y "Omoy-lume" que hace Iparraguirre. El primero es un nombre inglés atribuido al indígena por el capitán como recuerdo del humillante intercambio de su persona por un botón de nácar: "El último rehén fue bautizado como Jemmy Button en recuerdo del precio que se había pagado por él" (92)[24]. El segundo es su nombre indígena que "casi nadie supo" (16), revelado a Jack en muestra de confianza durante

---

[24] Al narrar este episodio, Iparraguirre sigue de cerca el relato de Darwin en el capítulo X de su *Journal*: "some of these natives, as well as a child whom he bought for a pearl-button, he took with him to England ... we had now on board, York Minster, Jemmy Button (whose name expresses his purchase-money), and Fuegia Basket" (1972: 206-207).

la estadía en Londres, en un momento de fraternidad en el que el indígena comparte con el blanco las enseñanzas ancestrales de su cultura:

> Extendió las manos y me tomó los antebrazos. Me apresuré a hacer lo mismo.
> —Omoy-lume —dijo.
> —¿Omoy-lume?
> —Jemmy Button, no. Omoy-lume es mi nombre.
> Después se acuclilló como en su país (152).

Estos dos nombres del personaje remiten, sin duda alguna, a una doble identidad cultural: la de un ser libre en su país y la de un ser colonizado, secuestrado y visto por una cultura ajena. Son significativos, por lo tanto, la distribución y el uso de estos nombres en la novela. Guevara-narrador utiliza "Omoy-lume" en muy contadas ocasiones y sólo en diálogos con el indígena, cuando le habla *a* él; en cambio, en la narración, cuando cuenta su historia, es decir, cuando habla *de* él, recurre al nombre escogido e impuesto por los blancos. De esta manera, Guevara y, a través de él, Sylvia Iparraguirre, reconoce la imposibilidad de hablar del otro en su voz. Su imagen está siempre contaminada por la mirada externa y lleva la impronta del violento "encuentro" cultural que convierte a los "Omoy-lume" en los "Jemmy Button".

Aunque Jemmy es un personaje histórico a quien la autora otorga rasgos individuales, su historia se funde en el "testimonio" de Guevara con la de su gente, o "su clan" (192). Se puede argumentar que la figura del yámana funciona en el texto como un elemento metonímico, comparable al "yo" testimonial. Según Doris Sommer, en el testimonio la singularidad del individuo afirma su identidad como extensión de una colectividad. Lo singular representa lo plural porque el hablante es una parte indiscernible de una totalidad (1996: 146). En *La tierra del fuego* "el testimonio" está a cargo de Guevara, pero la historia de un individuo que éste cuenta es también la historia de un pueblo.

La rememoración de Guevara recupera un momento crucial de esta historia, porque capta un mundo ancestral que "comenzaba a resquebrajarse y pronto navegaría a la deriva rumbo a su propia disolución" (103). Se trata del comienzo y del rápido avance de la política imperialista de Gran Bretaña que veía en las islas Malvinas y en la Tierra del Fuego dos posiciones estratégicas para su dominio del Atlántico y del Pacífico del Sur. Nadie se preocupaba ni tenía en cuenta, observa Guevara, los derechos e intereses de "los dueños del hielo y de las piedras, los únicos poseedores de los guanacos y las focas, de las algas y los mariscos de la playa" (227) que hasta aquel momento habían sobrevivido las extremas condiciones del clima y del medio ambiente desarrollando destrezas físicas inconcebibles para los blancos (94-95) y estableciendo una cultura basada, según las enseñanzas de Jemmy, en el respeto de la naturaleza y del prójimo (152-153). Dos ejemplos del comportamiento de Button ilustran este fundamento de su cultura: cuando descubre que los marineros han matado una cría de foca, se enloquece de ira (98-99); cuando, un año después de su restitución a Wulaia, llega pintado de guerra y desnudo para ver al capitán, se lava la cara antes de subir al barco y pide ropa al ser invitado a comer (199-200), en un gesto de cortesía.

La llegada de los ingleses, que para Jemmy son simplemente los blancos, acaba con el mundo yámana. Los foqueros y los balleneros exterminan los animales que constituyen el sustento de los indios, obligándolos a buscar comida en los bosques, y violan o asesinan a las mujeres y niñas; los científicos los raptan para sus experimentos que no respetan ni el orgullo ni la vida (278); los misioneros los secuestran para colonizar una isla en nombre de Gran Bretaña, obligándolos a llevar ropa a la que no están acostumbrados, hablar inglés y trabajar a cambio de comida. Desesperados e indefensos, Jemmy Button y su gente aprovechaban el fantasma del canibalismo de los salvajes que eran en el imaginario de los blancos y "cuando veían un barco o bote hacían gestos de que los matarían y que los comerían en trozos" (208) o, incluso, respondían con violencia a la violencia, matando a los náufragos. Una matanza así, que según Button no era buena pero necesaria (283), lo llevó al juicio que Guevara presenció clandestinamente.

La perspectiva de contacto con la que Iparraguirre dota la mirada de Guevara contrasta la historia de Jemmy con la retórica en la que las autoridades y los funcionarios británicos envolvían sus gestiones imperialistas, exhibiendo y denunciando así la construcción de la historia del vencedor. Por un lado, el imaginario popular alimentado en los puertos explota el mito del canibalismo en el que se catalizan la visión y la tradición de la alteridad radical del Nuevo Mundo concebido como un universo pre-humano y pre-cultural (Premat 1993: 138). Esta noción se infiltra también en el discurso científico de la época, encarnado en la novela en la persona de Darwin, para quien los yámanas apenas son humanos, incapaces de lógica (189 y 198). La postura de Darwin, sorprendentemente relativizada en la novela, se manifiesta en toda su virulencia racista en el *Journal*, donde el autor presenta a los yámanas como seres abyectos, pertenecientes al mundo animal más bien que al humano[25]. Por el otro, Guevara señala que la condición salvaje de los

---

[25] "I could not have believed how wide was the difference between savage and civilized man : it is greater than between wild and domesticated animal, inasmuch as in man

"dueños de Cabo de Hornos" (271) activa el discurso humanitario y religioso utilizado por el poder de Londres para defender sus intereses: "El público londinense y el de todo el país se habían emocionado con su partida. Inglaterra tenía una misión, había dicho la prensa: evangelizar y educar" (162). Es en este contexto que se explican los absurdos regalos de teteras y manteles enviados a los fueguinos por los ingleses y el poder que detentaba la Misión Patagónica como una avanzada de la civilización y de la religión en esos confines del mundo. El discurso evangelizador disfraza una empresa imperialista de una misión civilizadora. El propósito declarado y las acciones oficiales de los misioneros y otros funcionarios, tal como los presenta Guevara, son un ejemplo de lo que M.L. Pratt denomina "la anti-conquista": "the strategies of representation wherby European bourgeois subjects seek to secure their innocence in the same moment as they assert European hegemony" (1992: 7). La retórica oficial insiste en el desinterés para ocultar designios e intereses muy definidos, enfatiza la generosidad para encubrir el despojo, apela a la religión y al humanismo para disimular una acción política inhumana. Frente a un enemigo poderoso y armado de un discurso que confunde ("Que debajo de los hechos hubiera intenciones que los hechos ocultaban lo decepcionaba y confundía", 118), el mundo de Jemmy Button y los yámanas no tiene futuro: "Su destino y el de su pueblo estaban sellados" (285). Cuando Guevara narra su historia, Jemmy Button ya está muerto y los demás sucumbirán antes de que termine el siglo, tragados por los acontecimientos, víctimas del avance de una civilización que deja a su paso una huella bárbara (Benjamin), perdidos en las tinieblas de la historia y del olvido[26].

El relato de Guevara sugiere, sin embargo, que el olvido y la no-existencia eran el destino de los yámanas incluso antes de que la exterminación física los condenara al silencio de la muerte. "En literatura, ... lo más importante nunca debe ser nombrado" (Piglia 2001: 144), dice Marconi, un personaje de Piglia en *Respiración artificial*. Lo que no nombra Guevara –porque

---

there is a greater power of improvement" (205). "These were the most abject and miserable creatures I anywhere beheld. ... These poor wretches were stunted in their growth, their hideous faces bedaubed with white paint, their skins filthy and greasy, their hair entangled, their voices discordant, and their gestures violent. Viewing such men, one can hardly make oneself believe that they are fellow-creatures, and inhabitants of the same world" (1972: 212-213).

[26] La triste historia final de dos pueblos fueguinos, los yámanas (yaganes) y los onas, se ficcionaliza en *Fuegia* de E. Belgrano Rawson. Véase Perkowska-Álvarez (2003b y 2006b).

está ausente de esta historia– es el Estado Argentino. Se supone que el país de los yámanas –Wulaia– pertenece al territorio argentino, pero sus habitantes, exiliados a los confines del mundo y de la nación, no existen para Buenos Aires, ni siquiera en calidad de enemigos feroces, como era el caso de los indios de la frontera de la provincia, evocados por Echeverría, Sarmiento, Hernández y Zevallos, por nombrar a algunos. Los fueguinos son tan insignificantes para el proyecto de la nación que busca una identidad monolítica y una rápida modernización que están expulsados tanto de la conciencia nacional como de la acción política: nadie defiende sus derechos y el único argentino que se presenta en el juicio de Jemmy para "dar testimonio en su favor" (29) y defenderlo de los atropellos de una potencia extranjera, es Guevara, un argentino impuro[27].

Cuando Guevara dice que su propósito era "dar testimonio en favor" de Jemmy y los yámanas se refiere sólo a su voluntad de defenderlos de una injusta condena u otro abuso del poder. Sin embargo, en el marco de la rememoración resistente realizada por el personaje, "dar testimonio en favor" significa también defender de la nada, de la muerte en la historia, de la borradura de trazas en que consisten el olvido y la marginalización. Al recordar la historia de Jemmy que se pierde en los confines de la historia, el relato de Guevara, y la novela de Iparraguirre, rememora, es decir, recupera huellas de aquel pueblo y de su martirio. La rememoración, que es una réplica a la muerte histórica, le da sepultura. Me refiero aquí al vínculo que Michel de Certeau establece entre la muerte como ausencia en la historia y la escritura histórica como un rito social de entierro:

> L'écriture joue le rôle d'un rite d'enterrement; elle exorcise la mort en l'introduisant dans le discours. D'autre part, elle a une fonction symbolisatrice; elle permet à une société de se situer en se donnant dans le langage un passé, et elle ouvre ainsi au présent un espace propre: "marquer" un passé, c'est faire une place au mort, mais aussi redistribuer l'espace des possibles, déterminer négativement ce qui est à faire, et par conséquent utiliser la narrativité qui enterre les morts comme moyen de fixer une place aux vivants (1975: 118)[28].

---

[27] Históricamente hablando, la pasividad del gobierno de Buenos Aires ante la situación de los yámanas no debe sorprender, si se toma en cuenta que la misma pasividad había caracterizado su postura con respecto a la disputa sobre las islas Malvinas que terminó con su ocupación por Gran Bretaña. Véase Ferns (1960: 224-233).

[28] Sobre la muerte en la historia y la escritura histórica como un ritual y una réplica a la muerte, véase Certeau (1973: 125-132 y 1975: 117-120) y Ricœur (2000: 475-480).

A través de la escritura resistente, los hechos encuentran un lugar en el discurso que desempeña la función de ayuda-memoria ("l'aide-mémoire", Ricœur 2000: 474); desde allí, las huellas recuperadas resisten al olvido, rearticulando los espacios de la historia y de la nación para que nada "[se dé] por perdido en la historia" (Benjamin 1971: 179).

El presente de la rememoración: resistencia de la escritura

El hilo del pasado rememorado, organizado de una manera cronológica aunque la narración consta de numerosas analepsis y prolepsis, se intersecta con la hebra narrativa del presente, en la que Guevara deja de rememorar para mostrar la escena de la escritura y reflexionar sobre la relación entre ésta y la memoria. Este "contrapunto temporal" (Garramuño 1997: 102) relativiza la referencialidad asociada con la narración en primera persona y constituye una indagación metaficcional acerca de la representación del recuerdo[29]. Según señalan Robert Scholes y Robert Kellog, desde el surgimiento del relato de testigo en la literatura renacentista (la picaresca, por ejemplo), este y otros tipos de narración en primera persona se consideran formas naturales de la narración mimética, ya que connotan el realismo y la persuasión alegando la experiencia directa como fuente de autoridad:

> We can almost go so far as to say that the natural form of mimetic narrative is eye-witness and first-person. Circumstantiality, verisimilitude, and many more of the qualities which we recognize as identifying characteristics of realism in narrative are all natural functions of the eye-witness point of view (1968: 250).

La superposición temporal del pasado rememorado y del presente de rememoración en *La tierra del fuego* cuestiona este código referencial basado en la supuesta relación directa entre los eventos y el narrador porque resalta la posterioridad de la perspectiva: el relato no es contemporáneo a los hechos, sino que se construye desde otro espacio y otro tiempo. La distancia temporal implica también una diferencia entre el "yo" rememorado/

---

[29] El estudio *Genealogías culturales* de Florencia Garramuño de 1997 no examina *La tierra del fuego*, publicada en 1998, pero numerosos comentarios acerca de la estructura temporal de las novelas del *corpus* analizado (*La liebre, El entenado, Fuegia, Em Libertade, O Tetraneto del-rei, Maluco. La novela de los descubridores, ¡Bernabé, Bernabé!*) ayudan a describir la organización temporal de la narrativa en la novela de Iparraguirre.

narrado que es un personaje del pasado en el relato de Guevara y el "yo" rememorador/narrador que se sitúa en el presente. Dice el narrador: "Soy un hombre de cincuenta y tres años que recuerda a un muchacho de diecisiete" (84), señalando una transformación o alteración de perspectiva relacionada con la adquisición de experiencia y reconfiguraciones de la imagen de sí[30]. De esta manera, la novela subraya "la imposibilidad de conocer el pasado tal como fue, sin las briznas del presente que se entrometen en cada mirada que, desde el presente, se tiende hacia el pasado" (Garramuño 1997: 103): la historia referida no es una reproducción del referente pasado sino una reconstrucción posicionada de sus huellas por un sujeto de enunciación que ya no es lo que fue y que evoca el pasado desde una autofiguración en el presente (Molloy 1996: 19). Florencia Garramuño apunta que la destrucción de la ilusión de contemporaneidad a través de la imbricación del pasado y del presente tiene como consecuencia el cuestionamiento de la objetividad del relato (1997: 105). Esta función del "contrapunto temporal", examinada antes en *Maluco*, se manifiesta con claridad en *La tierra del fuego* porque el cruce de planos temporales expone al narrador en el acto de escribir, mostrando cómo selecciona y organiza su materia narrativa, desplegando el transcurso del tiempo que corresponde al avance narrativo ("Hace más de una semana que llegó la carta", 31; "Hoy hace un mes que llegó la carta. Estamos en noviembre…", 81; "Entramos en diciembre…", 167; "Hoy hace cuatro meses que llegó la carta. Estamos en febrero", 217) y/o revelando la influencia que tienen en su quehacer los estados emocionales ("He pasado la noche insomne, míster … Inquieto, en realidad", 126), el medio ambiente, la hora del día, e, incluso, los objetos que lo rodean[31]. De esta manera, y

---

[30] Se impone aquí una comparación con el narrador y la situación enunciativa en *El entenado* de Juan José Saer. Garramuño los describe de la siguiente manera: "La economía narrativa de la novela ubica en el pasado la experiencia –la historia que se va a narrar– y en el presente el movimiento de la escritura, el relato de esa experiencia ubicada en el pasado. De esa manera se contrapone también la vida andariega en la cual suceden las aventuras y la vida sedentaria que es el espacio –y condición de posibilidad– de la escritura" (1997: 105). Además de la distancia temporal entre el pasado y el acto de la escritura, *La tierra del fuego* comparte con *El entenado* la diferencia entre la vida andariega y la vida sedentaria, señalada por Garramuño, porque la experiencia narrada por Guevara tuvo lugar cuando el narrador era marinero, mientras que la escritura se realiza en la tranquilidad de su vida rutinaria en Lobos. Se podría añadir que existe también un parecido entre las dos escenas de la escritura: tanto el entenado como Guevara escriben mucho de noche, a la luz de una vela, acompañados de vino.

[31] Véase, como ejemplo, esta cita: "Caigo en cuenta que escribir de día a la luz natural y escribir de noche, a la luz de la vela, son actos diversos. De día me asalta el deseo

más allá de la mera presencia de un "yo", el relato reta abiertamente la impersonalidad e invisibilidad enunciativa de una narración "objetiva" (ficcional o histórica), inscribiendo una subjetividad explícitamente posicional que sólo puede proponer versiones y revisiones (Hutcheon 1988: 160), nunca una "noticia completa", del pasado.

Las escenas de la escritura proporcionan también un espacio para las reflexiones explícitas del narrador sobre la brecha existente entre los sucesos, su memoria y su representación en el relato. En ellas Guevara reconoce que el supuesto relato de los hechos está iluminado por emociones del narrador ("no puedo impedir que algún lejano resplandor de emociones que creí perdidas pase a este relato", 84) y orientado por su parcialidad ("mi relato no puede ser imparcial", 102)[32]; allí distingue entre recordar y relatar cuando afirma que el relato superpone o acerca hechos de diferente naturaleza o distantes entre sí (34) o que exige que se suprima una multitud de imágenes insignificantes que surgen de la memoria (32); allí explica cómo la imaginación y las palabras rellenan algunos vacíos inevitables de la memoria inventando "parte de la verdad" (178); allí discurre sobre la elección de la lengua (el español) en que escribe (36) y sobre la resistencia de la palabra ante el pasado que debe evocar: "Caigo en cuenta de que tal vez sea más fácil maniobrar un barco que poner en palabras el pasado" (82).

Uno de los aspectos más significativos de estas disquisiciones metaficcionales es la relación entre rememoración e imaginación. Ricœur señala en el estudio citado que el recuerdo siempre regresa en forma de imágenes; recordar es poner lo ausente (el pasado) en imágenes, imaginarlo, volver a verlo (2000: 7). La participación de las facultades imaginativas en el proceso de rememoración suscita, por supuesto, la duda acerca de la fidelidad del

---

de hablar de la casa, de los sucesos cotidianos y hasta he vencido, como ahora, la objeción de contar estas insignificancias, por ejemplo que en este momento la pared del fondo se ilumina con el sol poniente, hecho mínimo pero irrepetible que no puedo dejar de admirar. Hacia la tarde me va ganando la invencible melancolía de la llanura y en la noche me vuelvo febril, como si en vez de escribir luchara contra algo. Es a esa hora cuando se presentan imágenes innombrables, cosas que vi o viví y que acuden como si exigieran que el relato no las excluya: prostíbulos tristes de Madagascar, árboles centenarios cuyas raíces imbatibles perforan las paredes de templos abandonados, islas a las que se debe parecer el Paraíso, puertos de Babel impregnados hasta la pesadilla por la condición humana" (32).

[32] En español, la parcialidad y emotividad del recuerdo se expresan en la raíz etimológica de los verbos "recordar" y "acordarse de": "cor" viene del latín "cor, cordis" (corazón), lo cual significa que en español "recordar" es volver a ver la imagen del pasado a través de la emoción.

recuerdo y de su verdad. En cuanto operaciones de la memoria, rememoración y evocación buscan la verdad, pero esta búsqueda siempre está teñida de lo imaginario y lo imaginado que problematizan la fidelidad del recuerdo. Guevara mismo afirma: "Sobre lo que se me pide que relate pesa no sólo lo que vi y viví sino lo que leí o me contaron" (34). Sin hacer alarde de una intertextualidad ostentosa, *La tierra del fuego* hilvana un tejido en el que las hebras históricas se entrecruzan con las que salen de ovillos literarios. El doble epígrafe apunta hacia las dos tradiciones literarias de las cuales se alimenta la novela –la argentina en la cita de Sarmiento y la anglófona en la cita de *Moby Dick* de Herman Melville–, en las que se refleja la hibridez cultural del narrador. Guevara reconoce que es un hombre letrado, "producto de la literatura" (Cheadle 2000: 86): su padre le enseñó a leer con *Robinson Crusoe* y otros clásicos ingleses mientras que *Moby Dick* era el "libro que [lo] acompaña[ba]" desde que lo descubrió en Nueva York en 1853 (34). Norman Chaedle muestra que por las similitudes en la configuración de elementos fundamentales de *Moby Dick* y de *La tierra del fuego*, Guevara es un "hermano literario de Ismael" (2000: 86): tanto el protagonista de Melville como el de Iparraguirre son huérfanos cultos que aprenden a convivir con el otro americano y encuentran el sentido de sus existencias en el legado de sus amigos indígenas. Ambos narran habiendo sobrevivido un naufragio (el de Guevara es metafórico, "el *Maelström* de la memoria", 285) y sus historias manifiestan parecidos tanto en el contenido como en la estructura. La relación amistosa entre Guevara y Jemmy no sólo recuerda la amistad de Ismael y Queequeg, sino también la de Crusoe y Viernes (86).

Un lector avisado encontrará también en el texto huellas de la literatura argentina contemporánea, aunque éstas ya no pueden ser elementos del relato del personaje, sino de la construcción novelesca de Iparraguirre: un hilo de Borges se manifiesta en la ya mencionada hibridez y/o ambigüedad onomástica y en una referencia evidente a "El jardín de senderos que se bifurcan", cuando Guevara reconoce al final de su narración que "siempre hay dos caminos y después otros dos, hasta el infinito" (286); un filamento de Saer (*El entenado*) se vislumbra en la pareja del grumete y el capitán, en el don de la escritura que da sentido a la vida, en la imbricación entre un relato autobiográfico y un relato del testigo, escrito en la vejez y salpicado de comentarios metaficcionales, y en el sentido muy saeriano de los dos epígrafes leídos en conjunto. La literatura penetra el cauce de la memoria y la redefine, alejando el recuerdo de la experiencia que éste evoca y trata de recuperar. Una "noticia completa" que lo nombre todo es imposible; en su lugar surge un relato parcial que parte de una realidad para imaginar posibilidades. "Cada memoria es una novela". Lo vivido y lo visto antes renace en ella luchando contra la muerte en la historia para que sea posible "encender en lo pasado la chispa de la esperanza" (Benjamin 1971: 180).

La reescritura de la ficción fundacional

Esta rememoración que escribe Guevara para "encender la chispa de la esperanza" es una relectura de la gran narrativa histórica, que redimensiona el espacio histórico desde los márgenes e inscribe en él una existencia marginal. A la vez, Iparraguirre realiza en *La tierra del fuego* una profunda reescritura de la ficción orientadora (Shumway 1993: 17) o fundacional (Sommer 1991) que en el siglo XIX, el momento fundador, legitima la construcción de la Argentina como una entidad política –el Estado nacional– y como una entidad cultural –la nación argentina–, forjando "un sentimiento de pertenencia nacional y destino común" (Shumway 1993: 17). La construcción de un pasado apropiado o la invención de tradiciones, "la abstracción de las diferencias" (Garramuño 1997: 37) que produce deslindes rígidos entre categorías de identidad, como las de "nosotros" (pertenencia) y "ellos" (no-pertenencia), la precisión taxonómica y la definición discursiva de los estereotipos nacionales, culturales o raciales, son algunas de las estrategias de construcción de ficciones fundacionales en las que reposa la autoridad y legitimidad del Estado nacional.

La propuesta contestataria con respecto a la ficción fundacional de la identidad inscribe *La tierra del fuego* en un amplio *corpus* textual argentino que Garramuño denomina "reescrituras" o "contranarrativas" (1997: 37): textos que retornan al pasado, a "un momento de la tradición nacional que funciona como espacio de legitimación cultural" (1997: 15), para criticar y reformular la construcción de identidad elaborada en ese pasado y en esa tradición. En estas "contranarrativas", los discursos fundacionales se convierten en pre-textos sobre los que se despliegan las estrategias contestatarias de la reescritura.

Uno de los pre-textos argentinos más visitados por los autores contemporáneos –aunque no lo es de ninguna de las reescrituras estudiadas por Garramuño– es la figura y la obra de Sarmiento, el "autor de una nación"[33].

---

[33] La frase hace referencia al título de la colección de ensayos editada por Tulio Halperin Donghi *et al.*, *Sarmiento: Author of a Nation* (1994).

Para Nicolás Shumway el proyecto nacional de Sarmiento, figura emblemática de la Generación del 37, se resume de esta manera: "Los hombres del 37 describieron a su país en términos de oposiciones binarias: España contra Europa, campo contra ciudad, absolutismo español contra la razón europea, razas oscuras contra razas blancas, catoli-

Según Marta Morello-Frosch, quien estudia la relectura crítica de Sarmiento en *Respiración artificial* (Ricardo Piglia) y *En esta dulce tierra* (Andrés Rivera), los textos de Sarmiento condensan los tres principales puntos de refutación que exploran los escritores contemporáneos: repensar la historia argentina, reconsiderar la semántica de ciertos eventos que caracterizan esta historia y reconstituir la cultura nacional (1994: 348). La relectura de estos ejes desde una posición cultural situada en la actualidad somete el modelo sarmientino a "un extraño proceso exegético que desplaza los significantes, hace estallar los usuales centros de significado e interrumpe la lógica discursiva que organizaba los textos de Sarmiento" (1994: 348; la traducción es mía). *La tierra del fuego* que, como ya he señalado, es una extensa y profunda reescritura de la historia, es también una relectura detenida de la ficción fundacional asociada con el pre-texto sarmientino.

¿Por qué darle tanta importancia a Sarmiento si sólo aparece en el espacio paratextual de la novela, uno de los dos epígrafes que abren la rememoración de Guevara? Su ausencia de la diégesis responde a la redefinición de la historia postulada en la novela en la que los acontecimientos más trascendentes de la historia argentina del siglo XIX apenas se mencionan, desplazados o expulsados por una memoria personal –"mi historia"– de una existencia marginal y silenciada. Frente a esta ausencia muy visible, la presencia en la zona paratextual de un fragmento del capítulo II del *Facundo*, acompañado de una cita de *Moby Dick* de Melville, genera una interesante ambigüedad. Para Genette, el paratexto es una suerte de umbral o vestíbulo que constituye un espacio privilegiado de transacción entre el autor y el lector (1987: 8-9). Por un lado, al incluir una cita del *Facundo* en esta zona de transición, Iparraguirre le señala al lector la presencia del texto e ideas sarmientinos en su novela. Por el otro, al excluir a Sarmiento-figura histórica del espacio narrativo en el que el ideario sarmientino es, sin nombrarlo directamente, ominipresente, y que exhibe muchas analogías implícitas con el *Facundo* –el hecho de que Guevara, como Sarmiento, escriba desde una zona fronteriza, la imbricación entre el discurso "autobiográfico" y un relato sobre el otro, la confluencia de los marcadores de la barbarie (el lenguaje roto de Jemmy y la tradición oral de las enseñanzas) y de la civilización (las citas cultas de la literatura inglesa)–, la autora sugiere un desplazamiento crítico del lugar habitual que éste ocupaba en el discurso nacional y cultural, así

---

cismo de la Contrarreforma contra cristianismo ilustrado, hombre del interior contra hombre del litoral, educación escolástica contra educación técnica, y, como eslogan abarcador, Civilización contra Barbarie" (1993: 186).

como una posible confrontación con su pensamiento. Si "[e]n literatura ... lo más importante nunca debe ser nombrado" (Piglia 2001: 144) –para recordar a Marconi en *Respiración artificial*–, la dialéctica de presencia y ausencia del "autor de una nación" es un elemento fundamental de significación que apunta a un proceso de des-autorización del ideologema civilización/barbarie realizada en la reescritura de Iparraguirre.

Ahora bien, en la novela, la narración está a cargo del personaje de Guevara y con respecto a él los epígrafes suscitan otro interrogante. La yuxtaposición del *Facundo* y *Moby Dick* en el espacio paratextual recalca la hibridez cultural del narrador que pertenece, como dijimos, a dos ámbitos lingüísticos –el español y el inglés– y a dos espacios geográficos –la pampa y el mar. El narrador es, además, un "gaucho letrado", conocedor de libros, para quien *Moby Dick* es uno de los libros preferidos desde que lo leyó en una fonda del puerto de Nueva York en el invierno de 1853 (34). ¿Podría asumirse, entonces, que al colocar el texto de Sarmiento al lado de una lectura confesada y aprobada por el narrador, Sylvia Iparraguire sugiere una lectura no confesada, un texto que Guevara conoce, pero no aprueba y por eso no nombra nunca? Ningún detalle concreto del relato confirma esta hipótesis, pero una amplia red de alusiones al binomio sarmientino permite especular que el narrador lo haya leído y que escribe su relato no sólo en contra de una versión oficial de los hechos que él había presenciado, sino también en contra del pensamiento polarizador de Sarmiento, cuyas "irreductibles dualidades" (Shumway 1993: 186) construyen una Argentina en la que muchos no tienen cabida.

Norman Cheadle afirma en su análisis de *La tierra del fuego* que Guevara "es casi un reflejo anti-Sarmentino (sic)" (2000: 87): a diferencia de Sarmiento, quien en 1865 ya tenía una carrera pública exitosa, estaba dentro de la historia y formulaba sus proyectos desde el centro mismo de la nación, Guevara "no [es] un hombre público" (33) y escribe desde una múltiple periferia que incluye su hibridez identitaria y su condición de bastardo, así como la marginalización geográfica, histórica y social, descrita en las páginas anteriores. La marginalidad en la que se inscribe la perspectiva desarticula las propuestas dominantes, como la dicotomía "civilización/barbarie" que expulsa a los Jacks y los Jemmys del "nosotros" nacional.

El narrador Guevara utiliza a menudo los términos de "civilización" y "barbarie" o sus equivalentes en un discurso que redistribuye las valoraciones invirtiendo o desvirtuando la jerarquía de la alternativa sarmentina. Si para su padre inglés, quien podía ser "borracho pero civilizado", los habitantes de Lobos son unos "incivilizados" (64), los cuatro indígenas desembarcados en Inglaterra perciben la chusma londinense como "un enemigo desconocido y salvaje" (112). La miseria de Londres iguala a la del "país de llanuras" (121), pero en los barrios de la ciudad "la enfermedad y la miseria se habían estancado sobre los adoquines", mientras que en Argentina "las tormentas ... limpiaban la pampa y se llevaban lejos pobreza y pestes" (121). El cuestionamiento de la rigidez de las categorías de Sarmiento se origina en el posicionamiento de Guevara, que representa un entre-lugar cultural; su experiencia "de contacto" sensibiliza la mirada a matizaciones, gradaciones y ambigüedades que rehúyen fórmulas generalizantes y admiten contradicciones. Es así que Guevara llega a reformular el binomio sarmientino en términos que evocan el famoso *dictum* de Walter Benjamin. "Jamás se ha dado un documento de cultura sin que lo sea a la vez de la barbarie" (1971: 182), dice el filósofo alemán; "Civilización y salvajismo suelen ir juntos" (36), sostiene el gaucho-marinero de Sylvia Iparraguirre.

"Traer Europa al Cono Sur", observa Nicolas Shumway, era el deseado objetivo final de la ficción fundacional de los miembros de la Generación del 37 (1993: 185), que se manifestaba en una admiración muchas veces acrítica e imitadora por las ideas europeas y los modelos norteamericanos (1993: 151). Al lado del cuestionamiento (un poco demasiado explícito y didáctico, en contra del postulado de Marconi) del consabido binomio de civilización y barbarie, el blanco señalado de la reescritura de la ficción fundacional en *La tierra del fuego* es la idea de Europa como molde de la civilización, porque el encuentro entre este espacio de legitimación ideológica y cultural y los personajes de la novela –una suerte del descubrimiento al revés– evidencia numerosas e insolubles paradojas y debilidades en el seno del modelo mismo. Para mostrarlas, Iparraguirre pasa por el tamiz deconstructivo de la parodia algunos motivos clave del discurso fundacional, como el viaje, la ciudad y la racionalidad europea, muy significativos para la desarticulación del pre-texto sarmientino.

El viaje ha sido un elemento crucial de las ficciones fundacionales. Primero, en el discurso colonizador porque permitía descubrir y describir, es decir, dominar a través de "l'écriture conquérante" (Certeau 1975: 3) al otro americano, sea en las crónicas españolas de los siglos XVI y XVII, sea en los relatos de los viajeros europeos (sobre todo, los ingleses) que en el XIX posaron sobre la otredad latinoamericana una mirada filosófica y científica, legitimadora de un nuevo discurso de la verdad que gravitó pesadamente sobre las narrativas nacionales[34]. Después, en el discurso fundacional del subcon-

---

[34] Sobre la relación entre los relatos de los viajeros, el discurso científico y la narrativa latinoamericana, véase Roberto González Echevarría: "Modern imperial powers,

tinente, en el que el motivo de viaje expresaba una búsqueda imaginaria o real de las fuentes de la civilización por parte de un sujeto americano en pos de modelos para su reciente condición poscolonial.

En *La tierra del fuego*, la representación del viaje de Button y Guevara a Londres es una doble parodia de los viajes científicos e iniciáticos que informan las ficciones orientadoras. El viaje de Jemmy, que representa el descubrimiento de la metrópoli por un sujeto marginal y subalterno, es una inversión paródica de las expediciones decimonónicas de los viajeros europeos a América Latina. Personificados en *La tierra del fuego* en las figuras del capitán FitzRoy y de Charles Darwin, el doctorcito, estos viajeros encarnan, según sostiene M.L. Pratt, los intereses capitalistas del expansionismo europeo y producen, en su mayoría, narrativas que enfatizan la inmadurez y la degradación del ser americano, con el consiguiente atraso y abandono de América, legitimando de esta manera la intervención y explotación por parte del capital extranjero como una necesidad moral e histórica (1992: 151-153). Button desembarca en Londres como un rehén, no un representante, de la metrópoli. Frente a la mirada informada del viajero europeo que sabe y entiende de antemano lo que va a encontrar en una otredad por indagar[35], la suya encarna la ingenuidad y espontaneidad de un observador inocente, el que no entiende: "Button ni siquiera tenía la posibilidad de empezar a entender qué significaba todo aquello" (125), comenta Guevara. Esta perspectiva de incomprensión debida a una otredad radical puede compararse con la de las figuras como el pícaro, el loco o el bufón, estudiados por Bakhtin como

---

through institutions charged with acquiring and organizing knowledge (scientific institutes, *jardins des plantes*, museums of natural history, *Tiergarten*), commission individuals possessing the scientific competence to travel to their colonies or potential colonies to gather information. ... Backed as they were by the might of their empires and armed with the systemic cogency of European science, these travelers and their writings became the purveyors of a discourse about Latin American reality that rang true and was enormously influential. ... This scientific discourse became the object of imitation by Latin American narratives, both fictional and nonfictional" (1994: 228-229). González Echeverría añade que Sarmiento era uno de los grandes admiradores de los viajeros europeos, a quienes cita con frecuencia y en cuyas descripciones (por ejemplo, las de Francis Bond Head en *Rough Notes Taken during Some Rapid Journeys across the Pampas and among the Andes*) basa su propia visión de la llanura argentina (235-237).

[35] Es Sarmiento quien proporciona una excelente imagen de ese viajero: "A la América del Sur en general, y a la República Argentina sobre todo, le ha hecho falta un Tocqueville, que, *premunido del conocimiento de las teorías sociales, como el viajero científico de barómetros, octantes y brújulas*, viniera a *penetrar* en el interior de nuestra vida política, como en un campo vastísimo y aún no explorado ni descrito por la ciencia, y revelase a Europa ... este nuevo modo de ser ... (1985: 9-10; el énfasis es añadido).

denunciadores de convenciones (1981: 158-164). "Con sus preguntas desconcertantes" dice Guevara, "[Button] ponía en evidencia las confusas relaciones que para los blancos constituían la normalidad" (117-118). Su percepción desfamiliarizadora expone la futilidad de discursos vacíos de contenido y objetivo, la hipocresía de intenciones dobles, el inconmensurable poder de la riqueza, el incomprensible valor abstracto del dinero y la falta de principios profundos en la sociedad occidental. Bakhtin observa que el punto de vista de un ser que ni entiende ni participa en las convenciones que observa constituye una estrategia de exposición de la irracionalidad encubierta de toda sociedad institucionalizada y convencionalizada (1981: 164). De acuerdo con este principio, Jemmy Button, un sujeto marginal y subalterno, un otro radical e irracional para un viajero metropolitano confiado en su conocimiento, juicio y lógica, pone al descubierto la irracional otredad del mundo europeo, desapercibida u obliterada por los autores de las ficciones fundacionales.

El viaje de Guevara a Londres complementa la revisión paródica inscrita en el choque entre Jemmy y la sociedad occidental, porque se presenta como una repetición diferenciada de los viajes iniciáticos y estéticos hacia la fuente europea de la civilización que solían realizar los argentinos de élite en busca de instrucción y modelos; al mismo tiempo, proporciona una reescritura irónica de la construcción literaria de la metrópoli por la mirada admiradora de un sujeto poscolonial. Sarmiento es un posible punto de referencia de este gesto paródico. Cuando escribe el *Facundo*, su conocimiento de Europa es puramente textual, mediado por la lectura, como lo es en gran parte su conocimiento de la pampa. El objeto-Europa, que en el discurso sarmientino en el *Facundo* se reduce, por un lado, a la ciudad europea, y por el otro, a Francia, es una construcción discursiva e imaginaria. Sin embargo, la imagen de Europa como espacio modelo –pulcro, ordenado, cómodo, racional, trabajador y moderno– surge en el *Facundo* dotada de una fuerza persuasiva propia de una experiencia directa: Sarmiento escribe como si hubiera estado allí. Un año después de la publicación del *Facundo*, Sarmiento ya había visitado Francia, Italia y España y descubierto allí una "Triste mezcla de grandeza y de abyección, de saber y de embrutecimiento, a la vez sublime y sucio receptáculo de todo lo que al hombre eleva o lo tiene degradado, reyes y lacayos, monumentos y lazaretos, opulencia y vida salvaje" (1993: 86), además de la miseria y atraso del pueblo o la corrupción y la ineficacia de los burócratas. Esta decepción no lo hace desistir, sin embargo, de su admiración por lo europeo, pero lo obliga a buscar su modelo de referencia para la Argentina en otra parte, que serán los países de origen germánico, Alemania y Suiza (Shumway 1993: 177) y, después, los Estados Unidos.

Guevara viaja a un país y una ciudad europeos que Sarmiento había visto sólo de paso, cuando se encontraba rumbo a Nueva York, sin haber dejado descripción alguna de su experiencia allí: Inglaterra y Londres[36]. Esta trayectoria corresponde con el contrato de verosimilitud impuesto por la diégesis –Londres es un destino evidente para un marinero anglo-argentino–, pero permite también echar una ojeada a una ciudad y una sociedad que viven las consecuencias de la revolución industrial, representadas en la literatura inglesa por los autores como Charles Dickens o Henry Fielding. Londres no es la Meca cultural como París, pero es el oscuro corazón del imperio político y económico, donde la alianza foucaultiana entre el poder y el conocimiento trama sus designios sobre el mundo. Las imágenes que Guevara recrea de las calles, barrios y habitantes de Londres contrastan con la idea sarmentina de la ciudad europea, mientras que se asemejan peligrosamente a las estampas de la vida en el campo argentino ("la villa que se forma en el interior"; 1985: 28) que presenta el *Facundo*. En ambos ámbitos aparecen niños sucios y harapientos, hombres desocupados, casas miserables, pobreza e ignorancia[37], cuya presencia cuestiona el deslinde geográfico y social entre civilización y barbarie, mostrando que la última puede derramarse en cualquier lugar, incluso en el corazón del imperio. Las observaciones de Guevara parecen desvirtuar también la asociación sarmentina entre la barbarie y la extensión de las tierras o el poder incontrolable de la naturaleza argentina. Al "poder terrible de la inmensidad" de la llanura evocado oblicuamente en el epígrafe (1985: 40), Guevara le opone el hacinamiento destructor de los barrios fabriles donde la gente vive como en madrigueras; si para Sarmiento una tormenta en las pampas es una experiencia aterradora (1985: 41), para el narrador de Iparraguirre la misma tormenta "[limpia] la pampa y se [lleva] lejos pobreza y pestes" (121) que prosperan en los espacios cerrados de la ciudad.

La descripción de Londres que ofrece Guevara se asemeja más a las descripciones de las realidades francesas, italianas o españolas que Sarmiento

---

[36] Sarmiento llega a Londres de París el 31 de julio de 1847 y permanece en Inglaterra hasta el 17 de agosto, cuando se embarca en el buque *Moctezuma* para viajar a Nueva York. Además de Londres, visita Birmingham, Liverpool y Manchester. El detalle es importante porque estas tres ciudades eran el centro neurálgico de la revolución industrial donde más fácil hubiera sido observar sus consecuencias. Sin embargo, el único rastro del paso de Sarmiento por Inglaterra figura en el "Diario de gastos" (1993: 559-561); los *Viajes* no ofrecen ningún comentario, el texto "se traslada" directamente de París a Nueva York, como si la estadía inglesa formara un paréntesis. Le agradezco a Elizabeth Garrels (MIT) por haber llamado mi atención a las anotaciones en el "Diario de gastos".

[37] Compárese, por ejemplo, *Facundo* (28) y *La tierra del fuego* (121 y 123).

presenta en sus *Viajes* que al modelo ideal propuesto en el *Facundo*. Se entreteje aquí una meditación acerca de la distorsión a la que lleva un conocimiento mediado, textual o de segunda mano, aunque el relato de Jack sugiere que aquella ciudad-modelo de la civilización imaginada por Sarmiento existe también en el espacio londinense. Es la ciudad diurna de anchas avenidas, parques, palacios, residencias opulentas y arquitectura magnífica de mármoles y hierros forjados, que frecuentan "caballeros de piel rosada y afeitada y trajes limpios y decentes" y "damas orgullosas" (137), para quienes la otra ciudad, la de suburbios, barrios fabriles y el puerto, sería "una mancha infamante" (123). Esta ciudad moderna, ordenada y pulcra es la cara oficial de la civilización europea, su fachada suntuosa que el viajero o un lector de la periferia admira y quiere imitar sin notar el oprobio que se esconde detrás.

Otro aspecto de la civilización europea que gravita sobre los creadores de las ficciones fundacionales en la Argentina es su "envidiable" racionalidad, guiada en el siglo XIX por la nueva y poderosa metanarrativa occidental, el supuestamente objetivo discurso científico moderno (González Echeverría 1994: 221). En el *Facundo* este discurso aparece simbolizado en las teorías sociales de Tocqueville y en "el viajero científico de barómetros, octantes y brújulas" (1985: 9), mientras que Iparraguirre lo recrea irónicamente en *La tierra del fuego* en los personajes del capitán FitzRoy y Darwin. El primero va armado de la teoría fisonómica de Johann Kaspar Lavater (1741-1801), mientras que el segundo se embarca en el *Beagle* munido de "una cantidad infinita de objetos: instrumentos de medición, compases, una pequeña balanza, lupas, pinza, un catálogo botánico, otro geológico y una caja repleta de pequeños frascos etiquetados con nombres en latín" (165). El largo contacto de Guevara con varios representantes de la sociedad europea le enseña, sin embargo, que la racionalidad y el conocimiento que ésta evidencia o que se le atribuye, ocultan un lado oscuro de ignorancia, desinterés, superficialidad, prejuicios y dogmatismo que va mucho más allá de la irracionalidad de las convenciones detectada por la mirada inocente de Button. La ignorancia y el desconocimiento absoluto del mundo que no es el propio hacen que los ingleses les regalen a los yámanas juegos de té, mantelerías, cuchillos y otros objetos "indispensables" para el hogar (162), que los obliguen a llevar ropa mientras "la desnudez era imprescindible para vivir" (278) o que les impongan la idea de la propiedad, "inadmisible para la sobrevivencia yámana entre quienes todo es de todos" (278). Un conocimiento superficial y la mitificación romántica de una *terra incognita* condenan a muerte a los tripulantes de expediciones misioneras (127-128). El discurso científico se arma de dogmas: el capitán se muestra un partidario ferviente de la fisonomía de Lavater apoyada en la fe en el poder divino;

Darwin, basado en una noción de lo universal que no es sino una extensión generalizada de lo propio, busca leyes universales sin admitir que éstas convierten la ciencia en un instrumento de control y dominación. En la escena de la discusión "científica" entre FitzRoy y Darwin, el último descredita la teoría racista de Lavater, pero a la vez, refiriéndose a Jemmy, le grita a Guevara: "¡Hágame el favor de traer inmediatamente al *salvaje*…!" (172; el énfasis es añadido), lo cual evidencia el mismo sustrato racista en su propia concepción del mundo. El juicio de Jemmy que Guevara presencia años más tarde pone al descubierto que un aspecto más de la supuesta racionalidad de la civilización, su sistema de justicia y leyes, no es sino un acto teatral cuyos accesorios –la sala, los bancos, las sillas, las bebidas calientes y los bocadillos– recuerdan vagamente la civilización, mientras que la justicia y la ley sucumben ante la presión de la razón imperialista.

El viaje de Guevara repite la trayectoria del viaje o de la "mirada estética", pero tergiversa su función consagrada, la búsqueda de modelos. "Lo que ha terminado por interesarme es … lo que hubo detrás de los hechos" (60), dice Guevara, y esa frase se refiere no sólo a su experiencia de la historia, sino también a su experiencia de la civilización que le hace descubrir contradicciones que pululan detrás de la pared homogénea de una ficción cultural e ideológica. Del mismo modo que el viaje de Guevara es una réplica desarticuladora al viaje estético hacia Europa, la novela de Sylvia Iparraguirre es un viaje contestatario hacia un pre-texto fundacional para resemantizar y rearticular su lógica. En este movimiento se expresa una rebeldía para con la autor-idad: Iparraguirre escribe en contra (en el sentido etimológico de la parodia como contracanto) de una narrativa cultural dominante y expulsa a su autor hacia los márgenes del relato, al igual que Guevara escribe para refutar la visión oficial de la Historia encarnada en el funcionario del Almirantazgo cuyo poder des-autoriza "des-nombrándolo" en la imprecisión de "MacDowell o MacDowness". De esta manera, la rememoración y la reescritura se complementan. La rememoración redefine el espacio histórico de la nación porque al recuperar la existencia histórica de las presencias marginales denuncia las prácticas de exclusión que rigen las concepciones hegemónicas de la historia y de la identidad. La reescritura o deconstrucción de la ficción orientadora muestra los modos de historización y las estrategias de representación que se emplean en los discursos fundacionales (Garramuño 1997: 89). Al desnudarlos y desplazarlos, hace lugar para las zonas marginales y heterogéneas de la historia recuperadas a través de la rememoración y de una escritura que rehúye, a su vez, la ley de pureza y homogeneidad, iluminando el pasado desde distintos ángulos discursivos y constituyéndose en otro ejemplo de un "entre-lugar" genérico.

Capítulo V

Tinísima de Elena Poniatowska:
La negociación del espacio de la mujer en la historia

> ¿Y a ella, Tina, quién la recordará?
>
> Elena Poniatowska, *Tinísima*

> These three dimensions –knowledge, power and self– are irreducible, yet constantly imply one another. They are three ontologies. Why does Foucault add that they are historical? Because they do not set universal conditions.
>
> Gilles Deleuze, *Foucault*

"Biography [is] too much about great men" (1989: 108-9) dice Virginia Woolf en *A Room of One's Own*, resumiendo la creciente conciencia de que la historia tradicional y su discurso se han construido de una manera casi exclusiva alrededor de los "hombres ilustres". En torno a ellos no sólo se decidía lo que es la historia, sino que también se los solía considerar como sus únicos hacedores, excluyendo del registro histórico a todas las personas que no compartían su experiencia o perspectiva. Según señala Hutcheon, los cambios sociales y políticos iniciados en la década de los sesenta han llevado a los miembros de los grupos excluidos del poder social, sea en términos étnicos, de género sexual, de estatus económico o clase, a insistir en la necesidad de la revisión del discurso histórico y en el imperativo de inscribir a los ausentes en los registros de la historia (1988: 61).

En la afirmación de Woolf, tanto la palabra "great" como "men" son significativas. La primera indica que la inclusión en la historia depende de la adquisición de cierto nivel de grandeza (determinada por la tradición específica de cada sociedad en un momento histórico) y que la exclusión abarca indiscriminadamente a todos los que no logran o no pueden trascender, según el reproche que Juanillo Ponce les dirige a los cronistas reales en *Maluco*. La segunda palabra de Woolf sugiere una exclusión más concreta: las mujeres.

Este capítulo explora la novela *Tinísima* (México, 1992) en la que Elena Poniatowska narra la vida de Tina Modotti, fotógrafa italiana que residió en México entre los años 1923-1930 y 1939-1943[1]. Según Jean Franco, Modotti era la más avanzada del pequeño grupo de mujeres liberales que en la década de los veinte intervinieron en la vida artística y política mexicana (1989: 105). Emigrante de origen obrero y dedicada a la causa comunista, Tina Modotti fue miembro del Partido Comunista en México, activista del Socorro Rojo Internacional en Moscú y enfermera en la Guerra Civil española[2]. De su paso por la Historia quedan, sin embargo, pocas huellas. Modotti dejó un corpus fotográfico que ayuda a recordarla como fotógrafa, pero tanto sus actividades políticas como su vida de combatiente desaparecen de la escena histórica, compartiendo el destino de muchas vidas femeninas condenadas al olvido. De acuerdo con esta idea de las exclusiones, la protagonista de la novela es un ser marginado no sólo por ser mujer, sino también por extranjera, comunista, artista y "liberada". Con *Tinísima* Poniatowska in-scribe, o quizá sería mejor decir in-corpora, a una mujer en el espacio de la historia, desafiando tanto sus estrategias de exclusión y marginación como las convenciones de su discurso[3].

En el contexto de la década de los noventa *Tinísima* emerge como una obra *ex-céntrica*, tanto en el sentido de ser rara o diferente para su momento de producción, como en el de estar ubicada fuera de un centro. El género literario no es una entidad neutral, desprovista de carga ideológica, porque se estructura a partir de un código creado en y por las condiciones históricas y sociales específicas. El hecho de que Poniatowska narre la vida de Tina Modotti en forma de una novela histórica no es, por lo tanto, irrelevante. Tradicionalmente, la novela histórica es un género masculino, porque los acontecimientos que constituyen la Historia ("His-story", como les gusta

---

[1] *Tinísima* (México: Ediciones Era, 1992). Toda cita se señala con el número de páginas dentro del texto.

[2] La vida de Tina Modotti ha suscitado bastante interés a partir de los años setenta cuando Mildred Constantine publicó su *Tina Modotti: A Fragile Life* (1975). A este estudio siguieron *Storia di donna* de Vittorio Vidali (1982, traducida al español como *Retrato de mujer: Una vida con Tina Modotti*, 1984), *Verdad y leyenda de Tina Modotti* de Christiane Barckhausen-Canale (1988), *Tina Modotti: Photographer and Revolutionary* de Margaret Hooks (1993; reimpreso como *Tina Modotti: Radical Photographer*, 2000), *Shadows, Fire, Snow: The Life of Tina Modotti* de Patricia Albers (1998), *Tina Modotti: Photography and the Body* de Andrea Noble (2001).

[3] La división *in*-scribir va en contra de las reglas de la división silábica en español. Recurro a ella conscientemente para subrayar mediante la tipografía la idea de colocar a la mujer *en* (*in*) el espacio histórico a través de la *escritura* (*scribere*).

señalar a las feministas anglófonas) –las guerras, el devenir de las naciones, las dinastías, los cambios políticos– pertenecen a la esfera pública, de la cual las mujeres estaban excluidas[4]. Relegada al espacio doméstico, recluida en lo íntimo, la mujer no tenía acceso a este mundo y se veía obligada a restringir su escritura a los géneros sancionados como "femeninos": el diario, la novela autobiográfica o epistolar, serían algunos ejemplos. Escribir una novela histórica es, por parte de una mujer, un desafío en contra de la reclusión de lo femenino en el espacio privado, sancionada por una larga tradición cultural, y la afirmación de su deseo de redefinir la noción tanto del espacio como del discurso histórico[5].

Tinísima, sin embargo, manifiesta su otredad también respecto a las características de la novela histórica actual. A primera vista, la novela de Poniatowska luce conservadora, como si la autora se manifestara indiferente a la subversión del discurso histórico tradicional, que caracteriza el género. Un análisis más detallado revela, sin embargo, que bajo el aparente tradicionalismo se encuentran fisuras y rupturas que cuestionan la tradición historiográfica y la herencia cultural aparentemente instauradas en el texto. *Tinísima* "habla" al lector desde las contradicciones que configuran la identidad y la vida de la protagonista y desde la tensión que informa la práctica escritural en esta novela: in-cluir a la mujer en la historia y a la vez subvertir su concepto y discurso, pero de un modo muy sutil porque para esta inclusión, la historia es absolutamente necesaria. Esto se debe al hecho de que la in-scripción de la mujer en el espacio histórico, como la de los sujetos "insignificantes" (*Maluco*), implica una *negociación* entre, por un lado,

---

[4] Para el caso de América Latina concretamente, valga el significativo ejemplo de la lista de novelas históricas publicada por Seymour Menton en *Latin America's New Historical Novel* (1993) donde aparecen 377 títulos (1949-1992). Entre ellos hay solamente 27 novelas escritas por un total de 19 autoras (*Tinísima* está incluida en la sub-lista de novelas más tradicionales). Si bien la lista de Menton no es completa, da una idea de la participación femenina en la escritura de la novela histórica.

[5] El número de autoras que emprenden la reescritura de la historia ha ido creciendo, especialmente en Argentina (María Rosa Lojo, Libertad Demitrópulos, Sylvia Iparraguirre) y en México (Angelina Muñiz, Silvia Molina, Ángeles Mastretta, Carmen Boullosa). En Venezuela se destaca Ana Teresa Torres, en Ecuador, Alicia Yáñez Cossío; en Puerto Rico la narración histórica en forma de cuento o novela corta es la especialidad de Ana Lydia Vega, mientras que la novela histórica es el dominio de Rosario Ferré y Olga Nolla. La nueva novela escrita por mujeres prospera también en Centroamérica, donde se distinguen autoras como Tatiana Lobo, Anacristina Rossi y Rosibel Morera (Costa Rica), Gloria Guardia (Panamá/Nicaragua), Rosario Aguilar y Mónica Zalaquett (Nicaragua).

la necesidad de la historia y, por el otro, el deseo de desafiar los límites y restricciones que ella institucionaliza, de redefinir las convenciones de la Historia autorizada por el hombre: "His-story". Siguiendo esta línea, Diana Fuss señala la necesidad de forjar una nueva historicidad: "Since women as historical subjects are rarely included in 'History'..., the strong feminist interest in forging a new historicity that moves across and against 'his story' is not surprising" (1989: 95).

La mujer y el espacio público

La cita de Fuss señala un aspecto fundamental de la reflexión acerca de la presencia/ausencia de las mujeres en la historia: no se trata de la invisibilidad de la mujer en general, sino de la ausencia de las mujeres como sujetos históricos y "productoras de signos" (De Laurentis 1984: 13). Craig Owens distingue entre la mujer como sujeto y objeto de representación y afirma que la exclusión se refiere solamente a su condición de sujeto, ya que "there is certainly no shortage of images *of* women" (1983: 59).

La exclusión de la mujer como sujeto ha sido atribuida a la separación entre el espacio público y el privado[6]. El sistema político, económico y jurídico de las sociedades modernas, que constituye su espacio público, es dominado por la llamada "esfera de la razón" (constituida por leyes universales y generalizaciones) cuya función es crear unidad y coherencia social (Benhabib y Cornell 1987: 6). La esfera privada, asociada en cambio con el espacio íntimo de la familia nuclear, se define como una zona dominada por los sentimientos, los impulsos, las pulsiones, las necesidades y el deseo, es decir, funciones que se escapan del control de la razón y son, por lo tanto, consideradas inferiores (Young 1987: 61-63).

La esfera pública se identifica, en consecuencia, con lo masculino, codificado como racional, neutral y trascendente; la mujer, confinada por el matrimonio y la crianza de los niños al campo doméstico, con el espacio privado. De acuerdo con Nancy Chodorow la estructura de la familia determina la personalidad de la mujer[7]. Partiendo de esta teoría básica, Sherry B.

---

[6] Sobre esta separación, véase Franco (1992: 65), Benhabib y Cornell (1987: 8-9) y L. Anderson (1990: 134).

[7] Para Carlos Monsiváis, la familia es la institución en la que se apoya el sexismo: "El sexismo conoce su forma política más lograda en el patriarcado y su institución evidente en la familia (1975: 104).

Ortner afirma que en el discurso patriarcal, las experiencias de la mujer son concretas, subjetivas e interpersonales más que abstractas y objetivas (en Greene and Kahn 1985: 9). Se las asocia con el cuerpo –"a region of cultural unruliness and disorder" (Butler 1987: 131)–, el deseo y la emotividad que, según Young, tienen el poder diferenciador y particularizador y, por lo tanto, son lo opuesto a la razón normativa que generaliza y universaliza (Young 1987: 63). Esta relación sugiere que la mujer es un potencial elemento de desorden que amenaza la coherencia y la unidad buscadas por la esfera pública que se conceptualiza como des-encarnada (separada del cuerpo) y, por lo tanto, inmune a la contingencia. La consolidación de la esfera pública se basa, entonces, en la "expulsion and confinement of everything that would threaten to invade the polity with differentiation: the specificity of women's bodies and desire, the difference of race and culture, the variability of heterogeneity of the needs, the goals and desires of each individual, the ambiguity and changeability of feelings" (Young 1987: 67). La mujer queda asignada de una manera "natural" al espacio privado y personal, "subordinated to a reproductive rather than a citizen's role" (Franco 1992: 66). En consecuencia, cuando penetra en el espacio público, en la historia, viola las divisiones establecidas y es recibida como una intrusa indeseable, un ser monstruoso o grotesco. La separación de las esferas y la intransitividad entre ellas es señalada por Jean Franco en la ironía que subyace en el uso del adjetivo "público" en relación a los hombres y las mujeres: el hombre público es un ciudadano distinguido que contribuye al bienestar de la comunidad, mientras que la mujer pública es una prostituta (1999: 366).

Esta posición marginada de la mujer no hace sino intensificarse en una sociedad como la de México, dominada desde siglos por el machismo, como observa Carlos Monsiváis: "Por naturaleza y definición, la cultura mexicana es una cultura sexista" (1975: 104). Silvia Marina Arrom observa la subordinación de la mujer y su ausencia de la historia mexicana en los siglos pasados (XVIII-XIX): "In the rare instances when women are mentioned at all [in histories of Mexico] they are portrayed as passive, powerless beings, absorbed in familial duties, confined to home, and totally subordinated to men" (1985: 1). Más cerca de *Tinísima*, comentando el ensayo "Notas al margen: el lenguaje como instrumento de dominio" de Rosario Castellanos (1972), María Elena Valdés escribe: "The man-made codes which are the inscription of Mexican reality exclude women from history. Mexican history is a man's history, manufactured by men to legitimate centuries of domination, falsification, and prejudice, and calling it 'Mexico'" (1998: 16-17). Este es el cuadro socio-cultural del ingreso de Tina Modotti en la escena de la historia.

En la novela de Poniatowska el relato de la vida de Modotti está enmarcado por los reportajes que se publican en la prensa oficial mexicana, primero durante el juicio por el asesinato del amante de Tina, Julio Antonio Mella y, segundo, después de la muerte de la protagonista. Estos dos momentos coinciden con el ingreso de Tina al espacio público en 1929 y con su retiro definitivo de él, con su muerte en 1943. Los principales puntos de contacto con el espacio público se comentan, por lo tanto, desde una perspectiva oficial y crean un marco para el resto de la historia.

La novela se abre con la escena del asesinato de Julio Antonio, quien era uno de los principales representantes del comunismo internacional en el México de los años 20. Algunas lectoras de la novela de Poniatowska han visto en esta apertura un retorno a la tradición: Tina se representa como amante; para ponerla en la escena es necesario recurrir a un sujeto masculino[8]. Es cierto, como observan todas las estudiosas, que la muerte de Julio Antonio Mella marca el ingreso de Tina Modotti al espacio de la historia. Creo, sin embargo, que el significado de este comienzo reside en el hecho de que le permite a la escritora presentar primero la perspectiva oficial y hegemónica sobre Tina Modotti, para desafiarla después mediante su propia inscripción histórica de la protagonista. Tina se involucró en las actividades del Partido Comunista mucho antes del asesinato de su amante. Desde la perspectiva oficial, las actividades comunistas ocupaban un lugar muy periférico en la escena mexicana. El asesinato de Julio Antonio Mella amenaza, sin embargo, las relaciones entre los gobiernos de México y Cuba y se convierte de esta manera en un asunto político e histórico que exige una rápida reacción y solución. Es por esta razón que el ingreso de Tina Modotti al espacio público de la historia es tan radical. Además, siendo ella una mujer, éste no es el espacio que "naturalmente" le corresponde. La razón normativa, cuya función consiste en garantizar el orden y la coherencia del espacio público, debe codificar a la "intrusa" (condición acentuada por su extranjería) según las normas institucionalizadas desde las estructuras del Poder. Esto es necesario para mantener el orden. Se trata, en primer lugar, del orden político: es preciso demostrar que en México la política es una zona de racionalidad y que sólo la contaminación del espacio público por el privado (el crimen pasional que se le atribuye a Modotti) puede crear desorden. En

---

[8] Véase Kuhnheim (1994: 470), Perilli (2004: 3) y Bialowas-Pobutsky (2002: 84-8). Kuhnheim es quien desarrolla más el análisis de esta escena examinando varios efectos de este orden del relato: la combinación de Eros y Tánatos, el momento de crisis para la protagonista, así como su transformación en un personaje histórico (1994: 470).

segundo lugar, se trata del orden social: la mujer en el espacio público sólo puede ocupar ciertas posiciones, determinadas por "masculine desire to fix the women in a stable and stabilizing identity" (Owens 1983: 75). Esta despersonalización o tipificación de la mujer propia de la feminofobia (Valdés 1998: 57 y 207) atribuye dos *personae* o posiciones fijas a la mujer en la sociedad patriarcal: *madre* (el ser puro, asexual, respetable, destinado a procrear y criar nuevos miembros de la sociedad) y *prostituta* (mujer hecha sexo, creación de la imaginación masculina, constantemente deseada y temida), que son también símbolos del Bien y del Mal[9]. Tina Modotti constantemente "trastorna cánones" (Poniatowska 79), rehusando la tipificación y la máscara de los roles femeninos creada por los hombres, como lo señala el periodista Pérez Moreno, quien confronta la actitud de Tina con la tradicional pasividad de la mujer mexicana[10]:

> Qué distinta es la Modotti de las mujeres que conozco, piensa José Pérez Moreno. ... ¿Cómo sería vivir con una mujer así? Las de su familia son abnegadas. Por más tarde que llegue le sirven su merienda y se quedan junto a él: "¿Te sirvo más? ¿Quieres otro cafecito?" Tina preguntaría sin sumisión, alegaría, opinaría. Ellas, apocadas, no dicen esta boca es mía. Tenues, se deslizan sin ser notadas. O apenas. Padecen la vida, eso es, padecen al hombre y aguardan. Tina deja entrever una abundancia de vida apenas refrenada (78).

Su cuerpo se expresa, habla, vive y atrae a los hombres que la juzgan y describen para un público sediento de noticias jugosas:

> Ellos la miraban de arriba abajo buscando sus muslos. Tina se movía continuamente y cada pregunta suscitaba una reacción corporal. ... Más convincente

---

[9] Valdés define la feminofobia como un estado psicótico que consiste en el miedo a la diferencia encarnada en lo femenino (1998: 207). La feminofobia despersonaliza a la mujer que "must be made into a type rather than a person. The two most powerful and time-honored forms of depersonalization are the virgin mother and the whore; one is all-nurturing support and is venerated; the other is only a sexual object and is abused; neither thinks" (1998: 57). Véase también este comentario de Carlos Monsiváis: "Su capital inicial es su pasividad; su matrimonio es su meta y su realización; su adulterio es la expulsión del paraíso; su promiscuidad es su exterminio. De modo ritual, representa dos extremos de una teología para el consumo: es la Caída o es la Gracia" (1975: 114).

[10] En "Sexismo en la literatura mexicana", Monsiváis describe la pasividad como uno de los rasgos que la ideología sexista le atribuye a la mujer, junto con la docilidad, la ignorancia, la virtud, el recato, la abnegación, la inercia, la falta de iniciativa, "la incapacidad de avenirse con la Historia (con mayúscula), la decisión de entrever la realidad a través del chisme" (1975: 104).

que su alegato era su cuerpo, sus manos que siempre encontraban el gesto cuando su voz no hallaba la palabra y de pronto se estampaban sobre su falda evidenciando su vientre. Luz concluyó que Tina atraía porque aquellos hombres nunca habían visto a una mujer tan de acuerdo con su cuerpo, como si acabara de hacer el amor y la plenitud de su carne fuera contagiosa (61).

El cuerpo de Tina, "unruliness and disorder" (Butler 1987: 131), constituye una amenaza para la solidez y racionalidad de la esfera pública. Tina "re-encarna" a los jueces y los periodistas, contagiándolos con su corporalidad, recordándoles que más allá de *res cogitans* ordenadora y racional, ellos también son el caos de su cuerpo y su sexo. Esta "abundancia de vida", el deseo de ser ella misma y no un pobre reflejo del otro –la mujer como hombre castrado–, de gozarse a sí misma y vivir en intimidad con el mundo que la rodea, es lo que descalifica a Tina a los ojos de la sociedad mexicana de los años veinte:

> Sucede que la señora Modotti es muy distinta de otras mujeres, y sobre todo de las mexicanas. Algunas damas que he interrogado sienten ofendido su pudor ante esa vida licenciosa. ... No coincide con nuestra idiosincrasia (101).

Tina no corresponde con los roles culturales creados para la mujer. No es madre: "'Otras mujeres cargan a su hijo', pensó irónica, 'yo soporto el peso de una máquina [Graflex]'"(112). No es esposa de nadie, ni siquiera es mujer de un solo hombre; en cambio, es artista, extranjera y está involucrada en la política en vez de ocuparse del espacio doméstico[11]. Es un sujeto en proceso (Kristeva) y por esta razón tiene que convertirse en un sujeto procesado. Para estabilizar este signo móvil que amenaza el orden establecido, es necesario fijarla de otra manera, aunque sea negativa. La mujer codificada como *prostituta* es menos peligrosa que mujer-signo en movimiento. Sin embargo, los representantes del orden dominante en el texto saben que Tina

---

[11] Elsa Muñiz compara en su artículo "Simbolismo, identidad y cuerpo: las mujeres en los años veinte en México" el juicio de Tina Modotti con el de Magdalena Jurado (1922). Ambas fueron acusadas de un crimen pasional y ambas fueron exculpadas del delito, pero el proceso "dañó más a una [Tina Modotti] que a otra" (1995: 220). La diferencia reside entre dos versiones de la mujer que representaron las acusadas: la mujer femenina o el cuerpo dócil (Magdalena Jurado) y la mujer transgresora (Tina Modotti). La autora arguye que la manera de vestir y "los comportamientos, los gestos, los movimientos, es decir, el lenguaje corporal de ellas correspondía[n] a cada uno de los extremos establecidos en el discurso de lo permitido/prohibido contenido en los códigos morales" (1995: 220).

no es prostituta y esto los obliga a construirla, a inventarla, a convertir su vida en una ficción redactada según el código patriarcal.

Los procedimientos del juicio a Tina después de la muerte de Mella y los reportajes en *El Universal, Excélsior, La Prensa* y *El Nacional,* citados en la novela (57), revelan cómo cualquier vida puede convertirse en un texto y lo fácil que es manipular la información para dotar a este texto de una orientación ideológica determinada. Para crear la versión de la mujer liberada, indeseable, llevada por las pasiones hasta el punto de ser capaz de matar, se escamotea y revuelve el espacio íntimo de Tina Modotti: "Lo que ahora la espantaba [a Luz Ardizana] era esa feroz *exhibición de la intimidad*, Tina y Julio en boca de todos, su recámara abierta, su lecho revuelto, sus caricias desgajadas como quien arranca las hojas de un periódico, su piel adelgazada hasta la transparencia" (59; el énfasis es añadido). En el juicio y en los periódicos se exponen las cartas de amor, el diario de Julio Antonio, las agendas íntimas, las fotos comprometedoras, en las que Tina y su amante aparecen desnudos. La vida de Tina y ella misma se convierten en "una novela por entregas" (74) que hace aumentar la circulación de los periódicos (79).

La escritura de esta "novela" revela el papel del lenguaje en la construcción de la identidad y de los valores que estructuran el orden social y cultural de una sociedad. Al igual que *1492, Tinísima* muestra cómo la ideología se articula a través del lenguaje, que constituye uno de los principales mecanismos de la consolidación conceptual de la realidad (Fowler 1985: 61 y Castellanos 1995: 171-175). La ficción judicial y periodística sobre Tina Modotti se construye mediante vocablos que se asocian con la vida libertina y connotan valores negativos. En un reportaje que según la novela se publica en *El Universal*, Tina es codificada en una larga serie de términos que la configuran como un ser peligroso (sexual y políticamente), culpable del desorden en el espacio público:

"La atractiva veneciana de ojos negros y de mirar profundo" (61).

"... inquietante, seductora, cautivadora, torturante y meneable. ... es una mujer moderna a quien no traban los prejuicios ni estorban los escrúpulos de antaño. ... si la hemos de ver con el prisma de las doradas ilusiones, resulta una compañera ideal para la vida tropical, una dulce hurí con alma de artista y cuerpo de pequeña bailadora. ... si todavía la queremos examinar ... por medio del criterio técnico policial, ya no es una inocente adolescente sino una aventurera peligrosa ..." (62, las comillas en el original).

La visión dominante moldea la realidad, codificándola mediante las palabras que refuerzan el sentido buscado. Los ciudadanos "inocentes" colaboran: se encuentran testigos que *"han visto"* a Tina en situaciones comprometedoras: "Tina ha sido vista sentada en la banca de un parque y manoseándose con un hombre ... Otro puede atestiguar de su conducta impúdica en un salón de baile. El tercero la miró desnudarse en la noche frente al Lago Chapultepec" (65). Su vida se torna una confabulación; ella misma, "lúbrica, descarada, procaz, indecente, extranjera, perniciosa" (618) se vuelve el punto de convergencia de las fantasías masculinas. Numerosos críticos han señalado que en la representación patriarcal la mujer se convierte en un espectáculo (De Laurentis 1984: 28; Hutcheon 1988: 166), en una mascarada que no es otra cosa que la simbolización del deseo masculino (Owens 1983: 75). Su vida y su persona se transforman en un signo o mensaje que circula entre los hombres (De Laurentis 1984: 19). La representación textual del juicio en *Tinísima* coincide con estos enunciados críticos: la protagonista de la novela es un objeto de intercambio; todos pueden poseerla, denigrarla, verla, desearla.

La idea de Tina como espectáculo permite relacionar el texto con una de las fotos que encabezan los capítulos de la novela: "Tina en la azotea", un desnudo de Modotti tomado por su amante y profesor de fotografía, Edward Weston, incrustado en la novela en el contexto del juicio. Si se interpreta el juicio y los reportajes como un proceso de desnudar, es decir, exponer a Tina al público, la imagen y el texto se complementan. La fotografía no sólo presenta a Tina desnuda, funcionando así como un compendio del contenido de un grupo de capítulos, sino que encarna también la idea de la mujer como espectáculo, convirtiendo a cada lector en un espectador, en un posible cómplice del orden patriarcal. Más aún, la fotografía de Weston coloca la intimidad (la sexualidad, el cuerpo) de Tina en el centro de la atención pública, duplicando el texto (o, también, se puede asumir que el texto duplica la foto). La parte más racional y pública del cuerpo humano es la cara, que en la foto aparece en el segundo plano, alejada de la mirada del espectador, oculta en la sombra creada por la mano de la modelo. El sexo de la mujer, implicado por la mancha negra del vello púbico, ocupa el centro (literal y figurado) de la foto, como si fuera la única realidad relevante. Weston tomó esta fotografía mucho antes del juicio en cuestión, y su propósito era puramente estético: revelar la belleza pura, la armonía del cuerpo femenino. Al posar desnuda, Tina cometió un acto de transgresión porque afirmó su cuerpo y su sexualidad en la época cuando esto era inadmisible. Sin embargo, Poniatowska recontextualiza la foto colocándola en el marco del juicio en el que fue utilizada para probar la promiscuidad de Tina[12]. Al cambiar de con-

---

[12] Sobre las lecturas de esta foto en dos contextos diferentes –el momento en que Weston la sacó y el juicio– y el efecto irónico de esta recontextualización, véase Ekland

texto, la imagen se carga de nuevos significados: no sólo presenta a la mujer como objeto de codificación que la convierte en un cuerpo puro o en un sujeto encarnado (S. Smith 1993: 11-17) cuya alteridad debe ser controlada, sino que también visualiza la idea de la posesión (sexual) colectiva y hace patente el hecho de que la representación misma es un acto de disciplinar, que la mirada dominante ("voyeuristic masculine gaze"; Hutcheon 1988: 165) posada sobre el cuerpo es un mecanismo de enculturación identitaria, basado a menudo en la violación del espacio privado. El juicio de Tina es una acusación de la hipocresía de las estructuras del Poder que proclaman la separación entre lo público y lo privado, sólo para disolver esta dicotomía cuando lo consideren pertinente[13].

La novela cuenta que el interés de la prensa mexicana por la vida de Tina Modotti vuelve a suscitarse a la hora de su muerte. La muerte hace desaparecer a Modotti como persona, pero a la vez la convierte en un mito colectivo. Significativamente, este momento evidencia el mismo deseo de fijar el lugar y la identidad social que acompañaron antes su ingreso en el espacio público. Al morir Tina, los periódicos mexicanos desarrollan una campaña de propaganda, resucitando el pasado. Según la prensa: "La misteriosa 'Mata Hari del Comintern' llevó siempre una vida licenciosa, había posado desnuda para Weston y para Diego Rivera, amante de ambos" (655). Es presentada como una "mujer depravada y peligrosa, mezclada en numerosos asesinatos... espía de los fascistas italianos" (657).

Tinísima se abre y se cierra entonces con las imágenes oficiales de Tina Modotti, construidas desde la perspectiva del Poder patriarcal que tipifican a la mujer (madre o mujer perniciosa); ninguna de estas imágenes es positiva ni permite ver a la mujer como agente, como sujeto activo, o como productora de los significados culturales e históricos. En esta situación, la inscripción de Tina Modotti (y de la mujer, en general) en la historia no puede limitarse a contestar la pregunta: "¿Y a ella, Tina, quién la recordará?"

(2000: 224-226). El juego de contextos descalifica el valor documental de la foto como huella de la realidad, mostrando que una fotografía, como cualquier otro documento, puede usarse para construir una versión/ficción requerida.

[13] En "*Tinísima*: The Construction of the Self Through the Structures of Narrative Discourse", Ekland muestra que durante el juicio, el espacio público (el juzgado y el juicio) que representa lo simbólico, y el privado (el dormitorio y la vida emocional-sexual) que se asocia con lo semiótico, entran en un conflicto que desdibuja sus límites y empuja al sujeto atrapado entre ellos (Tina) hacia una crisis de identidad: "Tina vacillates between these two spaces: She sits in the courtroom confronted by testimony about her sex life, she lies in bed at home dreaming of inquisition of the courtroom" (1997: 82).

(630). Es imperativo reformularla e interrogar no sólo quién, sino también *cómo* la recordará. El adverbio interrogativo "cómo" se refiere a la imagen que se proyecta, pero apunta también a las estrategias discursivas y al modo de organizar el discurso. Se trata, por lo tanto, de una pregunta que desde la perspectiva de la mujer se propone reflexionar sobre la historia. En este sentido, la novela de Poniatowska es un texto que dialoga críticamente con este discurso dominante.

Existir *en* la historia: la negociación

La inclusión y la inscripción de la mujer en la historia se vinculan estrechamente con la redefinición de la esfera pública por medio de la deconstrucción de la oposición binaria entre el espacio público y el espacio privado. La crítica feminista ha mostrado que esta dicotomía no es un estado natural de las cosas, sino una construcción del pensamiento occidental, en general, y patriarcal, en particular. El nuevo entendimiento de estas relaciones, expresado claramente en la frase "the personal is political", y el surgimiento de nuevos movimientos sociales, muchos de ellos protagonizados por las mujeres, que según Jean Franco añadieron "a significantly original dimension to contemporary life" (1992: 65)[14], han contribuido a debilitar este binarismo. Abrir el espacio público, diferenciarlo y liberarlo de las restricciones previas es una meta política de la crítica y práctica cultural de las últimas cuatro décadas, y no se trata solamente de "lifting formerly privatized issues into the open of public and rational discussion, ... but also affirming in the practice of such discussion the proper place of passion and play in public" (Young 1987: 75).

Ahora bien, esta in-scripción de los/las que previamente fueron excluidos de la historia coincidió con la deconstrucción posestructuralista dirigida contra la historia tradicional y su discurso, que es una vertiente de la revisión más general en el campo de la historiografía. Como he mostrado en el

---

[14] El principal ejemplo de Franco son las Madres de Plaza de Mayo. Este movimiento combinó el papel tradicional de la madre con una función pública como la protesta contra la injusticia. La acción de las madres hizo ver la vida privada, presente en las fotos de los hijos desaparecidos, como algo público. Francine Masiello también ve en los movimientos sociales una micropráctica que "translates between different spaces in order to produce new forms of identification and belonging" (2003: 70). Sus ejemplos incluyen Radio Tierra Chile y la ONG Casa de la Mujer la Morada, cuyas actividades llevan al "collapse of binary spaces separating public and private spheres" (2003: 70).

capítulo teórico, el cuestionamiento del pasado como un hecho, una experiencia o un referente que pertenece al orden de lo real, situó a la historia en el dominio del lenguaje. Este giro lingüístico al que White se refiere, significativamente, como "getting out of history" (1987: 168) resulta problemático para los grupos sociales (mujeres, minorías étnicas) excluidos antes de la historia oficial. Los planteamientos de la teoría deconstruccionista no se oponen a los intereses de las prácticas sociales y culturales que luchan por heterogeneizar lo público, pero tampoco son directamente compatibles. Se trata de la revisión y re-conceptualización de la historia, sus prácticas discursivas y sus fundamentos ideológicos, pero para los/las que desean in-corporarse en ella, la "textualización" de la historia presenta el peligro de permanecer para siempre al margen de su dimensión real. La crítica feminista, por su parte, acepta las reformulaciones teóricas propuestas por la deconstrucción, pero teme que la restricción de la historia a un acto verbal y textual prive a la mujer del derecho de encontrar su lugar en el devenir histórico, impidiéndole la realización del deseo de existir "historically in the world, to be more than textually present" (L. Anderson 1990: 131)[15]. Para tener "existencia", el espacio femenino (y de otros grupos marginados) necesita que la historia se perciba en su dimensión real; al mismo tiempo, no se pueden descartar por completo los planteamientos posestructuralistas y posmodernos: la crítica feminista también necesita la deconstrucción, porque in-scribir a la mujer en la historia no puede reducirse a añadir su presencia, sino que tiene que contribuir a la reconceptualización de los límites y estrategias del discurso que la había hecho invisible. Es imperativo, por lo tanto, buscar una posición y una discursividad que permitan recuperar el pasado re-configurando a la vez la historia y su discurso.

Esto lleva a lo que Paul Smith llama "feminism's double-play": "the tactic of doing two or more things at once, or of putting ostensibly contradictory

---

[15] La narratividad de la historia es un ejemplo de cómo la deconstrucción puede ser usada por las investigadoras feministas. Mostrar que la historia es una construcción narrativa es señalar que no se trata de un recuento objetivo y neutral de la realidad, sino de una construcción de significado que puede ser (ha sido) usada para la represión y la exclusión. Por otra parte, la crítica feminista trata de salvar algunos conceptos de la historia tradicional. Éste es el caso de la continuidad histórica. Negarla o cuestionarla en general debilita el argumento de la continuidad de la opresión de la mujer por el hombre. Sobre esta problemática, véase el artículo de Isaac D. Balbus, "Disciplining Women: Michel Foucault and the Power of Feminist Discourse" (1987). Por otra parte, véase la crítica que Elizabeth Fox-Genovese hace a algunos planteamientos de índole posestructuralista de Joan Wallach Scott en *Feminism Without Illusions*, capítulo 6 (1991: 139-165).

but overlapping items on the agenda" (1988: 149 y 151). Este "doble juego" puede realizarse en dos dimensiones: la práctica cultural de la vida y la teoría del discurso o de la escritura. En relación al primero está el concepto de la mujer como una doble agente, elaborado por Francine Masiello. La mujer que trata de construir un espacio propio en el territorio dominado por el hombre debe recurrir a la máscara y servirse de un doble discurso que le permita ser ella misma y, a la vez, satisfacer las normas que rigen su espacio social (2003: 60-62). Esto explicaría por qué Tina, una mujer liberada e independiente en muchos aspectos, se muestra también sumisa a los hombres y su ideología. En el segundo nivel, se trata de asumir, aceptar o incluso instaurar en el discurso feminista ciertas ideas creadas por el pensamiento patriarcal de Occidente, para ponerlas en duda y cuestionarlas simultáneamente[16]. Para esta práctica Susan Stanford Friedman propone el término *negociación* porque implica "the double connotation of 'mutual discussion and arrangement' (as in negotiating a treaty) and maneuvering to clear or pass an obstacle" (1991: 481). En el caso de la historia y el discurso histórico, la negociación implica reivindicar primero una concepción de la historia como algo real, para cuestionar enseguida lo que la constituye como un "grand récit" o una metanarrativa y le otorga la autoridad de suprimir y reprimir la otredad. Según Diana Fuss, "To get back into history, what we need is not a masternarrative of History but a narrative that can master 'Hisstory'" (1989: 106); es decir, una escritura que transgreda los códigos dominantes del discurso histórico.

La novela biográfica: negociación y reescritura

El marco genérico de *Tinísima*, novela sobre una vida, se apoya sobre la biografía, "l'un des plus vieux 'genres' du récit historique"(Furet 1974: 49)[17]. Considerada por la tradición como un texto que reconstruye histórica-

---

[16] En *A Poetics of Postmodernism* (1988) Hutcheon construye el paradigma de la literatura posmodernista sobre la base de este proceso simultáneo de instaurar y subvertir. Se podría ver aquí un lugar de encuentro entre el feminismo y la práctica posmoderna, que no siempre coinciden aunque coexisten temporalmente.

[17] En lo que concierne al género de *Tinísima*, la opinión de la crítica varía solamente en cuanto a la preponderancia del componente ficcional o biográfico. Capote Cruz (1994), Ekland (2000) y H. Anderson (1997) acentúan el aspecto biográfico considerando la obra como una biografía ficcional o novelada. Jörgensen (1997) y Vilches Norat (1993) la califican como novela. Kuhnheim recurre a una descripción ambigua diciendo

mente la vida de uno de los "hombres ilustres", la biografía resulta muy atractiva para quien se propone llenar los vacíos creados por la historiografía tradicional, porque connota la in-scripción de una vida en la historia, condicionando la lectura mediante las asociaciones con su función ideológica aceptada. Por otra parte, la biografía es uno de los discursos maestros occidentales que contribuyó a la consolidación del sujeto burgués autónomo; por eso, se la considera como uno de los géneros más conservadores en cuanto al tratamiento del sujeto humano, ya que perpetúa el modelo esencialista de un ser excepcional, cuya construcción se apoya en la enunciación narrativa y la estructura temporal. Su historia es una larga tradición

> of being allied with dominant structures of cultural, political, social, and economic authority. ... [I]t has always been a way of being and becoming to which ... special significance is attached, a cultural process of inclusion and exclusion that continues to be closely monitored (Epstein 1991: 221-222).

Por estas razones, para que el relato biográfico verdaderamente in-scriba a un ser marginal en la Historia, es necesario revisar constantemente su código y los principios ideológicos que lo determinan, negociando entre las posibilidades que ofrece y las limitaciones que impone. *Tinísima* se apropia de algunas convenciones de la biografía para crear el efecto de la in-scripción en la historia, pero subvierte sin cesar sus códigos, cuestionando la tradición monológica e ideológica del género[18]. La estrategia escogida por

---

que "la obra parece pertenecer al género de la ficción histórica ... [que] tiene fuertes lazos con la biografía" (1994: 470). La más crítica es Fabienne Bradú, para quien *Tinísima* es una novela cuya autora no ha sabido aprovechar la libertad que otorga este género, quedándose a caballo entre la novela y la biografía, sin decidirse por ninguna de estas opciones genéricas (1992: 45). Dado el subtítulo, me inclino a considerar *Tinísima* como una novela, aunque reconozco que los límites entre la ficción y la biografía son en ella muy tenues.

[18] Varias novelas contemporáneas reescriben el discurso biográfico entablando un diálogo más o menos experimental con sus principios. A guisa de ejemplo: *El mundo alucinante* de Reinaldo Arenas (1969), *Yo el Supremo* (1974) y *Vigilia del Almirante* (1992) de Augusto Roa Bastos, *Daimón* (1978) y *Los perros del Paraíso* (1983) de Abel Posse, *Lope de Aguirre, Príncipe de la libertad* de Miguel Otero Silva (1979), *El arpa y la sombra* de Alejo Carpentier (1979), *La tragedia del generalísimo* de Denzil Romero (1983), *Gringo viejo* de Carlos Fuentes (1985), *Noticias del imperio* de Fernando del Paso (1987), *Madero, el otro* de Ignacio Solares (1989), *El general en su laberinto* de Gabriel García Márquez (1989), *La novela de Perón* (1985) y *Santa Evita* (1995) de Tomás Eloy Martínez, *Margarita, está linda la mar* (1998) y *Mil y una muertes* (2004) de Sergio Ramírez.

Poniatowska no es una experimentación abierta, método recomendado por Sharon O'Brien (1991), sino un discurso y una práctica de escritura que se basan en una muy sutil negociación textual con la tradición heredada.

James Clifford afirma que "the composition of life inevitably involves the writer in problems of portraying the person in his or her trans-individual contexts –linguistic, social, historical, professional, familial, and so forth" (1978: 43). En *Tinísima* esto se ve en la cuidadosa descripción del contexto en el que vive, trabaja y actúa Tina Modotti, una de las principales características de la novela. Poniatowska recrea con detalle y deseo de veracidad los escenarios y acontecimientos históricos de las primeras décadas del siglo XX: el México posrevolucionario de la edad dorada, el Berlín en la época de la gran crisis, el Moscú de los años treinta, la lucha clandestina comunista de la época de entreguerras en Europa, la terrible realidad de la Guerra Civil española. La novela incluye también a numerosos personajes históricos: artistas, revolucionarios, políticos, cuyos nombres funcionan como signos de la época.

La cantidad de la información documental y el detallismo con el que se reconstruyen los tiempos de Modotti hacen pensar que la vida de la protagonista es apenas un pretexto para montar un fresco histórico; a veces resultan abrumadores y pueden llegar a exasperar: "her novel includes far too many digressions from the principal subject at hand" (McMurray 1994: 459). Sin embargo, esta desazón puede ser un punto de partida para una reflexión sobre el objetivo de la minuciosidad de la autora: más allá de su actividad como fotógrafa, Tina Modotti es un personaje histórico poco conocido y para que su aparición en la historia sea creíble, es necesario fundar en el lector la impresión de la solidez y la verosimilitud de la realidad en que se la coloca. El escenario que la novelista edifica constituye el espacio público del que la mujer en general estaba excluida. Es imperativo afirmar este espacio para que la mujer pueda hacerse visible en él e impugnar la separación de lo público y lo privado que la tenía relegada a la periferia. Esta impugnación se da en *Tinísima* a partir del título de la obra.

En cada texto, el título es un umbral que establece un pacto de lectura. En la biografía, el título suele contener el apellido y, a veces, el nombre del personaje. El apellido funciona como nuestra marca en el espacio público, mientras que el nombre nos diferencia en el privado. "Tinísima" (diminutivo de Assunta y Tina) es un signo colmado de asociaciones íntimas. Frente a los jueces que tratan de humillarla, Tina recuerda que "su madre la llamaba Tinísima" (50), como si esta evocación fuera un escudo. Es también el nombre con el que Julio Antonio Mella llamaba a Tina y con el que la interpela desde su muerte. El nombre aparece en los recuerdos de Tina, muchos de los cuales reconstruyen momentos de pasión erótica entre los amantes. "Tinísima" significa amor, cariño y protección; emerge envuelto en los vapores y efluvios de los actos sexuales entre Tina y Julio Antonio. Al nombrar su novela *Tinísima*, Poniatowska borra la separación entre lo público y lo privado: el título, interpretado en el contexto del relato biográfico que encabeza, debe leerse como un símbolo de la irrupción de lo privado en lo público. A la vez, como señala Kuhnheim, el nombre del título es, por su morfología, un superlativo que apunta hacia la protagonista como un ser "superlativ[o], excesiv[o], una personalidad al máximo" (1994: 471). En él la autora anticipa aquella inquietante "abundancia de vida apenas refrenada" (78) que resiste tanto a los códigos de la enculturación patriarcal como a la representación. Es más, la existencia de este apelativo en compañía de otros –Tina, Tina Modotti– implica una multitud de intersecciones del sujeto con la historia, una variedad de situaciones e influencias que interpelan a la protagonista y participan en la constitución diferenciada de su "yo", lo cual lleva directamente a la reflexión sobre la noción del sujeto en la biografía, la teoría contemporánea y la novela de Poniatowska.

El sujeto biografiado: estabilidad y coherencia *versus* movilidad y contradicción

El referente de la biografía tradicional suele ser una construcción identitaria que Sidonie Smith denomina el sujeto universal, que es una entidad fija, racional y autónoma cuya conciencia individual se instituye como centro y origen de todo sentido y conocimiento (1993: 5-10). Conceptualizado de este modo, el sujeto es una realidad pre- y extralingüística porque es anterior e independiente del lenguaje, por lo cual se concibe como coherente, centrado y unívoco (1993: 17). La vocación de la biografía es representar esta personalidad sólida en forma de una historia única y uniformada. El impulso hacia la coherencia del "yo" hace que el discurso biográfico enfatice la continuidad, el progreso y la orientación hacia el cierre en vez de la discontinuidad y la apertura. Para crear en el lector la impresión de la solidez del sujeto biografiado, el discurso biográfico elimina las fisuras, las incoherencias y las ambigüedades tanto en la personalidad del personaje como en la investigación autorial previa a la escritura. El biógrafo tiende a presentar los resultados de la investigación como un producto definitivo, sin llamar la atención al proceso de pulir mediante el cual se eliminan los vacíos informativos, las inconsistencias y las contradicciones halladas en los documentos. La biografía es, por lo tanto, un vehículo de la visión tradicional del individuo como una unidad consistente, y como tal reproduce el mito de la coherencia (Clifford 1978: 44), producto y herencia del humanismo liberal burgués, fuertemente arraigado en la cultura occidental.

Ahora bien, esta concepción del sujeto ha sido el blanco del posestructuralismo en sus numerosas vertientes teóricas, como el posmarxismo, la deconstrucción y el psicoanálisis. El proyecto posestructuralista impugna la idea de la conciencia como origen de acciones y significados y le niega al individuo la libertad, la auto-determinación y la existencia autónoma fuera del lenguaje, cuestionando de este modo el estatus epistemológico del sujeto humano privilegiado por la tradición occidental. Como sucede con el giro lingüístico en la historiografía, la deconstrucción del "yo" efectuada por el posestructuralismo inquieta a muchas pensadoras feministas que ven en ella una amenaza para su proyecto de "recuperar" a la mujer. Nancy K. Miller sostiene que "only those who have it [the status of subject] can play with not having it" (1988: 52), mientras que Elizabeth Fox-Genovese asegura:

> From the perspective of those previously excluded from the cultural elite, the death of the subject or the death of the author seems somewhat premature. Surely it is no coincidence that the Western white male elite proclaimed the death of the subject at precisely the moment at which it might have had to share that status with the women and peoples of other races and classes who were beginning to challenge its supremacy (1986: 134).

Ante la crisis "post" del sujeto, como ante la deconstrucción de la historia, la teoría y práctica feminista propone un espacio de *negociación* entre la fijación y la dispersión que le permita a la mujer constituirse en agente (sujeto que no está subyugado) y, a la vez, haga posible la subversión de la concepción humanista del individuo que se identifica con el orden patriarcal. La idea de este doble juego se expresa, entre otros, en la siguiente afirmación de Jane Gallop:

> I hold the Lacanian view that any identity will necessarily be alien and constraining. But I do not seek some liberation from identity. That would lead to another form of paralysis – the oceanic passivity of undifferentiation. Identity must be continually assumed and immediately called into question (1982: xii).

En *Tinísima* se observa este proceso de negociación entre la afirmación y la subversión de la identidad. Por una parte, al echar mano del género biográfico y al jugar con los significados inherentes a la tradición de lectura de este tipo de relato, Poniatowska asienta la personalidad de su protagonista; por otra, presentando múltiples intersecciones entre Modotti como sujeto y la historia, sin cesar le sugiere al lector que Tina nunca es una e indivisible.

De esta manera, se establece también un diálogo –otro tipo de negociación– con la imagen simplificada de la mujer promiscua que construye el discurso oficial recreado en el marco narrativo.

El sujeto móvil

La crítica de Paul Smith a la teoría de Althusser sobre la interpelación del sujeto ayuda a captar cómo Poniatowska impugna la noción de una identidad fija. El análisis de Althusser sobre la Ideología como una realidad omni-histórica que garantiza la coherencia de las formaciones sociales (Althusser 197: 146 y 161; P. Smith 1988: 14) cuestiona la auto-determinación del individuo como productor de signos, pero no evita la totalización del sujeto porque su noción de interpelación homogeneiza e ignora las diferencias y tensiones que experimenta el "yo" en su relación con la ideología. Smith propone, siguiendo a Lacan, el concepto de "posiciones-sujeto" (1988: 25), que implica la existencia de múltiples interpelaciones del sujeto y que se contrapone al de "posición-sujeto" como resultado de *la* interpelación como acción unitaria. De acuerdo con la teoría de Lacan, el sujeto se construye en el momento de su ingreso en lo simbólico identificado por Althusser casi indiscriminadamente con la Ideología. Sin embargo, Lacan evita la fijación del sujeto al enfatizar que éste se produce en un proceso de dialéctica entre sí mismo y una serie de tensiones entre lo simbólico y lo imaginario. Como una entidad en proceso y contradictoria, el sujeto produce varias respuestas ante las presiones discursivas generales (la Ideología) y particulares (varias ideologías o formas en que se manifiesta lo simbólico) (P. Smith 1988: 13-23).

Tina Modotti es un "sujeto móvil" (Franco 1989: 179) que se desplaza a través de varios contextos históricos y políticos y es constantemente "interpelada" por ellos[19]. Una visión múltiple y contradictoria de Tina Modotti se ar-

---

[19] El concepto de interpelación acuñado por Althusser designa el proceso a través del cual los individuos se constituyen como sujetos en su relación con las prácticas ideológicas de la sociedad (educación, religión, sistema legal), llamadas Aparatos Ideológicos de Estado (Althusser 1971: 127-186; Balibar y Macherey 1981: 79 y 84). No obstante, en el análisis que sigue, la palabra "interpelación" (y sus variantes) se va a usar en el sentido de realidades exteriores al sujeto que lo "llaman" exigiendo de él/ella una respuesta, sin necesariamente aludir a los Aparatos Ideológicos de Estado. Se trata más bien de las relaciones interpersonales, de las condiciones y circunstancias familiares, sociales, culturales, políticas e históricas que obligan al ser humano a producir varias respuestas y adaptar varios "papeles" en los que su identidad se revela descentrada.

ticula ya en la tensión entre el marco novelesco constituido por el discurso oficial de la prensa y la historia de la protagonista, situada dentro de los límites creados por este marco y comentada en las páginas anteriores. Al explorar esta historia la autora examina sin cesar otras instancias de Tina como sujeto contradictorio en el sentido de doble agente de Masiello y las múltiples "interpelaciones" y respuestas de Tina ante los contextos culturales e históricos. Al principio de la novela, influida por Weston y un grupo de artistas que siguen las consignas del esteticismo modernista (en el sentido anglosajón de la palabra), Tina se deja guiar por las preocupaciones formales (232). La amistad y, después, la relación amorosa con Xavier Guerrero, un artista comprometido directamente con la cultura y la realidad mexicanas, le enseñan que el arte puede ser una forma de denuncia social. Más adelante en el relato, su vida en el Berlín gris y desesperado de la época de la crisis le hace entender que el compromiso con la lucha es la única forma verdadera de solidaridad con el harapiento, el desesperado, el golpeado; por esto, tras una pugna feroz consigo misma, renuncia para siempre a la fotografía. El entusiasmo comunista de la Moscú posrevolucionaria la convierte en una combatiente dedicada, pero en la guerra de España deja de combatir por sus ideales y lucha por salvar vidas.

Las "interpelaciones" de la historia también pueden tomar otras formas y producir sujetos distintos. La novela hace hincapié en la diferencia entre la Tina Modotti de Moscú, dedicada a la causa estalinista, entusiasmada, convencida de que es parte de la gran revolución, y la Tina Modotti de México, después de la guerra española. La conciencia histórica de la protagonista cambia drásticamente. Sus actividades en la Unión Soviética le hacen creer que está construyendo un orden nuevo en el mundo, que está participando en el proceso de cambiar la historia. La tragedia de España la hace consciente de que la historia subyuga y determina al ser humano, y que es ingenuo creer que el individuo puede crearla o moldearla a su manera. Durante su segunda estadía en México, Tina empieza a disfrutar de lo diminuto, lo insignificante. Se entrega a los pequeños goces de la cotidianidad, lo que permanece después del paso demoledor de la historia: un apartamento, una azotea con flores, un gato, un paisaje de los volcanes. Al mismo tiempo, sin embargo, la protagonista se estanca en su apoyo incuestionable a la ideología estalinista, como si los ideales y la vida por los que luchó antes hubieran perdido sentido.

La multiplicidad de respuestas de Tina se evidencia también en el ámbito privado de sus relaciones amorosas y sexuales. Al recordarlas, Tina se da cuenta de que cada uno de los hombres que amó

> le había dado un sonido nuevo, un tiempo distinto, *su tiempo, su estatura*, cada uno había caminado sobre las olas hacia ella; ella, su cabeza sobre el pecho en

turno. No quiso saber cuál sería el porvenir, ese desconocimiento era su forma de libertad, ¡qué libertad abrazarlo, hacer que hundiera en su vientre *el tamaño de su pene*! ... seguramente lo mismo les sucedía a los hombres, *cada amante era un nuevo descubrimiento de sí mismos* a través de la *estrechura de su vagina*, la intuición tras de su frente, el atroz o brutal o soberbio misterio en sus ojos, la inconmesurable maravilla del cerebro humano posado allí sobre la almohada (636, el énfasis es añadido).

El cuerpo del amante, el modo de hacer el amor son instancias que determinan las transformaciones del ser humano exploradas en la novela[20]. En las relaciones sexuales con Weston, Tina dominaba: "Él era su cosa, un hombre entregado, haz de mí lo que quieras, delgado y manuable" (218). Sin embargo: "Hacer el amor con Xavier era pasar de las caritas sonrientes de Veracruz a la gravedad de las cabezas olmecas. Se hundía en ella, trabajando la piedra, suprema destreza. Cavaba en su interior buscando. Amar a Xavier era ascender a una antigüedad portentosa, imponente, a la acción suspendida, a la esencia ajena..." (218). A Julio Antonio lo amó con "urgencia, ese dolor apremiante" (84) y era amor y sexo de dos personas que "[tenían] la misma superficie"(85). Cada amor, el carácter distinto del acto sexual que depende del compañero, redefine, rehace a Tina, vuelve a constituir su persona, desbarata su "yo" anterior. El sexo, como la cultura, como la historia, como la política se revela aquí como una forma potente de "interpelación" que resquebraja la unidad del ser humano.

Otras imágenes que sugieren el constante devenir del sujeto –el sujeto en proceso–, de ser otra, desigual a la anterior, proliferan en la novela. Una de ellas es la metáfora del cuerpo, la materia que se transforma:

"Cualquier ser organizado es en todo instante el mismo y no el mismo; cada instante, células de su cuerpo mueren y otras se forman. Después de un tiempo más o menos largo la sustancia de ese cuerpo ha sido enteramente renovada, reemplazada por otros átomos, de tal manera que todo ser organizado es constantemente el mismo y sin embargo otro".

Tina ha perdido células. Nada queda de la mujer arrolladora que tomaba decisiones, partía plaza, desechaba enamorados. Sin embargo, otras células

---

[20] Es imposible no recordar aquí el maravilloso capítulo 92 de *Rayuela*, en el que Horacio Oliveira reflexiona (desde la voz narrativa en tercera persona) sobre el "desencuentro delicioso" (1994: 589) que es el encuentro con otro cuerpo y cómo esta experiencia reconstituye el mundo: "antes y después el mundo se ha hecho pedazos y hay que nombrarlo de nuevo, dedo por dedo, labio por labio, sombra por sombra" (1994: 589).

nacen para dar vida, transformar, reanudar, producir (630; las comillas están en el texto).

Las numerosas transformaciones de Tina, tanto las de su cuerpo como las de su emotividad y conciencia, se evidencian con el cambio de nombre. El nombre es el símbolo de la identidad del ser humano; cambiar de nombre es convertirse en otro. A lo largo de su vida, Modotti es una mujer de muchos nombres, nacionalidades, edades: Assunta en el registro civil, Tina y Tinísima para sus parientes, amigos y amantes, Rosa, María y Carmen durante la clandestinidad. Esta constelación apelativa dibuja "la permanente fuga de la identidad" (Perilli 2004: 2) de un sujeto nómada, que no logra fijarse. Otra sugerencia de esta inestabilidad identitaria se encuentra en las fotografías que encabezan algunos capítulos. Entre las 37 reproducciones incorporadas en el texto, hay cuatro fotografías y dos dibujos fotografiados que representan a Tina Modotti. En ninguna de estas imágenes Tina "se repite". El desnudo de Weston, "Tina en la azotea" (71), es una representación de la mujer expuesta a la mirada masculina como sexo y cuerpo y, a la vez, el testimonio del atrevimiento de una mujer que en los años treinta osa posar desnuda; en la foto "Tina en Hollywood" (369) aparece la mujer como un objeto exótico (otro) y enmascarado. La fotografía "Tina Modotti en su exposición en la Biblioteca Nacional" (251) contrasta fuertemente con las anteriores: en aquéllas Tina era objeto de representación; en ésta, retratada con sus propias fotografías en el fondo, es el sujeto, mujer productora de signos. La foto "Tina y Eduardo" (una escena típica de familia burguesa, ella con un ramo de flores, él sentado con un libro en la mano y la figura de Cristo en el fondo; 139), presenta a Tina como lo que *no* es –una mujer de familia–, por lo cual contrasta con la independencia de la mujer de la foto anterior. Los dos dibujos resumen dos maneras de percibir a la mujer en la sociedad patriarcal: "Tentación (Tina Modotti)" (118) encarna la idea de la mujer como representación del deseo masculino, mientras que "Tina modelo de Diego Rivera en la capilla de Chapingo" (632) la presenta como símbolo de germinación y fertilidad. Estas imágenes incrustadas en el texto refuerzan, en primera instancia, el efecto de verosimilitud biográfica del relato, pero su presencia introduce también una reveladora tensión entre la fijación y la multiplicidad identitaria que cuestiona la premisa de la coherencia del sujeto. Roland Barthes comentó en *La chambre claire* la relación contradictoria que se establece entre las fotos y el sujeto:

> Je voudrais ... que mon image, mobile, cahotée entre mille photos changeantes, au gré des situations, des âges, coïncide toujours avec mon "moi"...; mais c'est

le contraire qu'il faut dire: c'est "moi" qui ne coïncide jamais avec mon image; car c'est l'image qui est lourde, immobile, entêtée (ce pour quoi la société s'y appuie), et c'est "moi" qui suis léger, divisé, dispersé, tout en m'agitant dans mon bocal (1980: 26-27).

Una fotografía siempre inmoviliza y aprisiona al ser humano, lo petrifica en un instante. Una serie de fotos de la misma persona revela, sin embargo y a pesar de la petrificación que se produce en cada una de ellas, que la constancia y la coherencia son ilusorias. Las diversas fotografías de Tina, como también las fotografías de los distintos lugares donde ella vivió, captan algunas instancias de su personalidad e indican las transformaciones. En este sentido, las fotografías complementan el texto en su proyecto de sugerir la multiplicidad y la contradicción, pero revelan también que el acto de representación es siempre un acto de selección/exclusión porque ninguna imagen logra reproducir el infinito movimiento del "yo" humano.

Modotti es conocida esencialmente como fotógrafa. La inserción de sus fotos afirma esta identidad; la presencia de otras, las que no son de ella, "corrige", complementa la imagen, añadiendo otras identidades, ignoradas por la mayoría de la gente: la de activista, combatiente, amante. Pero no es verdad decir que la protagonista de *Tinísima* era *una* artista, *una* combatiente, *una* amante, *una* mujer. Debajo de cada consigna, cada generalización, se esconden muchos matices de la misma cara: *muchas* artistas, *muchas* combatientes, *muchas* amantes, *infinitas* mujeres. La perspectiva única, hija de la lógica de la singularidad, con la que la prensa oficial intentó estabilizar a Tina, se deshace ante esta multitud de imágenes e identidades posibles. Luchando constantemente por definirse en diálogo con los otros y la historia, la protagonista emerge "singularmente heterogénea y real" (Bialowas-Pobutsky 2002: 99).

El reto a la figuración temporal del sujeto

La organización temporal y narrativa del relato biográfico vehicula las presunciones ideológicas que definen la noción del sujeto. El tiempo biográfico tradicional se extiende sobre la vida entera de la persona, desde su nacimiento hasta la muerte, aunque el biógrafo enfatice más los momentos que considera cruciales. El tiempo verbal de un relato biográfico suele ser el pasado que connota la fijación. Se narra la vida como una línea continua, borrando las fisuras y las líneas de fuga, lo que subraya la solidez del sujeto biografiado y presenta la trayectoria vivida como continuidad, un progreso ininterrumpido hacia un telos. En una primera lectura, *Tinísima* parece reproducir este modelo tradicional y monológico del discurso biográfico; no obstante, leído desde la óptica de negociación, el texto revela numerosas subversiones de este código, que relacionan la obra con la polémica sobre las limitaciones del discurso histórico y biográfico.

La narración empieza *in medias res*, en el momento que marca y cambia drásticamente a Tina Modotti: el asesinato de Julio Antonio Mella. Es el momento de una tragedia personal, pero también, de acuerdo con lo que ya se ha comentado, es el momento del ingreso de la protagonista en la escena de la historia. La infancia y la juventud de Tina se recrean sólo ocasionalmente, a través de sus recuerdos. El relato se desarrolla de un modo progresivo, pero aparecen retrospecciones que interrumpen, algunas muy sutilmente y otras de una manera más descubierta, el hilo de la narración. La analepsis más importante en el relato, como un bloque con una estructura interna coherente, es la época de la vida de Tina desde su llegada a México hasta el asesinato de Julio Antonio, narrada en tercera persona a las mujeres juchitecas (117-230).

El recurso de las fechas, el papel de las fotografías y el uso del tiempo presente resultan especialmente importantes para la apreciación de la estructura temporal del relato en *Tinísima*. Las fechas encabezan todas las secciones de la novela, sugiriendo una progresión temporal continua. Estas fechas, que deberían facilitar la lectura ratificando la continuidad y el orden, son, sin embargo, un elemento perturbador que incomoda al lector. Esto se debe al juego que se establece en el texto entre la fecha, el tiempo que el lector asocia con ella y el tiempo que estas fechas representan en el relato. Algunas veces, lo que se narra bajo una fecha, que remite a un solo día, resume más de seis meses. En otras ocasiones, la narración se acelera de una manera vertiginosa, como en el caso de los capítulos que relatan la derrota de los republicanos en España, convirtiéndose en una crónica, un breve recuento periodístico de fechas y acontecimientos. El tiempo se expande o se contrae; en ambos casos, la noción tradicional de la fecha se desvaloriza, lo cual pone en entredicho la temporalidad histórica convencional.

Otra manera de cuestionar la temporalidad del relato se da en la relación entre el texto y las fotografías que encabezan todos los capítulos. Estas fotografías construyen una serie que aparenta ser paralela al despliegue temporal de la historia narrada en la novela, realzando la continuidad como característica del tiempo vivido. Sin embargo, la serie fotográfica solamente crea la impresión de continuidad. En realidad, según apunta Susan Sontag, se trata solamente de unos fragmentos del pasado:

Photography reinforces a nominalist view of social reality as consisting of small units of an apparently infinite number–as the number of photographs that could be taken of anything is unlimited. Through photographs, the world becomes a series of *unrelated, freestanding particles; and history, past and present, a set of anecdotes and faits divers.* The camera makes reality atomic, manageable, and opaque. It is a view of the world which denies interconnectedness, continuity, but which confers at each moment the character of a mystery (1977: 22-23; el énfasis es añadido).

A la luz de esta reflexión, cada fotografía es apenas un recorte de la realidad; entre cada dos elementos de la serie se podría incrustar una miríada de nuevos elementos y nunca se produciría una línea continua perfecta. El paralelismo que se establece en *Tinísima* entre las fotografías y el texto funciona como un metacomentario sobre la organización temporal del relato y la dimensión selectiva de toda narración. Como la serie fotográfica, la narración se construye mediante la selección de acontecimientos que sólo aparentan configurar una línea continua; y, al igual que en la serie fotográfica, en la serie textual se podrían añadir más elementos (fechas, acontecimientos, personas), porque entre cada uno de los eslabones existen vacíos, fisuras y rupturas.

Otro recurso de la impugnación del modelo tradicional de la temporalidad en el relato biográfico es el uso del tiempo presente. El discurso biográfico, como el discurso histórico en general, se sirve del verbo en el pasado para presentar algo ya fijo, determinado, establecido, algo que no puede cambiar. Esta visión también se impone sobre el sujeto biografiado. Construirlo mediante los verbos en pasado es transmitir al lector la idea de su coherencia, de su fijeza e inmovilidad; es mostrarlo distante, rodeado de un aura de reverencia creada por el alejamiento temporal. Por eso, es significativo el hecho de que en *Tinísima*, como en *Maluco*, la mayor parte del relato se construya en el presente. El uso del presente en la novela hace pensar en el movimiento de la cámara cinematográfica que graba la acción en el momento mismo en que ésta tiene lugar. Así, se expone la historia y el sujeto como algo que se está haciendo, el devenir, un proceso móvil, inconcluso y cambiable que imposibilita el cierre y la determinación. En cambio, el pasado de Tina se asemeja a un álbum con fotos de otra época: aquello se está haciendo, esto fue. La vida antes de la muerte de Julio Antonio es un capítulo cerrado, algo con lo que la Tina de después de esta muerte poco tiene que ver; el recurso del tiempo pasado realza el distanciamiento que experimenta la protagonista. El presente en el que se inscribe su vida a partir de ese momento la muestra en un movimiento continuo, inconcluso: Tina y su historia nunca son, sino que siempre se están haciendo y ni siquiera la muerte puede fijarla, porque la muerte solamente interrumpe el proceso de su devenir que continúa después en mitos y relatos que vuelven a configurarla.

El reto a la transparencia: las voces narrativas

En el relato biográfico tradicional, la visión monolítica de la historia y del sujeto se construye también a través de la voz narrativa (Nadel 1984: 186). En *Tinísima*, la voz narrativa predominante es la tercera persona omnisciente que penetra en todos los espacios del relato, tanto internos, personales, como externos, históricos y políticos. Como ya se ha señalado en los capítulos anteriores, la tercera persona –o la no-persona– es aceptada como el modelo de narración en el discurso histórico porque presupone la objetividad y neutralidad en las que el relato basa su autoridad y su pretensión de transparencia. La tercera persona crea la ilusión de que la historia se cuenta sola, de que ningún sujeto de enunciación interfiere en el desarrollo del relato. Mediante este tipo de enunciación, el espacio público dominado por un "él" impersonal se distancia del espacio privado en el que reina la subjetividad de un "yo" y, al mismo tiempo, se insinúa la coherencia y la solidez del/de la protagonista. Cuestionar la tradición monolítica manifiesta en el uso de la tercera persona narrativa es retar la objetividad de la historia, la consistencia interna de sus protagonistas y la dicotomía de lo público y lo privado. Para desafiar estas premisas, muchos autores contemporáneos eligen la narración en primera persona, como sucede en *1492*, *Maluco* y *La tierra del fuego*; en cambio, Poniatowska opta por una enunciación que ponga en evidencia el proceso de negociación. Al escoger la tercera persona, la escritora recrea el efecto que este modo narrativo produce en el lector: la ilusión de veracidad y verosimilitud histórica, fundamental desde el punto de vista de la inscripción de la mujer en la historia. Al mismo tiempo, la novela desestabiliza las convenciones de la narración en tercera persona mediante una manipulación interna de la voz y la perspectiva que resquebraja la pretendida coherencia del sujeto textual.

La mayoría de las veces, Tina se construye desde fuera, desde la perspectiva de una cámara o un ojo que registra desde cierta distancia; al igual que en *1492*, esta distancia no es fija, sino que fluctúa, pasando de una muy pronunciada a una muy reducida y viceversa. Algunas veces la narración se distancia por completo de su protagonista, relegándola a un segundo plano y recreando mediante una voz impersonal los acontecimientos en los que participa Modotti, como si el narrador fuera un reportero de guerra:

Más de cien mil soldados republicanos se entregan. En los aeropuertos de los nacionales toman tierra cuarenta y dos aviones republicanos. Se rinden. Unas horas antes, los nacionales entraron en Cuenca, Guadalajara, Ciudad Real, Albacete y Jaén. Dos días después entran en Almería, Murcia y Cartagena (576).

Otras veces, se establece un equilibrio entre la realidad histórica y las actividades de Tina:

En uno de los viajes, unas naranjas aparecen milagrosamente al borde del camino. Ted Allan le tiende una a Tina. A pesar del horror en torno a ella sube el deseo de hundir los dientes en la pulpa. El sabor de esta naranja Tina no lo olvidará (505).

A menudo, sin embargo, la tercera persona en *Tinísima* adquiere un tono o un matiz de extrema subjetividad, especialmente en los fragmentos que reconstruyen los sueños de Tina y sus recuerdos después de la muerte de Julio Antonio, en los que revive sus encuentros amorosos, su pasión, su vida sexual, la memoria del cuerpo de Julio unido al suyo. La presencia de una palabra en italiano en la cita que sigue señala claramente que cuando Tina evoca a Julio, la tercera persona es un mero disfraz que encubre la intimidad de un "yo":

Dentro de Tina crece el lamento, su bramido de hembra atraviesa las murallas acuíferas, se va elevando el nivel del agua hasta anegar su garganta. Dio, ¿cuándo dejará de salirle tanta lágrima que le salta al rostro, le moja la almohada? Arquea la espalda, empieza a vibrar, sofoca un quejido, trata de parpadear, sus ojos abandonan las órbitas, ahora con las manos entre los muslos, Julio ávidamente crece dentro de ella y la hace crecer, Julio en el fondo de sus ojos, anclado en el fondo de su océano (104-105).

En el fragmento citado, la tercera persona corresponde, en realidad, al discurso libre indirecto, que es un discurso a doble voz, la del personaje y narrador a la vez (Genette 1972: 194). La palabra "Dio" en italiano significa también que por momentos ocurre una fuga enunciativa hacia el discurso libre directo. Este modo de utilizar la tercera persona nada tiene en común con el que se da en el segmento en el cual Tina recuerda/narra a Na'Chiña, la juchiteca, la historia de su vida antes de la muerte de Julio. En este caso se trata de recuerdos, enmarcados por dos frases que los separan del resto del relato: "Devanó sus recuerdos precipitadamente, algunos en voz alta, otros piel adentro, para sí misma, unida a Na'Chiña en una rara complicidad" (117), al principio; y: "–Todo eso ha sido mi vida, Na'Chiña, hasta aquí llegué" (230), al final. Estos recuerdos de Modotti constituyen lo que Philippe Lejeune llama "récit autobiographique 'à la troisième personne'" (1975: 17). La narradora se disfraza aquí de una voz impersonal –una tercera persona distanciada y en tiempo pasado– para subrayar la distancia respecto a la persona que fue y ya no es. De acuerdo con los comentarios anteriores, esto asemeja el relato al acto de ver y pasar las hojas de un álbum de fotografías de una época a la que la protagonista ya no pertenece. En la instancia anterior, la de los sueños y recuerdos más frescos, la tercera persona comunica algo tanto más inmediato como el sufrimiento y el dolor de Tina.

La tercera persona que registra las actividades y la vida interior de la protagonista hace colapsar la separación entre lo privado y lo público, porque la historia, los grandes hechos, se perciben así desde una perspectiva de *cotidianidad*: se definen mediante el sufrimiento y el dolor, como en los episodios que narran la muerte de Julio Antonio, la depresión en un país desconocido en plena crisis económica (Alemania), el miedo de pasar la frontera como una agente secreta, el dolor de las piernas en la cocina de un hospital madrileño, la desesperación ante las heridas, el hambre, las muertes, el llanto de los niños, la decepción personal ante la alianza de la Unión Soviética con la Alemania nazi. La historia cambia de dimensión, deja de describirse desde una perspectiva monumental; se construye desde la perspectiva de una persona inmersa en ella, desde una intimidad sometida al vaivén histórico. Quizá la manera más obvia de señalar esta subjetividad sería recurrir a la primera persona narrativa que expresa mejor esta perspectiva de cotidianidad; sin embargo, también se asocia con lo privado, el espacio y el discurso atribuido a las mujeres. La tercera persona responde mejor al principio de negociación: asegura el efecto del discurso histórico, pero al subjetivarla y hacerla cotidiana, la autora personaliza este discurso.

La desestabilización de la rigidez y la limitación narrativa del discurso histórico se observan también en la fluctuación entre la primera y tercera persona. Algunas veces los cambios son muy leves, otras, más pronunciados, especialmente si se operan dentro del mismo párrafo y de la misma oración, como si de repente la narradora decidiera que ciertos contenidos no se pueden expresar en la tercera persona y por un momento cediera la voz al personaje:

> Recuerda el entusiasmo con que la rodeaban en los mercados, el gusto que le daba sentarse sobre aquellos muritos mexicanos calientes de sol. ...
> Aquí estoy con los ojos de la mente vueltos hacia España como si no pudiera permitir que la luz de México irradiara en mis pupilas (582).
>
> La figura corpulenta y cuadrada de Vidali la recibe, agitándose, y Tina se encoge, no en sus brazos sino bajo su idea fija. Él también quiere atraparme (583).

Se establece así un juego que desvirtúa la distinción entre la primera y la tercera persona en el espacio narrativo, y con ello se desdibuja la diferenciación entre lo íntimo, subjetivo, personal y lo objetivo, impersonal y público en el espacio cultural referido.

El reto a la objetividad, la neutralidad y la impersonalidad de la tercera persona va acompañado por una subversión del código de la enunciación en primera persona. Sólo en un fragmento Tina habla en primera persona en un espacio amplio. Se trata de la auto-condena que Modotti se ve obligada a realizar en Moscú ante los miembros del Partido Comunista (393-405). Significativamente, esta narración de su vida está vaciada por completo de todo contenido subjetivo y personal porque el "yo" que habla recurre a frases hechas y a eslóganes del discurso comunista. Lo que se pronuncia a través de la confesión de Tina es el espacio público, un discurso oficial, altamente codificado, que expulsa al "yo" de la hablante, aunque lo usa como disfraz:

> Admiraba y admiro con una total entrega al país socialista, su vasto y magnífico territorio, al partido de Lenin y de Stalin, a los camaradas jóvenes y ahora estoy orgullosa de vivir y servir a la revolución ... y seguir al jefe más grande de todos los tiempos: José Stalin (400).

Charlotte Ekland observa que estos cambios y ambivalencias de la perspectiva y la voz narrativa producen ambigüedad; el texto no resuelve las contradicciones mediante el recurso de un narrador autoritario, lo cual implica que no hay una versión irrefutable de los hechos. La ambivalencia permea también la visión del sujeto, que es condicional: el "yo" de Tina se modifica dependiendo de contextos y ópticas (1997: 77-78).

Por último, la incorporación de otros géneros al espacio de la novela contribuye también a crear el efecto de movilidad narrativa: la tercera persona corresponde a muchos fragmentos que constituyen una crónica de acontecimientos cuyo único propósito es señalar los hechos. La primera persona señala los géneros clasificados como íntimos y privados: los diarios (sobre todo el de Weston, pero también el de Mercedes, la hermana de Tina, y el de Julio) y las cartas de Tina a Weston y amigos. Aquí también se produce la subversión de códigos. La novela a menudo alude a que Tina escribe un diario: "–¿Por qué no apuntas lo que piensas? Yo trato de llevar un diario. Escribo para no olvidar" (248). Pero este diario es un texto casi ausente: aparece muy pocas veces y cuando emerge provoca desasosiego porque juega con los códigos del género y el horizonte de expectativas del lector. El diario se concibe como un texto íntimo, personal; en su lugar surge algo parecido a apuntes históricos, o a una lista de acontecimientos de una crónica histórica tradicional:

> *21 de junio de 1929.* Queda resuelto el problema religioso. *27 de junio de 1929.* Se reanuda el culto público. *18 de sepiembre de 1929.* En Torreón, fracasa un atentado a balazos en contra de José Vasconcelos. *19 de septiembre de 1929.* En el jardín de San Fernando, combaten a pedradas vasconcelistas y ortizrubistas. De pronto, ráfagas de metralleta. Mueren los vasconcelistas Eulalio Olgún y Alfonso Moreno, el joven Germán de Campo ... A Germán de Campo todos lo querían. *22 de septiembre de 1929.* Sepelio de Germán de Campo (262).

El "diario" de Tina, al igual que la subversión de los códigos de la voz narrativa, juega con las concepciones de exterioridad e interioridad, lo privado y lo público, borrando el límite tajante que el pensamiento occidental creó para proclamarse dueño absoluto del discurso histórico.

Además de multiplicar las perspectivas desde las que la narración esboza a la protagonista, la presencia de cartas, de fragmentos de diarios, de discursos políticos y artículos de prensa, es también un procedimiento que realza la ilusión mimética. Las comillas que casi siempre acompañan estas inserciones acentúan el código de autenticidad, pero simultáneamente la novela reta el principio mimético para poner al descubierto las trampas de la representación. El mejor ejemplo de este doble juego es el papel que las fotografías desempeñan en la estructura de *Tinísima*.

Fotografiar, escribir

En la biografía tradicional, la historiografía, la autobiografía y numerosos géneros considerados como referenciales (la crónica, el reportaje periodístico), las fotografías funcionan como documento, del que se asume que confirma, comprueba y atestigua la realidad que el texto se propone representar. Este papel de las fotografías resulta de la fe en su transparencia, de la convicción –ya contestada– de que nada se interpone entre ellas y la realidad porque son "[reality's] perfect *analogon ... a message without a code*" (Barthes 1977: 17).

En *Tinísima*, la autora echa mano a esta función de las fotografías para confirmar la existencia o la realidad tanto de los acontecimientos históricos como de los personajes que comparten con Tina el espacio del relato. No sólo se comprueba de esta manera la historicidad de Modotti, de sus compañeros más cercanos (Mella, Guerrero, Sormenti-Vidali) y de sus amigos

(Lupe Marín, Pepe Quintanilla). También hay fotografías tomadas por Robert Capa, Chim Seymour, Hermanos Mayo, Manuel Álvarez Bravo y Gerda Taro, fotógrafos en la realidad y personajes de la novela: su nombre en el pie de foto atestigua su paso por la historia y asegura la validez de su testimonio sobre la existencia histórica de Modotti y los sucesos en los que participa. Algunas fotografías "describen" la época, su ambiente cultural. Así, por ejemplo, las de Edward Weston muestran las tendencias estéticas de la década de los veinte: la búsqueda de la pureza formal y la perfección en la composición. Otras corroboran acontecimientos históricos, como el sepelio de Mella, la exposición de Tina en la Biblioteca Nacional, el bombardeo de Madrid, la llegada de las Brigadas Internacionales, el II Congreso de Intelectuales en Valencia, los campos de concentración en Francia o el asesinato de Trotsky. Todo esto pasó, tuvo lugar, parece decir la novela, porque dejó o es una huella en una fotografía. Esta inscripción del valor documental de la fotografía coincide en *Tinísima* con una consistente y constante subversión de esta misma función mediante la tensión que la autora instala entre la serie fotográfica y la narrativa.

Refiriéndose al ensayo fotográfico, W.J.T. Mitchell señala la importancia de la posición de las fotografías en el texto (1994: 290). En la mayoría de las biografías, las fotos se entretejen con el relato o se sitúan en el medio o en la parte final formando un contexto visual para la narración. En *Tinísima*, las fotos encabezan los capítulos y se organizan claramente en una serie, una historia fotografiada. Su posición indica al lector que no debe "leer" estas fotos según las convenciones, que su relación con el texto es distinta. Dado que los capítulos de la novela no poseen títulos, las fotografías con las leyendas que las acompañan asumen esta función. La relación entre la foto-título y el contenido del capítulo varía: algunas resumen de una manera directa lo que se narra ("Diego Rivera encabeza el sepelio de Mella", 48; o las fotografías que acompañan los capítulos dedicados a la Guerra Civil española); otras señalan solamente un episodio, un aspecto, un personaje especialmente importante, o indican lugares en los que se desarrolla la acción ("Manuel Hernández Galván disparando", 99; "Moscú, catedral de San Basilio", 351); otras todavía, ilustran, no la realidad, sino una idea o un concepto que se elabora a lo largo del capítulo ("Tina en la azotea", 71).

Al servir de título las fotos dejan de ser un elemento que acompaña el texto para convertirse en una parte integral de la estructura de la novela. La estrecha relación entre las fotografías y la narración se subraya por medio de los comentarios acerca de *todas* las fotos dentro del relato: los personajes cuentan o recuerdan cómo y cuándo las tomaron, cuáles eran sus intenciones, cómo trabajaron, qué pasaba en aquel momento. Así, por ejemplo:

Sentían frío, pero esperaban la orden de Galván. Tenía la misma expresión que cuando apretaba el gatillo: una voluptuosidad feroz en los ojos. Weston recordó la primera vez que quiso captarla: Galván apretó el gatillo de la Colt y Weston el obturador (166).

Tardó días en la foto del harapiento que escondía su rostro desesperado, sentado bajo el anuncio de la casa de modas: "Desde la cabeza a los pies, tenemos todo lo que requiere un caballero para vestir elegante. Estrada Hnos., Segunda Brasil 15, Primera de Tacuba" (231).

Las fotos penetran en el relato, pero el relato también penetra en las fotos. El vínculo que se establece entre estos dos sistemas de representación muestra que lo verbal y lo visual son indisociables, que su separación, al igual que la del espacio público y privado, es una ilusión. Situándose de lleno en la época que Mitchell llama "el giro pictórico" (1994: 11) dominado por la "cultura de espectadores" (1994: 3), la novela señala el carácter heterogéneo de la representación, proclamando la necesidad de verla como un proceso complejo, en el que intervienen diversas prácticas y estrategias. Para captar la realidad que cada vez más es texto e imagen, es preciso acudir a la palabra y al retrato, a lo verbal y a lo visual[21].

La metarreflexión que surge de la relación entre las fotografías y el texto va más allá del comentario sobre la heterogeneidad de la representación. Es también una meditación sobre la construcción discursiva de la realidad. Sontag escribe que "Photography has the unappealing reputation of being the most realistic, therefore facile, of mimetic arts" (1977: 51). Percibir la fotografía como un "mensaje sin código" es asumir al fotógrafo como un observador externo que no interviene en la realidad representada y a la representación fotográfica como objetiva, neutral e impersonal. Curiosamente, éstos son los principios que tradicionalmente fundamentaban el discurso histórico y que definían el papel del historiador. Sin embargo, como asegura Sontag, "people quickly discovered that nobody takes the same picture of the same thing " (1977: 88). Esto permite entender que "photographs are evidence not only of what's there but of what an individual sees, not just a

---

[21] Aunque es el texto que más emplea el elemento visual, *Tinísima* no es la única novela latinoamericana que recurre a la fotografía como un componente de forma y contenido. Véase *La llegada (crónica con "ficción")* de José Luis González (Puerto Rico, 1980), *Fuegia* de Eduardo Belgrano Rawson (Argentina, 1991), *La destrucción del reino* de Miguel Gutiérrez y Julio Olavarría (Perú, 1992), *La mujer de Strasser* de Héctor Tizón (Argentina, 1997), *El daño* de Seatiel Alatriste (México, 2000) y *Mil y una muertes* de Sergio Ramírez (Nicaragua, 2004).

record but an evaluation of the world" (1977: 88). Muchos son los factores que determinan la naturaleza de una fotografía: el sistema cultural de valores que decide lo que vale la pena fotografiar, el ángulo, la perspectiva, la luz, la enmarcación del sujeto/objeto representado (lo fotografiado) y la posición del sujeto de representación (el fotógrafo). La fotografía siempre impone su sistema y sus estrategias al sujeto/objeto, nunca lo deja intacto, puro, igual a sí mismo. La novela de Poniatowska comenta estos problemas mediante las descripciones del trabajo de Tina (que a veces pasaba horas buscando la luz o el ángulo), sus reflexiones explícitas sobre el arte y las discusiones de la época acerca de la estética y la ideología:

> –Una foto –continuó Gómez Lorenzo– es un documento irrefutable. Las fotos que tú haces son una bofetada a la conciencia del burgués.
> –Una foto también es una forma...
> La miseria en cambio no tenía forma, o las tenía todas. Esa miseria le estorbaba para ser, había que trascenderla, ir más lejos, volverla arte (230).

> Tina se ha propuesto alejarse del esteticismo, del arte por el arte, pero desea a la vez elevar la realidad a la altura del arte (252).

> La fotografía es la gran crítica social de nuestra época. (320).

En estos comentarios se evidencia la relación entre el acto de fotografiar y el de escribir, de retratar y de biografiar; los dos son re-presentaciones que inscriben ideologías, creencias y valores culturales en el objeto representado mediante determinadas estrategias discursivas. Ambos son actos de construir la historia o el discurso sobre la realidad: la fotografía la transforma en un espectáculo (Sontag 1977: 110) o una imagen, mientras que la escritura la convierte en un texto, en un relato. En *Tinísima*, el texto se visualiza y la imagen se textualiza; de esta manera la novela impugna desde dentro, desde el corazón mismo del relato, su fingida simplicidad representacional para enseñar que a pesar de la aparente referencialidad de la narración, la vida de Tina Modotti se construye como un texto, como una imagen posible de una realidad que fue y que ya es irrecuperable. Entre la palabra y la imagen se produce un sistema de representación más abierto, flexible y dialógico, pero también más consciente de sus propios límites.

Esta escritura negociada es el espacio en el que se hace posible la inscripción de Tina Modotti en la historia. Poniatowska recurre al relato biográfico, género tradicional y arraigado en la cultura, encarnación de la política de exclusión e inclusión determinada por las estructuras del Poder, pero adapta el género a sus designios, cuestionando la separación entre los espacios público y privado, señalando la necesidad de revisar los modelos monológicos convencionales que reducen la historia a una sola versión, sin brechas ni fisuras. A hurtadillas, desde su aparente tradicionalismo, *Tinísima* resquebraja la autoridad de la historia y su discurso; se sirve de las "tretas del débil" (Ludmer 1985: 54) para probar que lo privado es inherente a lo público y subvertir así la metanarrativa que excluye a las mujeres del espacio y del texto de la historia. La forma negociada de esta novela es el significante de la negociación constante con los códigos y esquemas dominantes que la autora desenmascara en la vida de Tina Modotti y, a la vez, una metáfora de la negociación posmoderna con la historia en el discurso latinoamericano.

Capítulo VI

La historia y su discurso en el banquillo de los acusados: parodias y encrucijadas en *Castigo divino* de Sergio Ramírez

> Oh, cintura de los sollozos
> ...
> Oh cintura central, oh paraíso
> De llagas implacables.
>
> Pablo Neruda, *Canto general*
>
> ¿La verdad? ¿La verdad de qué, después de todo?
>
> Dante Liano, *El misterio de San Andrés*

El recorrido por los textos examinados hasta ahora muestra que la marginalización tiene muchas caras: se engendra en la religión y la tradición cultural (*1492*), deriva de la condición social y el anonimato (*Maluco*), se inicia en la etnicidad o la hibridez identitaria (*La tierra del fuego*) o en el hecho de ser mujer y/o extranjera (*Tinísima*). América Central, "la cintura de los sollozos" (Neruda 1992: 356), padece lo que podría llamarse la marginalización geográfica. Es un hecho paradójico porque la cintura implica centralidad y la "dolorosa cintura de América" (como suelen decir sus habitantes parafraseando el famoso verso de Neruda) es el centro, el lugar que conecta dos moles geográfico-políticas y culturales, la del Sur y la del Norte. Sin embargo, en el pensamiento político, histórico o cultural dominante, fraguado en el Sur o el Norte, la cintura de América configura un hueco o un vacío, "un agujero negro" (Chaverri 2005: 201). Arturo Arias observa que "en el mapa literario de la mayoría de departamentos de castellano de universidades estadounidenses, la frontera sur de México ... conecta directamente con la cordillera de los Andes" (1998: 311). Para Amalia Chaverri, esta "invisibilidad del Istmo" se origina ya en los albores de la inscripción de las Américas en el mundo occidental, porque en el primer mapa que se conoce de América, fechado de 1500, "aparecen dos Américas, la del norte y la del sur [mientras que] América Central es la gran ausente" (201).

Las literaturas centroamericanas corren la misma suerte que la región como una entidad geográfica, "pasan casi desapercibidas" (Kohut 2005: 9)[1].

Esta ausencia es muy notoria en los principales estudios dedicados a la nueva novela histórica, a pesar de que el género ha prosperado en América Central, donde escritores como Arturo Arias y Dante Liano (Guatemala), Julio Escoto (Honduras), Ricardo Lindo (El Salvador), Tatiana Lobo (Costa Rica), Gloria Guardia (Panamá/Nicaragua), Sergio Ramírez, Julio Valle-Castillo, Ricardo Pasos Marciacq o Rosario Aguilar (Nicaragua) han contribuido con aportes significativos a su nueva formulación y sus indagaciones histórico-epistemológicas[2]. El florecimiento de la nueva novela histórica centroamericana deriva de la urgente necesidad de reflexionar sobre la historia, que aflora en el verso oximorónico de Neruda: la cintura centroamericana es (o pudiera haber sido) un paraíso, pero este paraíso está herido y llagado desde los tiempos de la conquista. La historia más reciente de América Central no hace sino confirmar esta visión poética porque en "la cintura de los sollozos", más que en cualquier otro sitio del continente latinoamericano, la historia es un proceso inacabado, esa "realidad incompleta, carencia, herida" de la que habla Escobar (1988: 16). Dada esta condición irresuelta de la historia centroamericana, allí se "necesita siempre imaginar otros tiempos, soñar con el otro lado de las verdades" (Escobar 1988: 16). Así justamente piensa Sergio Ramírez, el autor de *Castigo divino* (Nicaragua 1988), para quien la historia tampoco termina de hacerse; por eso "los novelistas imaginan ser historiadores de una historia" que hay que "volver a contar ... o reinventar ... o corregir" (Ramírez 1998-99: 6 y 5) porque está plagada de vacíos, lagunas, tabúes o falsificaciones. Esta historia busca un relato y un relator.

Castigo divino ocupa un lugar clave tanto en la historia de la literatura centroamericana como en la obra del novelista nicaragüense en la que la relación entre historia y ficción es una constante[3]. La novela narra un juicio

---

[1] En la década de los noventa se produce un aumento considerable de estudios históricos y críticos acerca de la(s) literatura(s) centroamericana(s). Véase Acevedo (1982 y 1991), Arias (1998), Craft (1997), Kohut (2005), Mackenbach (2001 y 2005a), Mondragón (1993), Rodríguez (1996) y Rodríguez Rosales (1999).

[2] Sobre la nueva novela histórica en América Central, véase Acevedo (1998), Mackenbach (2001 y 2005a) y Grinberg Pla (2001).

[3] Werner Mackenbach observa que esta característica de la obra de Sergio Ramírez ha pasado por varios cambios de paradigma, "desde una literatura comprometida con la historia y la política a la historia como pretexto/pre-texto" de una relectura desmitificadora del pasado (2005b: 149). Con respecto a la literatura centroamericana, *Castigo divino* representa el alejamiento del paradigma testimonial que la dominó desde la Revolución Cubana y anticipa ya a finales de los años ochenta "un desarrollo emprendido por muchos autores en la década de los noventa en el marco del auge de la nueva novela histórica" (Mackenbach 2005b: 156).

que tuvo lugar en la ciudad de León entre el 9 de octubre y el 24 de diciembre de 1933[4]. Oliverio Castañeda, joven abogado guatemalteco residente en León, fue acusado de "los delitos de parricidio y asesinato atroz" (43) por haber envenenado con estricnina a tres personas: su esposa, Marta Jerez, la joven leonesa Matilde Contreras Guardia, y su padre, Carmen Contreras[5]. Las dos últimas víctimas eran amistades del acusado y lo habían hospedado varios meses en su casa. En la novela, la opinión pública de León ve en el caso Castañeda un enredo pasional, mientras que el reo clama desde su celda que se trata de una intriga política que aprovecha una serie de coincidencias y malentendidos para eliminarlo como enemigo del presidente-dictador de Guatemala, Jorge Ubico. El juicio es un suceso documentado por los principales periódicos nicaragüenses, como *La Prensa* o *El Centroamericano*, y archivado en un expediente legal que, según las palabras del narrador, era el "tema de estudio en nuestra clase de Instrucción Criminal en la Facultad de Derecho "(417). George McMurray afirma que se trata de "the most sensational criminal case in Nicaraguan history [that in 1933] focused that nation's attention on the city of León" (1990: 155).

La novela relata un hecho legal que pertenece al rango de los *faits divers* de la historia, por lo cual el lector que trate de determinar el género de *Castigo divino* puede sentir una confusión comparable a la de Robert Desnos confrontado con la proliferación de formas (sub)genéricas que puede adoptar la novela:

> Roman psychologique, roman d'introspection, réaliste, naturaliste, de moeurs, à thèse, régionaliste, allégorique, fantastique, noir, romantique, populaire, feuilleton, humoristique, d'atmoshpère, poétique, d'anticipation, maritime, d'aventure, policier, scientifique, historique, ouf! Et j'en oublie! Quel fatras! Quelle confusion! (cit. en Mortier 2001: 157).

La dificultad para clasificar la novela de Ramírez se observa en las apreciaciones de los críticos que hablan del melodrama, de la novela folletinesca, policíaca, detectivesca, negra, documental, realista, de costumbres o histórica, en modalidad cómica, satírica, autorreflexiva, de lenguaje y/o

---

[4] El proceso histórico duró hasta julio de 1936, cuando fue asesinado Castañeda. Ramírez comprimió los hechos en los años 1932-1933 para situar la muerte novelesca de Castañeda antes de la de Sandino, como una prefiguración (Wellinga 1991: 102).

[5] Toda cita de *Castigo divino* (Madrid: Mondadori, 1988) se señalará con el número de páginas dentro del texto.

mágico-realista[6]. Una complicación adicional reside en el hecho de que *Castigo divino* está escrita en una evidente clave paródica que actúa, además, en varios niveles, lo cual significa que los géneros incorporados a su marco aparecen en una doble codificación de inscripción y reescritura y/o se ven confrontados unos contra otros en un gesto de cuestionamiento de sus límites y códigos. Se puede asumir que el andamiaje genérico principal es el de la (nueva) novela histórica, pero esta armazón es sometida a una autoparodia y constantemente atravesada por otros registros genéricos, especialmente el de la novela policial y el folletín-melodrama, que la amplían e impugnan a la vez, creando un espacio multivocal e híbrido en el que el autor plasma sus dos inquietudes principales: el cuestionamiento de la verdad histórica y la idea de literatura como encrucijada de códigos, ambas enraizadas en la realidad de la que surge la novela.

La problematización de la historia como discurso de verdad y del concepto mismo de la verdad en relación con la historia deriva no sólo de la episteme posmoderna en la que se inscribe el texto, sino también de las circunstancias históricas concretas, propias de Nicaragua. *Castigo divino* reconstruye un suceso de principios de los años treinta, cuando se inició en la vida de la nación nicaragüense la época de los peores atropellos por parte del Estado: más de cuarenta años de asesinatos, desapariciones, torturas y masacres realizados en nombre de un régimen criminal que, apoyado por el gobierno estadounidense, abiertamente desafiaba la verdad y la justicia. Igualmente aleccionador resulta considerar el contexto socio-político en que se escribió la novela: los años 1985-1988, durante los cuales el autor desempeñaba el cargo de vicepresidente. Es el momento que sigue a las elecciones de 1984, en las que el FSLN ganó la presidencia y la mayoría en la Asamblea Nacional. Antes de la votación, Washington promovió acciones de sabotaje electoral, como la renuncia de Arturo Cruz, el candidato de la Coordinadora Democrática Ramiro Sacasa, cuyo objetivo era poner en juicio la legitimidad del proceso electoral (Jonas y Stein 1990: 17). Después de la victoria sandinista, los Estados Unidos denunciaron las elecciones como inválidas:

---

[6] Estas clasificaciones provienen de los siguientes autores citados aquí en orden alfabético: Cardenal (1988), Fuentes (1993), Kozak Rovero (2001), Mackenbach (2005b), McMurray (1990), Menton (1993), Padura Fuentes (1988), Ross (1991), Urbina (1992), Wellinga (1991). Para completar la lista, cito el comentario final de Ernesto Cardenal: "Es una novela además poética; además de dramática y de patética y de trágica y de humorística, macabra, romántica, realista, política (aunque simulado lo político) es también muy poética" (1988: 7).

As became clear in the National Security Council document leaked to the U.S. press and reported in the *Washington Post* on November 6, 1984, there was deliberate U.S. strategy to denounce the Nicaraguan election as a "Soviet-style sham." This campaign was kicked off by Secretary of State Schultz in early 1984, only days after the elections were announced, and the administration continued in this vein before, during, and after the election. Even in 1988, Reagan administration officials ... continued to insist that Nicaragua did not really have an elected government. To its discredit, the *New York Times* also followed this line as late as March 1988, referring to Nicaragua as "a country that has never yet held a free, contested election" (Jonas y Stein 1990: 18-19).

Además de la activa campaña de imputación, Washington financió la guerra de la Contra, sobornó a los partidarios de la política estadounidense en Nicaragua y amenazó al país con la ruptura de las negociaciones por la paz (Jonas y Stein, 1990: 16-19). Sergio Ramírez señala que escribió *Castigo divino* "en lo más duro de la guerra" de la Contra, en un momento en el que el país se encontraba atrapado en una maraña de verdades y mentiras, o semi-verdades y semi-mentiras.

Ni la época recreada en la novela ni el momento histórico que acompaña su escritura permiten confiar en la relación entre la historia y la verdad. El gesto paródico que recodifica el relato histórico recurriendo al relato policiaco desenmascara la presunta inocencia de la historia (debida a su supuesto carácter imparcial y objetivo) y expone, en cambio, su complicidad y, a menudo también, su culpabilidad, mostrando además que la verdad a la que aspiran el discurso histórico y el género policial clásico es una quimera[7].

Ahora bien, el derrocamiento del régimen somocista es sólo uno de los logros de la revolución sandinista, cuya victoria de 1979 inicia un profundo cambio histórico e ideológico. El otro es la colaboración del pueblo en el proceso revolucionario y en la reorganización social y cultural del país que siguió a la lucha armada. La década de los ochenta en Nicaragua es el período de la democratización de la política y de la cultura: las masas, cuyo apoyo fue vital para el éxito de la revolución, participan en la praxis política a través de las organizaciones populares (Comités de Defensa Sandinista, la Central Sandinista de Trabajadores, la Asociación de Trabajadores de Campo, la Unión de Agricultores y Ganadores de Nicaragua y la Asociación de Mujeres Nicaragüenses Luisa Amanda Espinoza' [Brown 1990: 48-50]) y en la producción cultural mediante los Talleres de Poesía, los Centros

---

[7] Sobre la conexión entre el discurso histórico y las premisas del género detectivesco-policial, véase Perkowska-Álvarez (2003a: 220-224).

Populares de Cultura, el Movimiento de Expresión Campesina Artística y Teatral (Craven 1990: 110-113). El acontecimiento histórico que representa la revolución sandinista puede definirse, por lo tanto, en los términos propuestos por Foucault, como una inversión de las relaciones de poder: "An event ... is not a decision, a treaty, a reign, or a battle, but the reversal of a relationship of forces, the usurpation of power, the appropiation of a vocabulary turned against those who once had it, ... the entry of a masked 'other'" (1984: 88). Siguiendo esta idea, la revolución, que fue una reacción popular en contra de largos años de la represión política, social y cultural por parte de un régimen burgués apoyado en la política neocolonial de los Estados Unidos, puede concebirse como la pluralización del espacio político y la democratización de la cultura y del acceso a la historia, es decir, como una transformación del discurso. Leído en este contexto, resulta muy significativo que en *Castigo divino* se entretejan los códigos de la novela histórica con los de la cultura de masas. Esta "contaminación" genérica señala un cambio estético, una tentativa de reescribir la relación entre la cultura erudita (el canon) y la cultura popular, juzgada como marginal por las élites del régimen anterior. El desmantelamiento de la oposición binaria entre estos dos campos discursivos corresponde a la política cultural nicaragüense de la década de los ochenta y puede interpretarse, además, como un caso particular de la práctica posmoderna que recontextualiza por medio de la parodia el lugar de la historia y su discurso en el sistema cultural de las sociedades latinoamericanas del final del siglo XX[8]. El recurso del registro histórico y policial, ambos cuestionados por la reescritura paródica, permite leer *Castigo divino* como una metáfora de la elusividad o incluso imposibilidad epistemológica de la verdad[9], mientras que los discursos masivos pro-

---

[8] Ernesto Cardenal, el ministro de Cultura en aquella época, resume los logros y el programa cultural de la revolución de la siguiente manera:

> The most important has been the development of a democratization of culture, building a culture that is open and accessible to the masses ... as participants and as spectators ... We're not seeking a low level of bad culture for everyone but rather an elevated culture that is really accessible to all of the people ... We seek an integration of popular culture and high culture, of indigenous culture and international culture (1985: 43).

Llama la atención la semejanza de los postulados de este programa con la *hibridación cultural* que Néstor García Canclini percibe como uno de los rasgos primordiales de la posmodernidad en América Latina (1990).

[9] Mackenbach describe la novela como una "alegoría de la imposibilidad definitiva de la construcción de una verdad histórica" (2005b: 155). La interpretación es correcta

blematizan el lugar cultural al que pertenecen tanto la historia (como discurso y texto) como la literatura.

La novela histórica en *Castigo divino*: andamiaje y deconstrucción

Una primera mirada a los códigos de la novela histórica imbricados en el tejido genérico de *Castigo divino* devela un registro de corte tradicional. Muchos personajes de la novela vivieron en León en la época del proceso y participaron, de una manera más o menos activa, en sus lances. Es el caso del Dr. Juan Darbishire, el reo Oliverio Castañeda (Cardenal, 1988: 7)[10], la familia Contreras[11], el periodista Manolo Cuadra, el juez Mariano Fiallos Gil y el capitán de la Guardia Nacional, Anastasio Ortiz. Mariano Fiallos era rector de la universidad de León en 1959, cuando Sergio Ramírez estudiaba allí Derecho; el capitán Ortiz, según una observación insertada en la novela en un paréntesis, "ya ascendido a Mayor ... estaba a la cabeza de un pelotón de la Guardia Nacional que disparó contra una manifestación indefensa de estudiantes, la tarde del 23 de julio de 1959" (422)[12]. Todos estos personajes pertenecen a la categoría que caracteriza a las figuras del primer

---

pero la formulación suscita dudas porque *Castigo divino* muestra que si bien no existe la verdad como un absoluto (esto es lo imposible), sí son posibles las construcciones de una o muchas verdades, todas determinadas por la posicionalidad (clase, intereses, etcétera) del sujeto que las elabora.

[10] Ernesto Cardenal recuerda al Dr. Darbishire y a Castañeda con estas palabras: "el Dr. Juan Darbishire que era mi tío y yo lo conocía muy bien, era distinto de como aparece en la novela; tan novelística persona como aparece en la novela, pero distinto. Yo tenía ocho años, y recuerdo cuando Oliverio Castañeda pasaba todos los días por la acera de mi casa cuando lo traía la guardia ..." (1988: 7).

[11] En realidad la familia se llamaba Guardián y había sólo una hija (Urbina 1992:1). Ramírez cambia el nombre de la familia para no ofender a los descendientes, como en la novela lo hace Rosalío Usulutlán al publicar su reportaje (capítulo 38). El apellido novelesco escogido por Ramírez para esta familia prominente, conservadora e inmoral puede tener un significado simbólico porque hace pensar en la "Contra".

[12] La manifestación de 1959 a la que alude la cita fue un bautismo político para Sergio Ramírez: "During one of these protests, on July 23, the National Guard opened fire on us. Four students were killed and more than seventy wounded. That massacre had an intense emotional effect on the city and on the country. For me, and many others of my generation, it was the point of no return. We were deeply and decidedly shaken. Two classmates, adolescents no different from me, were among the dead. We would never be the same; after that blow we matured. Our eyes were opened to the true Nicaragua" (Ramírez 1986: 79). Consúltese también Ramírez (1993: 248).

plano en una novela histórica tradicional: poco conocidos o, incluso desconocidos, su existencia histórica resulta fácilmente ficcionalizable sin que esta operación acometa contra la verosimilitud de la novela. A la vez, sus destinos y acciones compendian las principales fuerzas históricas y tendencias sociales de la época representada en *Castigo divino*, cumpliendo de esta manera con uno de los parámetros de la novela histórica definidos por Lukács.

Otra característica del modelo clásico se realiza mediante el posicionamiento de los personajes históricos de importancia que no ocupan en la novela ningún lugar protagónico, sino que aparecen desplazados al segundo plano, desde donde aseguran el efecto de historicidad y verosimilitud de la intriga. El año 1933 en el que se concentra la acción de *Castigo divino* representa el final de la lucha clandestina de Sandino y sus negociaciones con el presidente Juan Bautista Sacasa, el retiro de las tropas norteamericanas de ocupación y el comienzo del ascenso de Anastasio Somoza García al poder. Es un momento crucial en la vida de la nación, pero las figuras clave de este proceso –Augusto César Sandino, Anastasio Somoza García y Juan Bautista Sacasa– apenas se mencionan en la novela. Lo mismo ocurre con acontecimientos importantes desde el punto de vista de la historia tradicional. La lucha clandestina de Sandino no es más que un tema para las creaciones literarias de los personajes de la novela (Manolo Cuadra afirma que había escrito el libro de cuentos *Contra Sandino en la montaña*, 265; Alí Vanegas, el secretario del juez Fiallos y poeta, es autor de un soneto para Sandino, 280)[13], o sirve como punto de comparación para los sucesos narrados en ella: "La desordenada procesión de gente ... seguía peleándose en rebatiña 'El Cronista' ofrecido a esa hora por los voceadores a un córdoba, precio exorbitante nunca alcanzado por el diario ni cuando las columnas sandinistas se habían tomado la ciudad de Chichigalpa" (329). La recién terminada ocupación estadounidense se advierte en los nombres de los oficiales de policía, las alusiones a la ropa o armas traídas al país por las tropas norteamericanas o como referencia para establecer con exactitud la fecha de los sucesos que constituyen el núcleo del relato: "Esta es la tarde en que Olive-

---

[13] La presencia de Manolo Cuadra durante el juicio que se sitúa en León entre 1932 y 1933 es una de muchas licencias de Ramírez con respecto a los datos históricos porque en 1932 Cuadra se encuentra en el departamento de las Segovias luchando contra Sandino. Su cobertura periodística del juicio histórico que termina en 1936 es, sin embargo, verosímil porque en 1935 Cuadra abandona la Guardia Nacional para dedicarse al periodismo. La referencia a los relatos *Contra Sandino en la montaña* es anacrónica porque éstos fueron publicados en 1942 (<www.sandinovive.org/cultura/manolo1.htm#bio>).

rio Castañeda y su esposa Marta Jerez llegan a León ... en plena ocupación del país por las tropas de la Marina de Guerra de los Estados Unidos" (48). En consecuencia, se puede afirmar que lo histórico entendido como nombres, fechas y acontecimientos de la historia política desempeña en *Castigo divino* la tradicional función del soporte de la veracidad histórica de la trama que se desarrolla en el primer plano narrativo.

La construcción de esta veracidad se complementa mediante otras tres estrategias: la descripción detallada de índole realista, el recurso del documento como prueba de la veracidad de los sucesos narrados y el narrador en apariencia omnisciente. Sin embargo, en *Castigo divino* se activa un proceso bidireccional que consiste en inscribir todas estas convenciones de la novela histórica clásica para someterlas luego a una reescritura que señala un distanciamiento con respecto a las nociones tradicionales de la escritura de la historia, tanto en la historiografía como en la novela histórica.

Los críticos han observado en repetidas ocasiones el carácter realista de la novela que se lee como una "crónica de la América Central" (Fuentes 1993: 111), una "reconstrucción de una época" (Wellinga 1991: 101) o un "tapiz global de la sociedad nicaragüense y centroamericana de los años 30" (Gutiérrez Mouat 1990: 131). Este tipo de descripción minuciosa "atenta a los detalles cotidianos y típicos, ... [a] las costumbres y modos de relación entre las gentes" (Fernández Prieto 1998: 76), caracteriza la novela histórica scottiana y la novela histórica realista. Como en estas variantes tradicionales del género, en *Castigo divino* Ramírez compone una imagen global de la sociedad leonesa detallando, por un lado, las costumbres de familia, negocios, viajes, alimentación e indumentaria, y, por el otro, exponiendo la debilidad moral y la caducidad de la burguesía que solía percibirse a sí misma como el único agente histórico, el resentimiento social de las clases bajas y el creciente poderío de la Guardia Nacional. Si bien este fresco social se constituye mediante un código tradicional (la descripción realista), la concepción de la historia que se desprende de él puede interpretarse a la luz de algunas propuestas innovadoras de la historiografía.

Por un lado, el desplazamiento al segundo plano de la historia política ("le champ événementiel", según Veyne 1979: 24) que da lugar a una exploración de las relaciones sociales puede ser vinculado con el concepto de historia profunda, avanzado por Fernand Braudel en el marco de la nueva historia. Para el historiador francés, la historia política es de superficies, "une agitation de surface, les vagues que les marées soulèvent sur leur puissant mouvement. Une histoire à oscillations brèves, rapides, nerveuses" (1969: 12). Los grandes y estrepitosos acontecimientos de la historia política no son sino manifestaciones visibles de una historia profunda, explorada mediante nuevas formas del quehacer histórico que se adentran en los procesos del desarrollo social en todas sus dimensiones humanas: la historia de "réalités sociales [comme] les formes larges de la vie collective, les économies, les institutions, les architectures sociales, les civilisations..." (1969: 23). Para los nuevos historiadores el objeto de la historia es el "fait social total" (Ricœur 1983, 1: 184). Así interpreta *Castigo divino* Gisela Kozak Rovero, para quien "la historia toma cuerpo de un proceso judicial" en la novela que construye lo histórico como "el vivir social concreto", es decir, como "intrahistoria" (2001: 36).

Ahora bien, el proceso judicial que constituye el núcleo histórico de *Castigo divino* permite relacionar la concepción de la historia en la novela con la microhistoria, cuyo método consiste en estudiar a fondo un hecho concreto extrayendo de él un conjunto de significados que describen simbólicamente la sociedad donde este hecho se produjo[14]. Peter Burke constata que los ejemplos más interesantes de esta tendencia se centran en sucesos que pueden ser considerados como un "drama social", tales como un juicio o un acto de violencia (1992b: 39). El examen de este acontecimiento de escala reducida revela los conflictos entre las normas fundamentales de una sociedad, las tensiones latentes, presentes en todos los momentos pero visibles solamente en ciertas ocasiones o épocas de crisis cuando un evento excepcional pone al descubierto las fisuras del mecanismo social (Burke 1992b: 40-42)[15].

El suceso central de *Castigo divino* es justamente un juicio que adquiere todas las características de un drama, e inclusive, un melodrama social que pone al descubierto no sólo los secretos del tejido social de León, sino también los cambios con los que se enfrenta en esa época el país entero. El principal objeto de este develamiento es la clase a la que pertenece el reo, es decir, la burguesía, ya que el proceso contra Oliverio Castañeda arroja luz sobre la podredumbre que la roe por dentro. El personaje de Carmen Contreras, un comerciante acomodado y una de supuestas víctimas de Castañeda, personifica la corrupción financiera: dueño de una tienda, Contreras

---

[14] *Montaillou* del historiador francés Emmanuel Le Roy Ladurie (1975) y *The Cheese and the Worms* del italiano Carlo Ginzburg (1976) se consideran como los estudios que fundan la microhistoria. Para una buena introducción, véase Burke (1992b: 38-43).

[15] Slavoj Žižek llama un acontecimiento de este tipo "el síntoma social": "the point at which the immanent social antagonism assumes a positive form, erupts on to the social surface, the point at which it becomes obvious that society 'doesn't work', that the social mechanism 'creaks'" (1995: 128). Véase el capítulo VII donde aplico este concepto a la función de la figura de Eva Duarte en la reformulación de la identidad argentina.

mantiene dos libros de contabilidad para defraudar a las autoridades y no pagar impuestos. Su esposa e hijas encarnan la pérdida de los valores morales tradicionales. Las tres están enamoradas de Castañeda y mantienen relaciones amorosas con él, rivalizando entre sí y ocultando hábilmente la situación de su esposo y padre. Carmen Contreras, ciego, engañado en su propia casa, cree su mejor amigo y aliado al defraudador de su honra. No obstante la violación de su propio código moral y ético, los miembros de la burguesía no dejan de vanagloriarse de sus orígenes, cuya pureza protegen mediante matrimonios. Los Contreras, quienes se creen "descendientes remotos del Cid Campeador y emparentados con la Virgen María", deben casarse "solamente entre ellos, según fue ordenado por Belisario Contreras Mariño, el primero de los Contreras llegado desde España a tierras americanas" (97-98). El origen insigne (bíblico y español a la vez) es una fachada, un constructo imaginario y fuente del poder. Es una práctica legitimadora que los hace parte de la clase dominante otorgándoles control sobre el discurso social. Sin embargo, la novela se burla de estas aspiraciones burguesas, porque el supuesto parentesco de los Contreras con el Cid y la Virgen María se establece en una alusión intertextual autoparódica a *Tiempo de fulgor* (97), otra novela de Ramírez, mientras que la práctica de casamientos interfamiliares evoca, a modo de parodia, las viciadas costumbres matrimoniales de la familia de la Mamá Grande en el cuento de García Márquez[16]. Sus pretensiones son ficticias, como lo es su código moral y social.

La presencia neocolonial, sobre todo estadounidense y francesa, domina la vida cultural de la burguesía nicaragüense. La buena educación viene sólo del extranjero: Matilde Contreras era una de "las damitas más cultas e ilustradas de Nicaragua, educada en los Estados Unidos" (45); la Facultad de Derecho en San José se destaca porque "hasta profesores europeos tiene" (120). Los habitantes acomodados de la ciudad de León están sometidos a los modelos extranjeros, como las películas de Hollywood y las canciones de moda norteamericanas. Los productos importados invaden los mercados y los hogares: el "gramófono marca 'Pearless'"(42), "el refrigerador marca Kelvinator" (18), "máquina de escribir ... marca Remington" (41) "una nueva prensa Chandler" (97), "fusiles Springfield" (218), "la Emulsión Scott" (88), "jabón de olor Reuter", "polvos dentífricos del Doctor Kamp"

---

[16] *Tiempo de fulgor* es una novela sobre el León decimonónico. El apellido de la familia burguesa central es Contreras, como en *Castigo divino*. Sin embargo, la relación entre los dos textos es un guiño al lector, porque la familia Contreras se extingue en *Tiempo de fulgor*.

(220), "agua medicina Vichy Celestins" (63), "Kola Shaler" (25), "la Cafiaspirina Bayer" (153) forman parte íntegra del universo social presentado en *Castigo divino*. Todo nombre propio tiene poder de citación que refuerza la credibilidad referencial (Certeau 1975: 112) y no cabe duda de que la enumeración de las marcas extranjeras a lo largo de la novela es un procedimiento que contribuye al efecto de realidad. Al mismo tiempo, la acumulación de productos norteamericanos en un texto que despliega imágenes de una sociedad atrasada y subdesarrollada señala el grado en el que las aspiraciones al progreso y a la modernidad de esta sociedad sucumben al imperialismo económico de los Estados Unidos[17]. Este "tratamiento irónico de la enajenación cultural" (Ramírez 1993: 249) pone al descubierto uno de los disfraces con los que, según Carlos Fuentes, las sociedades latinoamericanas se auto-engañan (1993: 106). Sin embargo, como muestra el novelista mexicano, esta "importación apresurada, casi angustiosa, de los objetos de la modernidad no logra disfrazar el imperio del capricho y la violencia más arcaicos" (1993: 106). De la misma manera, la profusión de médicos-científicos y abogados en *Castigo divino* no logra encubrir el oscurantismo y la injusticia rampante en la sociedad leonesa, "el corazón de tinieblas" (Fuentes 1993: 106) enmascarado de modernidad. Es así como en la obra de Ramírez, Léon es una proyección de Nicaragua, Centroamérica y de toda América Latina pero, como observa Kozak Rovero, la ciudad "no es una mítica Macondo ... es una ciudad corriente y moliente siempre contemplada y satirizada desde el absurdo del poder en la cotidianeidad [sic]" (2001: 37)[18].

A pesar de sus pretensiones sociales y políticas, la burguesía leonesa es una clase fracasada cuya posición peligra tanto a causa de la descomposición interna (la corrupción financiera, la hipocresía, el fingimiento, el conflicto de los intereses privados que la resquebrajan y la debilitan por dentro)

---

[17] Sergio Ramírez resume la actitud de la burguesía nicaragüense en las siguientes palabras: "The most important characteristic of the Nicaraguan bourgeoisie's cultural attitude throughout history has been its desire to import a model ... [T]he bourgeoisie failed in the constitution of a cultural project because it failed as a social class. It never thought of building anything inside the country, it never developed a national awareness, and Somocism took this spread-legs attitude to its climax" (1986: 81 y 82). Un excelente tratamiento artístico de la problemática de la dependencia colonial y la alienación cultural en Nicaragua se da en el volumen de cuentos de Ramírez *Charles Atlas también muere* (1982).

[18] Esta concepción diferente del espacio y su puesta en escena estética puede considerarse como un indicio diferenciador entre la poética del Boom y del Posboom, con el que la crítica suele asociar a Ramírez.

como por un fuerte resentimiento social de parte de las clases bajas de la ciudad. Entre la élite burguesa y el resto de los habitantes existe un abismo colosal; solamente una vez al año, durante la Navidad, son capaces de unirse alrededor de las tradicionales celebraciones navideñas (431). El juicio de Castañeda saca a la luz los detalles de la vida de los burgueses que se convierten en motivo de risa para el pueblo cansado de rendir homenaje a los que "tienen el control de la mentira" (386). El folletín en el que el periodista Rosalío Usulutlán describe la historia de Castañeda y sus relaciones con la familia Contreras –"Las caritas, las razones, los llantos" (278), como dice uno de los personajes– es recibido con regocijo por todos los habitantes que celebran el desenmascaramiento con una burla carnavalesca:

> la gente se quedó poniéndole sitio a la casa [de la familia Contreras], mientras que gritaban toda clase de expresiones obscenas dirigidas a la viuda y su hija, y se les llamaba con voces fingidas y melosas a salir, dándoles en aquellos llamados los nombres supuestos con que un reportaje de nuestro colega "El Cronista" las designa (331).

La declaración de Oliverio Castañeda, presentada en forma escrita al juez Fiallos pocos días después de la publicación del reportaje, confirma la verdad contenida en la creación literaria de Rosalío y revela los amoríos, las traiciones, la morbidez, la corrupción y la podredumbre moral que caracterizan a la burguesía dominante y el Estado encarnados en la familia Contreras[19]. Con la publicación de esta declaración "el caso toma los tintes de una lucha social, pues los de abajo ... aprovechan para descargar su resentimiento sempiterno contra los de arriba" (399).

Amenazado por la risa y la burla del pueblo, el viejo orden social recurre a mecanismos de defensa tradicionales tales como la censura, la intervención de la Iglesia, la corrupción de los testigos mediante amenazas o sobornos y la protección por parte de la Guardia Nacional. La novela hace paten-

---

[19] Para un estudio detallado de la relación entre la familia burguesa (los Contreras) y el Estado, véase Salmón (1993: 210-211). Señalando el parentesco que vincula a los Contreras con los dirigentes políticos (el presidente Sacasa), la autora argumenta que "los códigos morales y las prácticas sociales de esta clase son los que oficializa el Estado, apoyado por la Iglesia. ... Por lo tanto, 'hablar' y 'revelar' públicamente ... la conducta inmoral de la familia Contreras ... es una infracción contra el resto de las familias pudientes y su aparato estatal. De esta forma, revelar las prácticas sociales que no responden a los códigos morales impuestos por la clase dominante es revelar la falsedad de sus principios" (1993: 211).

te el creciente poderío de la Guardia Nacional representada por el capitán Ortiz y la alianza establecida entre este organismo y la burguesía en vista de la amenaza que representa el juicio: "La guardia puede todo" –dice el doctor Salmerón– "Somoza quiere quedar bien con los ricos de León" (310)[20]. La Guardia Nacional interviene en los asuntos legales, elimina o falsifica la evidencia, socava la autoridad del juez, coerciona a los posibles testigos:

> la Guardia Nacional, el verdadero poder detrás del débil gobierno del Presidente Juan Bautista Sacasa, manejaba la conspiración para impedir que los testigos nombrados por Castañeda se presentaran a declarar; y si algunos pocos acudieron, fue sólo para mostrarse deliberadamente esquivos y poco explícitos. Años más tarde ... también salieron a luz los procedimientos urdidos por la misma Guardia Nacional para asaltar el Juzgado y secuestrar las cartas (417).

La misma Guardia Nacional se convierte en el verdugo de Oliverio Castañeda al asesinarlo durante lo que Ortiz define como fuga, pero que tiene todas las apariencias de la ley fuga, de una maquinación cuyo último objetivo era eliminar al reo: "Medianoche. Cementerio. El prisionero corre. Conocemos esta historia. ¿Quién no la conoce en la desgraciada Nicaragua?" (436).

En *L'archéologie du savoir*, Michel Foucault propone analizar los objetos del discurso ("objets de discours") no como un valor en sí, sino como *objetivaciones* de las prácticas que los hicieron posibles:

> Substituer au trésor énigmatique des "choses" d'avant le discours, la formation régulière des objets qui ne se dessinent qu'en lui. Définir ces *objets* sans référence au *fond des choses*, mais en les rapportant à l'ensemble des règles qui permettent de les former comme objets d'un discours et constituent ainsi leurs conditions d'apparition historique (1969: 65).

Paul Veyne adaptó estas ideas de Foucault para el estudio de los acontecimientos históricos: para él, las cosas visibles "ne sont que les objectivations de pratiques déterminées ... *[C]e qui es fait*, l'objet, s'explique par ce qu'a été le *faire* à chaque moment de l'histoire" (Veyne 1979: 217 y 219). Todo hecho u objeto depende de la práctica social e histórica que lo condiciona; el

---

[20] Todas estas prácticas ilustran la farsa de verdad que es, según Ludmer, el modo en que un estado criminal gobierna y administra la justicia: "speech, acts, and ceremonies identical to legitimate ones but devoided of value ... [a]cts designed to make you believe" (1996: 145). Ortiz, quien encabeza las fuerzas estatales, es un ejemplo acabado de lo que la autora llama "the first man". Se trata del personaje que "commits crimes of the state (religious, political, military, or juridical crimes) in the form of the farces of truth" (1996: 145).

estudio de esta práctica debería ser el verdadero blanco del historiador (Veyne 1979: 217-220). Se puede analizar *Castigo divino* en los términos propuestos por Foucault y Veyne, es decir, como la escritura de un proceso o una práctica social que se manifiesta a través de sus objetivaciones, es decir, los acontecimientos visibles en la superficie. El juicio de Castañeda y su trágico desenlace son una objetivación de la práctica social y política que deja traslucir cómo una clase social venida a menos recurre al crimen institucionalizado desde las estructuras del Poder para proteger sus intereses y su posición en la jerarquía social. *Castigo divino* es, pues, una novela sobre "the hidden history of Nicaragua" (Ross 1991: 170), una visión crítica y dinámica de la emergencia de un nuevo orden social y de una nueva disposición de fuerzas, la situación que favoreció la llegada de la dictadura somocista y, mucho más tarde, provocó la explosión de la revolución sandinista, desde cuya perspectiva el autor narra esta historia. La recreación ficcional de un crimen personal (pero no menos histórico por esta razón) es un pre-texto para desenmascarar aquel Estado como criminal. El detallismo realista, concentrado a la manera microhistórica alrededor de un suceso, desvía el énfasis de la cronología al espacio social, del transcurrir diacrónico del tiempo hacia un futuro, según suele retratarlo una narración histórica tradicional, a la exploración sincrónica de un complicado mecanismo social, todo "aquello que los habitantes de la pequeña ciudad no quieren ver" (Kozak Rovero 2001: 36).

Dado que en *Castigo divino* se reconstruye un caso jurídico, las declaraciones de los testigos y sus "transcripciones", cartas, misivas amorosas, poemas, obituarios, telegramas, reportajes de prensa, entrevistas, informes de medicina forense y otros documentos (tanto reales como ficcionales) que juntos constituyen "el voluminoso expediente" (417), forman el entramado textual de la novela, ordenado cuidadosamente por el narrador como un juicio en proceso, según señalan los títulos de sus cuatro partes. El testimonio y el documento escrito han sido baluartes tradicionales del discurso histórico que asumía su objetividad y transparencia de tal modo que "haber visto", "haber oído", "haber leído y estudiado" eran garantes de la veracidad del suceso al que se referían, fundamentos sobre los que se apoyaba la verdad que pretendía pertenecer al orden de lo real. Los documentos y procedimientos del expediente que informa sobre los protagonistas del proceso, sus peripecias y la sociedad a la que pertenecen, se podrían considerar el fundamento de un supuesto saber objetivo de la realidad y de la historia: el de haber visto, el de haber oído y el de haber estudiado. Deberían producir, al igual que los detalles realistas, el efecto de realidad e historicidad, porque el documento es el eslabón que conecta la historia como sucesión de eventos con la historia como discurso. La confianza en el conocimiento objetivo del pasado que se plasmó en la historiografía decimonónica después de Ranke se basaba, entre otros, en la fe de que el documento era una huella o una impresión legible en la que se cifraba la verdad acerca de la realidad pasada. Sin embargo, es justamente en el tratamiento del documento y del testimonio donde *Castigo divino* implanta su juicio a la visión tradicional del quehacer histórico.

La primera señal de este cuestionamiento aparece en la parodia que convierte a los escritores como Lautréamont (289), Mallarmé (357), Mérimée (357), Théophile Gautier (357), G. Grass (357), William Styron (358), Calvino (288), J. Barnes (283), M. Pécuchet (283), o los políticos occidentales de renombre como M. Thatcher (312), Bush (260), Kohl (289), Fraga (312) y LePen (312) en farmacoquímicos, toxicólogos, patólogos y psiquiatras. En la lista de "autoridades ficticias" no faltan referencias a los escritores latinoamericanos: Ariel Dorfman aparece como un "eminente psiquiatra de la Universidad de Chile" (93), mientras que Osvaldo Soriano, Alfredo Bryce Echenique, Antonio Skármeta y Carlos Monsiváis figuran como fisiólogos y expertos en alcaloides (385). Miguel Barnet es socio de Castañeda en un proyecto editorial (140, 167, 176), Omar Cabezas se desempeña como "el conserje del Cementerio de Guadalupe" (316), Carmen Naranjo hace de dueña de una pensión josefina (118) y Julio Valle-Castillo, quien todavía no ha nacido (y faltan 22 años), fallece en enero de 1930 en la Estación de Ferrocarril de Managua (299).

El gesto desacralizador presente en estas alusiones participa, entre otros, de la crítica de la burguesía porque es una burla despiadada de los burgueses y de su dependencia de la autoridad extranjera. Al recontextualizar los nombres propios de conocimiento general, Ramírez llama la atención al hecho de que el discurso burgués se basa en el poder legitimador del sonido extranjero de un apellido y su relación con los centros culturales y científicos. Al mismo tiempo, la referencia a los nombres reales forma parte del cuestionamiento del discurso histórico desplegado en la novela. Al igual que las marcas de productos comerciales, los nombres propios de personas reales suelen funcionar como una cita o un signo de realidad que participa en el proceso de la autentificación del relato, de la construcción de la verosimilitud. Según constata Michel de Certeau, el nombre de un personaje histórico no es un signo vacío; al contrario, remite a un referente anterior al relato, se presenta nutrido por lo que ya se sabe, y así se constituye en una garantía de la credibilidad del discurso histórico[21]. Ramírez juega abiertamente con esta

---

[21] Para Michel de Certeau, la diferencia entre un nombre propio ficcional y uno histórico radica en las nociones de vacío y plenitud: "Alors que le roman doit peu à peu

convención seleccionando adrede nombres muy conocidos, cargados de significados e historias, para recontextualizarlos: Günter Grass deja de ser el autor de *El tambor de hojalata* para figurar como el autor de un artículo sobre las tomaínas: "Zur Kennis der Ptoma" (357); Manuel Fraga y Jean-Marie LePen abandonan el mundo de la política (donde representan la extrema derecha, española y francesa respectivamente) para convertirse en autoridades de la toxicología decimonónica (312). En vez de producir la ilusión de realidad de acuerdo con su rol aceptado dentro del espacio cultural, estos nombres irrumpen como signos de subversión de la veracidad a través de la ficcionalización lúdica de lo histórico. De esta manera *Castigo divino* señala que su posición ante lo que el discurso histórico valora –nombres, fechas y documentos como garantía de una realidad extra-discursiva– es la de cuestionamiento y que la historicidad puede ser un juego, una máscara debajo de la cual se descubren otras realidades o ficciones de lo real.

Apoyándose en la autoridad del "haber visto/oído/leído", el relato histórico, a diferencia del detectivesco que juega con pistas falsas antes de exponer la verdad definitiva, trata de borrar las contradicciones entre distintos elementos de la evidencia optando por hacer valer una versión/interpretación de los acontecimientos. *Castigo divino* exagera paródicamente la autoridad de "ver", "oír" y "leer/estudiar" en que se apoya el discurso histórico, exponiendo el juego de versiones y visiones de lo sucedido, sin llegar al final a ninguna verdad definitiva. Tanto las declaraciones de los testigos –los que supuestamente vieron u oyeron– como los demás documentos utilizados en el juicio y su reconstrucción, muestran que lo que se presenta como un hecho criminal e histórico –la culpabilidad de Castañeda– es en realidad un juego de memorias, intereses y valores que se combaten. Numerosos testigos interrogados por el juez Fiallos durante el proceso se contradicen mutuamente o a sí mismos, cambiando declaraciones, añadiendo o quitando detalles, callando parte de la evidencia o inventando sucesos que nunca tuvieron lugar. Así, por ejemplo, Doña Flora, viuda de Contreras, asegura en su primera declaración del 14 de octubre que la cajita con las cápsulas de quinina, en las que Castañeda presuntamente colocó la estricnina para envenenar a su esposo, se encontraba bajo llave en el aparador; en su segunda declaración, rendida el 31 de octubre, afirma, sin embargo, que "La cajita no estaba en ningún aparador, como equivocadamente dije antes, sino sobre

---

remplir de prédicats le nom propre qu'il pose à son commencement (tel Julien Sorel), l'historiographie le reçoit rempli (tel Robespierre) et se contente d'opérer un travail sur un langage référentiel" (1975: 112).

la mesita de noche, a la cual tenían acceso tanto Castañeda como mi marido" (230-231). La esposa de uno de los amigos del reo, Yelba Oviedo, declara haber escuchado el grito de agonía de Marta Jerez mientras se encaminaba a la casa de la enferma "cerca de las diez y media" (109): "Al cruzar la calle frente al atrio de la Iglesia de la Recolección, y cuando faltaba media cuadra, oí en el silencio de la mañana, como traído por el viento, un grito desgarrador en el que reconocí el timbre de la voz de Marta" (109).

El grito que la testigo pudo oír a media cuadra del lugar donde se profirió no llamó la atención de los vecinos inmediatos del matrimonio Castañeda. El doctor Ulises Terán describe aquella mañana en estos términos:

> La mañana siguió discurriendo tranquila .... Al otro lado de la pared no se oía ningún ruido ni señal extraordinaria. Pasadas las diez y media salí otra vez, con el objeto de desentumirme, notando entonces tráfico de muchas personas en la puerta de los Castañeda, y vi el coche del Doctor Darbishire amarrado a la argolla de la pared, por lo cual decidí cruzarme para indagar (110).

La hora que indican Yelba Oviedo y Terán coincide, pero las declaraciones se contradicen y excluyen. ¿Cómo pudo oír ella de lejos lo que él no oyó de cerca y viceversa? La memoria se muestra engañosa y frágil: no reproduce el acontecimiento, sino que produce un relato acerca de éste y en el proceso de construirlo intervienen la selección, la interpretación, el conocimiento previo y los objetivos que el/la testigo persigue.

Es posible también que la memoria del testigo se encuentre influida por fuerzas externas que moldean las huellas de lo sucedido según sus intereses y propósitos. Éste es el caso de los testimonios de la pequeña Leticia Osorio, doméstica empleada por la familia Contreras. Las primeras declaraciones de la niña son detalladas, agudas y aportan mucha información pertinente para el juicio: Leticia explica en qué consistían las atenciones especiales de Castañeda para con María del Pilar Contreras (73), describe los celos de Marta Jerez (80) y afirma que Matilde Contreras solía leerle a Castañeda los códigos y libros de derecho por la noche (75). Sin embargo, durante la segunda comparecencia, cuando "se presentó para absolver el pliego de las preguntas de la defensa" (417), Leticia no se acuerda de nada:

> Pregunta no.1: Diga la testigo si es cierto ... que mientras estudiábamos por las noches en el corredor de la casa, Matilde Contreras ... me acariciaba el pelo y la barbilla. Esto lo vio Ud. cuando llegaba a dejarnos el café, y vio también que nos tomábamos de la mano y yo besaba la suya.
> Respuesta: Yo no me di cuenta de nada.

Pregunta no.2: Diga la testigo si es cierto ... que un día me vio salir del aposento de la ya dicha Matilde, a altas horas de la noche; y que ella estaba durmiendo sola, pues María del Pilar andaba en Chichigalpa visitando a la familia de Don Enrique Gil.
Respuesta: Yo no lo vi salir, ni me acuerdo que la Niña Matilde haya dormido sola (418).

Para la defensa, la voluntad de la niña había sido comprada mediante regalos (417). Los recuerdos de otros habían sido "modificados" por amenazas o propuestas de trabajo por parte de los burgueses y los funcionarios del Estado que temían un desenmascaramiento comprometedor e incriminatorio[22].

El cuestionamiento de la objetividad y neutralidad de la historia basada en el relato de los testigos se extiende en *Castigo divino* hacia la crítica de comunicaciones escritas. Exponiendo las contradicciones y discrepancias en los materiales escritos que forman el expediente del caso Castañeda, el autor logra mostrar el documento como un constructo cuyo origen (la presunta realidad) importa menos que la meta o el destinatario a los que debe servir. Existen, por ejemplo, dos cartas de Oliverio Castañeda que describen el mismo suceso –su encuentro con doña Flora y su hija menor, María del Pilar, en San José– en términos opuestos. Una de ellas está destinada a Matilde Contreras y mantiene el tono amoroso de una carta de un amante fiel, desdichado por una separación forzada. La segunda, dirigida al amigo de Castañeda, el Globo Oviedo, no menciona nunca a Matilde. En cambio, describe la alegría y los goces de una pasantía en San José en compañía de

---

[22] El segundo interrogatorio de Leticia Osorio evoca otra escena de la literatura latinoamericana, el regreso de José Arcadio Segundo a casa después de la masacre de los obreros en la estación de Macondo:

José Arcadio Segundo no habló mientras no terminó de tomar el café.
–Debían ser como tres mil –murmuró.
–¿Qué?
–Los muertos –aclaró él–. Debían ser todos los que estaban en la estación.
La mujer lo midió con una mirada de lástima. "Aquí no ha habido muertos –dijo–. Desde los tiempos de tu tío, el coronel, no ha pasado nada en Macondo". En tres cocinas donde se detuvo José Arcadio Segundo antes de llegar a la casa le dijeron lo mismo: "No hubo muertos". ... Tampoco [Aureliano Segundo] creyó la versión de la masacre ni la pesadilla del tren cargado de muertos que viajaba hacia el mar. La noche anterior habían leído un bando nacional extraordinario, para informar que los obreros habían obedecido la orden de evacuar la estación, y se dirigían a sus casas en caravanas pacíficas (García Márquez 2001: 424).

María del Pilar en palabras que no dejan lugar a duda (ni siquiera lo pretenden) en cuanto al tipo de relación que la une con Castañeda. Lévi-Strauss afirma en *Savage Mind* que "History is ... never history, but history-*for*" (1966: 257, el énfasis es añadido). Las dos cartas, aunque se ubican en un nivel diferente al que se refiere Lévi-Strauss (la Historia como conocimiento) por ser historias personales y ficcionales, ilustran bien esta idea de historia como un relato destinado. Es el destinatario –Matilde o Globo Oviedo– quien determina la historia que se cuenta en las cartas: la historia de amor y sufrimiento para Matilde; el relato de una(s) conquista(s) para el amigo. El suceso real es irrelevante; lo que importa es quien lo va a leer y lo que el emisor se propone conseguir al contar.

Los intereses privados, políticos o sociales a los que los documentos deben servir son, sin duda alguna, otro factor de las inconsistencias o, incluso, discrepancias sustanciales entre diferentes versiones. A guisa de ejemplo se puede citar la confusión que en *Castigo divino* se origina al contraponer los documentos que se refieren a la virginidad de Matilde Contreras en el momento de su muerte. Juan Darbishire, el doctor de la familia, asegura en el acta de exhumación que encontró los órganos genitales del cadáver intactos (46) pero nadie, excepto los miembros de la familia y los amigos, lo cree porque la exhumación se realizó casi dos meses después de la muerte. No obstante lo poco verosímil del dato, Castañeda lo confirma en su primera declaración al juez asegurando que Matilde era un ser puro (45) y lo reitera ante el doctor Salmerón cuando los dos se encuentran en la misma celda de la cárcel leonesa (409). Sin embargo, pocos días después el reo presenta al juez un escrito en el que declara haber mentido antes y afirma que sostuvo "relaciones de carácter íntimo con Matilde Contreras" "en la soledad y el apartamiento del cementerio" (395-396). Matilde corrobora esta versión en una carta que ella misma mandó a Castañeda: "Bien estabas lejos de mí porque yo no te conocía ni había sentido el fuego de tu cuerpo ni el calor de tus besos ..." (446). Visto esto, se asume que el doctor Darbishire está protegiendo el buen nombre de una familia burguesa, el modelo de ciudadanía y baluarte de moral que "los de abajo" deberían imitar. Castañeda, por su parte, al principio defiende el honor de la familia que fue su amiga:

> yo me he esforzado en comportarme como un verdadero caballero ... aguantándome para no herir honras que ya no son honras, confiado de que llegaría el momento en que los ánimos deberían serenarse, y que recapacitarían al fin aquellas que tienen que perder más que yo, porque cuidando con exceso de celo sus reputaciones, permiten que se barra con la mía los pisos de todos los salones de León, donde reina, cual abyecta soberana, la hipocresía (393).

Al entender que callar la verdad sólo lo perjudica, Castañeda decide hacer público lo que sabe y cambia sus declaraciones. En los dos casos, los intereses personales y sociales determinan la construcción de las distintas versiones de la realidad.

Trabajando como historiador-detective-lector con una cantidad inmensa de testimonios orales y documentos escritos, el narrador revela constantemente las contradicciones, cambios y omisiones. La reconstrucción del caso basada en el procedimiento de afirmación y retractación, conocido como palinodia, produce la sensación de una incertidumbre irresoluble (Calinescu 1987: 309) y demuestra que las huellas de los acontecimientos reales en la memoria humana son una materia moldeable en la que es imposible confiar. La memoria es falible, inventiva, influenciable, pero puede llegar a creer firmemente en la realidad de lo que ella misma ha construido. No importa si se trata de un asunto personal (relato detectivesco) o de un suceso histórico (novela histórica). La realidad se esfuma; el recuerdo de lo sucedido, o la ausencia (impuesta o inventada) del recuerdo, reemplaza el hecho. Las historias, tanto las privadas como las políticas, se construyen, se "intrigan", se urden. Nada cierto surge del desfile de evidencias en *Castigo divino*; al contrario, se produce "una diseminación del sentido" (Kozak Rovero 2001: 34). "¿Quién dice verdad y quién dice mentira?" (438) se interroga el periodista Manolo Cuadra al analizar distintas versiones de los acontecimientos que precedieron a la muerte de Castañeda. Su pregunta se refiere a toda la historia que se cuenta en la novela, no sólo a su final. Por extensión, alude a todo hecho real, lejano o cercano en el tiempo, que se indaga con el propósito de dar con la verdad. El pasado ausente que el historiador (o el detective) reconstruye aparece en *Castigo divino* como un tejido de textos contradictorios, una intriga, un enredo lleno de dudas y lagunas, posibles verdades y mentiras[23].

---

[23] La noción del pasado como ausencia o un real perdido proviene de Michel de Certeau: "Le discours sur le passé a pour statut d'être le discours du mort. L'objet qui y circule n'est que l'absent, alors que son sens est d'être un langage entre le narrateur et ses lecteurs, c'est-à-dire entre des présents. La chose communiquée opère la communication d'un groupe avec lui-même par ce *renvoi au tiers absent* qu'est son passé. Le mort est la figure objective d'un échange entre vifs. ... [L'histoire] traite la mort en objet de savoir et, ce faisant, donne lieu à la production d'un échange entre vivants" (1975: 60 y 61). El relato histórico se origina, entonces, en una ausencia o una pérdida, al igual que el relato detectivesco.

Castigo divino: un relato de detectives frustrados

La intriga que se encamina hacia la verdad pertenece también al registro del relato detectivesco-policial en el que la problemática de la verdad se ramifica al pacto entre el Poder y la Ley. Como ya se ha observado en el análisis de *La tierra del fuego*, en "Tesis de filosofía de la historia", Walter Benjamin indica cómo desde el Poder se institucionaliza un pacto entre la Historia y la Verdad, que legitima la Ley responsable por la preservación del orden y de las estructuras sociales dominantes (1971: 181). Para mantener el statu quo, en otras palabras, para impedir "the entry of the masked other" (Foucault 1984: 88), es necesario que la relación entre la Historia y la Ley se perciba como algo natural, familiar y automático. Recurriendo al formato policial que atraviesa y subvierte la reconstrucción de un hecho histórico, *Castigo divino* cuestiona este vínculo poniendo al descubierto la criminalidad del Estado en la época referida y desenmascarando la complicidad que la Historia establece con el discurso que legitima las estructuras del Poder criminal[24].

El relato detectivesco clásico es un género altamente codificado y convencionalizado, y las obras particulares son actualizaciones de lo que John G. Cawelti denomina la fórmula literaria (1976)[25]. Los elementos fijos de la fórmula del relato detectivesco se localizan tanto al nivel de la trama como del discurso. En la trama, la fórmula incluye a un criminal, una víctima y un detective que debe solucionar el crimen por medios puramente racionales; en el discurso, el rasgo más importante es la presencia de dos historias: la historia de la investigación, ubicada en el presente, que enmarca la historia del crimen, localizada en el pasado. La secuencia de la acción se abre con el misterio del crimen y la pregunta "¿Quién lo hizo?" que inaugura la indagación y estructura toda la narración. El cierre de la investigación corresponde

---

[24] La idea de Estado criminal proviene de Josefina Ludmer, quien explora este concepto en relación a un conjunto de obras en que un crimen pasional se conecta con un crimen político, denominado el *cuerpo del delito*. Para Ludmer, "the corpus delicti recounts at the same time crimes of passion and political crimes, because the corpus always contains, aside from the representation of the criminal character ... some representation of the state as criminal. The corpus delicti creates the fiction of the criminal's subjectivity in a criminal state" (1996: 143). El *cuerpo del delito* se compone, en su mayoría, de textos argentinos, por lo cual Ludmer no incluye *Castigo divino* en su análisis. Sin embargo, la conexión que establece entre el crimen individual y el Estado criminal me parece muy útil para estudiar la novela de Ramírez.

[25] Para Cawelti "[a] literary formula is a structure of narrative or dramatic conventions employed in a great number of individual works" (1976: 5).

con la solución del enigma del crimen y el final de la narración, creándose de esta manera una clausura absoluta del relato que simboliza la restauración del orden. El modelo clásico del relato policial presenta el acto criminal como una aberración de las normas sociales, un acontecimiento desestabilizador. El crimen desacredita el sistema de normas que regulan la vida social y constituye una amenaza a su estabilidad. La verdad que se enuncia en el cierre justifica el castigo, restaura el orden y reafirma la validez de las leyes que gobiernan la sociedad (Hühn 1987: 452-454; Simpson 1990: 11), lo que hace que la fórmula clásica sea "an allegorical representation of the stability and continuity of the status quo" donde se reflejan "the principles, beliefs and institutions of a democratic society" (Simpson 1990: 11 y 19). Por consiguiente, la reconstrucción de un hecho histórico en el marco de un relato policial tradicional también crearía una imagen reconfortante y positiva que permitiría equiparar la Historia con la Verdad y la Ley.

Donald Yates observa en *El cuento policial latinoamericano* que "ningún otro tipo de ficción en prosa es más popular y ninguno cuenta con una demanda más firme entre el público lector de Hispanoamérica, que el relato policial". Yates aclara, sin embargo, que se trata de traducciones de obras extranjeras, especialmente francesas e inglesas, y que el número de "cultores nativos" de la fórmula es reducido (1964: 5)[26]. La escasez de su producción en el continente se debe a la incompatibilidad de la fórmula detectivesca clásica con la realidad latinoamericana, donde la ley es un aparato de opresión. La utilización del modelo tradicional con su "crime-to-solution sequence" (Simpson 1990: 11) induciría la confianza en la verdad y la justicia como motores de los procesos históricos en América Latina donde, en realidad, el Estado se percibe como criminal y la relación de la justicia con la verdad, como una farsa (Ludmer 1996: 143)[27].

---

[26] Cabe señalar como excepción el caso de Argentina donde existe una sólida tradición de relatos policiales, clásicos o no (Jorge Luis Borges, Adolfo Bioy Casares, Ernesto Sábato, Marco Denevi, Rodolfo Walsh, Manuel Puig, Osvaldo Soriano), aunque es cierto que el mercado lector consume más traducciones en términos cuantitativos (incluso en Argentina). Por otra parte, el estudio de Yates, publicado en la década de los sesenta, debe ser matizado, porque en las últimas décadas la literatura policial en América Latina ha experimentado un florecimiento, aunque las obras de valor literario no siguen la fórmula, sino que son su reescritura.

[27] En este lugar, resulta muy interesante una observación que Holquist hace sobre el origen de la novela detectivesca en Europa. El autor recuerda que las primeras fuerzas de seguridad en Francia e Inglaterra se componían de ladrones y aventureros y que la novela detectivesca nace y se hace popular sólo después de que la población empieza a percibir a la policía como agente de ley y orden social (1971: 139-140).

La incongruencia de las premisas ideológicas de la fórmula detectivesca clásica con la realidad latinoamericana obliga a los escritores del continente a modificarla reescribiendo sus reglas[28]. La adaptación abarca no sólo la introducción de los elementos de la realidad social, sino también el juego con las convenciones del modelo clásico que lleva a la creación de nuevos significados y contenidos ideológicos, sobre todo un pensamiento crítico acerca de la sociedad contemporánea. Simpson opina que "those texts which significantly modify, elaborate on, or even radically transgress detective fiction conventions are exemples of the genre when meaning is generated specifically and intentionally by the differences between the model and its variant" (1990: 14). En un contexto distinto del que produce el modelo, la diferencia es el elemento que significa. Nicaragua es uno de los casos más pronunciados del contexto no-democrático: como se ha señalado, ni la época referida ni el momento de la escritura de la novela permiten confiar en la relación entre la Historia, la Verdad y la Ley. Por eso, en *Castigo divino* el proceso significativo se activa a través de las transgresiones del modelo a las que alude Simpson.

Las tres víctimas de Castañeda, los personajes que desempeñan papel de detectives y la investigación que debe llevar a la aclaración de los crímenes son elementos que permiten reconocer en *Castigo divino* los vínculos con la novela detectivesca o policíaca. La misma función cumple el título de la novela que remite a la película *Payment Deferred* (1932) en la cual el asesino se vale de la estricnina para obtener una herencia y muere por una inyección letal sin que se haya probado su culpabilidad[29]. Las referencias a este filme que los personajes de *Castigo divino* ven en el cine de León unos meses antes de las muertes imputadas a Castañeda establecen un marco temporal y señalan la conexión de la novela con el género detectivesco-policíaco: la trama de la película cuyo título en español es *Castigo divino* es una *mise en abîme* genérica y semántica.

Como en el caso de la novela histórica, la inscripción de los códigos del relato detectivesco se realiza en la novela de Ramírez simultáneamente con un cuestionamiento paródico de las principales normas del género. En clara oposición a la regla de no proliferación de los crímenes, la novela cuenta la

---

[28] Sobre la novela detectivesca en América Latina véase Planells (1986), Simpson (1990) y Skłodowska (1991).

[29] La película, producida por Metro Goldwyn Mayer y dirigida por Lothar Menedes, fue protagonizada por Charles Laughton, Maureen O'Sullivan y Ray Milland (Ross 1991: 175).

historia de dos sucesos criminales: primero las tres muertes atribuidas a Castañeda y, después, la muerte de Castañeda asesinado por la Guardia Nacional durante un simulacro de un intento de fuga. La historia empieza con una serie de muertes y termina con una muerte que, siendo consecuencia de aquéllas, es de otra índole, lo que hace que el lector tenga que preguntarse si el relato sigue el orden del descubrimiento de los motivos y las acciones del criminal-Castañeda (la novela detectivesca), o si presenta la secuencia de los acontecimientos que llevaron a la muerte de Castañeda, cuyo orden de presentación corresponde, entonces, con la novela histórica tradicional, la novela de aventuras, la novela realista, etcétera[30]. El hecho de que los personajes estén convencidos, o por lo menos asuman, que Castañeda es el autor de los tres asesinatos (y que se trata de asesinatos y no una trágica coincidencia de tres casos de fiebre perniciosa) modifica la pregunta "¿Quién lo hizo?" que, de acuerdo con lo dicho, constituye el eje de todo relato detectivesco. Conocida o asumida por todos la identidad del criminal, la pregunta "¿Quién lo hizo?" deja de tener sentido y es sustituida en *Castigo divino* por "¿Cómo se puede probar su culpabilidad?" y "¿Qué pasó de verdad?". En la primera salta a la vista la manipulación que reemplaza el raciocinio, mientras que la segunda pone énfasis en la reconstrucción, en vez de la deducción. De esta manera, ambas sustituciones traicionan una de las principales convenciones del género. Adicionalmente, la presencia de dos sucesos criminales distintos complica también otra de sus preguntas clave. Heta Pyrhönen sostiene que el relato detectivesco posee una fuerte dimensión moral y que la pregunta "¿Quién lo hizo?" va a la par con "¿A quién la culpa?" que interroga acerca de la culpabilidad y la responsabilidad (1999: 4). Si Castañeda es culpable y responsable de las muertes que se le imputan, el sistema judicial y el Estado lo son de la suya, lo cual significa que la novela de Ramírez replantea la noción de la culpabilidad individual propia del relato detectivesco, extendiéndola a las entidades colectivas e incluso políticas como el Estado, para presentar el Estado como criminal y desenmascarar el vínculo entre el simulacro de la ley y el poder.

---

[30] Es posible trazar aquí una analogía entre *Castigo divino* y *Crónica de una muerte anunciada*, que también narra los acontecimientos que, habiéndose originado en un crimen (en este caso, las relaciones amorosas ilícitas), llevaron a la muerte como castigo. De hecho, la muerte de Castañeda es una muerte "anunciada" desde el principio de la novela. Además, en *Crónica*, como en *Castigo divino*, un incidente trivial sirve para generar una visión compleja de la realidad social y de las tradiciones culturales. Sobre la reescritura de la fórmula detectivesca en *Crónica*, véase Simpson (1990).

La búsqueda de las respuestas a las preguntas postuladas en la novela se bifurca, llevada a cabo por varios "detectives" y desarrollándose simultáneamente en distintos niveles del texto. La palabra "detective" aparece aquí cuestionada, porque ninguno de los personajes de *Castigo divino* lo es en el sentido determinado por las reglas del género. Si bien el argumento de la novela es la historia de una indagación, no se trata de una investigación detectivesca *sensu stricto* sino judicial y, como se ha dicho, los personajes asumen que conocen la identidad del criminal. Al nivel de la trama, el juez Fiallos y el doctor Salmerón sustituyen al detective clásico: el primero indaga el caso mediante una investigación forense, mientras que el segundo, apoyado por un grupo de amigos llamado la "Mesa Maldita", realiza una pesquisa independiente. Ninguno de ellos es un detective profesional como Dupin, Holmes o Poirot. Fiallos investiga por ser el "Juez Primero del Distrito del Crimen de León" (41), es decir, como representante del Estado; Salmerón, resentido por la manera como lo tratan los burgueses de León, fisgonea en sus vidas para vengar la marginalización. Los dos se involucran personalmente en la investigación y no logran guardar la distancia con la que trata su caso un detective profesional; ambos pierden también el privilegio de inmunidad de la que, según Todorov (1971: 57), goza este último: Fiallos, amenazado y saboteado por la Guardia Nacional, es forzado a renunciar, mientras que Salmerón queda detenido y se ve obligado a limpiar las calles de la ciudad como forma de castigo, convirtiéndose, además, en el más ferviente defensor de Castañeda. Sus métodos de trabajo son radicalmente opuestos. Convencido al principio de la validez del sistema judicial que representa, Fiallos trata de establecer la verdad mediante procedimientos legales, es decir, el estudio de los documentos reunidos para el juicio (las cartas, los telegramas, las actas de autopsia y de exhumación) y los testimonios de testigos directos e indirectos. Su papel se asemeja al de un historiador que se propone describir un acontecimiento sucedido en un pasado no muy remoto. Salmerón, por su parte, trabaja con el chisme, la denuncia, la calumnia, la intromisión y el fisgoneo indiscreto en las vidas privadas, lo que permite equiparar sus métodos con los de un periodista de crónicas sensacionalistas. Ambos, sin embargo, permiten que su lectura de los datos sea influida por un elemento externo: Salmerón ve en el caso Castañeda una versión local de la trama de la película *Castigo divino* e interpreta la información de acuerdo con ella, forzando la correspondencia de la realidad con una ficción; Fiallos, miembro de la clase burguesa de la ciudad, a menudo parece creer en otra ficción –el guión de la integridad moral de la burguesía– dejando que éste enturbie su campo de visión. De esta manera la novela de Ramírez pone en tela de juicio la imparcialidad y el distanciamiento del detective tradicional, sugiriendo que esta visión arquetípica del investigador del crimen puede ser una ficción que contribuye al poder de la verdad que éste devela al final del relato. Adicionalmente, la investigación de ambos personajes es sin cesar perturbada por las intervenciones de Ortiz y la Guardia Nacional que, como se ha visto, coaccionan o suprimen a los testigos, destruyen documentos y la evidencia material. La Guardia Nacional encarcela a Salmerón cuando sospecha que sabe demasiado y podría perjudicar "la versión oficial" de los hechos, e ignora las protestas de Fiallos en contra de la "intervención" de la realidad por las fuerzas del "orden", obligándolo a presentar su renuncia. La investigación, que en el modelo clásico del relato policial ostenta un carácter ahistórico, aparece en *Castigo divino* contaminada por la realidad política, histórica y social que obstruye la reconstrucción de los hechos e imposibilita un encuentro final con la verdad.

El narrador: un historiador que manipula, un detective que no encuentra

El cruce de los códigos convencionales o subvertidos de la novela histórica y detectivesca informa la figura del narrador en *Castigo divino*, quien expone en el relato su investigación emprendida a partir del expediente del caso Castañeda. La identidad de este narrador es engañosa, como lo es la presencia de los "documentos". Durante la mayor parte de la novela (hasta la página 400 de un total de 456), el lector puede creer que se trata de un narrador omnisciente, extra-heterodiegético, bastante común en las novelas históricas clásicas. Algunos críticos lo han comparado con el narrador decimonónico tradicional que manipula o lleva a sus lectores de la mano (Urbina 1995: 39; Wellinga 1991: 95) olvidando una diferencia fundamental: en la novela decimonónica, el narrador trata de ser transparente y si lleva de la mano a los lectores es justamente gracias a la invisibilidad enunciativa, mientras que en *Castigo divino* la presencia del narrador, quien se dirige al lector mediante comentarios editoriales o explicaciones concernientes al orden de la presentación de los acontecimientos, es prominente. Como en el caso de los documentos, su intervención es demasiado pronunciada y, por eso, sospechosa. La invisibilidad del narrador tradicional del relato histórico que se esfuerza en hacer creer que los hechos se cuentan solos, cede en *Castigo divino* a una visible organización de los materiales narrativos que se desarrolla ante los ojos del lector. Hacia el final de la novela, el narrador cambia de perfil al manifestarse en primera persona ("me dijo", 400) como un personaje del relato a quien uno de los testigos llama "hombre Sergio"

(415)³¹. Es él quien se encuentra frente al expediente del juicio, tratando de ordenarlo, interpretarlo y entenderlo. Como señala Nicasio Urbina, este cambio de identidad del narrador tiene dos consecuencias, casi excluyentes: por un lado, acentúa la referencialidad de los hechos narrados (son hechos recogidos en un expediente legal) y, por el otro, señala claramente su ficcionalización (1995: 41), tanto en el sentido de organizar los datos dispersos en una trama inteligible como en el de inventar para llenar los espacios vacíos del expediente (por ejemplo, las conversaciones de la Mesa Maldita). Así, el narrador, al igual que las citas de los "documentos", forma parte del código del relato histórico tradicional, pero más tarde se transforma ante los ojos del lector en el vehículo de la subversión de sus normas.

Al mismo tiempo, este narrador, quien reconstruye cincuenta años después el juicio y la pesquisa realizada por el juez, encarna la figura de detective al nivel del discurso, complementando los avatares que Salmerón y Fiallos activan al nivel del argumento. Las características de un enunciador omnisciente (extra-heterodiegético) que este narrador exhibe hasta la página 400 son poco comunes para los relatos detectivescos en los que el narrador suele ser un socio-amigo del detective (narrador homodiegético), quien sigue los lances de la investigación pero no es capaz de establecer las conexiones entre todos sus descubrimientos ni seguir su razonamiento, como lo es Watson para Sherlock Holmes. Ahora bien, "[el] que esto escribe" (400) u "hombre Sergio" (415), había conocido al juez Fiallos e incluso había trabajado como su secretario, lo cual lo asemeja al narrador watsoniano. Y, como Watson, este narrador tampoco logra encontrar la verdad, dar con una explicación satisfactoria, convencer más allá de toda duda de que Castañeda fue culpable o que fue inocente. Sin embargo, Watson (y, en general, el narrador de este tipo en el relato detectivesco) se equivoca y no llega a la verdad, porque le falta la información (retenida a propósito por el detective) o porque no la entiende. En *Castigo divino*, el detective-narrador se encuentra frente a todo el "voluminoso expediente" (417) del caso Castañeda que complementa valiéndose del algunos recuerdos del juez mismo (416 y 420) y las entrevistas con las personas que presenciaron el proceso, como el capitán Prío (414-416 y 420-421). Tiene acceso a toda la información accesible,

---

³¹ Esta sorpresiva transformación de la posicionalidad del narrador al final de la novela recuerda –salvando diferencias obvias, como el estatus ficcional o real de este relator– el cambio que se produce al final de *Cien años de soledad*, cuando el lector descubre que Melquíades es el narrador de la historia que lee, por lo cual un narrador que parecía ser heterodiegético se revela homodiegético. Véase Vargas Llosa (1971: 540-541).

sabe incluso más que los "detectives" de su historia en el momento en que llevaban a cabo sus investigaciones, parece ser un "detective supremo", pero no logra desentrañar el misterio. La verdad lo elude, la realidad que busca lo rehúye, las huellas se le borran apenas empieza a seguirlas; su relato no alcanza la coherencia y la unidad, el orden necesario para que surja la verdad no se produce, las conexiones entre los fragmentos dispersos de la evidencia no se establecen. Su búsqueda inconclusa echa una luz nueva sobre la autorreflexión inherente a todo relato detectivesco que, enfatizando el proceso de lectura, escritura e interpretación, y exponiendo la construcción de secuencia y la persecución del significado, representa la narratividad[32]. Si bien en el relato detectivesco clásico la función metanarrativa subraya la creación del orden y de la coherencia, en *Castigo divino*, donde los códigos del género se inscriben subvertidos y contaminados por lo histórico, el énfasis cae sobre la fragmentación, el desorden, la incoherencia y la imposibilidad de reconstruir una realidad pasada, de reducirla a una imagen fija, a una explicación clausurante.

Dichas características de la realidad se reflejan al nivel de la forma en la complejidad de la estructura narrativa, configurada como una "intriga" autorreferencial que parodia tanto el discurso histórico como el relato detectivesco tradicional. La narración trastoca la clásica secuencia de exposición-complicación-resolución propia de la novela detectivesca o la linealidad cronológica que caracteriza un texto historiográfico, estructuras reconfortantes que sugieren el dominio de la razón ordenadora sobre la realidad. En *Castigo divino*, pese a disponer de antemano de la totalidad de la documentación, el narrador no ordena la evidencia según la cronología, no cuenta la "historia" del juicio, día tras día, testigo tras testigo, sino que expone varios episodios desde distintas perspectivas temporales, espaciales y personales. Se examina el mismo episodio varias veces recurriendo a la analepsis, o se anticipan otros a través del uso de la prolepsis. Un buen ejemplo de la última es la anticipación del reportaje "Cuando el río suena, piedras lleva" (339-348), publicado por Rosalío Usulutlán en *El Cronista* y mencionado numerosas veces a lo largo del relato:

Del formidable escándalo provocado por el reportaje, ya nos ocuparemos (83).

El periodista Rosalío Usulutlán fue despedido de su puesto de redactor de planta del diario ... tras haber publicado ... el reportaje ... que, como ya hemos observa-

---

[32] Sobre la relación entre la detección y el acto de leer/narrar, véase los trabajos de Hühn (1987) y Sweeney (1990).

do, y más adelante detallaremos, desató un gravísimo escándalo social en la ciudad (221).

El Juez Fiallos, como ya veremos posteriormente, no pudo sustraerse a la influencia del escándalo [provocado por el reportaje de Rosalío] (282).

El capítulo anterior a la publicación del folletín narra el despido de Rosalío del periódico; el lector se entera del efecto sin conocer la causa. Esto mantiene el suspenso, pero a la vez muestra cómo la inversión del orden narrativo afecta el proceso cognitivo e interpretativo.

Las intervenciones del narrador, quien se dirige directamente al lector usando a menudo el pronombre "nosotros" que lo incluye –"por motivos que ya serán de nuestro conocimiento" (73), "De esto nos hablará más tarde Manolo Cuadra" (99), "Dolores Lorente ... calla sobre asuntos especiales, como ya veremos en otro capítulo" (103)–, sugieren que la historia tiene más de una versión y exponen el acto de tejer, de construir el relato a partir de informaciones parciales, incompletas o contradictorias. El lector no sólo se entera del curso de los acontecimientos poco a poco, sino que también se ve obligado a rehacer sus interpretaciones de los hechos, modificarlas de acuerdo con nuevas evidencias que le revela el narrador[33]. El vaivén de los episodios y escenas, los testimonios y las declaraciones, la fragmentación y pulverización del tiempo y el espacio, producen la impresión de desorden, de una urdimbre de datos con innumerables hilos que bien puede ilustrar el caos con el que se enfrenta el historiador o el detective al iniciar una investigación. Pero, a diferencia del relato histórico o detectivesco tradicional, en *Castigo divino* este caos nunca se transforma en coherencia y orden que llevan a la verdad. La multiplicidad de perspectivas configura una estructura narrativa coordinada más en el espacio que en el tiempo. Esta estructura espacial puede interpretarse de acuerdo con el concepto de *cronotopo* elaborado por Bakhtin (1981: 84). El cronotopo principal en *Castigo divino* sería el laberinto. Su presencia convierte al lector en otro detective "inscrito" en el relato, porque lo obliga a perseguir la verdad del caso Castañeda –la salida del laberinto– mediante la exploración de infinitos pasillos que la narración le abre por delante. Sin embargo, el lector-detective fracasa, como fracasan los personajes-detectives (Fiallos y Salmerón) y el narrador-detective.

---

[33] Esta oscilación interpretativa despunta en la reseña de Leonardo Padura Fuentes, quien dice: "Mientras leía *Castigo divino* ... me dejaba envolver en su trama hasta ser partidario del reo Oliverio Castañeda o cambiaba después de casaca y daba la razón al persistente y acusatorio doctor Salmerón y sus muchachos de la 'mesa maldita'" (1988: 128).

Castigo divino es una "lección narrativa" (Ruffinelli & Corral 1991: 5) que enseña que en la escritura de la realidad pasada no existe una solución (como existe en el relato policial clásico) ni una versión concluyente (como pretendería el discurso histórico), que al alcanzar el final de la narración no se llega a ninguna verdad absoluta, definitiva. La reconstrucción textual de la realidad pasada es una especulación, una maraña de verdades y mentiras entrecruzadas, una intriga de muchos pasillos, sin salida. No existen ni verdades ni mentiras absolutas sobre el pasado, remoto o cercano; sólo se presentan posibilidades. Esta concepción del final de la narración sin clausura cancela la moral inherente al relato detectivesco donde la revelación de la verdad equivale a la restitución del orden y de la justicia. La versión optimista del orden social se anula en *Castigo divino*, porque la investigación transformada en intriga no alcanza ni la verdad ni la justicia; la salida del laberinto judicial es aquí una posible injusticia. La novela detectivesca clásica manifiesta una fe incondicional en la razón y el razonamiento como herramientas de la verdad y la ley. La escritura híbrida (posmoderna) de Ramírez en la que resuena la voz dubitativa de Dante Liano –"¿La verdad? ¿La verdad de qué?"– no cesa de poner esta fe en entredicho.

La reescritura que se produce en la imbricación de la novela detectivesca e histórica en el marco de *Castigo divino* es mucho más radical que las subversiones particulares que operan sobre las convenciones de los géneros por separado, porque actúa sobre la lógica de la verdad. La verdad, como fin y clausura, es la "víctima" de este encuentro. Siguiendo el impulso posmoderno que privilegia "all manner of ambiguities, ruptures, and displacements affecting knowledge" (Hassan 1986: 504), Ramírez desbarata la fe en la verdad que rige los códigos del relato detectivesco e histórico, mostrando que esta confianza se sustenta con la negación o simplificación de lo real. A la vez, la novela del nicaragüense sugiere también que la imposibilidad de llegar a una verdad definitiva, siendo una condición general del esfuerzo epistemológico humano, puede ser reforzada por la situación histórico-política en la que se realiza la búsqueda. Reescrita en forma de la novela policíaca, la H/historia se ve otra, teñida de un sospechoso matiz criminal: el laberinto, la verdad que se esfuma y la justicia que nunca se hace delatan sus complicidades. Sólo queda entonces el castigo divino.

La historia y la cultura de masas: un contagio posmoderno

La reelaboración paródica del discurso histórico sobre un *fait divers* y del relato detectivesco-policial que se realiza en *Castigo divino* no sólo produce una visión metafórica de la historia, sino que re-ubica la historia y el discurso histórico dentro del sistema cultural finisecular. La novela combina un género que ocupa una posición firme en el canon literario (la novela histórica) con los géneros que pertenecen a la cultura de masas, como el ya examinado relato detectivesco, pero también el folletín, el melodrama, la crónica social, el cine, la canción de moda. Esta hibridez genérica señala la disolución de la dicotomía entre la cultura letrada y la cultura popular[34], símbolo de la disyunción social y cultural que define la modernidad. La historia y la cultura popular solían ocupar en sus conceptualizaciones dos espacios apartados por una zanja muy amplia, incompatibles e irreconciliables. El hacer de la historia en el sentido de dirigirla, escribirla y conocerla mediante la lectura y el estudio, era una actividad de la élite política y cultural, representada en *Castigo divino* por la burguesía y una "ciudad letrada", *sui géneris* (médicos, abogados y literatos que se piensan modernos) y provinciana. Las masas, con sus propias expresiones culturales, constituían otro espacio, considerado trivial y alejado del centro del Poder. En *Castigo divino* estos espacios se acercan, se compenetran y se contaminan señalando el proceso característico de la cultura posmoderna que, según García Canclini, consiste en el desplazamiento de las fronteras que solían separar lo culto, lo popular y lo masivo (1990: 14).

Un buen ejemplo de esta interconexión de diversos niveles culturales se observa en los elementos paratextuales de la novela: el título, los epígrafes y los títulos de los capítulos. Además de las funciones examinadas (*mise en abîme*, el desdibujamiento de las fronteras entre realidad y ficción), el título de la novela que remite a un filme *noir* hollywoodiense evidencia la penetración de la industria cultural norteamericana en todos los estamentos de la sociedad nicaragüense e indica cómo la ilusión/ficción reemplaza una realidad insatisfactoria e insuficiente[35]. Los textos que componen los seis epígrafes (uno para la novela entera, uno para cada una de las cuatro partes y uno para el epílogo) presentan los temas de amor, sexo, traición y muerte (que son algunos de los temas tratados en *Castigo divino*) desde la perspectiva popular (en el sentido tradicional de la palabra). Se mencionan canciones de

---

[34] "Popular" no se refiere aquí a las manifestaciones culturales del pueblo como clase social (artesanía, música, etcétera). El término remite a la esfera cultural que incluye la cultura de consumo y ciertas manifestaciones de la cultura popular (canción, poesía), separadas nítidamente de la cultura de élite o letrada.

[35] El procedimiento hace pensar en las novelas de Manuel Puig, *La traición de Rita Hayworth* (1968) y *El beso de la mujer araña* (1976), cuyos personajes viven la realidad a través de las ficciones cinematográficas.

los cancioneros antiguos (Cancionero de Stúñiga), los romances populares (Romancero español, Romance de Fonte-Frida y Romancero asturiano) y poemas de Góngora y García Lorca, reconocidos como cultivadores de las formas populares (Góngora: romances, villancicos y letrillas; Lorca: romances y canciones) en la poesía española.

Esta versión popular y lírica de los acontecimientos narrados en la novela se colorea con otros matices en los títulos de los capítulos que remiten a los géneros literarios de la cultura de masas (*Trivialliteratur*): *melodrama* ("El amor sólo aparece una vez en la vida", 41; "Tormenta de celos en el cielo de enero", 71), *la novela rosa* ("Los enamorados vuelven a encontrarse", 115), *la novela de misterio* ("Conversación clandestina en la trastienda", 181; "El Packard negro llega a la quinta abandonada", 373), *la crónica social* ("Si todos brillaran con tal intensidad", 81; "Apreciable dama en viaje de negocios y placer", 147), *la crónica policial* ("Desaparece un Niño Dios de Praga", 61) y *el folletín* ("Cuando el río suena, piedras lleva", 339). Numerosos títulos –"Escándalo de ribetes insospechados conmueve a la sociedad metropolitana" (329), "Un novel juez entra en acción" (243), "El rumor público señala mano criminal" (217)– parecen ser titulares de periódicos amarillistas o de la sección roja.

La importancia en el espacio narrativo de los periodistas Manolo Cuadra y Rosalío Usulutlán apunta hacia el papel crucial de los medios masivos de comunicación en las sociedades contemporáneas. Sus reportajes hacen ver que el texto periodístico, al igual que los géneros menores, puede "transformar toda historia en historieta" (Mudrovcic 1993: 459). El mejor ejemplo de esta transformación es el ya citado reportaje de Rosalío Usulutlán, "Cuando el río suena, piedras lleva", que es una *mise en abîme* de la historia narrada en la novela. Rosalío resume los percances del caso Castañeda en forma de folletín, lleno de cursilerías y destinado a un público ávido de historietas sentimentales e impregnadas con un aire de enigma. Como la novela de Ramírez, el relato de Rosalío contiene todos los ingredientes folletinescos y melodramáticos: dinero, corrupción, sexo, traición, muerte, misterio y pesquisa. La recepción de este folletín por parte de los lectores en León revela el papel de la prensa en las sociedades contemporáneas: es una fuente de información y diversión accesible a los miembros de todas las capas sociales. Como tal, desempeña una función capital en la producción del imaginario colectivo y en la institucionalización de las "verdades" sociales, políticas y culturales entre las masas, comparable a la misión de la literatura "seria" e historiografía entre los receptores cultos. Según he señalado antes, la reacción de los lectores a la crónica de Rosalío ilustra también las divisiones que horadan el cuerpo social de León: los ricos se indignan y lanzan la campaña de defensa, mientras que los pobres celebran la verdad escabrosa enunciada desde una "ficción". Irónicamente, la cultura de masas, que suele percibirse como complaciente con respecto a la(s) ideología(s) dominante(s), se constituye aquí en un lugar de resistencia contra la mentira y la farsa institucionalizadas. El folletín de Rosalío es una ficción que arranca la máscara de la ficción social de la gente de bien(es).

Los paratextos en la novela no sólo apresan sus principales temas funcionando como un elemento del discurso metaficcional, sino que trazan también una nueva posición de los discursos culturales que se elabora en *Castigo divino*: lo culto y lo popular se entrecruzan, forman un espacio heterogéneo en el que se expresa la diversidad cultural de la sociedad. Estas nuevas pautas culturales se plantean en el título mismo de la novela. La referencia al cine señala la relación que se establece entre éste y la literatura, es decir, entre la cultura masiva de los espectadores y la cultura (mucho más elitista) de los lectores, explorada antes en las novelas de Manuel Puig.

Un caso particular del contagio mutuo entre el discurso culto (histórico y literario) y la cultura popular es la burla carnavalesca de lo elevado, realizada en la ya comentada transformación paródica de las personalidades políticas y literarias en unas autoridades dudosas de una ciencia provinciana que pretende ser moderna, el procedimiento al que la "crónica" de Rosalío da una vuelta metaficcional al inventar nombres de un tono exageradamente decimonónico y folletinesco que simbolizan y ridiculizan a los personajes (Don Honorio Aparicio, Doña Ninfa, Rosalpina, Baldomero, etcétera.). La "mascarada" onomástico-paródica, parecida al bautismo ejecutado por Juanillo en *Maluco* (capítulo III), introduce la risa bakhtiniana cuyo "poder terapeútico" corrompe la seriedad de todo discurso que pretende enunciar "verdades esenciales" (Bakhtin 1984: 67). El humor generado por el juego paródico y satírico que convierte a Manuel Fraga o Jean-Marie LePen en toxicólogos (312) y a Kohl en un farmacoquímico (289), libera el discurso histórico de su seriedad y lo abre a lo impuro, a lo irreverente; al instalar las figuras que pertenecen a la historia política (es decir, a la historia, según el concepto tradicional) dentro del ámbito carnavalesco de la cultura popular, Sergio Ramírez los expone a la contaminación que produce espacios ambivalentes, sugiriendo otras posibilidades para percibir la historia.

Por otro lado, al convertir a las reconocidas figuras del mundo literario pasado y contemporáneo (un Merimée, un Lautréamont, un Dorfman o un Monsiváis) en fisiólogos, conserjes, psiquiatras o propietarias de casas de alojamiento, Ramírez desacraliza la Literatura como institución cultural: el escritor pierde su posición reverenciada en el mundo de la cultura y se transforma en un personaje, a veces anodino y trivial, de "una historieta tragicómica" (383). Se anulan de esta manera los deslindes tradicionales entre lo elevado y lo bajo y se crea un espacio híbrido de características posmodernas. La referencia específica a la literatura latinoamericana genera significados adicionales. Una de las funciones de la intertextualidad es acreditar las autoridades culturales y narrativas. Al incorporar en el relato los nombres de los autores de su propia generación (mientras que los apellidos de las "grandes marcas" del Boom latinoamericano brillan por su ausencia), "Ramírez opera un corte generacional y estético y relegitimiza [sic] el ejercicio de la narración a partir de una ideología política contestataria" a través de la cual apunta a la redistribución de los espacios culturales y a "la proliferación de los centros de autoridad" característica de la realidad finisecular (Gutiérrez Mouat 1990: 129).

La diversidad de los discursos culturales –manifiesta también en la variedad y riqueza del material lingüístico con el cual Ramírez elabora la novela: clichés, lugares comunes, lenguaje periodístico y forense, el habla popular, el lenguaje comercial (Cardenal 1988: 6)– hace de *Castigo divino* un ejemplo acabado de la novela en el sentido acuñado por Bakhtin: "a diversity of social speech types ... and a diversity of individual voices, artistically organized" (1981: 262). Mediante la polifonía de voces sociales y culturales la novela traza un nuevo espacio escritural: en él, la encrucijada de voces, discursos, registros y códigos se opone al monologismo del Poder y su Verdad, por lo cual la historia sólo puede concebirse en plural, como historias y verdades que señalan otros derroteros. En *Castigo divino*, escrita desde un presente posrevolucionario lleno de tensiones y conflictos, la polifonía expresa una perspectiva crítica sobre el pasado y una apuesta hacia el futuro.

Capítulo VII

Ella, yo, nosotros: la reelaboración de la historia y de las sombras identitarias en *Santa Evita* de Tomás Eloy Martínez

> El texto es una búsqueda de lo invisible.
>
> Tomás Eloy Martínez, *Santa Evita*
>
> Dead, but still with us, still with us but dead.
>
> Donald Bartheleme
>
> ... tan impúdica, tan estrepitosa de sentimientos ...
>
> Tomás Eloy Martínez, "Sombra terrible de Borges"

"Yo amo los espacios inexplicables" declara Tomás Eloy Martínez en la penúltima página de *Santa Evita* (Argentina 1995), novela en la que la historia y el mito convergen en un universo de fábula que revela las zanjas oscuras de la vida de Eva Perón y el periplo *postmortem* de su cuerpo embalsamado para meditar sobre la historia y la identidad argentinas[1]. La historia y el mito: ambos expulsan lo real, ese grumo intrincado y contradictorio de actos humanos, obsesiones, fantasías y deseos individuales y/o colectivos, suprimiendo su complejidad para devolver una imagen sólida, inmóvil y depurada de la realidad, sea ésta un individuo (un ser histórico) o una nación (una comunidad histórica). Persiguiendo la solidez y la claridad, sintetizadas en la novela de Martínez en la "imagen de medalla" de la protagonista (79), la historia y el mito huyen –suprimen, simplifican, omiten– de lo inexplicable que podría desorganizar o desdibujar la coherencia del significado y sentido que se construye en ellos[2]. "Amar los espacios inexplicables"

---

[1] *Santa Evita* (Barcelona: Seix Barral, 1995). Todas las citas provienen de esta edición y se señalarán en el texto.

[2] Sobre la historia y el mito como operaciones que reducen y expulsan lo real para convertir su dispersión y complejidad en un texto o una imagen estáticos, véase Barthes (1982 y

implica, entonces, una búsqueda deconstructiva o una reescritura aporética y dinámica de los discursos míticos e históricos acerca de *ella* –Eva Perón– y, a partir de este "cuerpo de la nación", acerca del *nosotros* mítico e histórico de la Argentina; es enfrentarse a la historia y los mitos desde la pasión (o seducción) personal de un *yo* –manifiesta en el verbo "amar"– para "buscarle otra vuelta a lo que ya se sabe, revivirlo", dado que "[l]iberados de su mármol, los personajes de la historia regresan para contar las cosas de otra manera, para recuperar otro relato del pasado" (Martínez 1998: 356). Recuperar o, más bien, soñar o inventar porque "A lo mejor la historia no se [construye] con realidades sino con sueños. Los hombres [sueñan] hechos, y luego la escritura [inventa] el pasado" (176).

"Buscarle otra vuelta a lo que ya se sabe", perseguir lo invisible o lo indecible en lo visible y lo ya dicho, apunta a la reescritura que es considerada como una de las principales estrategias de la práctica posmoderna, con la que numerosos críticos han asociado la novela de Martínez[3]. En efecto, la táctica de su reescritura se asemeja al método posmoderno tal como François Lyotard lo describe en *L'inhumain* (1988), donde distingue los procedimientos de la crítica moderna y la posmoderna comparándolos con la rememoración (el recuerdo) y la reelaboración, dos técnicas del psicoanálisis desarrolladas por Freud[4]. La primera recupera los detalles olvidados del

---

1957) y Lyotard (1991: 38-39). Quizá la mejor expresión de esta problemática se encuentra en la célebre frase de Delueze y Guattari: "Jamais l'histoire n'a compris le nomadisme ..." (1980: 36). La realidad es nómada, pero la historia –y el mito– la reducen e inmovilizan. Es significativo el doble sentido de la palabra *comprendre* (comprender) usada aquí: entender y abarcar/incluir. La historia ni entiende ni incluye en sus dominios el nomadismo (la movilidad, el desorden, la ruptura, el cambio de dirección, la proliferación de significados).

[3] La novela ostenta casi todos los rasgos que según Hutcheon (1988) caracterizan la metaficción historiográfica, el género posmoderno por excelencia (el desdibujamiento de los lindes entre ficción e historia, el cuestionamiento de los conceptos de verdad, autoridad y objetividad, el descentramiento, la intertextualidad, la parodia, la autorreflexión, las perspectivas periféricas, la problematización de la referencialidad, etcétera). Para una lectura que examina la posmodernidad de *Santa Evita*, véase Davies (2000: 415-423). Consúltese también Díaz (2003: 182, 189-190) e Intersimone (2005: 130, 132-133). Los análisis de Ferro (2000) y Schlickers (2005) apuntan en la misma dirección, aunque estos autores nunca utilizan el adjetivo "posmoderno". Para Celia Fernández Prieto, *Santa Evita* es una novela histórica metaficcional, representante de la nueva novela histórica (1998: 161-162).

[4] Freud las comenta en su célebre ensayo "Erinnern, Wiederholen und Durcharbeiten" (1914), publicado en *Gesammelte Werke*, t. X (Frankfurt am Main: S. Fischer Verlag, 1913-1917). La versión en español, "Recordar, repetir y reelaborar", proviene de *Obras Completas*, t. XIII (Buenos Aires: Amorrortu Editores, 1988: 149-157).

pasado, revisa los acontecimientos recordados, los incorpora y re-ordena en la secuencia de la historia (personal) para proponer una nueva explicación o un nuevo significado, sin cambiar, no obstante, la premisa epistemológica que guía el proceso cognitivo: la convicción de que hay un relato definitorio, una verdad o una explicación que lo controla todo. Es por esta razón que, según Lyotard, la crítica moderna que se modela sobre la técnica de la rememoración inscribe en sí un peligro: la posibilidad de repetir el mal original en lugar de erradicarlo, en otras palabras, de sustituir un metarrelato (una verdad) por otro[5]. En la escritura de la historia (tanto en la historiografía como en la ficción) esta estrategia consistiría en proponer una contraverdad a la Verdad oficial, sin cuestionar profundamente el concepto mismo. De acuerdo con este criterio, la reescritura moderna reitera la certeza epistemológica que se constituye como una premisa clave de la escritura de la historia, aunque sus motivos ideológicos fuesen disímiles.

La reelaboración no significa, como el recuerdo, regresar hacia el enigma original para completarlo y reordenarlo, sino recuperar "ce qui, de l'événement et du sens de l'événement, nous est constitutivement caché, non seulement par le préjugé passé, mais aussi par ces dimensions du futur que sont le pro-jet" (Lyotard 1988: 35). Para Lyotard, la diferencia entre la rememoración y la reelaboración reside en el concepto del fin, en su doble sentido del final y de la finalidad, que en el proceso de la reelaboración debe permanecer abierto (39). Se evoca para re-significar, para contar la historia (personal) de un modo que sin cesar busca nuevas conexiones, nuevos contenidos. Como proceso, la reelaboración es inacabable porque siempre se puede ir más allá y porque su fin no es el conocimiento, sino el acercamiento a "une 'vérité' ou [à] un 'réel' hors de prise" (42). Las comillas que acompañan las palabras *verdad* y *real* señalan que estos conceptos sólo existen tachados y que su significado está puesto en duda. La reelaboración no conduce a una explicación definitiva, no produce ninguna nueva verdad absolu-

---

[5] El teórico francés ilustra esta posibilidad con la crítica nietzscheana de la metafísica. Nietzsche cuestiona la idea trascendental (en la que se basa la filosofía occidental desde Platón hasta Schopenhauer) del principio del origen (la Verdad, la Razón suficiente, el Bien) y propone ver todo discurso como una perspectiva. Sucumbe, sin embargo, a la necesidad de cimentar las perspectivas y encuentra su base en la voluntad de poder que se convierte así en un nuevo principio de origen y, por consiguiente, en un concepto metafísico. Nietzsche, al reescribir, repite la mecánica de la filosofía occidental, sustituye un proyecto por otro sin alterar su código primordial. Otro ejemplo es el análisis marxista del capitalismo que propone la metanarrativa de la utopía socialista como alternativa (Lyotard 1988: 38).

ta para controlar lo real desde otro metarrelato; solamente trabaja las posibilidades a las que se acerca tentativamente para modificar la imagen de la identidad y los hechos que la definen, lo cual en el nivel del discurso histórico y cultural implica un cuestionamiento de los metarrelatos de la modernidad mismos, con sus verdades y certidumbres. En el caso de *Santa Evita*, la reelaboración impugna la historia y el mito del personaje titular y del peronismo, pero también los relatos fundacionales de la identidad nacional, las "sombras terribles" que despliegan su manto sobre el imaginario colectivo: el proyecto sarmientino de una nación civilizada y racional, formulado en el *Facundo* (1845), y el dogma borgeano acerca del pudor y recato como rasgos de la argentinidad literaria y cultural, declarado en la conferencia "El escritor argentino y la tradición" (1951/1955)[6]. Como la historia y el mito, el relato fundacional y un dogma identitario expulsan lo real, transforman una heterogeneidad turbia en una homogeneidad transparente. En otras palabras, suprimen o excluyen.

Reescribir la historia, el mito o el relato fundacional desde la perspectiva de la reelaboración o la crítica cultural posmoderna no entraña la renuncia a la "imagen de medalla que persiste en la memoria" (79), representando la depuración histórico-mítica de "lo que ya se sabe", o a un dogma acerca de lo que se es o debería ser. Se trata de un trabajo suplementario a partir de lo inexplorado o lo suprimido, una exploración de los detalles, los residuos, las huellas materiales y textuales para construir muchas versiones que pueden desplazarse, cambiar de matiz, restarse o sumarse, creando un cuadro móvil que nunca se ubica en el dominio del ser (la "présence" refutada por Derrida), sino que constituye un exceso, un suplemento. Este exceso desafía la fijación de los significados históricos, míticos y/o fundacionales para "situar el porvenir en el lugar de los deseos" (Martínez 1998: 350). La palabra "deseos" habla de la esperanza, pero también de la pasión y seducción, como antes el verbo "amar". Éste es el signo de la reelaboración en *Santa Evita*.

---

[6] Martínez comenta la "sombra terrible de Borges" en un ensayo homónimo, publicado primero en 1991 en *Página 12* y reeditado en *La otra realidad*, una antología del autor (2006: 291-295). Dice Martínez: "Borges traslada su convicción personal sobre los sentimientos a toda la literatura argentina. Convierte un mandato de buenos modales impuesto por la burguesía finisecular –'exhibir lo que se siente es una guarangada'– en un dogma literario. Así, pudorosa y reticente debe ser la literatura. Poco importa que ... un libro enloquecido de pasión contenga –según él– todos los atributos de la argentinidad: *Facundo*" (294). Es interesante esta referencia al *Facundo* porque implica una contradicción fundacional: un proyecto racional se enuncia en un libro enloquecido de pasión.

Martínez describe su novela refiriéndose a la imagen de las alas de una mariposa:

> Un ala negra se henchía hacia adelante, sobre un desierto de catedrales y cementerios; la otra ala era amarilla y volaba hacia atrás, dejando caer escamas en las que fulguraban los pasajes de su vida [la de Evita] en un orden inverso al de la historia (65).

Una de las alas narra la odisea del cadáver de Evita hacia el futuro, mientras que la otra recupera la historia de su vida y remonta el hilo temporal hacia atrás. Por un lado, la narración sigue la trayectoria de un cuerpo real, el cadáver embalsamado de Eva Perón, expuesto durante tres años en la CGT, secuestrado y escondido por los militares en 1955, enterrado clandestinamente en Italia y, finalmente, devuelto a Perón en 1971 y sepultado en el cementerio de La Recoleta en 1976. Por otro, reconstruye un cuerpo mítico-biográfico que conjuga las esperanzas, obsesiones, fantasías, junto con los miedos y odios nacionales. Hay una tercera línea narrativa, que podría describirse como el tronco de la mariposa que sostiene las alas. Es el relato metaficcional, situado en el presente de la farsa peronista de Menem, en el que el narrador cuenta la historia de *Santa Evita* y se representa a sí mismo en el acto de investigar la historia/el mito y escribir la novela.

El autor confiesa que la búsqueda del cuerpo es el eje de su texto (Martínez 1998: 356). Alrededor del cuerpo histórico de Eva Perón crece, a manera de un rizoma, una textualidad de niveles superpuestos y entrelazados, que se conectan y multiplican, engendrando otras imágenes y otros conceptos del cuerpo: el cadáver mítico de la nación, el cuerpo como objeto del deseo, el cuerpo como lo Otro que invade al *yo*, el cuerpo de la nación imaginada, el cuerpo de los recuerdos, el corpus (inter)textual, el corpus genérico, etcétera. La textura rizomática de *Santa Evita*, que como el rizoma "ne commence et n'aboutit pas, ... est toujours au milieu, entre les choses, inter-être, *intermezzo*" (Deleuze y Guattari 1980: 37)[7], activa regímenes muy diversos

---

[7] *Santa Evita* comienza *in medias res*, no sólo porque la primera frase presenta a Evita que sale de un desmayo "que duró más de tres días" (11), sino también porque este momento –el de la muerte del personaje– está literalmente entre las dos alas de la mariposa que es la novela: el recuento al revés de la vida (desde la muerte hacia la infancia) y la historia del cuerpo (desde la muerte hasta su entierro definitivo, 24 años más tarde). Además, Martínez comenta en la novela otros comienzos, de las versiones anteriores y fracasadas (62-63). El final devuelve al lector al principio porque el narrador cita la primera frase de la novela, creando un círculo en el que las vueltas van a ser infinitas, como

de signos que entran en el juego y salen disparados en direcciones distintas, poniendo la significación en movimiento. La escritura entendida como reelaboración se acerca tentativamente al cuerpo histórico y mítico de Evita y moviliza una pluralidad de imágenes que resignifican la historia y el mito reducidos a los relatos congelados en "la imagen de medalla" (79), la de Evita del pelo dorado recogido en un rodete en la nuca. En esta reescritura se activa también la otra, la de las "sombras terribles".

El cuerpo que significa[8]

La novela cuenta que en noviembre de 1955, dos meses después del golpe militar que derrocó a Perón, el presidente provisional de la Argentina le confió al coronel Moori Koenig (del Servicio de Inteligencia del ejército) la tarea de hacer desaparecer el cuerpo embalsamado de Eva Perón, porque su presencia real y simbólica ponía en peligro el orden social y político del país:

> Muerta ... esa mujer es todavía más peligrosa que cuando estaba viva. El tirano lo sabía y por eso la dejó aquí, para que nos enferme a todos. En cualquier tugurio aparecen fotos de ella. Los ignorantes la veneran como a una santa. Creen que puede resucitar el día menos pensado y convertir a la Argentina en una dictadura de mendigos (25).

La orden presidencial de convertir a Evita "en una muerta como cualquier otra" (25), es decir, una que se va a pudrir, desencadena una larga odisea de desplazamientos, cambios de escondite y ultrajes. Su cuerpo, inmóvil en la pose de la inmortalidad, se vuelve peligrosamente nómada y se resiste a la obstinación con la que los militares procuran esconderlo. Un misterioso Comando de la Venganza logra burlar la vigilancia organizada por Moori Koenig y revela cada nuevo paradero de Evita con flores y velas encendi-

---

lo señala el "Ahora tengo que escribir otra vez" final (391). La estructura rizomática de la novela fue observada y comentada antes por Gutiérrez Mouat (1997: 328).

[8] El título de esta parte se origina en el estudio de Judith Butler, *Bodies that matter* (1993). En la traducción el verbo *to matter* pierde parte de su plurivalencia en inglés. Butler señala que "*to matter* means at once *to materialize* and *to mean*" (32). Esta dualidad de significado es difícil de expresar en español, pero a lo largo de este capítulo voy a recurrir varias veces a la palabra *materializar* y sus afines para recuperar la plurivalencia traicionada en la traducción.

das. La novela narra que se hacen tres copias del cuerpo, y que quienes se ocupan de él se enferman, se accidentan o quedan trastornados como si estuvieran bajo el efecto de un maleficio. Pese a estos percances, los militares siguen en su empeño de ocultar los restos de Eva Perón. Cabe preguntarse por qué "el cuerpo muerto e inútil de Eva Duarte" (34) molesta tanto a la jefatura del ejército y del Estado argentino, por qué es tan importante hacerlo desaparecer. En verdad, ¿qué *significa* este cuerpo?

En el escenario nacional argentino de la época referida en *Santa Evita*, el cuerpo de Eva Perón no es un objeto neutral, sino un significante político. Muerta, todavía más que viva, Eva constituía "un organizador de deseos políticos, una poderosa 'fuente de producción simbólica' peronista" (Kraniauskas 1994: 109). El embalsamamiento "borró los signos de la muerte en el cadáver" permitiéndole al peronismo "[sostener] tanto el mito de la inmortalidad de Evita, como la ilusión de resurrección y su regreso" (Cortés Rocca y Kohan 1998: 81). Es por eso por lo que después de su desaparición, el cuerpo es buscado por todos los bandos. Los peronistas, representados en la novela por el Comando de la Venganza o las muchedumbres reunidas en los galpones del puerto en espera de la entrega del cuerpo, lo necesitan como signo de su pervivencia en la vida política argentina. Sus enemigos, en cambio, quieren "matar al cadáver de Eva Perón", es decir, "reinsertar el cuerpo en la esfera de la muerte" (Cortés Rocca y Kohan 1998: 80 y 81); la aniquilación física desarticularía la supuesta inmortalidad y de una vez por todas desterraría la memoria y el simbolismo de Eva Perón del imaginario nacional. El cuerpo de Evita es el "cadáver de la nación" no solamente por el odio o el amor que le profesan los argentinos, sino también porque en él se evidencian las divisiones, las exclusiones y las represiones en las que se fundamenta la construcción de identidad de la Argentina como nación.

La constitución de la identidad se realiza, según afirman Slavoj Žižek (1995) y Judith Butler (1993), mediante la exclusión que siempre participa en el acto definitorio:

> Following Lacan, Žižek argues that the "subject" is produced in language through an act of foreclosure (*Verwerfung*). What is refused or repudiated in the formation of the subject continues to determine that subject. What remains outside this subject, set outside by the act of foreclosure which founds the subject, persists as a kind of defining negativity. The subject is, as a result, never coherent and never self-identical precisely because it is founded and, indeed, continually refounded, through a set of defining foreclosures and repressions that constitute the discontinuity and incompletion of the subject (Butler 1993: 189-190).

El concepto de exclusión constitutiva resulta particularmente esclarecedor en relación a la función performativa del discurso y a lo que Žižek llama el *significante político*: "rallying points for mobilization and politization" (Butler 1993: 191). Los significantes como *nación* no son descriptivos sino constitutivos, es decir, no remiten a una realidad previa, anterior al discurso, sino que producen lo que enuncian, materializándose en efectos (1993: 187). El significante político es el lugar de la inversión fantasmática, la cual forma parte del proceso de la constitución de la identidad y, por lo tanto, se vincula estrechamente con la exclusión de lo traumático, lo indecible, lo indeseable.

Aplicados a *Santa Evita*, estos conceptos ayudan a entender la función que el cuerpo de Eva Perón desempeña en el proceso de la (re)significación de la identidad nacional argentina. Toda referencia a la identidad argentina remite, en el inicio, a la "sombra terrible" (Sarmiento 1985: 7) de Domingo Faustino Sarmiento, es decir, al proyecto y relato fundador de la argentinidad nacional lanzado en el *Facundo* (1845): la nación como un espacio homogéneo de la civilización y la espiritualidad heredadas de la cultura europea, una Argentina culta, racional y cartesiana. La novela de Martínez señala que esta identidad "nacional" es una fantasía ideológica[9] que se cimenta en la exclusión de lo abyecto, de lo traumático:

> Los indios, los negros candomberos, los crotos, los malevos, los cafishios de Arlt, los gauchos cimarrones, las putas tísicas contrabandeadas en los barcos polacos, las milonguitas de provincias: ya todos habían sido exterminados o confinados a sus sótanos de tiniebla. Cuando los filósofos europeos llegaban de visita, descubrían un país tan etéreo y espiritual que lo creían evaporado (70).

La división del espacio nacional en un *nosotros* y un *ellos* y el consecuente repudio de la otredad asignada al *ellos* indican los bordes y establecen los límites. Lo simbolizable se codifica en términos positivos de la oposición binaria definitoria, pero esta "positividad" depende de su contrapunto

---

[9] Por *fantasía ideológica* Žižek entiende el modo socio-político de construcción de la realidad social que oculta las divisiones internas cubriéndolas con la máscara de una identidad social homogénea: "society is always traversed by an antagonistic split which cannot be integrated into symbolic order. And the stake of social-ideological fantasy is to construct a vision of society which *does* exist, a society which is not split by an antagonistic division, a society in which the relation between its parts is organic, complementary. ... The notion of social fantasy is therefore a necessary counterpart to the concept of antagonism: fantasy is precisely the way the antagonistic fissure is masked" (1995: 126).

negativo que la delimita desde fuera: "identity always requires precisely that which it cannot abide" (Butler 193: 188)[10].

Ahora bien, refiriéndose a la constitución del sujeto Butler recuerda que lo reprimido y abyecto no deja de existir, que está sólo alejado o suprimido, pero sigue amenazando con la confusión y el trastorno de la identidad desde el afuera al que ha sido relegado:

> [The] trauma subsists as the permanent possibility of disrupting and rendering contingent any discursive formation that lays claim to a coherent or seamless account of reality. It persists as the real, where the real is always that which any account of "reality" fails to include (1993: 192).

La aparición de Eva Perón en la escena histórica y política argentina puede interpretarse como el regreso de lo Otro reprimido en el proceso de definición de la identidad nacional por parte de las élites políticas y culturales del país. Evita es hija bastarda, llega a Buenos Aires de la provincia que desde el *Facundo* se asocia con la barbarie, se desempeña como una actriz de segunda categoría, cambia varias veces de amante para trepar la escalera social, aparece en las portadas de revistas de moda, es vulgar, manifiesta constantemente su ignorancia, usa un lenguaje explícito y contundente, ofendiendo con su presencia el pudor y el recato de los que se consideran encarnación de lo argentino:

> La súbita entrada en escena de Eva Duarte arruinaba el pastel de la Argentina culta. Esa mina barata, esa copera bastarda, esa mierdita –como se la llamaba en los remates de hacienda– era el último pedo de la barbarie (70).

> El ensayista Ezequiel Martínez Estrada... empezó a escribir un libro de invectivas en el que se refería a Evita de esta manera: "Ella es una sublimación de lo torpe, ruin, abyecto, infame, vengativo, ofídico, y el pueblo la ve como una encarnación de los dioses infernales" (71).

Evita materializa el regreso de lo repudiado, hace tangible esta expulsión constitutiva que amenaza la "realidad" argentina desde "fuera" y pone al descubierto la vulnerabilidad del proyecto nacional que se fundamenta en la exclusión. Eva Perón viva y, después, su cadáver, son lo que Žižek llama el

---

[10] Véase también el capítulo "Which Subject of the Real" de Žižek (1995). Para este autor, la negatividad desempeña una función positiva porque posibilita y estructura nuestra condición (176).

síntoma social: "the point at which the immanent social antagonism assumes a positive form, erupts on to the social surface, the point at which it becomes obvious that society 'doesn't work', that the social mechanism 'creaks'" (1995: 128). El lenguaje atribuido a las élites y sus intelectuales en las citas de arriba, lleno de odio y desprecio y, por eso mismo, contrario al mandato de buenos modales que ellos se imponían, pone al descubierto lo que ellos niegan: la presencia de la otredad repudiada en el seno del *nosotros*. El golpe de 1955 y el consiguiente operativo militar de la eliminación del cuerpo fue un intento de devolver lo abyecto a su lugar (fuera del espacio nacional argentino) y de suturar la brecha que Eva abrió entre lo simbolizable y lo repudiado.

La presencia del cuerpo embalsamado de Eva, que materializa la otredad excluida transformando la ausencia construida ideológicamente en una incómoda presencia, imposibilita este "tratamiento curativo" de la identidad nacional. De acuerdo con la explicación que el coronel Moori Koenig le ofrece al doctor Ara, el embalsamador, el cadáver significa la división del cuerpo nacional argentino:

> No es el cadáver de esta mujer [lo que está en juego] sino el destino de la Argentina. O las dos cosas, que a tanta gente le parecen una. Vaya a saber cómo el cuerpo muerto e inútil de Eva Duarte se ha ido *confundiendo con el país. No para las personas como usted o yo. Para los miserables, para los ignorantes, para los que están fuera de la historia*. Ellos se dejarían matar por el cadáver. Si se hubiera podrido, vaya y pase. Pero al embalsamarlo, usted movió la historia de lugar. *Dejó la historia dentro* (34; el énfasis es añadido).

"Las personas como usted o yo" forman la Argentina "culta" o el *nosotros* que piensa encarnar el país y la historia mientras se separa mediante el discurso y la acción del *ellos*, los miserables e ignorantes que "están fuera". La división entre *nosotros* y *ellos* es constitutiva: *nosotros* equivale aquí al lugar de la cultura, lo racional, lo abstracto y lo recatado, mientras que *ellos* encarna lo inculto, lo corpóreo, lo instintivo, lo particular, lo sensiblero y *kitsch*, en otras palabras, todo lo que la Argentina *no* es de acuerdo con el proyecto nacional elitista[11]. Para mantener el simulacro de una identidad coherente y racional encarnada en el *nosotros* se elimina todo lo que lleva

---

[11] Es la tensión civilización/barbarie popularizada como interpretación de la realidad argentina por Sarmiento en el *Facundo* (1845). *Santa Evita* provee varios ejemplos de esta escisión de la sociedad argentina, una vez quitada la máscara de la identidad nacional homogénea. El más claro de ellos se observa en los nombres atribuidos a Evita. La oligarquía la llamaba Potranca o Yegua mientras que era Santa, Señora, Madre para las

huellas de la irracionalidad o de la otredad: tanto el cadáver como las respuestas inconvenientes, sentimientos incontrolables, intereses desbordados o locuras que éste suscita. Dice un personaje de la novela, amigo del narrador: "cuando en este país una locura no puede ser explicada, se prefiere que no exista. Todos miran para otro lado" (245). Y a propósito del cuento "Esa mujer", un importante palimpsesto en *Santa Evita*, en el que Rodolofo Walsh describe cómo un coronel del ejército argentino (se supone que es Moori Koenig) se había dejado llevar por una pasión necrofílica hacia el cuerpo de Eva Perón, comenta el narrador:

> Todo lo que el cuento decía era verdadero, pero había sido publicado como ficción y los lectores *queríamos* creer también que era ficción. *Pensábamos* que ningún desvarío de la realidad podía tener cabida en la Argentina, que se vanagloriaba de ser cartesiana y europea (304; el énfasis es añadido).

El cuerpo de Evita que permanece "dentro de la historia" desenmascara, en consecuencia, el *simulacro* de la coherencia de la identidad argentina, revela su pretensión de ser lo que no es. La presencia del cadáver re-significa el cuerpo nacional señalando en él discontinuidades y rupturas que pueden incitar el deseo de otra cosa que el orden establecido por el *nosotros*. Al igual que las estructuras patriarcales mexicanas ante Tina Modotti, las élites y los militares argentinos temen el cuerpo como un elemento que puede originar desorden, resquebrajar desde dentro la presunta solidez de la identidad nacional, contagiar a la Argentina con los microbios de la barbarie: el instinto, la irracionalidad, la corporeidad, el analfabetismo cultural, el desvarío sentimental: "Muerta ... esa mujer es todavía más peligrosa que cuando estaba viva. El tirano lo sabía y por eso la dejó aquí, para que nos *enferme* a todos" (25; el énfasis es añadido).

Las alusiones a la enfermedad diseminadas en el texto apuntan al hecho histórico, el cáncer de Eva, pero se revisten también de un valor simbólico. El cáncer permitió establecer una relación metafórica entre la enfermedad y su portadora. Evita *era* un cuerpo canceroso también en el seno de la sociedad argentina que se creía civilizada, racional y recatada[12]. Las palabras del

---

clases humildes. Aquí, el discurso del *nosotros* (desde la lógica centro/periferia) la construye como una negatividad para desplazarla y excluirla hacia el espacio de *ellos*; la esfera del *ellos*, en cambio, la incorpora positivamente, identificándola con lo sagrado. Sobre los nombres en la novela, véase Perkowska-Álvarez (2004).

[12] Davies cita a Susan Sontag (*Illness as Metaphor and Aids and its Metaphors*) para quien el cáncer es un "insulto al orden natural". De esta manera Evita representa una

presidente provisional en la novela condensan el temor a la extensión del mal al cuerpo nacional entero, a esa contaminación con lo soez que se observa en la ya comentada expresión indecente de la élite. El miedo al contagio es convocado por la amenaza encerrada en la frase "volveré y seré millones", por la incubada fascinación con Evita, por la multiplicación de lo que los representantes de la Argentina culta consideran el virus de la barbarie. La enfermedad misma entraña la dispersión, el desequilibrio y la inestabilidad. Como la supresión del cuerpo contagioso es la única manera de prevenir o contener la epidemia, las élites quieren eliminar el cuerpo de la gran contaminadora, apartarlo de la historia y del territorio fundacional del *nosotros*, donde significa y produce efectos rupturales, relegarlo al espacio de lo no-simbolizable de donde nunca debió haber salido[13]. No obstante, el contacto con el cuerpo hace transparente la precariedad de esta idea: los que entran en contacto con él, para cuidarlo, hacerlo desaparecer o narrarlo, sucumben al poder de sus emanaciones, como primero le sucede al doctor Ara y a los militares encabezados por Moori Koenig y, después, al narrador de la novela. El cuerpo de Evita siembra en ellos un germen de fascinación y pone al descubierto la división del sujeto que repite, a un nivel individual, la historia de fisuras y antagonismos del cuerpo de la nación. Las historias del Coronel y del narrador exponen cómo la presencia y cercanía de *ella* socava la presunta solidez del *yo* entendido como un representante del orden simbólico que ha asimilado los valores culturales de la sociedad o de un sector social mediante el desplazamiento del orden imaginario (Lacan 1966).

Como señalan los fragmentos antes citados, devenir sujeto social en la Argentina, o más concretamente, ser parte del *nosotros* que está del lado de la historia, supone la asimilación de valores muy determinados, como la

---

desviación o anomalía con respecto a todo lo que se ideologiza como "natural": la hegemonía política de la clase media burguesa tanto como los estereotipos de lo masculino y lo femenino y los roles que se les atribuyen a los hombres y las mujeres. Evita es una célula cancerosa no sólo porque representa la barbarie, sino también porque "[she] disturb[s] the gender balance by dominating Perón" (Davies 2000: 418). Acerca de esta problematización genérica del mito peronista, véase Intersimone (2005).

[13] La eliminación del cuerpo como amenaza social recuerda las prácticas de exclusión y rechazo contra los leprosos descritas por Foucault en *Surveiller et punir*. Foucault observa que el exilio del leproso fuera de los límites de las ciudades responde al sueño político de una comunidad pura. La exclusión y el rechazo son una manera de ejercer un poder constitutivo sobre la comunidad, controlar las relaciones entre sus miembros y de deshacer las mezclas impuras (1975: 200). Es obvio el nexo entre la pureza física y la identidad colectiva que se esboza en estas prácticas.

aceptación de una cierta tradición humanista europea, o de una estructura dominada por la razón y el orden que, además, se afirma como identidad nacional unificada. La interiorización de este principio de comunidad y de su orden simbólico tiene por consecuencia la represión en el inconsciente de elementos contradictorios de esa identidad: el desorden del placer, la dispersión, el instinto, el deseo y el goce erótico, la ignorancia, la "animalidad" y la sentimentalidad del ser humano[14]. En la literatura, la misma asimilación simbólica se expresa, según comenta Martínez, en una literatura distante y parca que "[borra] cuidadosamente hasta la más inocua expresión de los sentimientos, como si se tratara de algo ajeno a la condición humana", respondiendo así al postulado borgeano acerca del "pudor y la reticencia como cualidades intrínsecas de 'nuestra identidad'" (2006: 292), formulado en "El escritor argentino y la tradición"[15].

Ella ↔ *yo*: el desvarío de un Coronel kantiano

El contacto del *yo* –una partícula del *nosotros*– con la otredad de *ella* socava esta construcción identitaria. Los militares encargados de hacer desaparecer el cuerpo de Eva Perón, en especial el personaje del Coronel, son una personificación cabal del sujeto determinado por el orden simbólico de su sociedad. Según cuenta la novela, Moori Koenig es un aficionado al orden y a la exactitud. En su oficina se encuentra un boceto en el que se ve a

> Emmanuel Kant, caminando por las calles de Königsberg mientras los vecinos verifican la puntualidad de sus relojes. El filósofo tiene una muela inflamada y un pañuelo anudado a la cabeza, pero marcha con energía, consciente de que cada uno de sus pasos refuerza la rutina de la ciudad y ahuyenta los infortunios del caos (119).

---

[14] De acuerdo con Lacan, el ingreso al orden simbólico, es decir, el proceso mediante el cual el sujeto asimila los valores culturales de la sociedad o de un sector social, se realiza mediante el desplazamiento del orden imaginario y la aceptación de la ley del padre. Esto significa que la inmersión del sujeto en la sociedad y su cultura se da a través de la castración entendida como negación del principio del placer que, según Lacan, rige los impulsos anteriores a la formación de la identidad (1966: 827). La castración opera una represión en el inconsciente, que tiene como consecuencia la pérdida de la plenitud y la escisión del sujeto. El inconsciente se establece como lo Otro, que va a determinar al sujeto desde su exclusión.

[15] Véase también la entrevista con Juan Pablo Neyret (2002: 13).

El Coronel profesa la misma devoción a la costumbre que preserva el orden. Su vida, como la de Kant en el boceto, es regular y fluye al ritmo de la rutina en la que "no [caben] los excesos del cuerpo, ni del sexo ni de la comida" (135). Es metódico y exacto, anota y archiva hasta el menor de los detalles, anticipa con minuciosidad los planes de trabajo, escribe las fichas con los datos de sus asistentes creyendo tener en ellas "un cuadro *claro* de las fuerzas con que [cuenta]" (150; el énfasis es añadido). Su vida se organiza mediante el principio de la razón que anticipa, controla y protege, y el coronel *parece* gozar de la integridad y estabilidad de un sujeto unitario, como la Argentina *parece* disfrutar de una identidad nacional coherente, sólida y homogénea. En este sentido, el Coronel y sus ayudantes son un excelente ejemplo del sujeto interpelado por la fantasía ideológica de la sociedad homogénea en su racionalidad y cultura[16]. No obstante, escondida detrás de la fachada de la racionalidad, se agazapa una partícula del caos que crece: es el instinto reprimido, lo indecible, lo traumático, la otredad relegada al inconsciente por la aceptación de la ley del padre y la asimilación al orden simbólico[17]. De acuerdo con los estudios realizados por Lacan, este real reprimido se acumula en el inconsciente, crece como un cuerpo ajeno –canceroso–, para surgir a la superficie cuando el sujeto menos lo espera, en su lenguaje o sus actos, revelando así la fragmentación y el descentramiento de la identidad que se imaginaba a sí misma sólida e imperturbable (Lacan 1966: 818). Así, durante la identificación oficial del cuerpo, el Coronel casi sucumbe a la tentación de dejar una marca en el clítoris de Evita (134); después se deja llevar por "los criptogramas y las ciencias ocultas" (151) para decidir el paradero del cuerpo de Eva y las tres copias hechas por el doctor Ara[18].

---

[16] Utilizo el concepto de interpelación en el sentido acuñado por Althusser, es decir, el proceso a través del cual los individuos se constituyen como sujetos en su relación con las prácticas ideológicas de la sociedad inculcadas por los Aparatos Ideológicos de Estado (educación, religión, ley) (Althusser 1971; Balibar y Macherey 1981: 79 y 84).

[17] La novela sugiere que actitudes o comportamientos irracionales ocurrían entre estos militares ya antes de su contacto con el cadáver, pero no parecían suscitar dudas o cuestionamiento. El Coronel tranquilamente apunta en sus fichas que Arancibia se entretiene ejecutando a los perros y sin ningún reparo se lo describe a la mujer en una carta: "Lo único que nos divierte acá son los fusilamientos ... Ayer me puse yo a disparar. De seis perros que había le acerté a cinco. El otro estuvo desangrándose un rato largo. Cuando me cansaron los aullidos mandé que lo remataran" (148-149). Del otro asistente militar, Milton Galarza, dicen las fichas del Coronel "citadas" en la novela que "disparó a discreción contra las familias de indios tobas y mocobíes [sic]" (149).

[18] Se trata, por supuesto, de una parodia del método de Lönnrot en "La muerte y la brújula", otro hipotexto de *Santa Evita*, evidente también en el juego inverso con los números

Para Lacan, el inconsciente funciona como la fuerza inicial del deseo. El principio del placer reprimido se presenta como una carencia que activa el deseo y la búsqueda en pos de la integridad primaria (1966: 627). Para los militares como Moori Koenig y los oficiales asistentes, o para el doctor Ara, el cuerpo de Eva Perón es la materialización de la carencia, de la represión operada en el inconsciente. El cuerpo encarna al Otro reprimido; es el objeto del deseo que mueve al sujeto a rescatar la totalidad original que perdió en el proceso de la asimilación a la sociedad. En la novela, el deseo que materializa el cadáver de Evita es, en primer lugar, erótico y primario:

> [El Coronel oyó] el jadeo ávido del Loco. Vio sus manos alzando la madera con un deseo que iba en busca de algo más, algo que ya no estaba al alcance de nadie. No podía recordar a qué se parecía la escena, pero debía ser algo que ya había presenciado y quizás vivido muchas veces, *algo tan primario y elemental como la sed o los sueños* (211; el énfasis es añadido).

Como Arancibia, el Coronel se siente fatalmente atraído por el cadáver, dominado por un deseo necrofílico que reta todas sus creencias y costumbres. Descubre en Evita la parte carente, reprimida de su *yo* –una partícula del caos, del placer y del goce primarios– que empieza a ejercer una atracción irresistible. Este descubrimiento resulta en la escisión del sujeto porque la fascinación hacia Evita y su cuerpo implica la negación de la identidad argentina definida por el orden simbólico, desmiente la "argentinidad"; sentir atracción hacia Evita, admirarla, significa ubicarse en el espacio de *ellos* ("la hermosa Evelina", los Masa, Julio Alcaraz y sus sobrinas de la provincia, el Chino Astorga y tantos más en la novela), es decir, la otredad excluida en el proceso de la definición de la identidad nacional.

Ante un sujeto así escindido se abren dos caminos para recobrar la unidad: eliminar el deseo que marca la carencia y volver al simulacro de una

---

3 y 4. En el cuento de Borges hay 3 crímenes "auxiliares" que llevan al crimen principal; en la novela de Martínez, hay 3 copias del cuerpo que distraen del cuerpo verdadero. Ahora bien, la parodia del método de Lönnrot es cuestionada por el personaje de Aldo Cifuentes quien le presenta al narrador dos argumentos: 1. para el Coronel, quien era de origen alemán, "la más mínima alusión a lo judío hubiera sido inaceptable" (151); 2. el ejercicio geométrico de Lönnrot sólo tiene lugar en la ficción, mientras que "lo que el Coronel tramó debía suceder en cambio fuera de la literatura..." (151). Este juego especular entre los textos subraya el constante desdibujamiento de límites entre ficción e historia en *Santa Evita*. Es de notar también que en cierto sentido el Coronel –esta extraña combinación de lo más racional y lo más irracional– es una versión-parodia de Lönnrot quien "se creía un puro razonador", pero algo de "aventurero había en él y hasta de tahur" (Borges 1974: 499).

estructura coherente y ordenada o aceptar la carencia y seguir las pautas señaladas por el deseo. El Coronel trata de eliminar la causa del desorden que es también *su* desorden, porque el operativo militar en que participa es a la vez una pugna política y personal en contra de lo Otro. Su lucha contra la influencia nefasta de *ella* se ostenta al principio en el lenguaje, en la insistencia en obliterar el nombre de Evita. Proscribir el nombre que da cuerpo al objeto designado y deseado es eliminar este objeto simbólicamente, transformarlo en ausencia:

> Evitaría la palabra evita. Evitaría las malsanas palabras alrededor ... Evitaría todo lenguaje contaminado por el mal agüero de esa mujer. La llamaría Yegua, Potranca, Bicha, Cucaracha, Friné, Estercita, Milonguita, Butterfly: usaría cualquiera de los nombres que ahora rondaban por ahí, más no el maldito, no el prohibido, no el que rociaba desgracia sobre las vidas que lo invocaban (131).

Es significativo que el Coronel rechace el nombre propio, cuyo valor es el de denominador rígido (Kripke 1980: 48; Butler 1993: 193) y acepte los apodos con los que la oligarquía argentina solía aludir a Evita[19]. Estos nombres, que se vinculan con el mundo del sexo, de la prostitución, de la ligereza, de los bares y el ambiente nocturno –un submundo–, designan lo abyecto y señalan la frontera entre lo simbolizable y lo no-simbolizable, lo excluido del orden social dominante. Al referirse a Evita como *esa* mujer, Potranca, Yegua o Butterfly, el Coronel repite el acto de exclusión que constituyó su propio *yo* social; esto le permite recuperar momentáneamente la unidad perdida por la invasión de lo Otro encarnado en el cuerpo de Evita.

A pesar de los intentos reales y simbólicos por eliminarlo, este cuerpo no se doblega; "Evita persiste, y en esta persistencia parece adquirir incluso mayor vitalidad, porque da la impresión de que el cadáver se está defendiendo" (Cortés Rocca y Kohan 1998: 95). La cercanía del cadáver revivido por el deseo sexual afecta los cuerpos de los que lo tienen a su alcance. Poco a poco, el Coronel sucumbe; su cuerpo se desmorona, sufre de insomnio, de una sed alcohólica irremediable; su vida e identidad empiezan a resquebrajarse:

---

[19] En *Naming and Necessity*, Kripke distingue dos tipos de denominadores: rígido y no-rígido o accidental. El denominador rígido siempre refiere al mismo objeto, independientemente de la circunstancia, mientras que el denominador accidental es condicionado por el contexto (1980: 48). Para Kripke, los nombres propios, especialmente los históricos, son denominadores rígidos.

> En las semanas de vigilias y averiguaciones que siguieron, el cuerpo del Coronel cambió. Le salieron bolsas bajo los ojos y unas estrellas de várices en los tobillos. Mientras llevaban a la Difunta de un lado a otro, sentía mareos y acideces que no lo dejaban dormir (272).

Marcado por el maleficio, el cuerpo del Coronel empieza a degenerar y en el relato se abren dos caminos que van en direcciones opuestas: en uno deambula un cuerpo muerto que está cada vez más vivo; en el otro, se mueven los seres vivos cuyos cuerpos están cada vez más cerca de la muerte.

Un trastorno similar se observa en la vida familiar y social, hasta entonces rutinaria, de las "víctimas" del cadáver de Evita. Primero, las actividades del Coronel y sus oficiales se organizan en función del cuerpo que requiere una dedicación continua: lo esconden, vigilan, transportan, cambian de lugar, visitan. La familia de los oficiales (el elemento clave en la asimilación y participación del sujeto en el orden simbólico) pasa al segundo plano, e incluso, empieza a estorbar. El mayor Arancibia, seducido por el cuerpo embalsamado que esconde por un tiempo en el ático de su casa, mata a su esposa embarazada cuando ella lo descubre en compañía del cadáver. Más aún, Arancibia confunde los nombres de la esposa y del cadáver y los fusiona en una amalgama que contiene los dos: Evita y Elena se convierten en "Elita" o "Evena" (272). El Coronel, por su parte, se aleja cada vez más de su esposa y sus hijas, y extraña con cuerpo y alma a Evita, aunque, como dice la novela, "Siempre le había costado entender a las mujeres" (142).

En contraste, acompañado en su larga peregrinación por las flores y velas con las que el Comando de la Venganza indica su paradero, el cadáver de Evita se agiganta, se torna cada vez más poderoso y sus pulsaciones invaden, o contaminan, los cuerpos, las almas y las vidas de sus perseguidores[20]. Poco a poco se instala en la mente del Coronel y su gente como una presencia que no se puede eludir. Deja de ser "esa mujer", Yegua y Potranca, para transformarse primero en "la Difunta" y después, significativamente, en "Persona". Evita transformada en "Persona" ya no puede ser relegada al margen de la significación y se constituye como una presencia que marca a

---

[20] Llamo la atención hacia el doble sentido de la palabra *perseguir*: 1. combatir o tratar de destruir o hacer desaparecer cierta cosa; 2. pretender, desear una cosa. Al llamar *perseguidores* a Moori Koenig y sus oficiales, apunto hacia esta duplicación del sentido en la que aflora la terrible ambigüedad de su situación.

quien esté en contacto con ella: "Cada vez era más Persona y menos Difunta: él lo sentía en la sangre, que se enfermaba y cambiaba, y en otros, como el mayor Arancibia y el teniente primero Fesquet, que ya no eran los mismos" (257). El cuerpo de Evita desequilibra el orden de la vida y la identidad del Coronel. Esta desintegración se concreta en el trastorno del orden impecable que reinaba antes en su oficina:

> Los tres objetos que coincidían en esa orilla de la habitación no sabían qué hacer el uno con el otro, como alguien que quiere dar una palmada y no encuentra su otra mano: arriba el boceto a lápiz y témpera de Kant en Königsberg, debajo el combinado Gründig que nadie había estrenado, y al pie la caja de LVZ La Voz de la Libertad, donde yacía Ella con su voz inaudible pero rotunda, fatal, más libre que ninguna voz viva (278).

La nueva configuración de los objetos en la oficina de Moori Koenig simboliza la irrupción de lo Otro en el ámbito del sujeto. Una vez reconocida por el sujeto la presencia de lo Otro –Evita como Persona–, se activa el deseo de ser reconocido por esta otredad. Emerge así el deseo del Otro que es, según Lacan, la esencia de todo deseo (1966: 814). Al verse frustrado, al descubrir que lo Otro está allí para recordarle su propia debilidad e impotencia, Moori Koenig recurre a la humillación: abre la caja y les ordena a sus oficiales que orinen sobre el cuerpo de Evita. Y es justamente este acto lo que hunde al Coronel. No se trata del castigo que le imponen sus superiores. Con esta acción que reúne en sí la barbarie repudiada por la sociedad argentina –la animalidad, el instinto descontrolado, la impudicia–, el Coronel abandona el orden simbólico y pasa al territorio de la otredad. A partir de ese momento cambia drásticamente su relación con el cadáver: ya no trata de dominarlo para hacerse respetar y garantizar de esta manera la unidad de su identidad. En cambio, se identifica cada vez más con el cuerpo, se encariña con él, lo convierte en parte indispensable de su existencia. En esta última etapa, Evita se metamorfosea una vez más ante los ojos del Coronel: deja de ser Persona para convertirse en "Mariposa mía" (361). Este nombre significa la renuncia al recato de la "argentinidad" porque expresa una irrupción estrepitosa del sentimiento. Por lo tanto, el último apodo con el que el Coronel nombra a Evita revela que se produjo un desplazamiento del *yo* hacia lo Otro, pero como indica la novela, dicho desplazamiento se realiza mediante una nueva ruptura, que es la negación del orden social y de sus valores: "Para el Coronel, no había otra realidad que Evita" (376). Al sumirse en esta nueva realidad, Moori Koenig se aleja de la que comparte con los demás y se hunde en el mundo inexplicable de la locura.

Ella ↔ *yo*: la obsesión de un narrador argentino

Para el Coronel, el cuerpo múltiple, fugitivo y errante de Evita es el significante de la unidad imposible, el signo material de las pasiones y obsesiones que desgarran por dentro lo que se presenta en la fantasía ideológica como la unidad, la coherencia y el orden. Ahora bien, la historia del autor en pos de Evita y *Santa Evita* es un reflejo especular de las contradicciones que experimenta el Coronel, y también la Argentina, frente al cuerpo –real y mítico– de Eva. El relato metaficcional que narra la historia de la novela expone también la trayectoria del *yo* narrador que pasa de la indiferencia o aversión inicial a una fascinación y obsesión irrefrenable. Se establece así un sorprendente pero muy significativo paralelo entre la historia del narrador y la de los militares, especialmente la historia del coronel Moori Koenig. El paralelo es sorprendente porque a primera vista no hay vínculo alguno entre estos personajes. El uno es militar, representante del poder y, en Argentina, del sistema represivo; el otro es escritor que "[se ha] pasado la vida sublevándo[se] contra los poderes que prohíben o mutilan historias" (387). Uno se dedica a esconder el cuerpo real para aniquilar el mito; el otro lo busca para meditar sobre la complejidad del imaginario que produce el mito o los mitos. Ambos pertenecen, sin embargo, o creen pertenecer, a las distintas ramas del mismo árbol del orden, a la Argentina cartesiana y europea en la que no caben los desvaríos. Ambos se acercan a la otredad que Evita encarna y simboliza, y terminan descubriendo que la integridad y coherencia de su identidad, de su *yo* resguardado por las sombras terribles de la identidad nacional, no era sino un simulacro[21].

Según cuenta el relato autoficcional de la novela, el primer signo de la escisión entre el sujeto enunciador y su verdad parece haberse producido con una llamada que el autor recibió en su casa en Buenos Aires a fines de

---

[21] Luis A. Intersimone extiende el paralelo entre el Coronel y el narrador al doctor Pedro Ara, quien también está preso de una pasión necrofílica (según un "informe" –su fuente es el cuento de Walsh– en las manos del Coronel: "El gallego está enamorado del cadáver ... Lo manosea, le acaricia las tetas. Un soldado lo ha sorprendido metiéndole las manos en las entrepiernas" (33). Para el crítico, "El doctor, el militar y el intelectual son figuras equivalentes dentro de la sociedad burguesa, desestabilizada por la irrupción de lo Otro" (2005: 140). Este pertinente comentario señala en la novela los tres campos de supuesta racionalidad argentina invadidos por el poder maléfico del cadáver: la política, la ciencia y la cultura (alta). Un detalle interesante: ni Ara ni Moori Koenig son argentinos de nacimiento y llevan poco tiempo en el país, lo que significaría que la "argentinidad" tiene un enorme poder de contagio.

junio de 1989. Los militares le proponían un encuentro para compartir con él lo que sabían sobre el itinerario del cuerpo de Eva Perón. La noticia de este "comienzo" aparece dos veces en la novela. La primera, al principio (64), pero de forma disimulada y lacónica, como si el autor todavía no quisiera compartirla con el lector o situarla en este momento de la trama: "A mediados de 1989 yacía yo en una cama penitencial de Buenos Aires ... cuando sonó el teléfono y alguien me habló de Evita ... No ha llegado el momento aún de contar esa historia, pero cuando la cuente se entenderá por qué" (64). La segunda vez, la noticia se da al final de la novela, en el último capítulo, cuando el narrador relata con pormenores su encuentro con los militares. Como anticipó, se entiende por qué antes no era el momento de contarlo: la trama del relato autoficcional explica que la llamada de los militares no fue el comienzo, sino un punto medio, más cercano al final, que despertó un conflicto interno latente, no sólo personal sino también colectivo, relacionado con la identidad argentina.

El punto inicial de la travesía del *yo* del narrador hacia *ella* se sitúa en los años cincuenta y sesenta, en el ámbito de la Argentina culta y recatada, como Borges la imagina en "El escritor argentino y la tradición"[22]. Tomás Eloy Martínez se identifica sin vacilar con esta idea del país, según lo comprueban el plural de la forma verbal en "*Pensábamos* que ningún desvarío de la realidad podía caber en la Argentina, que se vanagloriaba de ser cartesiana y europea" (304; el énfasis es añadido) y la siguiente confesión:

> Déjenme remontarme a marzo de 1958. Era la época en que me reunía por las noches a leer poemas con Amelia Biagioni y Augusto Roa Bastos ... Yo pensaba entonces en escribir grandes novelas; no sé por qué pensaba que debían ser grandes e intensas, con el país entero como telón de fondo, novelas del tamaño de la vida. También pensaba ... en los abismos que hay entre un signo y su objeto, entre un ser y el azar que lo produce. Pensaba en infinitas cosas pero no en Evita (80).

Aunque el narrador piensa en novelas "intensas", lo cual podría significar un deseo interno de rebeldía contra el recato preponderante, Evita se encuentra fuera de su mundo, que era el de la Cultura (con la "c" mayúscula), de la tradición filosófica y teórica europea, de inquietudes espirituales y búsquedas literarias para las que Evita no era un objeto de interés:

---

[22] Como explica Martínez en "Sombra terrible de Borges", la conferencia tuvo lugar en diciembre de 1951 y su texto se publicó en la revista *Sur* en 1955 (2006: 291).

no se me pasaba por la cabeza que Evita podría ser una heroína de novelas. No la creía heroína o mártir de nada. Me parecía, ¿para qué mentir?, una mujer autoritaria, violenta, de lenguaje ríspido, que ya se había agotado en la realidad. Pertenecía al pasado (79).

Entre la realidad del narrador y el mundo en que se situaba *ella* existía una división abismal. La Primera Dama a la que las élites sociales y culturales del país habían llamado "esa mina barata, esa copera bastarda, esa mierdita, ... el último pedo de la barbarie" (70) fue relegada al pasado, ese lugar oscuro y cómodo donde la conciencia nacional, y también individual, coloca todo lo que no quiere recordar[23]. Como una "locura" y signo de la otredad, estaba eliminada y no perturbaba el mundo intelectual del narrador. No obstante, como ya se ha visto, las cosas alejadas por y de la conciencia no dejan de existir, sino que siguen definiendo y amenazando desde el afuera al que han sido relegadas (Butler 1993: 192).

Así, el narrador cuenta que en 1958 se encontró con Julio Alcaraz, el peluquero de Evita. Según se apresura a afirmar, no buscaba entonces información sobre Evita, sino datos para una historia ilustrada del cine argentino (80). El encuentro con el peluquero produce el regreso de lo Otro, su irrupción inesperada en el mundo seguro y coherente del *yo*, haciendo estallar su presunta solidez. Son las doce de la noche, la hora en que los muertos resucitan, cuando el peluquero lleva al narrador a un cuarto de atrás (una especie de templo privado) para enseñarle "doce cabezas de vidrio ... que reproducían ... peinados de Evita" (83) y un rizo de su pelo. El narrador, al mirarse en el espejo, se descubre una cara de fantasma (84)[24]. Una realidad o una parte de su *yo* que llevaba muerta se acaba de revelar, aunque todavía no se hace ver como la realidad sino como un fantasma, algo que es y no es a la vez. Lo que sigue a esta revelación inicial es un ritual de encuentros "todos los miércoles a las nueve" (84) durante los cuales el peluquero recuerda a Evita y el narrador toma apuntes. Si bien estas prolongadas sesiones nocturnas, que a veces hacían olvidar "toda sed y deseo"(84), señalan ya el principio de una fascinación y atracción, el narrador todavía no lo reconoce. Su resistencia se expresa en una retórica de negatividad que permea las páginas de la novela

---

[23] Sobre el pasado como otro, véase Michel de Certeau, *L'écriture de l'histoire* (1975: 119). Sobre el olvido como estrategia constructora de la identidad nacional, consúltese Ernest Renan, "What is a nation?" (1990: 11).

[24] Ana María Amar Sánchez ha estudiado la "escena del espejo" en varias novelas contemporáneas observando que la imposibilidad de reconocerse en el momento de confrontar su cara e identidad señala la disolución del sujeto (2006).

en las que describe sus entrevistas con Julio Alcaraz: "entonces no lo entendí así" (83), "sin que yo lo supiera" (84), "mi imaginación estaba lejos de Evita" (85). Lo notable es que el narrador tiña de negativo los vocablos que remiten a la racionalidad –saber, entender, la imaginación– como si quisiera disociar el dominio de la razón del atractivo que Evita ejerce sobre él. Para él, estos espacios todavía deberían permanecer separados y alejados de sí; el *yo* todavía se resiste a la idea de que *ella* opere en él. Si escribe sobre Evita transcribiendo los monólogos del peluquero, lo hace no por interés, sino, como afirma, "por pura inercia intelectual" (85).

A fines de los años sesenta la leyenda del cuerpo desaparecido de Evita rescata a la muerta del olvido convirtiéndola en una presencia obsesiva, "una idea fija en la Argentina" (302). El narrador no queda a salvo de esta obsesión: la atracción por Eva que le despierta la peluquería de Julio Alcaraz se intensifica y lo contagia con el virus de la locura, que nada podía tener en común con la idea de la argentinidad. Según cuenta la novela, a fines de los años sesenta Tomás Eloy Martínez se encuentra en París con Rodolfo Walsh. Walsh adelanta entonces la hipótesis de que el cuerpo se halla en la carbonera de la embajada argentina en Bonn. La réplica del narrador es inmediata: "–Vayamos a buscar el cuerpo –me oí decir–. Salgamos para Bonn esta noche" (305). Se evidencia en este enunciado el regreso de los deseos reprimidos o relegados al inconsciente que surgen en el momento menos esperado, como lo ha revelado antes la conducta del Coronel. El desdoblamiento del hablante, patente en la frase "me oí decir", registra el momento en que este otro *yo* o el *yo* que también es otro surge a la superficie: hay un *yo* apremiado e insistente que habla traicionando las zanjas ciegas del inconsciente y otro, más sosegado, que lo oye hablar. No sólo el narrador se siente sorprendido por lo que dice y hace; también lo están sus amigos. Sobre la reacción de Walsh comenta la novela: "me contempló con curiosidad desde la lejanía de sus anteojos opacos. Sentí que mi obstinación lo tomaba por sorpresa" (306)[25]. El amigo del narrador que trabajaba en la embajada en Bonn y a quien éste pidió todos los documentos contables manifestó una actitud parecida: "Lo vi observarme con extrañeza, como si ya no supiera quién era yo" (307). Años más tarde, ya en 1989, una de los

---

[25] Rodolfo Walsh también está marcado por el signo de Evita. Lleva en su cartera una foto de Evita embalsamada, como si fuera una foto de su enamorada (306). Román y Santamarina prefieren ver en esta imagen "la estampita de una santa" (2000: 56), lectura que en mi opinión no concuerda muy bien con la trama de las pasiones necrofílicas desarrollada en la novela, de las que Walsh no está exento, según lo insinúa su propio cuento.

testigos dice del narrador: "Está mal de la cabeza" (242), sugiriendo que para un observador externo el narrador ya no controla la realidad, que vive entregado a una locura, que su experiencia y su razón están en conflicto.

La llamada de los militares inicia la última etapa del acercamiento al otro que es Evita. El autorrelato que acompaña la historia de *ella* revela que Evita se convierte para el narrador en una obsesión, una pasión, una fascinación. Son las palabras y las imágenes a las que recurre el narrador las que construyen el paralelo entre él mismo y el Coronel[26]. El Coronel sentía una sed atroz; el narrador explica que en su investigación se ve llevado por la sed (64). Moori Koenig sufría de insomnio que "era también su incendio" (207); Tomás Eloy Martínez dice de sí mismo: "no pude dormir. Nunca más tuve paz para dormir" (246-247). La casa del Coronel estaba llena de fotos de Evita (306-307). De su propia casa dice el narrador: "en mi casa, Evita flota ... Escribo en el regazo de sus fotos" (204). Al igual que el mayor Arancibia, quien traumatizado por haber matado a su mujer embarazada fusiona los nombres de la esposa y del cadáver en "Elita" o "Evena" (272), el narrador confunde los nombres de dos mujeres: el de Evita que lo fascina y obsesiona y el de Irene, un gran amor del pasado. Cuando el padre de Irene le dice: "Ahora podemos hablar de Evita" (243), el narrador siente u oye: "'Podemos hablar de Irene'" (243). Finalmente, tanto el narrador como el Coronel se imaginan a Evita como mariposa. De acuerdo con los comentarios anteriores, el último apodo con el que el Coronel la nombra (y también las palabras más tiernas, sentimentales, de la novela) es "Mariposa mía" (361). Es el último eslabón de una cadena de nombres que articulan la lucha del Coronel con lo Otro que representa Evita. El narrador recurre al primero y al último de los nombres atribuidos a Evita por el Coronel. La primera escena en que Tomás Eloy Martínez aparece como personaje es la visita a la viuda del Coronel y en esa ocasión se menciona el cuento de Walsh, "Esa mujer". Esto significa que desde el punto de vista del lector, la trayectoria de Evita en la línea narrativa donde se sitúa el narrador se inicia bajo el signo de "esa mujer". Después, como en el caso del Coronel, Evita se transforma para él en una mariposa: "Pasaron algunas noches y soñé con Ella. Era una enorme mariposa suspendida en la eternidad de un cielo sin viento"

---

[26] Davies interpreta la obsesión investigadora de Martínez-personaje como un equivalente de las pasiones que desgarran a los militares: "His investigations, marked by their obsessive scrutiny of their subject and by their manipulations of the corpus of texts at his disposal, can be seen as the textual equivalent of both the voyeurism of Moori Koenig and the necrophilia of Arancibia..." (2000: 420).

(65). Esta mariposa es Evita convertida en "heroína de novela" (80)[27], que antes no podía ser, y esta novela es la última etapa de un largo proceso de verse en el espejo del otro, y descubrir que no sólo lo Otro es múltiple, sino que también uno mismo lo es, que en un mismo espacio personal convergen la locura y la razón, la fascinación y el rechazo, el repudio y el deseo, el pudor y la efusión sentimental, que entran en un diálogo interminable, se afirman y se niegan, se dicen y se desdicen, que nunca se dejan de escribir. Es por eso que el final de la novela anuncia un nuevo comienzo: "Ahora tengo que escribir otra vez" (391). La frase, una cita sin comillas, es fundamental en el marco de este análisis, porque proviene de "Mi mensaje", el último legado de Eva Perón, leído desde los balcones de la Casa Rosada el 17 de octubre de 1952. El hecho de que el narrador la incruste como suya (sin comillas) revela lo que de *ella* hay en el *yo*, la fuerza de (con)fusión entre estos dos caracteres[28]. Tanto es así que el encuentro con lo Otro produce una incesante reelaboración del *yo* que entronca con múltiples reescrituras de otra entidad identitaria en la novela: el *nosotros* y las sombras terribles de los mitos fundacionales que lo sostienen. En el cuerpo de Evita –el histórico y el mítico– se lee la historia de un país reprimido y/o autoengaña-

---

[27] "Mariposa mía", el último apodo con el que el Coronel nombra a Evita, y la imagen de una mariposa con la que sueña el narrador, es relevante en la cadena de significación de la novela. En primer lugar, la mariposa simboliza un cuerpo que se metamorfosea, desde la fealdad del estado larval –lo abyecto, lo repugnante–, hasta la belleza de la forma desarrollada, adulta. La figura de la mariposa constituye, en consecuencia, una metáfora de la vida de Eva Perón:

> No parecía la misma persona que había llegado a Buenos Aires en 1935 ... . Era entonces nada o menos que nada: un gorrión de lavadero, un caramelo mordido, tan delgadita que daba lástima. Se fue volviendo hermosa con la pasión, con la memoria y con la muerte. Se tejió a sí misma una crisálida de belleza, fue empollándose reina ... (11-12).

No obstante, en la misma imagen se perfila otra interpretación de Evita como mariposa: el reflejo del cambio de la percepción de ella en el imaginario colectivo argentino, desde el repudio hasta un hechizamiento sin límites como el que trastorna la vida del Coronel y sus oficiales o la del narrador. Sobre este aspecto de la novela véase Davies (2000: 417), Díaz (2003: 189) y Perkowska-Álvarez (2004: 80-81).

[28] La voz de Eva es una constante en la novela; se entreteje mediante trozos de los discursos radiales, entrevistas, frases, fragmentos de *La razón de mi vida* y *Mi mensaje*, cartas, apuntes: palabras que dijo y que se le atribuyen. Los títulos de los capítulos provienen todos de *La razón de mi vida* y *Mi mensaje*, imprimiendo un tono melodramático al texto, digno de una "heroína".

do, se materializan las fisuras que desde el inconsciente horadan la fantasía ideológica de una identidad homogénea y coherente.

Nosotros: un *corpus* contradictorio

El narrador deja entender claramente que en *Santa Evita* la confrontación del *yo* con lo Otro se conjuga con la reescritura de la identidad nacional:

> Si esta novela se parece a las alas de una mariposa ... también habrá de parecerse a *mí*, a los restos del mito que fui cazando por el camino, a la *yo* que era *Ella*, a los amores y odios del *nosotros*, a lo que fue mi patria y a lo que quiso ser pero no pudo (65).

Esta tríada: *ella – yo – nosotros* subyace en toda la novela. Y es que el *yo* que se ve a través de *ella* o el *yo* que descubre cómo *ella* lo redefine, es un caso particular del *nosotros*. Fascinado por su propia incoherencia y por la que descubre en su país confrontándolo con el cuerpo plural e inquietante, el narrador registra en su relato la multiplicidad de respuestas que estimula Evita. Como para el narrador o el Coronel, para el *nosotros* argentino Evita es la otredad que destruye los simulacros de coherencia y unidad, descubriendo la división y la heterogeneidad. Significa muchas cosas a la vez y, al mismo tiempo, concentra en y sobre sí variados e innombrables deseos, odios, fascinaciones, refutaciones, admiraciones, desprecios, esperanzas, fantasías, obsesiones e imaginaciones: "Cada quien construye el mito del cuerpo como quiere, lee el cuerpo de Evita con las declinaciones de su mirada. Ella puede ser todo" (203). Por eso ni *ella* ni el *nosotros* pueden representarse mediante un solo relato, sino a través de una red o un tejido de narraciones que se encuentran y desencuentran y cuyo significado se desplaza constantemente huyendo de toda verdad definitiva. Escribirlos es como cazar mariposas mediante una serie de acercamientos tentativos y fugaces.

Ésta es la estrategia del narrador en *Santa Evita*, quien va en pos de las huellas que su protagonista dejó en la cultura argentina, recupera las imágenes dispersas, investiga los datos históricos, las fábulas y las versiones posibles que existen, explora experiencias y recuerdos, no escamotea los detalles descartados por los libros de historia. Esta reelaboración ficcional pone en movimiento o desdibuja las dos imágenes de Eva Perón que dominaban el imaginario colectivo –el mito diabólico y el mito angelical–, reflejos de la concepción binaria de la nación dividida en un *nosotros* y un *ellos*. El exceso de significados que la novela pone al descubierto se manifiesta, según sugiere Lloyd Hughes Davies, en "the butterfly manoeuvrings of the text, which moves nimbly from citation to citation, from perspective to perspective" (2000: 419). Este vuelo o aleteo de la mariposa "recorre el texto en forma de una isotopía" (Schlickers 2005: 114) que enfatiza la pesquisa intertextual del narrador. La intertextualidad, que acentúa siempre la índole narrativa y la textualidad de nuestro conocimiento de la historia, problematizando de esta manera la supuesta referencialidad y objetividad del discurso histórico (Hutcheon 1988: 136), es a la vez una estrategia que abre el espacio textual a lo heterogéneo y a la polifonía de voces sobre el pasado y hace que el texto se resista a la reducción represiva del acto de escribir convencional, que en el nivel del enunciado es un reflejo de la asimilación simbólica lacaniana. En la novela, Martínez-personaje es un periodista-investigador y un asiduo lector de la literatura y la tradición cultural argentina, con sus "sombras terribles"; estas funciones le permiten a Martínez-autor integrar en *Santa Evita* no sólo una pluralidad de textos literarios, históricos, políticos y signos culturales de la época recreada, sino también los testimonios, recuerdos y declaraciones de las voces marginales desde la perspectiva de la historia. A partir de este aleteo textual, *ella* y *nosotros* se construyen no sólo como un inter*texto*, sino también como un *inter*texto, un "entre-lugar" cultural.

La labor de investigador y periodista que se adentra en la comunidad en pos de una memoria viva del imaginario colectivo produce visiones y construcciones imaginarias que rara vez trascienden en la escritura de la historia o en la "narración de la nación" (Bhabha 1990: 1). Son los recuerdos, verdaderos o inventados, con los que la gente común a diario revive y resucita a Evita. A fin de resignificar al *nosotros*, el narrador se hace nómada (al igual que el cuerpo que persigue), explora varios espacios sociales, se encuentra con los testigos, recupera las imágenes olvidadas. Lo significativo en esta búsqueda es la condición social de los informantes a los que recurre:

> Hablé con la madre, el mayordomo de la casa presidencial, el peluquero, su director de cine, la manicura, las modistas, dos actrices de su compañía de teatro, el músico bufo que le consiguió trabajo en Buenos Aires. Hablé con las figuras marginales y no con los ministros ni aduladores de su corte porque no eran como Ella: no podían verle el filo ni los bordes por los que Evita siempre había caminado. La narraban con frases demasiado bordadas. Lo que a mí me seducía, en cambio, eran sus márgenes, su oscuridad, lo que había en Evita de indecible (64).

El interés del narrador expresado en esta cita entronca con los presupuestos teóricos de los nuevos historiadores como Ginzburg, de Certeau,

Braudel y Balandier. Todos insisten en la importancia de los relatos de los actores "chicos", anónimos o no, de los que se quedaron entre los bastidores de la historia. Cabe recordar aquí "la sociología de lo cotidiano" de George Balandier, mencionada en el capítulo dedicado a *Maluco*, que privilegia el punto de vista de un sujeto no necesariamente "relevant de l'exceptionnel, mais plutôt de l''ordinaire' ou du banal" (1983: 7-8). Durante su búsqueda-pesquisa de múltiples imágenes de *ella* que se habían sedimentado en *nosotros*, el narrador entrevista a informantes que la recuerdan desde su cotidianidad, partiendo de una experiencia singular y personal, desconectada del gran movimiento de la Historia. En sus memorias, que forman "una colección de tarjetas postales" (el título del capítulo 15) se recupera el detalle suprimido, lo nimio, lo que la historia evalúa como insignificante o indeseable.

Así, por ejemplo, el peluquero Julio Alcaraz cuenta su primer encuentro con Evita cuando ella era "una joven de facciones tristonas y busto escuálido que servía de modelo en un libro de postales pornográficas" (82). Mediante su voz el texto revela la verdadera razón –según el personaje– del renunciamiento de Eva a la vicepresidencia: la noticia del cáncer que Perón le comunica el mismo día del Cabildo Abierto. Hay más muestras de este procedimiento: el mayordomo de la casa presidencial, Atilio Renzi, le confía al narrador su devoción por Evita enferma y los artificios de los que se sirvió para distraerla de los efectos de la enfermedad. Mario Pugliese ofrece su visión –gastada por los años– del encuentro de Evita con Magaldi y de sus difíciles comienzos como actriz en Buenos Aires. Kaufman, presentado como un amigo del narrador, cuenta el ambiente que frecuentaba Evita como actriz y explica lo que le pasó entre enero y septiembre de 1943, cuando ella desapareció por completo del escenario bonaerense. La madre evoca la triste infancia en Los Toldos, la muerte y el entierro del padre a quien Evita desconocía, la pobreza e ilegitimidad que la marcaron para siempre.

No todos los informantes refieren un episodio de la vida de Evita. Algunos describen los sucesos que Eva, su enfermedad o su muerte desencadenaron en sus propias vidas. Es el caso del viaje de Raimundo Masa, quien "decidió ir en procesión con toda la familia hasta el Cristo Redentor que estaba en las montañas de los Andes, mil kilómetros al oeste" (72), para implorar por la salud de Evita cuando ella agonizaba en Buenos Aires. Esta historia se halla rodeada por relatos de otros sacrificios, muchos absurdos, inverosímiles y desmesurados, emprendidos por la gente humilde para salvar a Evita. En los relatos de los múltiples récords peronistas la vida de Eva se narra oblicuamente, es decir, mediante la alusión a lo que esta vida significó en la de los demás.

Las memorias funcionan como relatos intercalados, engastados en la estructura narrativa de *Santa Evita*. El cambio de la voz narrativa y de la tipografía (el uso de las letras cursivas, las comillas, el espacio en blanco) señala que se trata de pequeños textos independientes, mini-cuadros narrados que tiñen el discurso histórico con un aura personal y sentimental. El narrador se esfuerza por ser fiel a estos relatos y mantener el tono singular de cada uno de ellos, pero tiene que reconocer la dificultad de esta empresa porque la escritura traiciona la realidad:

> Tenía la impresión de que, al pasar su voz por el filtro de mi voz, se perderían para siempre la parsimonia de su tono y la sintaxis espasmódica de sus frases. Ésa, pensaba, es la desgracia del lenguaje escrito. Puede resucitar los sentimientos, el tiempo perdido, los azares que enlazan un hecho con otro, pero no puede resucitar la realidad (85).

Los recuerdos de los personajes constituyen un cuerpo biográfico que dista de una biografía convencional. En una frase muy citada y comentada, la novela sugiere una correspondencia entre el embalsamamiento y la biografía: "El arte del embalsamador se parece al del biógrafo: los dos tratan de inmovilizar una vida o un cuerpo en la pose con que debe recordarlos la eternidad" (157). Sobre la base de esta metarreflexión, algunos críticos han comparado al autor de la novela con el embalsamador, el doctor Ara (Davies 2000: 419; Schlickers 2005: 118). Me parece, sin embargo, que *Santa Evita* propone un método muy distinto de reconstrucción escritural de un sujeto histórico: el autor ha renunciado a escribir una biografía optando por la libertad del novelista, anunciada desde la portada de la novela y puesta en práctica en las estrategias centrífugas de la fragmentación, la pluralidad y la movilidad narrativa. Un biógrafo bien puede ser como un embalsamador, pero Martínez-narrador no lo es: en vez de inmortalizar a su sujeto en una pose, presenta varias, todas posibles, todas válidas para alguien. El recuerdo, por excelencia nómada, pone la reconstrucción en movimiento y así imposibilita la construcción de un monumento. La escritura se rehúsa a remontar el origen (rememorar) para dar con la imagen perfecta y completa, pero también petrificada, muerta. En cambio, en su índole reelaborativa, se organiza como un mapa en el que las líneas salen en todas direcciones, como en el tejido de un rizoma (Deleuze y Guattari, 1980: 35-36). Al comparar la estructura arbórea con el rizoma, Deleuze y Guattari observan que "L'arbre impose le verbe 'être', mais le rhizome a pour tissu la conjonction 'et... et... et...'" (1980: 36). Evita del cuerpo de recuerdos nunca llega a *ser*, porque este cuerpo imaginado, siempre abierto, se construye bajo el signo de la conjunción "y". En esta "colección de tarjetas postales" (359) se vislumbra la polivalencia con la que el imaginario colectivo revive a Evita: niña huérfana, pobre y provinciana, actriz ignorante pero persistente, amante, Señora, Dama de la Esperanza, compañera Evita, enferma grave, santa, lo que era y lo que se dijo que era o quiso que fuera.

Con esta red de evocaciones, recuerdos y deseos que escriben el cuerpo de Evita desde la sentimentalidad popular, se entretejen numerosos comentarios o alusiones a la literatura argentina del siglo XX que versa sobre Evita, su cuerpo o un acontecimiento con él relacionado (real o imaginario). Se trata de los cuentos "El simulacro" de Jorge Luis Borges, "Ella" de Juan Carlos Onetti y "Esa mujer" de Rodolfo Walsh; de las novelas *El examen* de Julio Cortázar y *La novela de Perón* de Tomás Eloy Martínez; de *Eva Perón*, una obra teatral de Copi; del poema "El cadáver de la nación" y los cuentos "Evita vive" de Néstor Perlongher y el libro *¿Qué es esto?* del ensayista Ezequiel Martínez Estrada[29].

Si el conjunto de recuerdos populares forma una emotiva "colección de tarjetas postales", el de obras literarias representa un acercamiento más intelectual y puede ser interpretado como un archivo que, de acuerdo con la definición de Foucault, es el sistema general de formación y transformación de los enunciados (1969: 171). El concepto foucaultiano de archivo se vincula, por supuesto, con la recopilación y la conservación (funciones tradicionales del archivo), pero entraña a la vez una constante modificación y reevaluación de los significados. *Santa Evita* junta un corpus textual que se presenta como una historia literaria de la obsesión argentina –¿sería posible, después de todo?– con la figura, la historia y el cuerpo de Eva Perón, lo cual equivale a decir, con la identidad nacional. Al yuxtaponer estos textos en su propio espacio narrativo, Martínez muestra las modificaciones que se producen en este archivo y elabora su propia posición y concepción estético-política con respecto al canon nacional argentino[30].

---

[29] Otros textos que versan sobre Evita o sus funerales, no incluidos en la novela de Martínez, son el cuento "La señora muerta" de David Viñas y las novelas *A las 20:25 la Señora entró en la inmortalidad* de Mario Szichman y *La pasión según Eva* de Abel Posse. Para un comentario sobre el conjunto de textos "evitistas" que incluye *Santa Evita*, sus hipotextos y las obras mencionadas arriba, véase Cortés Rocca y Kohan (1998: 71-109).

[30] Esta discusión y revisión del canon hace pensar en la tertulia literaria en *Respiración artificial* de Ricardo Piglia, en la que los personajes discuten el lugar de Sarmiento, Borges y Arlt en la literatura argentina. La técnica es distinta (discurso "ensayístico" con un significativo despliegue de estrategias suasorias en Martínez, diálogo en Piglia), pero en ambos casos se trata del lugar de Sarmiento (implícito en *Santa Evita*) y Borges en la tradición nacional.

Algunas de las obras citadas en la novela expresan una animosidad abierta hacia Eva Perón y los valores que ella representa, como ocurre con el poema (real o inventado) de Silvina Ocampo (70) y el panfleto ¿Qué es esto? de Ezequiel Martínez Estrada (71). En ellos, Evita es "esa mujer", un ser aborrecible, resurrección de la barbarie expulsada del imaginario nacional, la amenaza peronista. Para Cortázar, Borges y Onetti, la literatura se convierte en una especie de exorcismo, un mecanismo de defensa contra lo monstruoso que toma cuerpo en el seno de la sociedad argentina. Según cuenta *Santa Evita*, en *El examen*, Cortázar se burla despiadadamente del culto a Evita y articula el terror ante la "bestia iletrada" (197) que ella encarna. Los cuentos "Ella" y "El simulacro" de Onetti y Borges satirizan la muerte de Eva y parodian el discurso de dolor y locura que desató. *Santa Evita* sugiere que los intelectuales argentinos necesitaban evocar a Evita para poder eliminarla, para "conjurar su fantasma" (198) y hacerlo desaparecer. En sus obras se manifiesta el miedo a lo irracional que amenaza el edificio de la racionalidad argentina, representado un poco antes por Cortázar (en una de las posibles lecturas) en "Casa tomada" (1946).

"El simulacro" merece un comentario más extenso, no sólo en su calidad de relato antiperonista, sino también porque su inscripción y reelaboración en *Santa Evita* pone al descubierto el diálogo que entabla Martínez con la segunda "sombra terrible" (Martínez 1996: 2) del discurso identitario argentino. El cuento narra el ritual funerario en un pueblito del Chaco en el que en vez del ataúd y el cadáver (de Eva Perón) hay una caja de cartón y una muñeca rubia, y en lugar del marido doliente (Perón), una figura aindiada. El título deja entender que esta farsa no es una representación de la realidad, sino una situación irreal o aparencial que se presenta como lo real, es decir, "homolog[a] ser con representar" (Cortés Rocca y Kohan 1998: 73). Al final del relato, Borges extiende esta idea de lo aparencial que precede lo real al peronismo y la realidad política argentina al afirmar que "tampoco Perón era Perón ni Eva era Eva" (Borges 1974: 789). Pareciera que la novela de Martínez retoma –"copia"– esta crítica borgeana del espectáculo peronista porque *Santa Evita* abunda en signos de teatralidad, escenas de *performance* o espectáculo político, imágenes que sustituyen la realidad y actos ensayados antes de ser representados ante el público que cree participar en algo real[31]. Tanto es así que la frase "tampoco Perón era Perón ni Eva era Eva"

---

[31] Es un aspecto muy comentado de *Santa Evita*. Davies oberva que "Spectacle and performance are portrayed in different guises throughout the text. Perón's régime was in many ways a show, and its centerpiece, Evita, led a public life of spectacle that crowded

parece revivir en dos escenas de *Santa Evita*: la de Evita como esposa obediente, abnegada y admiradora de Perón en el palco de la Casa Rosada durante el Cabildo Abierto, reconstruida por el narrador en un guión de cine basado en fragmentos de noticieros (98-114), y la evocada más tarde por el peluquero Alcaraz, en una escena privada, de bastidores, en la que Evita le grita a Perón en un lenguaje soez: "Sos un hijo de puta. ... Sos el peor de todos. Yo no quería esa candidatura. Por mí, te la podías meter en el culo" (117). El reconocimiento tácito del padre literario surge también en numerosas disquisiciones epistemológicas de cuño borgeano (sobre historia y ficción) que atraviesan el texto o en la alusión implícita a "El jardín de senderos que se bifurcan" en la constatación de que "La realidad no es una línea recta sino un sistema de bifurcaciones" (177).

Al mismo tiempo, se vislumbra en *Santa Evita* una contracorriente que des-autoriza a Borges como el segundo autor, además de Sarmiento, del simulacro de la Argentina cartesiana, europea y recatada. Algunos personajes entrevistados por el narrador –la mujer del Coronel y su hija– no lo han leído (57); otros, como Aldo Cifuentes, lo han leído poco o no quieren reconocer que lo hayan hecho (151)[32]. El narrador, quien obviamente ha leído a Borges, parodia algunos de sus cuentos en clave distinta, mediante el procedimiento de "repetición fantasmática" que no imita, sino que inventa realidades parecidas, simulacros (Gutiérrez Mouat 1997: 329). Ricardo Gutiérrez Mouat observa que justamente "El simulacro" está transpuesto en la historia del cuerpo escondido detrás de la pantalla del cine Rialto, con el que la hija del proyeccionista jugaba convencida de que era una muñeca gigante (1997: 332). Asimismo, el narrador sugiere dos veces que las experiencias y acciones del Coronel son transposiciones diferenciadas de las situaciones narradas en "La muerte y la brújula" (57 y 151). La indagación borgeana sobre la realidad como simulacro o la relación entre historia y ficción se reescriben aquí en la clave del "melodrama escatológico" (Intersimone 2005), henchido de morbo y sentimientos desenfrenados, es decir, un código ajeno y hasta ofensivo a los postulados de pudor y reticencia del ser argentino defendidos por Borges en "El escritor argentino y la tradición". Gutiérrez Mouat observa que la inserción intertextual de "El simulacro" en

---

out her private life, so that there was no 'real' Eva behind her public persona" (2000: 420). Consúltense también Díaz (2003: 84 y 95), Intersimone (2005: 135-136) y Zuffi (1998: 870).

[32] La ironía es evidente, tanto más que en "Sombra terrible de Borges" Martínez observa, también con ironía, "Todos somos cultos. Todos somos Borges" (2006: 293).

Santa Evita lo convierte también en "el objeto de una disquisición sobre su sentido" (1997: 334) en la que Martínez discute lo que podríamos llamar, en recuerdo a Pierre Menard, "la obra visible" y "la obra invisible" en el relato: la primera sería "poner en evidencia la barbarie del duelo y la falsificación del dolor" (199), mientras que la segunda, involuntaria, resultaría "un homenaje a la inmensidad de Evita" que es en el cuento "la imagen de Dios mujer" (199). Esta glosa irreverente propone, ni más ni menos, que igual que el Coronel y el narrador, Borges, la encarnación de la Argentina civilizada, europea y pudorosa, habrá sucumbido al hechizo de la barbarie periférica.

"Esa mujer" de Walsh señala una modificación importante del archivo, porque en este cuento la admiración involuntaria atribuida a Borges se transforma en una irrefrenable fascinación amorosa hacia el cadáver. De acuerdo con el narrador, "El cuento alude a una muerta que jamás se nombra, a un hombre que busca el cadáver –Walsh– y a un coronel que lo ha escondido" (56). Los dos personajes, el coronel y el periodista, están enamorados del cuerpo ausente, aunque "no es ninguna forma concebible de amor" (Walsh 1985: 163) lo que los reunió[33]. El cuento de Walsh, uno de los padres literarios de Martínez, es un pre-texto o un núcleo productor del cual *Santa Evita* deriva y hacia el cual constantemente retorna. "Esa mujer" provee el esbozo de la trama en forma del "relato del cuerpo robado" o "el relato criminal anti-peronista" (Cortés Rocca y Kohan 1998: 78 y 86), introduce la figura del periodista-investigador (típica en los cuentos de Walsh y en la obra de Martínez) y proporciona uno de los registros genéricos de *Santa Evita*, el del relato policial. La novela de Martínez es una ampliación y solución de la investigación sugerida en el cuento, configurada mediante una polifonía de voces que la distancia de la estética ideológica de Walsh (Zuffi 1998: 871). Como apuntan Cortés Rocca y Kohan, "Esa mujer" introduce también el motivo de la degeneración, que se produce como un desplazamiento de la podredumbre no realizada del cuerpo y se encarna en Ara, el "gallego asqueroso" que trata el cadáver como si fuera un cuerpo vivo (1998: 82-83). Esta imposible y destructora pasión necrofílica apenas sugerida en el cuento de Walsh, permite ver en él "un precursor del romance fundacional intentado por Martínez en los noventa", o sea, una "necrografía anti-fundacional" en clave melodramática y cómica (Intersimone 2005: 150 y 140).

---

[33] En el caso de Rodolfo Walsh, el "amor" debe leerse, entre otros, como signo de una nueva actitud política: en la época en que escribe "Esa mujer" (un día en 1961 y un día en 1964, según indica el autor en una nota introductoria), Walsh está en un periodo de transición política que lo llevará a la identificación con el peronismo de izquierda. Sobre este y otros aspectos de "Esa mujer", véase Kraniuaskas (1994).

El diálogo martineziano con el canon identitario argentino se completa con la inscripción en *Santa Evita* de los textos que podrían considerarse como el máximo exponente del desvarío negado por la Argentina cartesiana y europea: *Eva Perón* de Copi, el poema "El cadáver de la nación" y los cuentos "Evita vive" de Perlongher, que incorporan una visión de Evita producida en los márgenes sociales y hablan de las obsesiones desde el espacio de la alteridad y la abyección sexual. Copi y Perlongher exaltan a Eva en su corporalidad, se apropian de su cuerpo en un acto literario que tiene todas las apariencias de un acto sexual; la imaginan impúdica, sexuada, vulgar y transgresora, "de un modo opuesto a como ella quería verse" (202); inventan un cuerpo que contradice la imagen histórica, proponen una "hagiografía alternativa" que se constituye en "un punto de referencia estético e ideológico contrapuesto al nacionalismo patriarcal postulado por Borges, comparable al machismo militarista de Perón" (Intersimone 2005: 158 y 160).

La proliferación de textos sobre Eva es análoga en la trama de *Santa Evita* a la multiplicación de su cuerpo en copias de cera y vinilo. En ambas se hace palpable la "amenaza peronista" de inmortalidad y resurrección, epitomada en "Volveré y seré millones", la frase que, de acuerdo con el narrador, la Eva Perón de la historia nunca pronunció (66), pero que ha contribuido de una manera significativa a los procesos de construcción de su cuerpo mítico[34]. En vez de ser una creación original, el texto es un espacio plural, una recopilación de numerosas inscripciones que Eva Perón "ha ido sembrando en la imaginación, en la memoria, en los deseos de los argentinos" (Martínez 1995b: 3). *Santa Evita* como novela y Santa Evita como personaje son "una constelación de posiciones" (Ferro 2000: 164), cuerpos intertextuales originados en un imaginario colectivo que desmiente el relato unificador de la identidad argentina.

La revisión de las versiones que constituyen el archivo se relaciona con el concepto de repetición reconceptualizada por Deleuze y Derrida en términos de diferencia. En el trabajo significativamente titulado *Répétition et différence* (1968), Deleuze concluye que en el mecanismo de repetición se manifiestan la diferencia y la singularidad. En la teoría derrideana, la repetición forma parte de la iterabilidad y, por ende, alteridad (1972: 375). Para

---

[34] La idea de las copias podría tener su origen en un desvarío del doctor Ara a quien se le ocurrió hacer "una reproducción del busto de la difunta dama en las tres dimensiones" (1974: 134). Al comenzar la Revolución Libertadora, Ara y el artista (su amigo) sacaron el busto de la CGT. El capítulo termina con el siguiente comentario: "El busto yacente siguió luego una interminable odisea, de aquí para allá, que aún dura ..." (1974: 135).

Derrida, la cita es un procedimiento de repetición que traduce mejor su nexo con la diferencia:

> Tout signe, linguistique ou non linguistique, parlé ou écrit, ... en petite ou en grande unité, peut être *cité*, mis entre guillemets; par là il peut rompre avec tout contexte donné, engendrer à l'infini de nouveaux contextes, de façon absolument pas saturable (1972: 381).

En un acto de antropofagia literaria, *Santa Evita* cita –repite y "devora"– las obras anteriores, construyendo su protagonista como un cuerpo intertextual, una realidad múltiple: Evita es aborrecible y fascinante, grosera y elevada, corporal y espiritual, central y marginal, femenina y masculina. Estas imágenes literarias se suman a las que componen la "colección de tarjetas postales" donde los testigos marginales estampan sus retratos de Eva. Ninguna de ellas es falsa ni verdadera, pero siendo creaciones de un *nosotros* que se revela plural, todas son posibles, como las doce cabezas de Evita con distintos peinados en la peluquería de Julio Alcaraz. En conjunto, el tejido intertextual registra la multiplicidad de respuestas producidas por *ella* en el *nosotros*: amor y odio, crítica y alabanza, miedo y confianza, fascinación y repudio, exceso, locura, contención, entrega, sacrificio, burla y muchas más. Cada una de ellas es otra faceta del reflejo especular entre el *nosotros* y lo Otro, sugiriendo que ni el *nosotros* ni esa otredad son únicos, sino que se multiplican en un diálogo sin fin.

Esta construcción intertextual e interdiscursiva del personaje señala a la vez que la anterior concepción de Martínez acerca de la escritura de la historia en la novela histórica contemporánea (o la ficción sobre la historia, el rótulo preferido por el escritor) ha cambiado. En *La novela de Perón* y las reflexiones teóricas enunciadas en la década de los ochenta, el novelista concibe la novela histórica como un espacio en el que se libra el duelo de las versiones narrativas que permite "denunciar las imposturas del poder" (1998: 352). En los noventa, cuando se publica *Santa Evita*, los absolutos, incluido el poder, ya no quedan en pie y el vacío que sobreviene a su derrumbe ya no puede ser llenado por "una versión que se opone a la oficial, sino por muchas versiones o, más bien, por una versión que va cambiando de color según quién es el que la mira. Polaridades, etnocentrismos, márgenes, géneros: la mirada se mueve de lugar" (1998: 352-353). Para hablar de *ella* y de *nosotros* como identidades históricas que se deben examinar desde la dinámica de contagios y relecturas que ocasionan, *Santa Evita* pone en práctica esta nueva modalidad de pensar la historia desde el espacio de la ficción. La novela ya no es un duelo de versiones, sino un intrincado y tupido "tejido de versiones" (165) que se releen y reescriben sin cesar. Éste es otro significado de la última frase de la novela, "Ahora tengo que escribir otra vez" (391). No es cierto que este enunciado corte las alas de la mariposa –la historia del cadáver y la biografía– para anclar el cierre abierto de la novela únicamente en su tronco, la autoficción (Bleton 2000: 146). Tomada de "Mi mensaje", la frase nos devuelve al espacio mítico de Eva, de su muerte y su destino posterior, no menos mítico. Es cierto, sin embargo, que recontextualizada en la novela "Ahora tengo que escribir otra vez" subraya la lucha del escritor con la escritura (Bleton 146), la imposible tarea de entre-tejer las versiones de *ella* y de *nosotros* de manera que permita descubrir entre los tejidos visibles, los espacios invisibles de lo múltiple, lo heterogéneo y lo otro. Ahora bien, dado que el diálogo con la historia es ahora un diálogo con la cultura (Martínez 1998: 353), el tejido no sólo entrelaza distintas versiones (relatos, historias), sino también una plétora de discursos y registros genéricos.

El cuerpo de la nación, el cuerpo de la novela

La indeterminación genérica no es tan sólo una característica de *Santa Evita*, sino en general de la obra de Martínez, cuyos textos "se resisten a encajar en los parámetros de género hasta hoy consagrados" (Mattos 2006: 7). Lo que distingue a *Santa Evita* es la intensidad y la extensión de esta con-fusión de géneros y modos discursivos que se intersectan o entretejen creando diálogos o cortocircuitos. El significado de esta técnica es múltiple: para Gwendolyn Díaz, es un procedimiento posmoderno que caracteriza la metaficción historiográfica "and leads to a less factual, but possibly more authentic interpretation of reality" (2003: 189); para María Griselda Zuffi, la hibridez genérica "refleja una crisis de la autoridad" (1998: 871). Es también una manera de trasladar la imagen de la realidad a la forma. En *Santa Evita* la realidad histórica se escribe "desde una frontera genérica, desde cierto margen u orilla de géneros donde todo se mezcla" (Martínez, cit. en Zuffi 1998: 871). Esta hibridez vincula la novela de Martínez con reflexiones acerca de la relación entre el género literario y la ideología, desarrolladas en el marco de la teoría literaria y los estudios culturales. Jameson considera el género literario como un código o un lenguaje codificado que es "immanently and intrinsically an ideology in its own right" (1981: 141). Se trata de una ideología "defensora" de lo establecido y "puro", comparada por Edward Said con "staying inside rigidly policed borders" (1985: 43). Dado el carácter normativo del género, el nuevo concepto o la nueva percepción de las identidades nacionales o culturales como espacios heterogéneos implica, según observa Néstor García Canclini, la necesidad de reelaborar los códigos y formas narrativos:

> Si concebimos las naciones como escenarios multideterminados, donde diversos sistemas simbólicos se intersectan y se interpenetran, la pregunta es qué tipos de literatura, cine y televisión pueden narrar la heterogeneidad y la coexistencia de varios códigos en un mismo grupo y hasta en un mismo sujeto (1995: 13).

Surgida en la época de los cambios señalados por el autor de la cita, la reciente novela histórica latinoamericana articula esta nueva circunstancia social y cultural fusionando en su marco distintas variantes del discurso histórico (crónica, autobiografía, biografía, historia) con variedad de formas y géneros literarios o artísticos, como lo muestran los capítulos anteriores. En *Santa Evita*, donde el cruce de géneros es un mecanismo de reelaboración de una compleja realidad histórica, la hibridez es llevada al extremo: la novela se construye como un cuerpo híbrido o un "monstruo" literario de mil cabezas.

La fusión de varios géneros o modos discursivos en el espacio narrativo puede compararse con el procedimiento de montaje o el *bricolage*, que presupone un trabajo con una multiplicidad de elementos heterogéneos preexistentes (Lévi-Strauss 1966: 16-36) y cuya forma fue interpretada por Derrida como una crítica del lenguaje o como el lenguaje crítico mismo (1967: 418)[35]. Aunque el andamiaje genérico de *Santa Evita* es la variante contemporánea –ya en sí una reescritura– de la novela histórica, el autor se comporta como un *bricoleur* y construye su novela con profusión de géneros y discursos que contribuyen a configurar el múltiple y contradictorio "cuerpo de la nación"[36]. Entre diversos cruces genéricos presentes en *Santa*

---

[35] "Le bricoleur, dit Lévi-Strauss, est celui qui utilise 'les moyens du bord', c'est à dire les instruments qu'il trouve à sa disposition autour de lui, qui sont déjà là, qui n'étaient spécialement conçus en vue de l'opération à laquelle on essaie par tâtonnements de les adopter, n'hésitant pas à en changer chaque fois que cela paraît nécessaire, à en essayer plusieurs à la fois, même si leur origine et leur forme sont hétérogènes, etc. Il y a donc une critique du langage dans la forme du bricolage et on a même pu dire que le bricolage était le langague critique lui-même ..." (1967: 418).

[36] Tomás Eloy Martínez ha contestado numerosas veces el término "nueva novela histórica" empleado con respecto a sus obras, dando preferencia a rótulos más descriptivos como "ficción sobre la historia". La negación del apelativo genérico se basa, sin embargo, en una confusión –voluntaria o no– entre la novela histórica tradicional y la

Evita resalta la relación con el periodismo, una característica que la novela de Martínez comparte con *Castigo divino* de Sergio Ramírez. Por un lado, esta presencia subraya el nexo entre la historia y los medios masivos de comunicación; por el otro, las técnicas del periodismo confieren la verosimilitud en este texto de ficción que relata una historia de locuras y desvaríos nacionales. Martínez declara haber adoptado en *Santa Evita* la estrategia opuesta a la de la novela de no-ficción: en vez de utilizar dispositivos literarios para narrar hechos reales, se vale de las técnicas periodísticas para escribir una novela.

La importancia del periodismo es subrayada por medio de las referencias intertextuales a periódicos y revistas argentinos de variadas posiciones ideológicas, como *Democracia, Clarín, La Razón, Mundo Peronista, El Trabajo, Sur, Así, Gente* y *Sintonía*, y a través de los recortes de la prensa, auténticos o inventados, que se insertan en la narración y reproducen el lenguaje reporteril. Las alusiones a los títulos, junto con las imitaciones o reproducciones del lenguaje periodístico, vinculan la novela con el sistema de información que, pese a todos sus tropiezos y frecuentes lazos con las prácticas represivas del Estado, se asocia con la referencialidad legitimadora y la veracidad.

El narrador subraya sin cesar estas cualidades del periodismo al exponer las minucias de su investigación: traza los pasos y las etapas de la búsqueda, nombra a sus informantes, precisa cuando y en qué circunstancias los entrevistó, da a conocer cómo consiguió cierta información o algunos documentos, detalla los materiales que se le entregaron y describe en qué forma los guardó:

> A fines de 1959 transcribí los monólogos de Alcaraz ..., y se los llevé para que los revisara (85).

> ¿Alguien querrá oír, de todos modos, cómo sé lo que estoy narrando? Es fácil de enumerar: lo sé por la entrevista que tuve con la viuda del Coronel el 15

---

nueva novela histórica. Es decir, Martínez contesta el término de "nueva novela histórica" aplicado a sus textos argumentando que ellos no presentan las características de novelas históricas tradicionales. Por ejemplo: "*La novela de Perón* y *Santa Evita* son novelas absolutamente impuras, porque contienen fragmentos de guiones, mezclas de géneros deliberadas, en fin, no entran para nada dentro de la tradición de las novelas históricas, que, por lo general, son lineales"; o "son novelas tejidas sobre el bastidor de la historia, de ciertos personajes históricos, pero no pretenden una reconstrucción prolija o fiel de los hechos" (2002: 3). Creo no equivocarme al asegurar que todos los críticos dirían que el autor, al describir así sus novelas, habla de los rasgos de la nueva novela histórica.

de junio de 1991; lo sé por mis largas conversaciones con Aldo Cifuentes en julio de 1985 y marzo de 1988 (144).

> Lo que narra este capítulo se funda exclusivamente en mis diálogos con él [Cifuentes] (siete cassettes de una hora cada uno) (146).

> Cito ahora, casi al pie de la letra, el relato de Cifuentes, quien a su vez me repitió el relato que el Coronel le había hecho veinte años antes. Cito también algunas de las fichas que me mostró Cifuentes y sus apuntes en un cuaderno Rivadavia (147).

Las fichas, cintas, apuntes y cuadernos que imitan la documentación histórica, la descripción de la investigación desde dentro, las notas a pie de página que revelan fuentes o eliminan dudas, constituyen el aparato legitimador de un supuesto discurso referencial que pretende situarse en el universo de la historia porque parece copiar la realidad.

Ahora bien, al igual que en *Castigo divino*, el recurso de las técnicas del periodismo en *Santa Evita* va a la par con una constante problematización de las mismas, como si la novela se propusiera "ilustrar" el argumento de Hutcheon sobre la contradicción inherente al posmodernismo o sus dispositivos representacionales (1988: 23). Este cuestionamiento excede la expansiva subjetividad o la autorreflexión que desdibujan el tejido referencial del discurso periodístico, y toma forma de desplazamientos. Uno de ellos, apreciable en la textura intertextual de la novela, se efectúa entre la historia y la literatura o los discursos culturales, coincidiendo con el postulado posestructuralista del desvanecimiento de esta dicotomía. Es notorio que, después de amasar tanta documentación, Martínez construya a Evita –un personaje histórico– recurriendo menos a la historia y sus textos, y más a la literatura y otros sistemas culturales de signos (el cine, la radio, la canción argentina). Como dijo Lévi Strauss: "[H]istory may lead to anything, provided you can get out of it" (1966: 262); en *Santa Evita*, Martínez inventa lo histórico al margen de la historia. Al igual que lo que ocurre con Eva y su cuerpo, las posibles verdades de la historia se hallan también fuera de los límites demarcados por el discurso histórico, en la memoria y el sistema cultural de una colectividad, y en el mundo de ficción que se imagina cómo las cosas podrían haber sido. Un ejemplo obvio de este contagio entre historia y literatura es el hecho de que *Santa Evita*, una novela que "investiga" sucesos históricos –el secuestro militar del cuerpo de Evita, su desaparición, el papel de Moori Koenig–, ostente "Esa mujer", un cuento, como su pre-texto. Ahora bien, la viuda del coronel Moori Koenig, entrevistada por el narrador-personaje Martínez, afirma que "Lo de Walsh no es un cuento ... Sucedió" (57);

Walsh, también personaje en *Santa Evita*, rectifica: "Cuando escribí 'Esa mujer' me puse *fuera* de la historia. Ya escribí *un cuento*" (305-306; el énfasis es añadido). La línea divisoria entre ficción e historia se diluye en este juego de referencias intertextuales de una clara resonancia borgeana.

Un caso parecido de subversión del binomio historia/ficción se da en el poema "El cadáver de la nación" de Perlongher. En el capítulo siete, el narrador cita el inventario de las cosas que los militares hallaron en el segundo piso de la CGT la noche del secuestro del cuerpo de Evita. Una de las entradas es "una libreta con anotaciones manuscritas, que se atribuyen al doctor Pedro Ara. Consta de catorce hojas. Sólo se han podido descifrar las siguientes oraciones" (162). Lo que sigue es la transcripción de pedazos de las oraciones atribuidas a Ara. Todo esto tiene apariencia de un documento, fiel y rigurosamente copiado y registrado. Sin embargo, al pie de la página se lee una nota que consta: "En el inventario original, las frases seguían el orden de las hojas. Néstor Perlongher las reagrupó hacia 1989 y las incluyó en la segunda parte de su poema 'El cadáver de la nación', dedicado a Evita" (163). Esta anotación activa una dialéctica entre lo que parece ser un componente histórico y documental y la literatura. Una pregunta se hace inevitable: ¿cuál es la "verdadera" sucesión de las alusiones textuales? ¿Fue el "documento" o el poema la "fuente" en que se basa el autor? Las comillas que acompañan la palabra *documento* señalan la confusión que este juego produce en las actividades interpretativas del lector. ¿Qué es historia?, ¿qué es ficción?, parecen interrogarse los personajes y el narrador de la novela. *Santa Evita* materializa esta pregunta pero no provee una respuesta clara, porque "lo histórico no es siempre histórico" (65) y la historia "no se construye con realidades sino con sueños" (176). Los intertextos literarios conectan historia y literatura, señalando que todo intento de separación es un contrasentido y una mutilación, porque como campos discursivos se alimentan mutuamente: la historia condiciona la cultura, mientras que la cultura registra y, a veces, también cambia los derroteros de la historia.

El desmantelamiento del viejo binomio no sólo contamina el espacio de la historia con los elementos literarios y culturales, sino que hace posible configurar lo histórico a partir del "material" literario: "Si la historia es –como parece– otro de los géneros literarios, ¿por qué privarla de la imaginación, el desaliño, la indelicadeza, la exageración y la derrota que son la materia prima sin la cual no se concibe la literatura?" (146). La cita introduce el segundo tipo de desplazamiento que, definido por Gutiérrez Mouat como "el pasaje entre la repetición icónica y la repetición fantasmática" (1997: 329), permite inventar la realidad o "[copiar] inventando" (1997: 330). La escritura basada en la repetición fantasmática, productora de simulacros, es una "narración a contrapelo" que desescribe la escritura basada en la repetición icónica (la documental, periodística, histórica que produce copias) y permite "la materialización de lo fantasmático, del deseo, de la fe" (1997: 331). El relato fantasmático de exceso y artificio frustra la dimensión documentalizada de la novela histórica abriendo un espacio narrativo para el desvarío, la locura y la insensatez del simulacro argentino.

Es este espacio que se apoya en una impresionante mixtura de géneros populares o bajos, según una terminología ya claudicada, entrecruzados con los géneros históricos (la [auto]biografía, el reportaje): cartas, libretos de cine, la ópera, el radioteatro, el relato de enigma y policial, la novela de aventuras, la novela gótica, el cuento de terror, el romance, el folletín, y sobre todo, el melodrama en su versión popular y escatológica[37]: hechizo y maleficios, equívocos, "hombres abrazados que lloran a la amada muerta", "lágrimas y semen" (Román y Santamarina 2000: 54), triángulos amorosos con un cadáver de por medio, una esposa asesinada, llamadas misteriosas, voces, efluvios, velas que siguen al cadáver, incendios. En definitiva, la historia argentina narrada en *Santa Evita* es impúdica y estrepitosa. Este laberinto histórico-genérico se articula, además, en un lenguaje que Mario Vargas Llosa describe como un fascinante ejercicio pirotécnico con "los excesos sensibleros, las insolencias melodramáticas, las metáforas modernistas y los chantajes sentimentales al lector" (1995: 14). Todo este caudal, desbordante y excesivo, de recursos de la expresión popular que muchos han comparado con las tretas del realismo mágico (he aquí otra semejanza con *Castigo divino*), se codea, sin embargo, con serias disquisiciones epistemológicas y estéticas del autor acerca de la historia, la memoria, la identidad y la representación, desde las que trascienden las voces distinguidas y espirituales (y también nórdicas) de un Walter Benjamin, Roland Barthes, Claude Lévi-Strauss o Hayden White.

Este cruce de códigos, esta mixtura de una colección sentimental y sensiblera de "tarjetas postales" con un culto, intelectual y recatado archivo literario y teórico, acorta la tradicional y amputadora distancia entre dos distintos campos sociales y culturales y dos modos diferentes de acercarse a los "espacios inexplicables" de la historia y la realidad: la Historia se desliza hacia el cuerpo, el deseo y la subjetividad; la racionalidad hacia la locura y el desvarío; lo verdadero hacia lo inverosímil y viceversa; el Texto hacia los textos, el pudor hacia el exceso, la mismidad del *yo* y del *nosotros* hacia la

---

[37] Para un convincente análisis de *Santa Evita* como una forma –la necrografía antifundacional– del melodrama escatológico, véase Intersimone (2005: 128-160).

otredad de *ella*. En *Santa Evita* las fronteras entre los espacios previamente separados se diluyen articulando la heterogeneidad del cuerpo histórico e identitario –*ella, yo, nosotros*– que la novela reelabora. El cuerpo de este texto, al igual que el cuerpo de Evita y el cuerpo de la nación argentina, se construye plural y contradictorio; desde él, un escritor argentino dialoga con "las sombras terribles" de su tradición.

PROPOSICIONES EN LUGAR DE CONCLUSIONES

> Sólo la ficción sabe, sólo la imaginación puede tocar, con la punta de los dedos, un retazo de verdad.
>
> DANTE LIANO, *El misterio de San Andrés*

> La ficción y la historia se escriben para corregir el porvenir.
>
> TOMÁS ELOY MARTÍNEZ, *El sueño argentino*

> ... encender en lo pasado la chispa de la esperanza ...
>
> WALTER BENJAMIN

Esta exploración de la nueva novela histórica como un *locus* latinoamericano de reflexión acerca de la historia y del pensamiento posmoderno sobre la historia se ha iniciado con un recorrido teórico que evidencia, en su primera fase, que las teorías literarias o culturales tienden a generalizar y presentar las condiciones propias del lugar de su elaboración como una realidad universal; para los autores, *su* mundo se construye como *el* mundo en un proceso que suprime la lógica diferenciadora de las realidades locales. Así, Jameson, Vattimo, Baudrillard y Eagleton, aunque en principio conscientes de la posicionalidad desde la que dictaminan sus juicios sobre la sociedad contemporánea, elaboran una visión de la posmodernidad alrededor de un *nosotros* apenas (o no) problematizado, como si este *nosotros* y el (resto del) *mundo* crearan un *continuum*. La nivelación de diferencias –irónica en una teoría que se construye sobre la abolición de los grandes relatos de la modernidad– produce un *efecto* de universalidad: pareciera que la condición posmoderna de este *nosotros* fuera global y general, y que las teorías de cultura e historia ancladas en ella pudiesen extenderse al (resto del) *mundo*. En su concepción, la posmodernidad adviene como el fin de la modernidad, en tanto un proyecto de la emancipación, y es dentro de esta coyuntura ontológico-epistemológica, caracterizada por el desencanto, el descreimiento y la relativización, que se enuncia y anuncia el fin de la historia en sus múltiples y complementarias variantes: el de la historicidad (Jameson, Vattimo), el de la historia entendida como apuesta y cambio (Baudrillard y Vattimo), el de la historiografía (Vattimo, Jenkins) y hasta de la ficción historiográfica (Jameson) que no produce sino un pastiche nostálgico de un pasado perdido.

Ahora bien, la época posmoderna es también la era de la globalización. Todo viaja, se desplaza o se exporta, sin límites y a un nivel antes desconocido: la gente y las mercancías, las noticias y la información, el capital y el trabajo, la ciencia y la tecnología, las guerras y las enfermedades y, también, las ideas y las teorías. La dirección de los viajes teóricos suele ser univectorial: del centro que engendra el pensamiento hacia diferentes espacios más o menos periféricos. Según explica Said, estas relocalizaciones de los modelos teóricos transforman la teoría porque la confrontación con un conjunto de condiciones histórico-socio-culturales diferentes de las del punto de origen, o sea, la recontextualización conduce a una relectura y reescritura que incluye tanto la aceptación y la adaptación como el conflicto y la resistencia. La globalización no es, sostiene Gutiérrez Mouat, "a juggernaut that levels everything ... localities integrate themselves into the global through accomodation and conflict" (2001: 123). El encuentro de las teorías activa un proceso de *negociación* entre lo global y lo local que somete la teoría hegemónica a lo que Silviano Santiago llamó "una meditação silenciosa e traicionera" (1978: 22) condicionada por la experiencia local. El resultado de esta dialéctica teórica es un *entre-lugar* teórico o una *teoría híbrida* que es una relectura y reescritura, o una des- y rearticulación, del modelo.

Como he mostrado en el primer capítulo, el pensamiento latinoamericano acerca de la posmodernidad, moldeado en una polémica entre propuestas teóricas locales y la teoría de la posmodernidad producida en los centros (los Estados Unidos y Europa), es justamente una *teoría híbrida*, de claro cuño poscolonial, que aprovecha algunas de las categorías teórico-conceptuales del modelo, pero las replantea en confrontación con los códigos y situaciones determinados por la zona latinoamericana de experiencia. En palabras de Ticio Escobar, ante la posmodernidad formulada por el sistema hegemónico, el discurso crítico latinoamericano adopta la postura (practicada también en las épocas anteriores) de un "saludable oportunismo" que consiste en "interceptar [lo ajeno] y seleccionar lo que sirve a los proyectos propios. Y si es necesario, tergiversarlo para que pueda adaptarse a estos proyectos" (1988: 14). Desde la perspectiva regional latinoamericana, la posmodernidad no se define como el fin de la modernidad, sino como una crítica general a una modernidad que se considera incompleta o inconclusa, que "ha dejado cabos sueltos por todos lados" (Escobar 1988: 15). Esta óptica, compartida con la teoría poscolonial (Mignolo 1995: 92), determina, a su vez, las reflexiones teóricas acerca de la historia, cuya muerte ha declarado el centro detenido en su propio impulso progresista por el presente inmóvil de la democracia neoliberal de mercado. Dado que "la historia de América Latina [todavía] no termina de hacerse" (Ramírez 1998-1999: 6), admitir la muerte de la historia como proceso equivaldría a aceptar las carencias y convulsiones del presente como un estado permanente, o tener la inmovilidad desencantada de los espacios hegemónicos como la única opción para el futuro. Aprobar la idea de la muerte de la historia como discurso/relato sobre el pasado, sería negar la posibilidad de "descubrir flancos ocultos de realidad que la hagan transformable" y, con esto, de "imaginar ... otros tiempos" (Escobar 1988: 16); sería también condenar al silencio a los grupos, sectores y pueblos que todavía no han podido contar su historia o no han sido escuchados. Retomando la idea de la negociación con los discursos teóricos dominantes y la propuesta de la práctica crítica enunciada por Escobar, es posible postular que el pensamiento latinoamericano tergiversa entonces el concepto de la muerte de la historia, transformándola en una crisis, una noción ambigua que abre un espacio para maniobras teóricas y epistemológicas. Una crisis puede concebirse en términos apocalípticos y negativos (lo cual equivaldría a la muerte) que llevan a la pasividad, o, siguiendo la pauta de Jitrik comentada en la introducción, como un momento o concepto productor que activa las búsquedas de una solución (1995: 19-20), es decir, inscribe en sí una posibilidad de cambio, transformación, reforma o, por lo menos, un pensamiento crítico. Si la posmodernidad latinoamericana, formulada en términos de heterogeneidad constitutiva, cuestiona a través de esta formulación las tendencias uniformadoras de la razón instrumental moderna y busca maneras nuevas de pensar la realidad latinoamericana, entonces la crisis de la historia significa la problematización de sus "relatos omnicomprensivos" y la exploración de las discontinuidades, brechas, vacíos e intersecciones que estos relatos "exclu[ían] o supera[ban] para constituirse" (García Canclini 1990: 23).

En el marco de esta crisis de lo histórico teorizada desde la posmodernidad latinoamericana cabe entonces "una muerte", pero esta muerte es indispensable y hasta fundacional, porque sin ella la reelaboración crítica de la historia no puede realizarse. Muere la Historia como este proyecto omnicomprensivo y uniformador que universaliza y homogeneiza el pasado en un solo patrón interpretativo. Es el modelo histórico creado por la cultura occidental moderna, erigido en arquetipo universal, asociado por Benjamin en su "Tesis de filosofía de la historia" con la historia de los vencedores, porque "only from [the victors'] point of view does the historical process appear to be unitary one which can be described as rational and consequential. ... The victors are the ones who control history, preserving in it only what fits the image of history that they have created in order to legitimate their own power" (Vattimo 1988: 9). Al servicio del Estado-nación y el Poder que lo representa, esta Historia se asienta en un solo Centro de producción de significados, no reconoce posicionalidades, cree en la re-construcción objetiva e ideológicamente neutral del pasado, se ancla en la noción de Verdad como absoluto, y no concibe otros discursos sobre realidades/ mundos pretéritos sino la historiografía. Para el historiador francés Philippe Ariès, este tipo de Historia coloniza el pasado, subsumiendo su diversidad al proyecto unitario (Hutton 1993: 97).

No se trata, por consiguiente, de la muerte de *la* historia, sino de la muerte de *una* Historia o, más bien, de un modelo histórico. Curiosamente, para Vattimo la disolución de la Historia como proyecto unitario, es decir, su subsecuente diseminación en "different histories or different levels and ways of reconstructing the past in the collective consciousness and imagination" (1988: 9) equivale al fin de la historia: "If there is no unitary and privileged history ..., then is difficult to see to just what extent the dissolution of history ... does not also constitute an end to history as such" (1988: 9). Esto implicaría una orientación crítica bastante conservadora que defiende un solo modelo de la historia y si éste deja de existir, entonces la Historia como tal se extingue. Esta posición coincide, por lo demás, con la de otros teóricos de la posmodernidad metropolitana, para quienes el fin de un formato de lo histórico (la historia como apuesta para Baudrillard o la historia como un proceso de emancipación formulado en términos marxistas, para Jameson y Eagleton) parece coincidir con o equivaler a su fin definitivo.

La nueva novela histórica latinoamericana participa de la *negociación teórica* instaurada en el pensamiento latinoamericano acerca de la posmodernidad, colocando en el centro de su poética y política la noción de crisis de la historia. Vista desde esta perspectiva, esta novelística no cancela la historia convirtiéndola en escenarios *retro* o fantasías desideologizadas, sino que aprovecha su crisis para redefinir sus espacios y fronteras, sus sujetos y objetos, al igual que sus procedimientos discursivos. Construye *historias híbridas* que representan tanto el concepto mismo de la ficción sobre la historia como una forma o una propuesta para pensar o imaginar la nueva (posmoderna y, a la vez, poscolonial) manera de *hacer historia(s)* en y desde América Latina. La reciente novela histórica latinoamericana no habla directamente de la muerte de la Historia omnicomprensiva. No hay duelo, no hay lamento por "la finada", aunque esta muerte siempre constituye un lejano telón de fondo contra el cual se proyecta(n) la otra historia o las otras historias, relatadas y construidas en *historias híbridas* exploradas en este estudio. Su apuesta latinoamericana por la historia se inicia, entonces, en el punto en que termina, o se agota, la reflexión del posmodernismo dominante. La muerte de una historia abre espacio para otras.

En cierta consonancia con las tendencias renovadoras de la historiografía contemporánea comentadas en el primer capítulo, pero siempre con la mirada puesta en la condición local latinoamericana, las novelas estudiadas imaginan una historia plural o en el plural, que diversifica y descoloniza el imaginario histórico controlado antes por los vencedores. Inscribe los márgenes y la otredad, explora la heterogeneidad pasada inscrita todavía en el presente, recupera los silencios, lucha contra el olvido institucionalizado, se interesa por lo nimio y lo intrascendente en la historia. Reconoce abiertamente la posicionalidad de toda enunciación histórica y la fragilidad de toda verdad, que ya no es un absoluto sino un horizonte. Las novelas de Aridjis, Baccino, Iparraguirre, Poniatowska, Ramírez y Martínez crean un espacio histórico abierto a pulsiones y presencias marginadas, silenciadas o descuidadas; se imaginan una historia plural y heterogénea, minando así la credibilidad de toda palabra dogmática. He optado por referirme a sus novelas como *historias híbridas* porque esta nueva manera de pensar la H/historia, que es también una nueva forma de concebir la sociedad, se articula en narraciones ficcionales en las que el espacio y el discurso histórico se desinstitucionalizan y se diversifican mediante la hibridización, es decir, la disolución de los límites temáticos, discursivos y genéricos entre lo histórico y lo no-histórico (o entre lo Histórico con mayúscula y lo histórico con minúscula), lo culto y lo popular/masivo, lo global (la teoría) y lo local (la experiencia). La hibridez del universo ficcional construido en las novelas postula una historia híbrida.

La forma más evidente de la hibridación del espacio y discurso histórico se realiza en el nivel temático del relato. Las novelas amplían la noción del espacio histórico incorporando acontecimientos y/o personajes que desplazan los límites y reorganizan el interior de lo que la tradición consideraba como historia. *1492*, *Maluco*, *La tierra del fuego* y *Tinísima* inscriben a los personajes marginados y/o silenciados, excluidos de la esfera pública y oficial donde se solía "hacer" la historia[1]. En *1492*, la memoria vivida, presentada por un "otro" religioso –un judío converso– desde su perspectiva de

---

[1] Me refiero aquí al doble significado que Michel de Certeau otorga a la expresión *faire de l'histoire* (1975). Dado que en francés, como en español, la palabra "historia" remite a la vez a los acontecimientos verificables y ocurridos en el pasado y al relato que los describe, *faire de l'histoire* o *hacer la historia* puede significar tanto actuar como escribir o narrar. Para los marginados, es imprescindible participar en ambas maneras de "hacer la historia".

exclusión y persecución, reescribe los orígenes monumentales (1492) de la historia española y constituye una grieta que fractura la pantalla de la historia nacional, la oficial y celebrada. En *Maluco*, Baccino Ponce de León da voz a una figura que representa tanto las masas anónimas que hacen la historia sin gozar de los beneficios de la gloria histórica (un miembro de la flota encarnado en el personaje del bufón de Magallanes) como a los seres marginados (un converso enano y contrahecho); su relato reescribe la Historia de grandes hazañas en términos de una vivencia personal, que devalúa lo que esta Historia valora, mientras enfatiza historias secretas o silenciadas. En *La tierra del fuego*, un narrador de identidad híbrida situado en los márgenes de la nación, entreteje el relato de su propia experiencia con la historia de un indígena fueguino, representante de una cultura exterminada por los colonos blancos a finales del siglo XIX, cuestionando así el proyecto nacional argentino. La protagonista de *Tinísima* es una mujer, relegada al margen no sólo por su género sexual, sino también por su profesión (artista), su nacionalidad y su ideología (comunista y liberada). Al negociar un lugar para ella, Poniatowska diluye la oposición entre lo público y lo privado, postulando que lo privado (el amor, la pasión sexual, el cuerpo, el recuerdo, las esperanzas y las desilusiones, la profesión, el carácter) configura lo público y viceversa. En todos los casos, la inclusión del personaje marginado redimensiona el espacio histórico creando una realidad híbrida (H/historia) en la que los lugares privilegiados de la historia (los orígenes nacionales, el descubrimiento y la conquista, la Revolución Rusa y la Guerra Civil española) se entrecruzan con historias personales y visiones periféricas.

Castigo divino y *Santa Evita* presentan otro mecanismo de la hibridación del espacio de la historia. En la novela de Ramírez, un *fait divers* –un crimen pasional o una falsa acusación– es elevado a la categoría de hecho histórico. La novela no sólo cuestiona la noción de acontecimiento postulando que una realidad mezquina y sensacionalista es también parte de la historia e, incluso, un significante histórico; sugiere a la vez que existe una (posible) relación entre la historia y el crimen. Al hacer de una investigación forense el centro del relato, Ramírez juega abiertamente con la ambigüedad entre la historia de un crimen y un crimen de la historia. La reelaboración adquiere un matiz particular en *Santa Evita* donde la presencia inquietante del cuerpo –real e imaginario– de Eva Perón domina el espacio histórico. La narración comienza en el punto donde un relato historiográfico tradicional termina: la muerte del personaje. Este desafío a la historia que venera a sus muertos, atrapándolos en un silencio protector o silenciador, resquebraja en la novela todos los límites de lo histórico. Al mismo tiempo, al narrar la obsesión personal y colectiva con el cuerpo del personaje, la novela resignifica el cuerpo de la nación argentina como una realidad heterogénea y compleja.

Llama la atención el desplazamiento de la historia nacional, entendida como un proyecto legitimador, que las *historias híbridas* sitúan en los márgenes o incluso fuera del relato. En *1492* y *La tierra del fuego*, la historia nacional constituye, literalmente, la periferia; en *Maluco*, el proyecto de España como imperio se carnavaliza en términos de una empresa culinaria; en *Castigo divino*, los personajes centrales de la historia nacional actúan en el fondo del relato en cuyo centro se desarrolla el juicio que expone su criminalidad; en *Tinísima*, la "historia nacional" se revela imposible porque la protagonista es un ser inter-nacional, ciudadana del mundo que sin cesar cruza las fronteras; en *Santa Evita* la pasión, la obsesión y el exceso invaden impúdicamente la recatada y racional "argentinidad" del *nosotros* nacional que se creía único (en varios sentidos de la palabra). La narración se desliga de lo nacional y lo universal, mientras que resalta lo individual y lo particular o singular en la H/historia, algo que es difícil de subsumir en algún tipo de metarrelato. Este cambio de enfoque, en concordancia con las tendencias historiográficas recientes (Acuña Ortega 1995: 52-57), libera el espacio para "descubrir flancos oscuros de la realidad que la hagan transformable" (Escobar 1988: 16). *1492* inscribe una memoria vivida que desoculta el lado tenebroso de la historia celebrada; el narrador de *Maluco* restablece la presencia de seres cuyas huellas se pierden en un archivo inaccesible; a Jack Guevara le interesa lo que está detrás de los hechos; Poniatowska cuenta una historia que va más allá de la imagen conocida de su protagonista como fotógrafa; *Castigo divino* relata "la historia escondida de Nicaragua", mientras que el narrador en *Santa Evita* procura "recuperar otro relato del pasado" (Martínez 1998: 356).

Ahora bien, el análisis de las obras evidencia que la hibridación del espacio histórico se realiza también mediante la disolución de los límites genéricos y fusión de diversas formas discursivas que producen textos híbridos. A lo largo de este trabajo se ha señalado varias veces que el género literario *novela histórica* es en sí un mensaje social e ideológico asociado con la cultura erudita y el canon literario y que la reescritura de sus convenciones participa en el proceso de resignificación no sólo de la historia, sino también de la visión/concepto de las sociedades contemporáneas. La construcción de las historias híbridas (H/historias), la cual radicaliza la diversificación genérica y discursiva explorada desde el Boom, implica el renunciamiento a la pureza y la búsqueda de estrategias narrativas que connoten la heterogeneidad, tanto en el pasado de las historias relatadas como en el presente del relator.

La intensificación de la inicial impureza de la novela histórica, cuyo registro genérico presupone un encuentro oximorónico entre ficción e historia, es un rasgo sobresaliente de las novelas estudiadas, aunque se realiza con una magnitud variada. Es menos radical en *Tinísima* y *Maluco* donde la novela histórica se combina con otros géneros relacionados con la historiografía: la biografía y la crónica del viaje. Sin embargo, las dos novelas subrayan su compromiso con la heterogeneidad poniendo en tela de juicio los principales mecanismos de representación de estos géneros, es decir, entablando con ellos el proceso de *negociación*, parecido al que la teoría posmoderna latinoamericana emprende con los modelos dominantes, cuyo resultado es un *entre-lugar* discursivo. En cuanto a *Tinísima*, cabe recordar también la incorporación del elemento visual. La inclusión en el texto de las fotos de Tina Modotti y las de otros fotógrafos de la época rompe con las convenciones del texto histórico (o biográfico), donde éstas se usan únicamente como documento que ilustra y comprueba la veracidad de la información. En la novela de Poniatowska, las fotos constituyen un componente que reta el sistema de representación sugiriendo la necesidad de concebirla y practicarla como un proceso heterogéneo. En *Maluco*, Napoleón Baccino Ponce de León resquebraja la seriedad del discurso de las crónicas a través de la risa e irreverencia que cuestionan el anquilosamiento del discurso histórico y descubren la historia como un espacio risible. La diversidad genérica y discursiva se acentúa en *1492* y *La tierra del fuego*. En la novela de Aridjis, la memoria vivida se inscribe sobre una armazón que incluye varios géneros "históricos", como la memoria, la crónica y el testimonio, pero se apoya también en la autoficción, la novela picaresca y la literatura bufonesca, todo esto envuelto en un poderoso halo lírico que traiciona al gran poeta que es el autor de esta novela. *La tierra del fuego* es una carta, una memoria, un relato de viajeros, un relato de mar, una narración etnográfica, pero también una novela de aventuras, un *Bildungsroman* y una autoficción, en la que el narrador híbrido –un gaucho-marinero letrado, inglés y argentino– desdibuja las fronteras entre un *yo* y un otro postulando la escritura como exploración de la indeterminación identitaria. El hecho de que la mayoría de estos relatos se construyan en forma de autoficción apunta a la importancia de las perspectivas subjetivas, personales, los pequeños relatos que conforman un lugar de resistencia ante las pretensiones fundacionales y esencialistas de las metanarrativas.

La hibridación llega a su paroxismo en *Castigo divino* y *Santa Evita* donde el marco genérico de la novela histórica estalla bajo la invasión de otros géneros, tanto los cultos como los populares y los masivos. En la novela de Ramírez algunos componentes de la novela histórica se combinan con el relato detectivesco o policial y otros géneros de la cultura popular, tales como el folletín, el melodrama, la crónica social, la novela rosa, todos ellos sometidos además al recurso revitalizador de la parodia. Sobre esta mixtura genérica se imprime, adicionalmente, una variedad de discursos: la jerga forense y jurídica, el lenguaje científico-médico, el *kitsch* de la prensa amarillista, las sensiblerías del modernismo decadente. Esta fusión realza, en el nivel formal, la resignificación del espacio histórico que se realiza en el nivel temático (el crimen como un suceso histórico y la criminalidad de la historia dirigida por una burguesía decadente) y apunta, a la vez, hacia la heterogeneidad posmoderna que conjuga lo culto (el discurso histórico) y lo popular (los géneros de la cultura de masas). De modo similar, Tomás Eloy Martínez explora y explota una multitud de formas discursivas en *Santa Evita*. Sobre el andamio de la novela histórica se enganchan la biografía, la autobiografía, el discurso periodístico, el ensayo, el cuento, la poesía, la teoría literaria, el cine, la novela detectivesca, la radionovela, el melodrama y el folletín. También el lenguaje atraviesa una variedad de registros: la seriedad de la teoría, el tecnicismo del periodismo, la subjetividad de la confidencia y la sensiblería del melodrama. El desvanecimiento de los bordes genéricos y la diversidad de los discursos señalan el rechazo de una escritura limitada de y a la historia, y el deseo de articular un discurso plural capaz de conjurar la heterogeneidad del cuerpo nacional que la novela resignifica.

La estructura de estas novelas históricas revela también múltiples estrategias que hacen estallar la uniformidad del pasado insistiendo en discontinuidades e intersecciones: el recurso del presente verbal como modo de significar el carácter abierto e inconcluso de los procesos históricos, la imbricación del pasado y el presente que produce un contrapunteo temporal, el juego de focalizaciones que multiplica las perspectivas, la proliferación de voces narrativas en varios niveles del relato y las contradicciones de visiones/versiones que resultan de ello. Además, los autores de las *historias híbridas* recurren con profusión a todas las técnicas asociadas generalmente con el discurso posmoderno (y, en el discurso crítico latinoamericano, con la nueva novela histórica, en general), como la metaficción, la intertextualidad y la parodia. La primera introduce otro sentido de hibridez, porque gracias a ella las novelas conjugan la historia contada y la historia del contar. Las dos últimas significan la apertura a otros discursos, textos, modelos, o sea, una hibridación textual. Sin embargo, estos procedimientos "no constituyen ... los simples recursos de una época agotada en su creatividad" (Kozak Rovero 2001: 38), capaces de producir sólo fantasías historiográficas que convierten la historia en una fabulación escapista con su "bonus of pleasure to be consumed", como dictamina Jameson a propósito de la novela histórica contemporánea (Jameson 1991: 367). Al contrario, como señalan varios autores y críticos latinoamericanos, la nueva novela histórica y, en particular, las *historias híbridas* aquí examinadas, ostentan todavía "una dimensión reflexiva y un carácter político" (Pons 1996: 268) que cuestiona la apatía ideológica de la novela histórica detectada por Jameson o la apolítica fascinación *retro* con el filme histórico observada por Baudrillard. Al servicio de la hibridación o como prácticas significantes en sí, los procedimientos mencionados son herramientas de la reescritura de la historia desde un presente insatisfactorio, en una crisis permanente, que otorga "la autoridad y la legitimidad de disentir con previas representaciones del pasado" (Pons 1996: 266). Uno de los logros de las *historias híbridas* es señalar la multiplicación de los "centros" o lugares desde donde es posible ahora narrar la historia para disentir con el monologismo de las representaciones previas. La diversificación de posiciones narrativas y discursivas produce una historia plural e híbrida. De esta manera, la reescritura de la historia emprendida en las *historias híbridas* es "una forma de afectar la memoria histórica colectiva" (Pons 1996: 265), y en cuanto tal es una práctica política cuyo objetivo es "corregir el provenir" (Martínez 1998: 350).

Por otra parte, la importancia del presente como lugar desde el que se conciben y escriben las *historias híbridas* desafía también la des-historización de la experiencia, en otras palabras, la disolución de la historicidad (Jameson, Vattimo). El presente –la pervivencia del machismo en México, la experiencia reciente de la dictadura en Uruguay que no permite hablar al Poder ni tolera otras versiones, la violencia y exclusión fundacional que sobrevive en el imaginario colectivo, la manipulación política de mitos históricos, la repetición de los *déjà vu* de la injusticia y del abuso en el presente, la dependencia neocolonial, para mencionar sólo algunas de sus inscripciones en las novelas comentadas– no sólo es un punto de partida para la reescritura del pasado, sino que está también inscrito en las *historias híbridas*. La redefinición de la Historia como H/historia(s) –un espacio plural e híbrido– que proponen es también una toma de posición ante las transformaciones del continente latinoamericano producidas en las últimas décadas. La novela histórica, que desde hace mucho tiempo pertenece al canon literario, ha estado asociada con el campo cultural dominante y alejado de manifestaciones del agenciamiento cultural que todavía luchan por ser reconocidos como cultura: las culturas y literaturas indígenas y africanas, la literatura de mujeres, la cultura y literatura *queer* y *gay*, la cultura masiva y de los jóvenes. Al explorar realidades sociales y culturales alternativas y proponer un espacio histórico redefinido mediante la inclusión de las realidades marginales o no-convencionales, las *historias híbridas* intentan reducir la brecha cultural creada por la modernidad y buscan formas discursivas adecuadas para articular la complejidad de la situación socio-cultural que caracteriza el fin del siglo XX en el que se inscriben. Así, se constituyen en un "reflejo" de la necesidad de re-negociar las relaciones sociales, de resignificar la realidad "en términos de heterogeneidad constructiva" (Lechner 1995: 155) que es una de las principales preocupaciones del pensamiento posmoderno latinoamericano. Las novelas son *híbridas* también por la extensión de su mirada al tiempo histórico: ésta abarca el pasado, el presente y, por supuesto, el futuro.

La apuesta política que realizan las *historias híbridas*, manifiesta en el intento de rescatar y conservar el espíritu utópico o de "imaginar otros tiempos", pareciera relacionarlas con el "posmodernismo resistente" estudiado por Colás en *Postmodernity in Latin America: The Argentine Paradigm* (1994). Recordemos que, de acuerdo con el autor, la resistencia de las novelas históricas que pertenecen a este paradigma tiene un doble sentido: por un lado, las historias narradas en las novelas cuestionan la Historia oficial, vinculada con un poder represivo, presentando una contra-verdad al discurso autoritario; por el otro, debido a su complejidad narrativa, estructural y discursiva que, no obstante, inscribe el lugar socio-cultural de la escritura, se resisten a ser asimiladas a las generalizaciones de las teorías europeas y norteamericanas acerca del posmodernismo (1994: 18). Colás examina las novelas históricas escritas en la época de la dictadura en la Argentina o muy poco tiempo después, lo que significa que la resistencia política tiene en ellas un sentido muy concreto: se trata de la oposición a la Historia oficial entendida como una forma de mentira elaborada por los regímenes autoritarios de las dictaduras militares. La ficción histórica se presenta como un arma de subversión en contra de la palabra oficial de un poder criminal que (ab)usa (de) la historia para legitimar sus acciones y reprimir todo intento de disenso y rebeldía. Justamente así describe la práctica escritural de aquellos años Tomás Eloy Martínez, autor de *La novela de Perón*, una de las obras estudiadas por Colás:

> En aquellas décadas de certezas absolutas, de posiciones netas, de cuestionamientos políticos y subversiones contra el poder o sumisiones al poder, la novela y la historia se movían dentro de un campo de tensiones en el cual los conceptos adversarios seguían siendo verdad y mentira ... La novela ... se proponía sustituir, con sus verdades de fábula, las falsías elaboradas por la historia oficial. (1998: 351-352)[2].

---

[2] En la frase que precede a la cita, Martínez se refiere a los años sesenta y setenta. Sin embargo, dado que después se refiere a su propia novela, publicada en 1985, como

El gesto predominante es el de oponerse a través de una práctica que Martínez llamó (en 1976) "el duelo de las versiones narrativas" (1998: 353), ejemplificada en *La novela de Perón* que "[desentraña] las mentiras de la memoria a través de una contramemoria" (1998: 356).

"Pero ahora...", dice el mismo autor refiriéndose al momento de la escritura de *Santa Evita*, "denunciar las imposturas del poder no es ya el punto de mira de las ficciones sobre la historia. ... Escribir no es ya oponerse a los absolutos, porque no quedan en pie los absolutos. Nadie cree ahora que el poder es un bastión homogéneo" (1998: 352). Para explicar el "ahora", Martínez cita las contribuciones posestructuralistas, los cuestionamientos a la historiografía realizados por Barthes y White y los acontecimientos históricos que, como los aludidos por Lyotard en "Universal History and Cultural Differences", impugnan los grandes relatos de la modernidad occidental. Se refiere también al día cuando los pobres de Caracas descendieron en masa de los cerros (el 27 de febrero de 1989) y al alzamiento en Chiapas, dos eventos que señalan hasta qué punto la historia latinoamericana es un proceso inconcluso y una búsqueda de soluciones que pasa por poder imaginarse otros tiempos. De acuerdo con los planteamientos delineados en la introducción y el capítulo primero, el "ahora" comprende también la redemocratización política y los cambios socio-económicos que reorganizan el espacio socio-cultural latinoamericano de tal modo que la heterogeneidad se constituye en el pivote constructivo de la concepción de la sociedad del continente. Si los absolutos ya no quedan en pie, si el poder ya no se identifica fácilmente con ningún *locus* ni discurso concreto (piénsese en la debilidad actual del Estado y de la crisis de los partidos políticos tradicionales), ¿cómo entender la apuesta política de las *historias híbridas*? ¿Qué las diferencia del "posmodernismo resistente"?

En más de un sentido, sobre todo en su relación vital con el pasado, las *historias híbridas* siguen siendo un "posmodernismo resistente", sólo que cambian de signo. Si en las obras analizadas por Colás la resistencia consistía en *o*-ponerse al relato de la Historia oficial y sus mentiras con las verdades esgrimidas desde la ficción, en las *historias híbridas* la resistencia tiene por blanco el concepto mismo de la verdad y la Historia –la de los vencedores, que cimenta su unidad, racionalidad y trascendencia en las exclusiones

---

ejemplo del ejercicio narrativo que ya no se practica, me parece que es válido extender sus consideraciones al principio de la década siguiente. Por otro lado, como todos los momentos fronterizos, en la mitad de los ochenta se publican obras que ilustran tanto la reflexión de Martínez y Colás como la que propongo en este estudio. Un ejemplo sería *1492*, publicada en 1985.

constitutivas– y consiste en *pro*-poner no sólo otras versiones, sino sobre todo otros modos de historiar. La sociedad latinoamericana necesita de la historia pero, como dice Nietzsche, la necesita de otra manera. Las *historias híbridas* exploran la historia para redefinir sus espacios y fronteras, sus sujetos y objetos, y para reformular su discurso. Su estrategia, vista en conjunto, es la de la reelaboración, comentada antes en referencia a *Santa Evita*, cuya concepción escritural y representacional, comparada con *La novela de Perón*, ilustra la transformación de la noción de reescritura de la historia. La reelaboración resignifica el pasado buscando nuevos contenidos, nuevas conexiones y nuevos significados en un proceso inacabable de acercamientos a una verdad o realidad que no se dejan apresar. Para las *historias híbridas*, la verdad ha dejado de ser un concepto absoluto, pero no ha cesado de atraerlas, convertida ahora en un horizonte. Con el fin de acercarse a este horizonte que es el lugar del deseo, para "tocar, con la punta de los dedos, un retazo de verdad", las novelas *proponen* un espacio ficcional que se abre a realidades alternativas o nuevas, tales como el espacio privado y/o femenino, las existencias y culturas marginadas, las masas anónimas, la cultura popular, el cuerpo, la obsesión y la locura, lo personal y lo subjetivo, los *faits divers*, el humor, el chisme, las artes visuales, esferas excluidas antes de la "tradición inventada" (Hobsbawm) de la Historia. La historia se vuelve historias. En esta polifonía histórica que proponen las novelas se cifra su resistencia a todo "relato omnicomprensivo sobre la historia" (García Canclini 1990: 23) que borra la multiplicidad y la diversidad, junto con sus discontinuidades e intersecciones. Parafraseando a Nelly Richard, se puede decir que las *historias híbridas* reformulan el modo que tuvo Latinoamérica de imaginarse a sí misma (1994: 211) y con esto contribuyen a "imaginarse otros tiempos". *Proponer*, diversificar, es una manera de descolonizar el imaginario histórico; en ella se cifra la apuesta política de la más reciente novela histórica latinoamericana a la que pertenecen las *historias híbridas*.

La historia como relato de la modernidad occidental, la única cuya muerte aceptan el pensamiento y la ficción latinoamericanos, puede conceptualizarse en la forma de una estructura arborescente que Deleuze y Guattari asocian con la unidad y la fijación (1980). Ésta es la historia que nunca comprendió el nomadismo (1980: 36). En cambio, las *historias híbridas*, tomadas en plural, como un grupo de narraciones que (con)figuran una nueva manera de pensar la historia, sugieren una estructura abierta que se podría comparar con el texto-rizoma, cuyas principles características son la heterogeneidad, la multiplicidad y la apertura a áreas y realidades colindantes (1980: 13-16). La textura del rizoma, recuerdan los autores, es definida por la conjunción "y" que añade, incorpora, multiplica: otras historias, otros sujetos, espacios, discursos y objetos. Confrontado con la realidad, el texto-rizoma no hace calcos, sino mapas que experimentan con lo real, construyendo una realidad en vez de reproducirla (1980:20). Plural, descentrado y discontinuo, el texto-rizoma traza líneas de recorridos variables, modificando constantemente sus direcciones. Ésta es la historia que imaginan las *historias híbridas* para América Latina: desde un presente en crisis hacen un recorrido explorador del pasado que construye o propone otra/s realidad/es para el futuro. Declara Sergio Ramírez: "Diversidad, multiplicidad, allí deberíamos reconocernos mientras prosiguiera la búsqueda" (2001). Los autores de las *historias híbridas* participan en esta búsqueda creando un "entre-lugar" ficcional que descoloniza el pasado para "encender ... la chispa de la esperanza" (Benjamin 1971: 180-181).

BIBLIOGRAFÍA

ACEVEDO, Ramón Luis. (1982). *La novela centroamericana: desde el Popol Vuh hasta los umbrales de la novela actual*. Río Piedras, PR: Editorial de la Universidad de PR.
— (1991). *Los senderos del volcán: narrativa centroamericana contemporánea*. Guatemala: Editorial Universitaria.
— (1998). "La nueva novela histórica en Guatemala y Honduras". *Letras de Guatemala* 18-19, 1-17.
ACUÑA ORTEGA, Víctor Hugo. (1995). "Los desafíos de la historia en Centroamérica". *Encuentros con la Historia*. Ed. Margarita VANNINI. Managua: Universidad Centroamericana/Centro Francés de Estudios Mexicanos y Centroamericanos, 45-61.
AHMAD, Aijaz. (1987). "Jameson's Rhetoric of Otherness and the National Allegory". *Social Text* 17, 3-25.
AÍNSA, Fernando. (1991). "La reescritura de la historia en la nueva narrativa latinoamericana." *Cuadernos Americanos* 28, 13-31.
— (2003). *Reescribir el pasado. Historia y ficción en América Latina*. Mérida, Venezuela: Ediciones El otro, el mismo.
AIRA, César. (1991). *La liebre*. Buenos Aires: Emecé.
ALEGRÍA, Fernando. (1986). *Historia de la novela hispanoamericana*. Hanover, NH: Ediciones Norte (primera edición: México: Andrea, 1974).
ALONSO, Amado. (1984). *Ensayo sobre la novela histórica. El Modernismo en* La gloria de Don Ramiro. Madrid: Gredos (primera edición: 1942).
ALTHUSSER, Louis. (1971). *Lenin and Philosophy*. New York: Monthly Review Press.
AMAR SÁNCHEZ, Ana María. (2006). "Héroes, vencedores y derrotados o la 'banalidad del mal' en la narrativa latinoamericana." *Para romper con el insularismo. Letras puertorriqueñas en comparación*. Ed. Efraín BARRADAS y Rita De MAESENEER. Número especial de *Foro hispánico* 29, 9-26.
ANDERSON, Benedict. (1993). *Imagined Communities. Reflections on the Origins and Spread of Nationalism*. London: Verso.
ANDERSON, Helene M. (1997). "*Tinísima*: Imagen y discurso en la obra de Elena Poniatowska". *Proyecciones sobre la novela*. Actas del XIV Congreso de Literatura Latinoamericana (Montclair State University). Ed. Linda GOULD LEVINE y Ellen ENGELSON MARSON. Hanover, NH: Ediciones del Norte, 61-74.
ANDERSON, Linda. (1990). "The Re-Imagining of History in Contemporary Women's Fiction". *Plotting Change: Contemporary Women's Fiction*. Ed. Linda ANDERSON. London: Edward Arnold, 129-141.

ANDERSON, Perry. (1998). *Los orígenes de la posmodernidad*. Trad. Luis Andrés Bredlow. Barcelona: Anagrama.
— (1992). *A Zone of Engagement*. London: Verso.
— (1995). *Los fines de la historia*. Trad. Erna von der Walde. Bogotá: Tercer Mundo S.A.
ANDERSON IMBERT, Enrique. (1954). "Notas sobre la novela histórica en el siglo XIX". *Estudios sobre escritores de América*. Buenos Aires: Raigal, 26-46.
ANDRADE, Oswald de. (1981). "Manifiesto antropófago". *Obra escogida*. Caracas: Biblioteca Ayacucho, 67-72.
ANKERSMIT, Frank R. (1989). "Historiography and Postmodernism". *History and Theory* 28.2, 137-153.
— (1994). *History and Tropology: The Rise and Fall of Metaphor*. Berkeley: University of California Press.
ARA, Pedro. (1974). *El caso Eva Perón*. Madrid: CVS Ediciones.
ARGUEDAS, José María. (1971). *El zorro de arriba y el zorro de abajo*. Buenos Aires: Losada.
ARIAS, Arturo. (1998). *Gestos ceremoniales. Narrativa centroamericana 1960-1990*. Guatemala: Artemis-Edinter.
ARIDJIS, Homero. (1985). *1492. Vida y tiempos de Juan Cabezón de Castilla*. México D.F.: Siglo Veintiuno Editores.
— (1988). *Memorias del Nuevo Mundo*. México D.F.: Diana.
ARROM, Silvia Marina. (1985). *The Women of Mexico City, 1790-1857*. Stanford, CA: Stanford University Press.
ASHCROFT Bill, Gareth GRIFFITHS y Helen TIFFIN (eds.). (1995). *The Post-Colonial Studies Reader*. London/New York: Routledge.
BACCINO PONCE DE LEÓN, Napoleón. (1990). *Maluco: La novela de los descubridores*. Barcelona: Seix Barral.
BAKHTIN, Mikhail M. (1981). *The Dialogic Imagination: Four Essays*. Ed. Michael HOLQUIST. Austin: University of Texas Press.
— (1984). *Rabelais and his World*. Bloomington: Indiana University Press.
BALANDIER, George. (1983). "Essai d'identification du quotidien". *Cahiers Internationaux de Sociologie* 74, 5-12.
BALBUS, Isaac D. (1987). "Disciplining Women: Michel Foucault and the Power of Feminist Discourse". *Feminism as Critique. Essays on the Politics of Gender in Late-Capitalist Societies*. Ed. Seyla BENHABIB y Drucilla CORNELL. Oxford: Polity Press, 110-127.
BALDERSTON, Daniel (ed.). (1986). *The Historical Novel in Latin America*. Gaithersburg, MD: Ediciones Hispamerica.
BALIBAR, Etienne y Pierre MACHEREY. (1981). "On Literature as an Ideological Form". *Untying the Text: A Post-Structuralist Reader*. Ed. Robert YOUNG. Boston: Routledge & Kagan, 79-99.
BARRIENTOS, Juan José. (1985). "Nueva Novela Histórica Hispanoamericana". *Revista de la Universidad Autónoma de México* 416, 16-24.

BARTHES, Roland. (1972). *Le Degré zéro de l'écriture*. Paris: Seuil.
— (1977). *Image. Music. Text*. New York: Hill and Wang.
— (1980). *La chambre claire*. Paris: Gallimard/Seuil.
— (1982). "Le discours de l'histoire". *Poétique* 49, 13-21.
BATAILLON, Marcel. (1964). "Les nouveaux chrétiens dans l'essor du roman picaresque". *Neophilologus* 48, 283-298.
— (1969). *Pícaros y picaresca*. Trad. Francisco R. Vadillo. Madrid: Taurus.
BAUDRILLARD, Jean. (1981). *Simulacres et Simulation*. Paris: Galilée.
— (1993). *La ilusión del fin*. Trad. Thomas Kauf. Barcelona: Anagrama.
— (2001). "L'esprit du terrorisme". *Le Monde*, 3 de noviembre. 20 de agosto 2004. <http://www.LeMonde.fr>.
BAUMAN, Zygmunt. (1997). *Postmodernity and Its Discontents*. New York: New York University Press.
BECKER, Carl. (1932). "Everyman His Own Historian". *American Historical Review* 37.2, 221-236.
BELGRANO RAWSON, Eduardo. (1999). *Fuegia*. Buenos Aires: Seix Barral.
BENHABIB, Seyla y Drucilla CORNELL. (1987). "Introduction: Beyond Politics of Gender". *Feminism as Critique. Essays on the Politics of Gender in Late-Capitalist Societies*. Ed. Seyla BENHABIB y Drucilla CORNELL. Oxford: Polity Press, 1-15.
BENÍTEZ ROJO, Antonio. (1984). *El mar de las lentejas*. Barcelona: Plaza & Janés.
BENJAMIN, Walter. (1971). "Tesis de filosofía de la historia". *Iluminaciones I*. Ed. Jesús AGUIRRE. Madrid: Taurus, 175-194.
BENVENISTE, Emile. (1966). *Problèmes de la linguistique générale*. Paris: Gallimard.
BEVERLEY, John y José OVIEDO. (1995). "Introduction". *The Postmodern Debate in Latin America*. Ed. Michael ARONNA, John BEVERLEY y José OVIEDO. Durham, NC/London: Duke University Press, 1-17.
BHABHA, Homi K. (1990). "Introduction: Narrating the Nation". *Nation and Narration*. Ed. Homi K. BHABHA. London: Routledge, 1-7.
— (1994). *The Location of Culture*. London: Routledge.
BIALOWAS-POBUTSKY, Aldona. (2002). "Who Speaks in Silent Movie?: Constructing Feminine Subjectivity in Elena Poniatowska's *Tinísima*". *Torre de Papel* 12.1-2, 82-104.
BLACKBURN, R.J. (2000). "The Philosophy of Historiography?" Reseña de *Encounters: Philosophy of History after Postmodernism*, de Ewa DOMANSKA (ed). *History and Theory* 39.2, 263-272.
BLETON, Isabelle. (2000). "Journalisme et fiction dans le roman argentin, de Miguel Bonasso à Tomás Eloy Martínez". *América. Cahiers du CRICCAL* 25, 139-148.
BORGES, Jorge Luis. (1974). *Obras completas*. Buenos Aires: Emecé.
BOUSOÑO, Carlos. (1970). *Teoría de la expresión poética*. Madrid: Gredos.
BOUZA, Fernando. (1991). *Locos, enanos y hombres de placer en la corte de los Austria*. Madrid: Temas de Hoy.

BRADU, Fabienne. (1992). "Tina". Reseña. *Vuelta* 193, 43-45.
BRAUDEL, Fernand. (1973). *The Mediterranean and the Mediterranean World in the Age of Philip II*. Trad. Siân Reynolds. New York: Harper & Row.
BRUNNER, José Joaquín. (1995). "Notes on Modernity and Postmodernity in Latin American Culture". *The Postmodern Debate in Latin America*. Ed. Michael ARONNA, John BEVERLEY y José OVIEDO. Durham, NC/London: Duke University Press, 34-54.
BRYDON, Diana. (1995). "The White Inuit Speaks. Contamination as Literary Strategy". *The Post-Colonial Studies Reader*. Ed. Bill ASHCROFT, Gareth GRIFFITHS y Helen TIFFIN. London/New York: Routledge, 136-142.
BURKE, Peter (ed.). (1992a). *New Perspectives on Historical Writing*. University Park, PA: The Pennsylvania State University Press.
— (1992b). *History and Social Theory*. Cambridge, UK: Polity Press.
BUSTILLO, Carmen. (1994). "Personaje y tiempo en *La tragedia del generalísimo* de Denzil Romero". *Revista Iberoamericana* 166-167, 289-305.
BUTLER, Judith. (1987). "Variations on Sex and Gender: Beauvoir, Witting, and Foucault". *Feminism as Critique. Essays on the Politics of Gender in Late-Capitalist Societies*. Ed. Seyla BENHABIB y Drucilla CORNELL. Oxford: Polity Press, 128-142.
— (1990). *Gender Trouble: Feminism and the Subversion of Identity*. New York: Routledge.
— (1993). *Bodies that Matter*. New York: Routledge.
BUTOR, Michel. (1969). *Essais sur le roman*. Paris: Gallimard.
CABRERO, Leoncio. (1985). "Introducción". *Primer viaje alrededor del mundo*, de Antonio Pigafetta. Madrid: Historia 16, 7-39.
CALDERÓN, Fernando (ed.). (1987). *Identidad latinoamericana, premodernidad, modernidad y postmodernidad, o ... ¿Le queda chico el corsé a la gorda?* Número especial de *David y Goliath* 52, 2-81.
— (1988). *Imágenes desconocidas: La modernidad en la encrucijada posmoderna*. Buenos Aires: CLASCO.
— (1995). "Latin American Identity and Mixed Temporalities; or, How to be Postmodern and Indian at the Same Time". *The Postmodern Debate in Latin America*. Ed. Michael ARONNA, John BEVERLEY y José OVIEDO. Durham, NC/London: Duke University Press, 55-64.
CALDERÓN, Fernando y José Luis REYNA. (1990). "La irrupción encubierta". *Nuevo Texto Crítico* 6, 17-29.
CALINESCU, Matei. (1987). *Five Faces of Modernity*. Durham, NC: Duke University Press.
CALLINICOS, Alex. (1989). *Against Postmodernism. A Marxist Critique*. New York: St. Martin's Press.
CAPOTE CRUZ, Zaida. (1994). "Biografía y ficción: el desafío de *Tinísima*". Reseña de *Tinísima* por Elena Poniatowska. *Casa de las Américas* 195, 129-133.
CARDENAL, Ernesto. (1985). "A New Culture". *Nicaragua: A New Kind of Revolution*. Ed. Philip ZWERLING y Connie MARTIN. Westport, CT: Lawrence Hill, 42-46.

— (1988). "Presentando *Castigo divino*". *Casa de las Américas* 171, 146-147.
CARILLA, Emilio. (1967). *El Romanticismo en América Hispánica*. Segunda edición revisada. Madrid: Gredos (primera edición: 1957).
CARO BORJA, Julio. (1978). *Los judíos en la España moderna y contemporánea*. Madrid: Ediciones Istmo.
CARPENTIER, Alejo. (1980). *El arpa y la sombra*. México D.F.: Siglo Veintiuno Editores.
CASTELLANOS, Rosario. (1995). *Mujer que sabe latín...* México D.F.: Fondo de Cultura Económica.
CASTILLA, Amelia. (2005). "Iparraguirre novela la historia indígena de Argentina". *El País Digital* 1240. 50. 20 de junio de 2006. <http://www.elpais.es/p/d/19990925/cultura /iparra.htm>.
CASTRO, Américo. (1967). *Hacia Cervantes*. Madrid: Taurus.
CASTRO GÓMEZ, Santiago. (1996). *Crítica de la razón latinoamericana*. Barcelona: Puvill.
CASTRO-KLARÉN, Sara. (1996). "Teoría poscolonial y literatura latinoamericana: entrevista con Sara Castro-Klarén", por Juan ZEVALLOS-AGUILAR. *Revista Iberoamericana* 176-177, 963-971.
CAWELTI, John G. (1977). *Adventure, Mystery, and Romance. Formula Stories as Art and Popular Culture*. Chicago/London: The University of Chicago Press.
CELLA, Susana Beatriz. (1991). "Una heterología por plenitud. Acerca de *El entenado* de Juan José Saer y *1492. Vida y tiempos de Juan Cabezón de Castilla* de Homero Aridjis". *Literatura mexicana* 2.2, 455-461.
CERTEAU, Michel de. (1973). *L'Absent de l'histoire*. Paris: Mame.
— (1975). *L'écriture de l'histoire*. Paris: Gallimard.
CHANG-RODRÍGUEZ, Raquel y Gabriella DE BEER (eds.). (1989). *La historia en la literatura iberoamericana: Memorias del XXVI Congreso del Instituto Internacional de Literatura Iberoamericana*. New York: Ediciones del Norte/CUNY.
CHARTIER, Roger. (1997). *On the Edge of the Cliff: History, Language, and Practices*. Baltimore: The Johns Hopkins University Press.
CHAVERRI, Amalia. (2005). "América Central debe ser nombrada". *Literaturas centroamericanas hoy. Desde la dolorosa cintura de América*. Ed. Karl KOHUT y Werner MACKENBACH. Madrid/Frankfurt am Main: Iberoamericana/Vervuert, 201-217.
CHEADLE, Norman. (2000). "Rememorando la historia decimonónica desde *La tierra del fuego* (1998) de Sylvia Iparraguirre". *Celebración de la creación literaria de escritoras hispanas en las Américas*. Eds. Lady ROJAS-TREMPE y Catharina VALLEJO. Ottawa: Girol Books/Montréal: Enana Blanca, 81-91.
CHURAMPI RAMÍREZ, Adriana I. (2004). *Heraldos del Pachakuti. La pentalogía de Manuel Scorza*. Tesis doctoral. Leiden Universiteit, Holanda.
CLIFFORD, James. (1978). "Hanging Up Looking Glasses at Odd Corners: Ethnobiographical Perspectives". *Studies in Biography*. Ed. Daniel AARON. Cambridge, MT: Harvard University Press, 41-56.

COLÁS, Santiago. (1994). *Postmodernity in Latin America. The Argentine Paradigm*. Durham (NC) y London: Duke University Press.

COLLARD, Patrick y Rita DE MAESENEER (eds.). (2003). *Murales, figuras, fronteras: Narrativa e historia en el Caribe y Centroamérica*. Frankfurt/Madrid: Vervuert/Iberoamericana.

CORTÁZAR, Julio. (1994). *Rayuela*. Madrid: Cátedra.

CORTÉS ROCCA, Paola y Martín KOHAN. (1998). *Imágenes de vida, relatos de muerte. Eva Perón: cuerpo y política*. Rosario, Argentina: Beatriz Viterbo Editora.

CRAFT, Linda. (1997). *Novels of Testimony and Resistance from Central America*. Gainesville: University of Florida Press.

CROCE, Benedetto. (1921). *History: Its Theory and Practice*. Trans. Douglas Ainslie. New York: Harcourt, Brace and Company.

DARTMOUTH SYMPOSIUM IN LATIN AMERICAN LITERARY CRITICISM (1988). (1989). Debate de la segunda sesión. *Revista de crítica literaria latinoamericana* 29, 137-150.

DARWIN, Charles. (1972). *Journal of Researches*. Vol. 1. New York: AMS.

DAVIES, Lloyd Hughes. (2000). "Portraits of a Lady: Postmodern Readings on Tomás Eloy Martínez's *Santa Evita*". *Modern Language Review* 95.2, 415-423.

DE LA CAMPA, Román. (1996). "Latinoamérica y sus nuevos cartógrafos: discurso poscolonial, diásporas intelectuales y enunciación fronteriza". *Revista Iberoamericana* 176-177, 697-717.

DE LAURENTIS, Teresa. (1984). *Alice Doesn't: Feminism, Semiotics, Cinema*. Bloomington: Indiana University Press.

DELEUZE, Gilles. (1968). *Différence et répétition*. Paris: Presses Universitaires de France.

— (1969). *Logique du sens*. Paris: Les Éditions de Minuit.

— (1988). *Foucault*. Minneapolis: University of Minnesota Press.

DELEUZE, Gilles y Félix GUATTARI. (1980). *Mille plateaux. Capitalisme et schizophrénie*. Paris: Les Éditions de Minuit.

DEL PASO, Fernando. (1986). "La locura de Carlota. Novela e historia". Entrevista con Juan José Barrientos. *Vuelta* 113, 30-34.

— (1987). *Noticias del Imperio*. Madrid: Mondadori.

DERRIDA, Jacques. (1967). *De la grammatologie*. Paris: Les Éditions de Minuit.

— (1972). *Marges de philosophie*. Paris: Les Éditions de Minuit.

— (1981). "The Law of Genre". *On Narrative*. Ed. W.J.T. MITCHELL. Chicago/London: The University of Chicago Press, 51-77.

— (1988). *Limited Inc*. Evanston, IL: Northwestern University Press, 1988.

DÍAZ, Gwendolyn. (2003). "Making the Myth of Evita Perón: Saint, Martyr, Prostitute". *Studies in Latin American Popular Culture* 22, 181-192.

DÍAZ DEL CASTILLO, Bernal. (1984). *Historia verdadera de la conquista de la Nueva España*. 2 vols. Madrid: Historia 16.

DÍAZ-PLAJA, Fernando (ed.). (1984). *Historia de España en sus documentos. Siglo XV*. Madrid: Cátedra.

DOMÍNGUEZ, Mignon (ed.). (1996). *Historia, ficción y metaficción en la novela latinoamericana contemporánea*. Buenos Aires: Corregidor.

DOMÍNGUEZ ORTIZ, Antonio. (1977). *El Antiguo Régimen: Los Reyes Católicos y los Austria*. Vol. 3. *Historia de España Alfaguara*. Ed. Miguel ARTOLA. Madrid: Alianza Editorial.

DORIA MEDINA, Samuel. (1986). *La economía informal en Bolivia*. La Paz: Editorial Offset Boliviana.

DUNN, Peter N. (1979). *The Spanish Picaresque Novel*. Boston: Twayne.

DUSSEL, Enrique. (1995). "Eurocentrism and Modernity (Introduction to the Frankfurt Lectures)". *The Postmodern Debate in Latin America*. Ed. Michael ARONNA, John BEVERLEY y José OVIEDO. Durham, NC/London: Duke University Press, 65-76.

EAGLETON, Terry. (1985). "Capitalism, Modernism, and Postmodernism". *New Left Review* 152, 60-73.

— (1996). *The Illusions of Postmodernism*. Cambridge, MA/Oxford, UK: Blackwell.

ECHEVERRÍA, Esteban. (1991). "La cautiva". *Obras escogidas*. Ed. Beatriz Sarlo y Carlos Altamirano. Caracas: Biblioteca Ayacucho, 61-122.

ECO, Umberto. (1987). *Imię róży*. Trad. Adam Szymanowski. Warszawa: Państwowy Instytut Wydawniczy.

EDITORIAL. (1984). *New German Critique* 33, 3-4.

EKLAND, Charlotte. (1997). "*Tinísima*: The Construction of the Self Through the Structures of Narrative Discourse". *The Other Mirror: Women's Narrative in Mexico, 1980-1995*. Ed. Kristine IBSEN. Westport, CT/London: Greenwood Press, 73-84.

— (2000). "La fotografía como texto en *Tinísima*, una novela biográfica de Elena Poniatowska". *Pensamiento y crítica. Los discursos de la cultura de hoy*. Ed. Javier DURÁN, Rosaura HENRÁNDEZ MONROY y Manuel F. MEDINA. México D.F.: Universidad Estatal de Michigan, 222-229.

ELMORE, Peter. (1997). *La fábrica de la memoria: La crisis de la representación en la novela histórica latinoamericana*. México D.F.: Fondo de Cultura Económica.

EPSTEIN, William E. (1991). "(Post)Modern Lives: Abducting the Biographical Subject". *Contesting the Subject: Essays in the Postmodern Theory and Practice of Biography and Biographical Criticism*. Ed. William H. EPSTEIN. West Lafayette, IN: Purdue University Press, 217-236.

ESCOBAR, Ticio. (1988). "Posmodernismo/Precapitalismo". *Casa de las Américas* 168, 13-19.

ESTEVE BARBA, Francisco. (1964). *Historiografía Indiana*. Madrid: Gredos.

EZLN. (1994). *Documentos y comunicados 1-o de enero/8 de agosto 1994*. México D.F.: Ediciones Era.

FAYE, Jean-Pierre. (1985). "The Infernal Left". *Change International* 3, 5-6.

FERMAN, Claudia (ed.). (1996). *The Postmodern in Latin and Latino American Cultural Narratives*. New York: Garland.

FERN, H.S. (1960). *Britain and Argentina in the Nineteenth Century*. Oxford: Clarendon Press.
FERNÁNDEZ DE NAVARRETE, Martín. (1964). *Colección de los viajes y descubrimientos que hicieron por mar los españoles desde fines del siglo XV*. 2 vols. Vol. 76 de *Biblioteca de autores españoles*. Madrid: Ediciones Atlas.
FERNÁNDEZ PRIETO, Celia. (1998). *Historia y novela: Poética de la novela histórica*. Pamplona: Ediciones Universidad de Navarra.
FERRO, Roberto. (2000). "*Santa Evita* de Tomás Eloy Martínez, la referencia inasible". *América. Cahiers du CRICCAL* 25, 159-166.
— (2001). "*Maluco. La novela de los descubridores* de Napoleón Baccino: una invención literaria de la historia". *Estudios* 18, 127-145.
FILER, Malva E. (1994a). "La historia apócrifa en las novelas de los postmodernistas rioplatenses". *Alba de América* 12. 22-23, 193-201.
— (1994b). "*Maluco*: Re-escritura de los relatos de la expedición de Magallanes". *Encuentros y desencuentros de culturas: siglos XIX y XX. AIH Actas Irvine-92*. Ed. Juan Villegas. Irvine, CA: University of California, 293-300.
FITA, Fidel. (1984). "La verdad sobre el martirio del Sto. Niño de la Guardia". *Historia de España en sus documentos. Siglo XV*. Ed. Fernando DÍAZ-PLAJA. Madrid: Cátedra, 278-291.
FLORES, Norbert. (1994). "Desmitificación de la historia y recusación del poder en la nueva novela histórica hispanoamericana: El caso de la novela chilena". *Revista de crítica literaria latinoamericana* 39, 53-59.
FOLEY, Barbara. (1986). *Telling the Truth: The Theory and Practice of Documentary Fiction*. Ithaca, NY/London: Cornell University Press.
FOLLARI, Roberto. (1990). *Modernidad y postmodernidad: una óptica desde América Latina*. Colección Cuadernos (Rei Argentina S.A, Instituto de Estudios y Acción Social), Buenos Aires: Aique Grupos Ed.
FORERO, Juan. (2004). "A Treasure of the Andes, Ancient Demons Included". *The New York Times* 18 de julio: A14.
FOSTER, Hal (ed.). (1983). *The Anti-Aesthetic. Essays on Postmodern Culture*. Seattle, WA: Bay Press.
FOUCAULT, Michel. (1969). *L'archéologie du savoir*. Paris: Gallimard.
— (1975). *Surveiller et punir*. Paris: Gallimard.
— (1984). "Nietzsche, Genealogy, History". *The Foucault Reader*. Ed. Paul RABINOW. New York: Pantheon Books, 76-100.
FOURTANÉ, Nicole. (2000) "Réalisme populaire: un nouveau modèle de société au Pérou". *América. Cahiers du CRICCAL* 25, 19-27.
FOWLER, Robert. (1985). "Power". *Handbook of Discourse Analysis*. Vol. 1. Ed. Teun A. VAN DIJK. London: Academic Press, 61-82.
FOX-GENOVESE, Elizabeth. (1986). "The Claims of a Common Culture: Gender, Race, Class, and the Canon". *Salmagundi* 72, 131-143.
— (1991). *Feminism Without Illusions. A Critique of Individualism*. Chapel Hill, NC: The University of North Carolina Press.

FRANCO, Jean. (1989). *Plotting Women*. New York: Columbia University Press.
— (1992). "Going Public: Reinhabiting the Private". *On Edge: The Crisis of Contemporary Latin American Culture*. Ed. George YÚDICE, Jean FRANCO y Juan FLORES. Minneapolis: University of Minnesota Press, 65-83.
— (1999). *Critical Passions*. Ed. Mary Louise PRATT y Kathleen NEWMAN. Durham, NC/London: Duke University Press.
FRANK, Thomas. (2004). *What's the Matter with Kansas?* New York: Henry Holt and Company.
FRIEDLÄNDER, S. (ed.). (1992). *Probing the Limits of Representation: Nazism and the "Final Solution"*. Cambridge, MA: Harvard University Press.
FUENTES, Carlos. (1975). *Terra Nostra*. Barcelona: Seix Barral.
— (1989). *La nueva novela hispanoamericana*. México D.F.: Editorial Joaquín Mortiz (primera edición: 1969).
— (1993). "Sergio Ramírez: el derecho a la ficción". *Geografía de la novela*, Madrid: Alfaguara, 103-111.
FUKUYAMA, Francis. (1989). "The End of History?" *The National Interest* 16, 3-18.
— (1992). *The End of History and the Last Man*. New York: The Free Press.
FURET, François. (1974). "Le quantitatif en histoire". *Faire de l'histoire*. Ed. Jacques LE GOFF y Pierre NORA. Vol.1. Paris: Gallimard, 42-61.
FUSS, Diana. (1989). "Getting Into History". *Arizona Quarterly* 45.4, 95-108.
GALLEGOS, Rómulo. (1990). *Doña Bárbara*. Madrid: Espasa Calpe.
GALLOP, Jane. (1982). *The Daughter's Seduction*. Ithaca, NY: Cornell University Press.
GARCÍA CANCLINI, Néstor. (1990). *Culturas híbridas. Estrategias para entrar y salir de la modernidad*. México D.F.: Grijalbo.
— (1992). "Cultural Reconversion". *On Edge: The Crisis of Contemporary Latin American Culture*. Ed. George YÚDICE, Jean FRANCO y Juan FLORES. Minneapolis: Minnesota University Press, 29-43.
— (1995). "Narrar la multiculturalidad". *Revista de Crítica Literaria Latinoamericana* 42, 9-20.
GARCÍA DE CORTÁZAR, José Ángel. (1977). *La época medieval*. Vol 2. *Historia de España Alfaguara*. Ed. Miguel ARTOLA. Madrid: Alianza Editorial.
GARCÍA DE LEÓN, Antonio. (1994). Prólogo. *Documentos y comunicados, 1: 1o. de enero/8 de agosto 1994*. En EZLN. México D. F.: Ediciones Era, 11-29.
GARCÍA MÁRQUEZ, Gabriel. (1978). *El otoño del patriarca*. Bogotá: Editorial Oveja Negra.
— (1989). *El general en su laberinto*. Bogotá: Editorial Oveja Negra.
— (2001). *Cien años de soledad*. Madrid: Cátedra.
GARRAMUÑO, Florencia. (1997). *Genealogías culturales. Argentina, Brasil y Uruguay en la novela contemporánea (1981-1991)*. Rosario, Argentina: Beatriz Viterbo Editora.
GENETTE, Gérard. (1972). *Figures III*. Paris: Seuil.
— (1987). *Seuils*. Paris: Seuil.

GILLY, Adolfo. (1986). "Nuestra caída en la modernidad". *Nexos* 101, 21-32.
GINZBURG, Carlo. (1991). "Checking the Evidence". *Critical Inquiry* 18, 79-98.
GIRALDI-DEI-CAS, Norah. (1997). *"Maluco, la novela de los descubridores"*. *Historia, espacio e imaginario*. Ed. Jacqueline COVO. Lille: Presses Universitaires du Septentrion, 265-273.
GONZÁLEZ ECHEVARRÍA, Roberto. (1990). *Myth and Archive. A Theory of Latin American Narrative*. Cambridge, UK/ New York: Cambridge University Press.
— (1994). "A Lost World Rediscovered: Sarmiento's *Facundo*". *Sarmiento: Author of a Nation*. Ed. Tulio HALPERIN DONGHI, Iván JAKSIĆ, Gwen KIRKPATRICK y Francine MASIELLO. Berkeley: University of California Press, 220-256.
GONZÁLEZ ECHEVARRÍA, Roberto, Alejo CARPENTIER, Emir RODRÍGUEZ MONEGAL, et al. (1985). *Historia y ficción en la narrativa hispanoamericana*. Caracas: Monte Avila.
GREENE, Gayle y Coppélia KAHN. (1985). "Feminist Scholarship and the Social Construction of Women". *Making a Difference: Feminist Literary Criticism*. Ed. Gayle GREENE y Coppélia KAHN. London: Methuen, 1-35.
GRINBERG PLA, Valeria. (2001). "La novela histórica de fines del siglo XX y las nuevas corrientes historiográficas". *Istmo. Revista virtual de estudios literarios y culturales centramericanos* 2. 20 de julio de 2006. <http://www.denison.edu/collaborations/istmo / v1n1/articulos/novela. html>.
GUILLÉN, Claudio. (1957). "La disposición temporal del *Lazarillo de Tormes*". *Hispanic Review* 25, 264-279.
— (1971). "Towards a Definition of the Picaresque". *Literature as System: Essays Toward the Theory of Literary History*. Princeton: Princeton University Press, 135-158.
GÜIRALDES, Ricardo. (1981). *Don Segundo Sombra*. Buenos Aires: Losada.
GUTIÉRREZ MOUAT, Ricardo. (1990). "Autoridad moderna y posmoderna en la narrativa hispanoamericana". *Nuevo Texto Crítico* 3.6, 121-134.
— (1997). "Aporía y repetición en *Santa Evita*". *INTI* 45, 325-336.
— (2001). "Dismembering the Nation: Ana Lydia Vega's *Falsas Crónicas del sur*". *Journal of Latin American Cultural Studies* 10.1, 119-129.
HABERMAS, Jürgen. (1983). "Modernity –An Incomplete Project". *The Anti-Aesthetic. Essays on Postmodern Culture*. Ed. Hal Foster. Seattle, WA: Bay Press, 3-15.
HALPERIN DONGHI, Tulio. (1980). "Nueva narrativa y ciencias sociales en la década del sesenta". *Hispamérica* 27, 3-18.
HALPERIN DONGHI, Tulio, Iván JAKSIĆ, Gwen KIRKPATRICK y Francine MASIELLO (eds.). (1994). *Sarmiento: Author of a Nation*. Berkeley: University of California Press.
HAMEROW, Theodore S. (1987). *Reflections on History and Historians*. Madison, WI: University of Wisconsin Press.
HARVEY, David. (1990). *The Condition of Postmodernity*. Cambridge, MA/ Oxford, UK: Blackwell.

HASSAN, Ihab. (1987). *The Postmodern Turn. Essays in Postmodern Theory and Culture.* Columbus, OH: Ohio State University Press.

HAZLEWOOD, Nick. (2001). *Savage: The Life and Times of Jemmy Button.* New York: Thomas Dunne Books&St. Martin's Press.

HEBDIGE, Dick. (1988). *Hiding in the Light. On Images and Things.* London: Routledge.

HERLINGHAUS, Hermann y Monika WALTER. (1994). "¿'Modernidad periférica' versus 'proyecto de la modernidad'? Experiencias epistemológicas para una reformulación de lo 'pos'moderno desde América Latina". *Posmodernidad en la periferia. Enfoques latinoamericanos de la nueva teoría cultural.* Ed. Hermann HERLINGHAUS y Monika WALTER. Berlin: Langer Verlag, 11-47.

HERMANS, Hub. y Maarten STEENMEIJER (eds.). (1991). *La nueva novela histórica hispanoamericana.* Número especial de *Foro hispánico* 1. Amsterdam/Atlanta: Rodopi.

HERNÁNDEZ, José. (2003). *Martín Fierro.* Madrid: Cátedra.

HERNÁNDEZ, Mark A. (2000). "The Buffoon and the Voyage of Magellan in Napoleón Baccino Ponce de León's *Maluco: La novela de los descubridores*". *Chasqui* 30.1, 3-13.

HERRERO-OLAIZOLA, Alejandro. (2000). *Narrativas híbridas: Parodia y posmodernismo en la ficción contemporánea de las Américas.* Madrid: Verbum.

HIMMELFARB, Gertrude. (1989). "Some Reflections on the New History". *American Historical Review.* 94.3, 661-670.

HOBSBAWM, Eric. (1983). "Introduction: Inventing of Traditions". *The Invention of Tradition.* Ed. Eric HOBSBAWM y Terence RANGER. Cambridge: Cambridge University Press, 1-14.

HOPENHAYN, Martín. (1994). *Ni apocalípticos ni integrados. Aventuras de la modernidad en América Latina.* Santiago, Chile: Fondo de Cultura Económica.

— (1995). "Postmodernism and Neoliberalism in Latin America". *The Postmodern Debate in Latin America.* Ed. Michael ARONNA, John BEVERLEY y José OVIEDO. Durham, NC/London: Duke University Press, 93-109.

HUDSON, William Henry. (2004) *Allá lejos y tiempo atrás.* Trad. Miguel Temprano García. Barcelona: Acantilado.

HÜHN, P. (1987). "The Detective as Reader: Narrativity and Reading Concepts in Detective Fiction". *Modern Fiction Studies* 33, 451-466.

HUIZINGA, J. (1989). *The Waning of the Middle Ages.* New York: Anchor Books/Doubleday.

HUTCHEON, Linda. (1985). *A Theory of Parody.* New York: Methuen.

— (1988). *A Poetics of Postmodernism: History, Theory, Fiction.* New York: Routledge.

— (1994). *Irony's Edge. The Theory and Politics of Irony.* London: Routledge.

HUTTON, Patrick H. (1993). *History as an Art of Memory.* Hanover y London: University Press of New England.

HUYSSEN, Andreas. (1984). "Mapping the Postmodern". *New German Critique* 33, 5-52.

IBARGÜENGOITIA, Jorge. (1968). *Los relámpagos de agosto*. México D.F.: J. Mortiz.
INTERSIMONE, Luis Alfredo. (2005). "Melodrama fundacional y escatológico en el Peronismo". Tesis doctoral, Rutgers, The State University of New Jersey.
IPARRAGUIRRE, Sylvia. (2000). Entrevista con Reina Roffé. *Cuadernos Hispanoamericanos* 603, 99-106.
— (2001). *La tierra del fuego*. Madrid: Punto de Lectura.
JAMESON, Fredric. (1981). *The Political Unconscious. Narrative as a Socially Symbolic Act*. Ithaca, NY: Cornell University Press.
— (1986). "Third-World Literature in the Era of Multinational Capitalism". *Social Text* 15, 29-54.
— (1991). *Postmodernism, or, The Cultural Logic of Late Capitalism*. Durham, NC: Duke Univeristy Press.
— (1993). "Introduction". *The South Atlantic Quartely* 92, 417-422.
— (1998). "'The End of Art' or 'End of History'?". *Cultural Turn. Selected Writings on the Postmodern, 1983-1998*. London/New York: Verso, 73-92.
JENKINS, Keith. (1997). "Introduction: on being open about our closures". *The Postmodern History Reader*. Ed. Keith JENKINS. London/New York: Routledge, 1-30.
— (2000). "A Postmodern Reply to Perez Zagorin". *History and Theory* 39.2, 181-200.
JITRIK, Noé. (1969). *Los viajeros*. Buenos Aires: Jorge Álvarez.
— (1995). *Historia e imaginación literaria. Las posibilidades de un género*. Buenos Aires: Editorial Biblos.
JONAS, Susanne y Nancy STEIN. (1990). "The Construction of Democracy in Nicaragua". *Latin American Perspectives* 17.3, 10-37.
JONES, R. O. (1981). *Historia de la literatura española*. Vol. 2. *Siglo de Oro: prosa y poesía (siglos XVI y XVII)*. Trad. Eduardo Vázquez. Barcelona: Ariel.
JÖRGENSEN, Beth. (1997). "Light-Writing: Biography and Photography in *Tinísima*". *The Other Mirror: Women's Narrative in Mexico, 1980-1995*. Ed. Kristine IBSEN. Westport, CT/London: Greenwood Press, 57-72.
KLAHN, Norma. (1989). "Un nuevo verismo: Apuntes sobre la última novela mexicana". *Revista Iberoamericana* 148-149, 925-935.
KOHUT, Karl (ed.). (1997). *La invención del pasado. La novela histórica en el marco de la posmodernidad*. Frankfurt/Madrid: Vervuert.
— (2005). "Introducción. Una(s) literatura(s) por descubrir". *Literaturas centroamericanas hoy. Desde la dolorosa cintura de América*. Ed. Karl KOHUT y Werner MACKENBACH. Madrid/Frankfurt am Main: Iberoamericana/Vervuert, 9-12.
KOHUT, Karl y Werner MACKENBACH (eds.). (2005). *Literaturas centroamericanas hoy. Desde la dolorosa cintura de América*. Madrid/Frankfurt am Main: Iberoamericana/Vervuert.
KOZAK ROVERO, Gisela. (2001). "*Castigo divino*, de Sergio Ramírez: novela policial, folletinesca, satírica y autorreflexiva". *Iberoamericana* 2, 27-37.
KRIPKE, Saul. (1980). *Naming and Necessity*. Cambridge, MA: Harvard University Press.

KUHNHEIM, Jill S. (1994). "Un nacionalismo internacional: *Tinísima* de Elena Poniatowska". *Literatura Mexicana* 5.2, 469-478.
LACAN, Jacques. (1966). *Ecrits*. Paris: Seuil.
LACAPRA, Dominick. (1985). *History and Criticism*. Ithaca, NY: Cornell University Press.
LAGARDE, Dominique. (1997). "Les ratés du système Fujimori". *Le Vif/L'Express*. 17 de enero, 52-55.
LAS CASAS, Bartolomé de. (1986). *Historia de las Indias*. Caracas: Biblioteca Ayacucho.
LECHNER, Jan. (1991). "Historia y novela histórica: el final del siglo XV español visto por un mexicano de fines del siglo XX". *La nueva novela histórica hispanoamericana*. Ed. Hub. HERMANS y Maarten STEENMEIJER. Número especial de *Foro Hispánico* 1. Amsterdam/Atlanta: Rodopi, 35-39.
LECHNER, Norbert. (1992). "Some People Never Die of Fear: Fear as a Political Problem". *Fear at the Edge: State Terror and Resistance in Latin America*. Ed Juan E. CORRADI, Patricia WEISS FAGEN y Manuel Antonio GARRETÓN. Berkeley/Los Angeles: University of California Press, 26-35.
— (1995a). "A Disentchantment Called Postmodernism". *The Postmodern Debate in Latin America*. Ed. Michael ARONNA, John BEVERLEY y José OVIEDO. Durham, NC/London: Duke University Press, 147-164.
— (1995b). "¿Por qué la política ya no es lo que fue?". *Nexos* 216, 63-69.
LE FLEM, Jean-Paul. (1993). "Los aspectos económicos de la España moderna". *Historia de España*. Vol. 5, *La frustración de un imperio (1476-1714)*. Ed. Manuel TUÑÓN DE LARA. Barcelona: Labor, 11-133.
LE GOFF, Jacques, Roger CHARTIER y Jacques REVEL (eds.). (1978). *La nouvelle histoire*. Paris: Retz.
LE GOFF, Jacques y Pierre NORA (eds.). (1974). *Faire de l'histoire*. 3 vols. Paris: Gallimard.
LEJEUNE, Philippe. (1975). *Le pacte autobiographique*. Paris: Seuil.
— (1980). *Je est un autre. L'autobiographie de la littérature aux médias*. Paris: Seuil.
LEVI, Giovanni. (1992). "On Microhistory". *New Perspectives on Historical Writing*. Ed. Peter BURKE. University Park, PA: The Pennsylvania State University Press, 93-113.
LEVINE, Lawrence W. (1989). "The Unpredicable Past: Reflections on Recent American Historiography". *American Historical Review* 94.3, 671-679.
LÉVI-STRAUSS, Claude. (1966). *The Savage Mind*. Chicago: The University of Chicago Press.
LIANO, Dante. (1996). *El misterio de San Andrés*. México D.F.: Praxis.
LÓPEZ, Kimberle S. (2002). *Latin American Novels of the Conquest: Reinventing the New World*. Columbia (MI)/London: University of Missouri Press.
LORENZ, Chris. (1998). "Can Histories Be True? Narrativism, Positivism, and the 'Metaphorical Turn'". *History and Theory* 37.3, 309-325.

LUDMER, Josefina. (1985). "Tretas del débil". *La sartén por el mango*. Ed. Patricia Elena GONZÁLEZ y Eliana ORTEGA. Río Piedras, Puerto Rico: Ed. Huracán, 49-54.
— (1996). "The Corpus Delicti". *The Places of History: Regionalism Revisited in Latin America*. Ed. Doris SOMMER. Número especial de *Modern Language Quarterly* 57.2, 141-150.
LUJÁN CAMPOS, María Luisa de. (1996). "*Maluco* y la pendularidad de sus opuestos". *Historia, ficción y metaficción en la novela latinoamericana contemporánea*. Ed. Mignon DOMÍNGUEZ. Buenos Aires: Corregidor, 69-89.
LUKÁCS, Georg. (1976). *La novela histórica*. Trad. Manuel Sacristán. Barcelona: Grijalbo.
LYOTARD, Jean-François. (1984). *The Postmodern Condition: A Report on Knowledge*. Trad. Geoff Bennington y Brian Massumi. Minneapolis: University of Minnesota Press.
— (1988). *L'inhumain. Causeries sur le temps*. Paris: Galilée.
— (1989a). "The Sign of History". *The Lyotard Reader*. Ed. Andrew BENJAMIN. Oxford: Blackwell, 393-411.
— (1989b). "Universal History and Cultural Differences". *The Lyotard Reader*. Ed. Andrew BENJAMIN. Oxford: Blackwell, 314-323.
MACKENBACH, Werner. (2001). "La nueva novela histórica en Nicaragua y Centroamérica". *Istmo. Revista virtual de estudios literarios y culturales centramericanos* 1. 20 de julio de 2006 <http://www.denison.edu/collaborations/istmo/v1n1/articulos/novela.html>.
— (2005a). "La historia como pretexto de literatura – la nueva novela histórica en Centroamérica". *Literaturas centroamericanas hoy. Desde la dolorosa cintura de América*. Ed. Karl KOHUT y Werner MACKENBACH. Madrid/Frankfurt am Main: Iberoamericana/Vervuert, 177-198.
— (2005b). "Historia y ficción en la obra novelística de Sergio Ramírez". *Iberoamericana* 19, 149-166.
MANDEL, Ernest. (1987). *Late Capitalism*. Trad. Joris DeBres. London: Verso.
MÁRQUEZ VILLANUEVA, Francisco. (1980). "Planteamiento de la literatura del 'loco' en España". *Sin Nombre* 10.4, 7-25.
— (1985-86). "Literatura bufonesca o del 'loco'". *NRFH* 34.2, 501-528.
MARTELLI, Juan Carlos. (1973). *Los tigres de la memoria*. Buenos Aires: Sudamericana.
MARTÍN-BARBERO, Jesús. (1994). "Identidad, comunicación y modernidad en América Latina". *Posmodernidad en la periferia. Enfoques latinoamericanos de la nueva teoría cultural*. Ed. Hermann HERLINGHAUS y Monika WALTER. Berlin: Langer Verlag, 83-110.
MARTÍNEZ, Tomás Eloy. (1985). *La novela de Perón*. Madrid: Alianza Editorial.
— (1995a). *Santa Evita*. Barcelona: Seix Barral.
— (1995b). "Todo lo que puede un cuerpo". Entrevista con Osvaldo Quiroga. *El Cronista Cultural*, 4 de agosto 1995, 3.
— (1998). *El sueño argentino*. Ed. Carmen Perilli. Buenos Aires: Planeta.

— (2002). "Novela significa licencia para mentir". Entrevista con Juan Pablo Neyret. *Espéculo* 22. 8 de junio de 2006. <http://www.ucm.es/info/especulo/numero22/ t_eloy. html>.
— (2006). "Sombra terrible de Borges". *La otra realidad. Antología*. Ed. Cristine Mattos. Buenos Aires: Fondo de Cultura Económica, 291-295.
MASIELLO, Francine. (2003). "Women as Double Agents in History". *Narrativa Femenina en América-Latina / Latin American Women's Narrative*. Ed. Sara CASTRO-KLARÉN. Madrid/Frankfurt am Main: Iberoamericana/Vervuert, 259-272.
MATTOS, Cristine. (2006). "Una poética de la incertidumbre". Prólogo. *La otra realidad. Antología* de Tomás Eloy Martínez. Ed. Cristine MATTOS. 7-17.
MCGOWAN, John. (1991). *Postmodernism and Its Critics*. Ithaca, NY/London: Cornell University Press.
MCHALE, Brian. (1987). *Postmodernist Fiction*. New York: Methuen.
MCMURRAY, George R. (1990). "Sergio Ramírez's *Castigo divino* as Documentary Novel". *Confluencia. Revista Hispánica de Cultura y Literatura* 5.2, 155-159.
— (1994). Reseña de *Tinísima*. *Hispania* 77, 459.
MENTON, Seymour. (1993). *La nueva novela histórica de la América Latina, 1979-1992*. México D.F.: Fondo de Cultura Económica.
MIGNOLO, Walter. (1981). "El Metatexto Historiográfico y la Historiografía Indiana". *MLN* 96.2, 358-402.
— (1982). "Cartas, crónicas y relaciones del descubrimiento y la conquista". *Historia de la literatura hispanoamericana*. Ed. Luis Iñigo Madrigal. Vol.1. Madrid: Cátedra, 57-116.
— (1995). "La razón postcolonial: herencias coloniales y teorías postcoloniales". *Revista Chilena de Literatura* 47, 91-114.
MILLER, Nancy K. (1988). *Subject to Change: Reading Feminist Writing*. New York: Columbia University Press.
MITCHELL, W.J.T. (1994). *Picture Theory*. Chicago: The University of Chicago Press.
MOHLO, Maurice. (1968). *Romans picaresques espagnols*. Paris: Bibliothèque de la Pléiade.
MOLLOY, Sylvia. (1996). *Acto de presencia. La escritura autobiográfica en Hispanoamérica*. México: Fondo de Cultura Económica.
MONDRAGÓN, Amelia (ed.). (1993). *Cambios estéticos y nuevos proyectos culturales en Centroamérica*. Washington, DC: Literal Books.
MONSIVÁIS, Carlos. (1975). "Sexismo en la literatura mexicana". *Imagen y realidad de la mujer*. Ed. Elena URRUTIA. México, D.F.: SepSetentas, 102-125.
MONTAIGNE, Michel de. "Des cannibales". *Les Essais*. Ed. Pierre Villey. 3 vols. Paris: Presses Universitaires de France, 1992, Vol. 1, 202-214.
MORELLO-FROSCH, Marta. (1994). "The Opulent *Facundo*: Sarmiento and Modern Argentine Fiction". *Sarmiento: Author of a Nation*. Ed. Tulio HALPERIN DONGHI, Iván JAKSIĆ, Gwen KIRKPATRICK y Francine MASIELLO. Berkeley: University of California Press, 347-357.

MORTIER, D. (2001). *Les grands genres littéraires*. Paris: Honoré Champion Éditeur.
MUDROVCIC, María Eugenia. (1993). "En busca de dos décadas perdidas: la novela latinoamericana de los años 70 y 80". *Revista Iberoamericana* 164-165, 445-468.
MUNSLOW, Alun. (2000). *The Routledge Companion to Historical Studies*. London/New York: Routledge.
MUÑIZ, Elsa. (1995). "Simbolismo, identidad y cuerpo: las mujeres en los años veinte en México". *Nuevas ideas; viejas creencias: la cultura mexicana hacia el siglo XXI*. Ed. Margarita ALEGRÍA DE LA COLINA *et al*. México D.F.: Universidad Autónoma Metropolitana, 209-230.
NADEL, Ira Bruce. (1984). *Biography: Fiction, Fact, and Form*. London: MacMillian.
NERUDA, Pablo. (1992). *Canto general*. Madrid: Cátedra.
NEYRET, Juan Pablo. (2005). "De alguien a nadie. Metáforas de la escritura de la historia en *La tierra del fuego*, de Sylvia Iparraguirre". *Espéculo. Revista de estudios literarios* 29. 20 de junio 2005. <http://www.ucm.es/info/especulo/numero29/sylviaip.html>.
NIETZSCHE, Friedrich. (1983). *Untimely Meditations*. Cambridge: Cambridge University Press.
NORA, Pierre (ed.). (1996). *Realms of Memory. Rethinking the French Past*. Trad. Arthur Goldhammer. New York: Columbia University Press.
NORRIS, Christopher. (1990). *What's Wrong with Postmodernism. Critical Theory and the Ends of Philosophy*. Baltimore: The Johns Hopkins University Press.
O'BRIEN, Sharon. (1991). "Feminist Theory and Literary Biography". *Contesting the Subject: Essays in the Postmodern Theory and Practice of Biography and Biographical Criticism*. Ed. William H. EPSTEIN. West Lafayette, IN: Purdue University Press, 123-133.
O'GORMAN, Edmundo. (1984). *La invención de América*. México D.F.: Lecturas Mexicanas.
OLEZA SIMÓ, Joan. (1996). "Una nueva alianaza entre historia y novela. Historia y ficción en el pensamiento literario del fin de siglo". *La novela histórica a finales del siglo XX. Actas del V Seminario Internacional del Instituto de Semiótica Literaria y Teatral de la UNED*. Ed. José ROMERA CASTILLO, Francisco GUTIÉRREZ CARBAJO y Mario GARCÍA-PAGE. Madrid: Visor Libros, 81-96.
OREJUELA, Octavio. (1991). "¿Post/Pre/Modernos?". *Ensayo* 3, 4-8.
ORTEGA GONZÁLEZ-RUBIO, Mercedes. (2003-2004). "*Maluco, la novela de los descubridores*, de Napoleón Baccino Ponce de León, o la nueva novela histórica". *Espéculo. Revista de Estudios Literarios* 25. 3 de abril 2006. <http://www.ucm.es/info/especulo /numero 25/ maluco/html>.
OTERO SILVA, Miguel. (1985). *Lope de Aguirre, príncipe de la libertad*. Caracas: Biblioteca Ayacucho.
OVALLE, Alonso de. (1969). *Histórica relación del reino de Chile*. Santiago: Instituto de Literatura Chilena.

OWENS, Craig. (1983). "The Discourse of Others: Feminists and Postmodernism". *The Anti-Aesthetic: Essays on Postmodern Culture*. Ed. Hal FOSTER. Seattle, WA: Bay Press, 57-77.

PACHECO, Carlos. (2001). "La historia en la ficción hispanoamericana contemporánea: perspectivas y problemas para una agenda crítica". *Estudios* 18, 205-224.

PADURA FUENTES, Leonardo. (1988). "*Castigo divino*: el melodrama real latinoamericano". *Casa de las Américas* 172, 129-130.

PÁEZ, Rafael y Luis ANCONADA. (1981). *Historia y antología de la literatura española con referencias a la universal*. Madrid/Caracas: Editorial Mediterráneo.

PASTOR, Beatriz. (1988). *Discursos narrativos de la conquista: mitificación y emergencia*. Hanover, NH: Ediciones del Norte.

PATERNAIN, Alejandro. (1980). *Crónica del descubrimiento*. Montevideo: Lectores de Banda Oriental.

PELLÓN, Gustavo y Julio RODRÍGUEZ-LUIS (eds.). (1986). *Upstarts, Wanderers or Swindlers: Anatomy of the Picaro. A Critical Anthology*. Amsterdam: Rodopi.

PÉREZ, Joseph. (1993). "España moderna (1474-1700). Aspectos políticos y sociales". *Historia de España*. Vol. 5, *La frustración de un imperio (1476-1714)*. Ed. Manuel TUÑÓN DE LARA. Barcelona: Labor, 137-259.

PERILLI, Carmen. (2005). "Identidades, arte y revolución: *Tinísima* de Elena Poniatowska". *Ciberletras* 12. 24 de julio 2005. < http://www.lehman.cuny.edu/ciberletras/v12/perilli. html>.

PERKOWSKA, Magdalena. (2006). "La novela histórica contemporánea entre la referencialidad y la textualidad: ¿una alternativa falaz en la crítica latinoamericana?". *Confluencia* 22.1, 16-27.

PERKOWSKA-ÁLVAREZ, Magdalena. (2000). "A Fool's Point of View: Parody, Laughter, and History in *Maluco. La novela de los descubridores* by Napoleón Baccino Ponce de León". *A Twice-Told Tale: Reinventing the Encounter in Iberian/ Iberian American Literature*. Ed. Santiago JUAN-NAVARRO y Theodore R. YOUNG. Newark & London: University of Delaware Press, 253-274.

— (2003a). "El 'entre-lugar' genérico: el cruce entre la novela histórica y el relato detectivesco en *Castigo divino* de Sergio Ramírez". *Murales, figuras, fronteras. Narrativa e historia en el Caribe y Centroamérica*. Ed. Patrick COLLARD y Rita DE MAESENEER. Madrid/Frankfurt am Main: Iberoamericana/Vervuert, 219-245.

— (2003b). "Memorias del mundo perdido: rememoración y evocación en *Fuegia* de Eduardo Belgrano Rawson". *América. Cahiers du CRICCAL* 30, 83-90.

— (2004). "Constelación Mariposa: textos, nombres e imágenes en *Santa Evita* de Tomás Eloy Martínez". *Reescrituras*. Ed. Luz RODRÍGUEZ-CARRANZA y Marilene NAGLE. Amsterdam/New York: Rodopi, 71-84.

— (2006a). "La novela histórica contemporánea: el cuestionamiento y la explosión del modelo". *América. Cahiers du CRICCAL* 34, 177-185.

— (2006b). "'Things Were Different Then': Photographic and Narrative Construction of Loss in Eduardo Belgrano Rawson's *Fuegia*". *Photography and Writing in Latin America. Double Exposures*. Ed. Marcy SCHWARTZ y Mary Beth TIERNEY-TELLO. Albuquerque, NM: University of New Mexico Press, 209-227.

PIGAFETTA, Antonio. (1985). *Primer viaje alrededor del mundo*. Ed. Leoncio CABRERO. Madrid: Historia 16.
PIGLIA, Ricardo. (2001). *Respiración artificial*. Barcelona: Anagrama.
PLANELLS, Antonio. (1986). "El género detectivesco en Hispanoamérica". *Revista Interamericana de Bibliografía* 36, 460-472.
POBLETE, Juan. (1995). "Homogeneización y heterogeneización en el debate sobre la modernidad y la Pos/modernidad". *Revista de Crítica Literaria Latinoamericana* 42, 115-130.
POMIAN, Krzysztof. (1999). *Sur l'histoire*. Paris: Gallimard.
PONIATOWSKA, Elena. (1992). *Tinísima*. México D.F.: Ediciones Era.
PONS, María Cristina. (1996). *Memorias del olvido. La novela histórica de fines del siglo XX*. México D.F.: Siglo Veintinuno Editores.
POSSE, Abel. (1978). *Daimón*. Barcelona: Argos Vergara.
— (1987). *Los perros del paraíso*. Barcelona: Plaza y Janés.
PRATT, Mary Louise. (1992). *Imperial Eyes: Travel Writing and Transculturation*. London y New York: Routledge.
PREMAT, Julio. (1993). "Quelques orgies argentines. Les fêtes indiennes, de *La cautiva* a *El entenado*". *Les représentations de l'autre dans l'espace ibérique et ibéro-américain (perspective diachronique)*. Actes du Colloques organisé à la Sorbonne les 19-21 mars 1992. Ed. Augustin REDONDO. Paris: Presses de la Sorbonne Nouvelle, 137-146.
PULGARÍN, Amalia. (1995). *Metaficción historiográfica: la novela histórica en la narrativa hispánica posmodernista*. Caracas: Editorial Fundamentos.
PYRHÖNEN, H. (1999). *Mayhem and Murder: Narrative and Moral Problems in the Detective Story*. Toronto: University of Toronto Press.
QUIJANO, Aníbal. (1995). "Modernity, Identity, and Utopia in Latin America". *The Postmodern Debate in Latin America*. Ed. Michael ARONNA, John BEVERLEY y José OVIEDO. Durham, NC/London: Duke University Press, 201-216.
QUINTANA MIYAMOTO, Esther. (2000). "El bufón como narrador: *Maluco.La novela de los decubridores*, de José [sic] Napoléon Baccino". *Pensamiento y crítica. Los discursos de la cultura de hoy*. Ed. Javier DURÁN, Rosaura HERNÁNDEZ MONROY y Manuel F. MEDINA. México D.F.: Universidad Estatal de Michigan, 123-138.
RAMA, Ángel. (1981). "Los contestatarios del poder". *Novísimos narradores hispanoamericanos en Marcha, 1964-1980*". México D.F.: Marcha Editores, 9-48.
— (1985a). "El Boom en perspectiva". *La crítica de la cultura en América Latina*. Ed. Saúl SOSNOWSKI y Tomás Eloy MARTÍNEZ. Caracas: Biblioteca Ayacucho, 266-306.
— (1985b). "El dictador letrado de la revolución latinoamericana". *La crítica de la cultura en América Latina*. Ed. Saúl SOSNOWSKI y Tomás Eloy MARTÍNEZ. Caracas: Biblioteca Ayacucho, 307-334.
— (1985c). "*La guerra del fin del mundo*: una obra maestra del fanatismo artístico". *La crítica de la cultura en América Latina*. Ed. Saúl SOSNOWSKI y Tomás Eloy MARTÍNEZ. Caracas: Biblioteca Ayacucho, 335-363.

RAMÍREZ, Sergio. (1970). *Tiempo de fulgor*. Guatemala: Editorial Universitaria.
— (1986). Entrevista con Steven WHITE. *Culture & Politics in Nicaragua: Testimonies of Poets and Writers*. New York: Lumen Books, 75-84.
— (1988). *Castigo divino*. Madrid: Mondadori.
— (1993). "Oficios compartidos". *Nuevo Texto Crítico* 11, 245-252.
— (1998-99). "Oficios compartidos". 18 de julio de 2006. <http://www.sergio ramirez.org.ni>.
— (2001). "Premio latinoamericano 'José María Arguedas'. Palabras de agradecimiento de Sergio Ramírez". 18 de julio de 2006. <http://www.sergioramirez. org.ni >.
RANCIÈRE, Jacques. (1994). *The Names of History: On the Poetics of Knowledge*. Minneapolis, MN: University of Minnesota Press.
RENAN, Ernest. (1990). "What is a Nation?". *Nation and Narration*. Ed. Homi K. BHABHA. London: Routledge, 8-22.
RIBEIRO GOMES, Inara. (2001). "*Maluco*: o triunfo da ficção sobre a história". *Letras de Hoje* 37.2, 189-195.
RICHARD, Nelly. (1993). "The Latin-American Problematic of Theoretical-Cultural Transference: Postmodern Appropriations and Counterappropriations". *The South Atlantic Quartely* 92, 453-459.
— (1994). "Latinoamérica y la Posmodernidad". *Posmodernidad en la periferia. Enfoques latinoamericanos de la nueva teoría cultural*. Ed. Hermann HERLINGHAUS y Monika WALTER. Berlin: Langer Verlag, 210-222.
— (1995). "Cultural Peripheries: Latin America and Postmodernist De-centering". *The Postmodern Debate in Latin America*. Ed. Michael ARONNA, John BEVERLEY y José OVIEDO. Durham, NC/London: Duke University Press, 217-222.
— (1996). "Cultural Alterity and Decentring". *The Postmodern in Latin and Latino American Cultural Narratives*. Ed. Claudia FERMAN. New York: Garland, 3-13.
RICO, Francisco. (1976). *La novela picaresca y el punto de vista*. Barcelona: Seix Barral.
RICŒUR, Paul. (1983). *Temps et récit*. 3 vols. Paris: Éditions du Seuil.
— (1994). "History and Rhetoric". *The Social Responsibility of the Historian*. Ed. François BÉDARIDA. Número especial de *Diogenes* 168, 7-24.
— (2000). *La mémoire, l'histoire, l'oubli*. Paris: Seuil.
RINCÓN, Carlos. (1995). *La no simultaneidad de lo simultáneo. Postmodernidad, globalización y culturas en América Latina*. Bogotá: Editorial Universidad Nacional.
RIVAS, Luz Marina. (2000). *La novela intrahistórica. Tres miradas femeninas a la historia venezolana*. Valencia, Venezuela: Universidad de Carabobo.
RIVERA, Andrés. (1995). *En esta dulce tierra*. Buenos Aires: Alfaguara.
ROA BASTOS, Augusto. (1974). *Yo el Supremo*. México D.F.: Siglo Veintiuno Editores.
— (1992). *Vigilia del Almirante*. Madrid: Alfaguara.
ROBLES, Humberto E. (1985). "The First Voyage Around the World: From Pigafetta to García Márquez". *History of European Ideas* 6.4, 385-404.

RODRÍGUEZ, Ileana. (1996). *Women, Guerrillas, and Love: Understanding War in Central America*. Minneapolis: University of Minnesota Press.
RODRÍGUEZ ROSALES, Isolda. (1999). *Una década en la narrativa nicaragüense y otros ensayos*. Managua: CNE.
ROMÁN, Claudia y Silvio SANTAMARINA. (2000). "Absurdo y derrota. Literatura y política en la narrativa de Osvaldo Soriano y Tomás Eloy Martínez". *La narración gana la partida*. Ed. Elsa DRUCAROFF. Vol. 11 de *Historia crítica de la literatura argentina*. Ed. Noé JITRIK. Buenos Aires: Emecé, 49-72.
ROMERA CASTILLO, José, Francisco GUTIÉRREZ CARBAJO y Mario GARCÍA-PAGE (eds.). (1996). *La novela histórica a finales del siglo XX. Actas del V Seminario Internacional del Instituto de Semiótica Literaria y Teatral de la UNED*. Madrid: Visor Libros.
ROMERO, Denzil. (1987). *La tragedia del Generalísimo*. Caracas: Alfadil Ediciones.
ROSS, Peter. (1991). "The Politician as Novelist: Sergio Ramírez's *Castigo divino*". *Antipodas. Journal of Hispanic Studies of the University of Auckland* 3, 165-175.
RUFFINELLI, Jorge. (1990a). "Los 80: ¿Ingreso a la posmodernidad?". *Nuevo Texto Crítico* 6, 31-42.
— (1990b). "Presentación". *Modernidad y Postmodernidad en América Latina*. Número especial de *Nuevo Texto Crítico* 6, 3-4.
RUFFINELLI, Jorge y Wilfredo CORRAL. (1991). "Un diálogo con Sergio Ramírez Mercado: Política y literatura en una época de cambios". *Nuevo Texto Crítico* 8, 3-13.
SAER, Juan José. (1988) *El entenado*. Barcelona: Ediciones Destino.
SAID, Edward. (1983). *The World, the Text, and the Critic*. Cambridge, MA: Harvard University Press.
SALMÓN, Josefa. (1993). "*Castigo divino*: la familia o el poder". *Cambios estéticos y nuevos proyectos culturales en Centroamérica*. Ed. Amelia MONDRAGÓN. Washington, DC: Literal Books, 209-216.
SÁNCHEZ, Luis Alberto. (1968). *Proceso y contenido de la novela histórica hispanoamericana*. Segunda edición corregida. Madrid: Gredos (primera edición: 1953).
SANTIAGO, Silviano. (1978). *Uma literatura nos trópicos: ensaios sobre dependência cultural*. São Paulo: Editorial Perspectiva.
SARMIENTO, Domingo Faustino. (1985). *Facundo*. Caracas: Biblioteca Ayacucho.
— (1993). *Viajes por Europa, África y América 1845-1847, y Diario de gastos*. Ed. crítica de Javier FERNÁNDEZ. Nanterre, Francia : ALLCA XX (Colección Archivos)/Buenos Aires: Fondo de Cultura Económica.
SCHLICKERS, Sabine. (2005). "Autorreflexión erótico-estética sobre un cadáver: *Santa Evita* de Tomás Eloy Martínez". *Revista de Crítica Literaria Latinoamericana* 61, 111-129.
SCHOLES Robert y Robert KELLOG. (1968). *The Nature of Narrative*. London/Oxford: Oxford University Press.
SCOTT, Joan Wallach. (1989). "History in Crisis? The Others' Side of the Story". *American Historical Review* 94.3, 680-692.

SHUMWAY, Nicolás. (1993). *La invención de la Argentina. Historia de una idea.* Buenos Aires: Emecé.
SIMPSON, Amelia. (1990). *Detective Fiction from Latin America.* London/Toronto: Associated University Press.
SINGLER, Christoph. (1993). *Le roman historique contemporain en Amérique Latine: Entre mythe et ironie.* Paris: Éditions L'Harmattan.
SKELTON, R. A. (1994). "Introduction". *Magellan's Voyage. A Narrative Account of the First Circumnavigation*, de Antonio Pigafetta". Trad. y ed. R. A. SKELTON. New York: Dover, 1-28.
SKŁODOWSKA, Elżbieta. (1991). *La parodia en la nueva novela hispanoamericana (1960-1985).* Amsterdam: John Benjamins Publishing Company.
SMITH, Paul. (1988). *Discerning the Subject.* Minneapolis: University of Minnesota Press.
SMITH, Sidonie. (1993). *Subjectivity, Identity, and the Body. Women's Autobiographical Practices in the Twentieth Century.* Bloomington, IN: Indiana University Press.
SOMMER, Doris. (1991). *Foundational Fictions. The National Romances of Latin America.* Berkeley: University of California Press.
— (1996). "No secrets". *The Real Thing. Testimonial Discourse and Latin America.* Ed. Georg M. GUGELBERGER. Durham, NC: Duke University Press, 130-157.
SONTAG, Susan. (1977). *On Photography.* New York: Farrar, Straus, and Giroux.
SOTO, Hernando de. (1987). *El otro sendero.* Bogotá: Editorial Oveja Negra.
SPIEGEL, Gabrielle. (1992). "History and Post-Modernism IV". *Past and Present* 135, 194-208.
STALLYBRASS, Peter y Allon WHITE. (1986). *The Politics and Poetics of Transgression.* Ithaca, NY: Cornell University Press.
STANFORD FRIEDMAN, Susan. (1991). "Post/Poststructuralist Feminist Criticism: The Politics of Recuperation and Negotiation". *New Literary History* 22, 465-490.
STECKBAUER, Sonja M. (ed.). (1999). *La novela latinoamericana entre historia y utopía.* Eichstätt: Katholische Universität Eichstätt.
STONE, Lawrence. (1991). "History and Post-Modernism". *Past and Present* 131, 217-218.
SUBERCASEAUX, Benjamín. (1953). *Jemmy Button.* Santiago de Chile : Ercilla.
SWEENEY, S.E. (1990). "Locked Rooms: Detective Fiction, Narrative Theory, and Self-Reflexivity". *The Cunning Craft: Original Essays on Detective Fiction and Literary Theory.* Ed. J.M. FRAZER & R.G. WALKER. Macomb, IL: Western Illinois University Press, 1-14.
TIZÓN, Héctor. (1975). *Sota de bastos, caballo de espadas.* Buenos Aires: Crisis.
TODOROV, Tzvetan. (1989). *Nous et les autres.* Paris: Seuil.
TOMACHEVSKI, Boris. (1982). *Teoría de la literatura.* Madrid: Akal.
TORRE, Claudia. (2003). "Los relatos de viajeros". *La lucha de los lenguajes.* Ed. Julio SCHVARTZMAN. Vol 2. de *Historia crítica de la literatura argentina.* Ed. Noé JITRIK. Buenos Aires: Emecé, 517-538.

URBINA, Nicasio. (1992). "Sergio Ramírez Mercado. *Castigo divino*". Reseña. 26 de junio de 2002. <www.tulane.edu/~urbina/NicasioHome.CritArt.Srcadi.html>.
— (1995). *La estructura de la novela nicaragüense*. Managua: Anamá Ediciones.
VALDÉS, María Elena de. (1998). *The Shattered Mirror. Representations of Women in Mexican Literature*. Austin: University of Texas Press.
VARGAS LLOSA, Mario. (1971). *García Márquez: Historia de un deicidio*. Barcelona: Barral Editores.
— (1991). *La guerra del fin del mundo*. Barcelona: Seix Barral.
— (1995). "Placeres de la necrofilia". *El País*. Madrid, 31 de diciembre 1995, 13-14.
VATTIMO, Gianni. (1988) *The End of Modernity: Nihilism and Hermeneutics in Postmodern Culture*. Trad. Jon R. Snyder. Baltimore: The Johns Hopkins University Press.
VERANI, Hugo J. (1994). "La imaginación del Nuevo Mundo: *Maluco* y la posmodernidad". *Actas del XXIX Congreso del IILI*. Ed. Joaquín MARCO. Barcelona: PPU, 687-698.
VEYNE, Paul. (1979). *Comment on écrit l'histoire*. Paris: Éditions du Seuil.
VICH, Cynthia. (1997). "El diálogo intertextual en *Maluco*". *Revista Iberoamericana* 180, 405-418.
VILCHES NORAT, Vanessa. (1993). Reseña de *Tinísima*. *Hispamérica* 66, 125-126.
VIZENTINI, Paulo Fagundes. (1999). *Dez anos que abalaram o século XX*. Porto Alegre, Brasil: Novo Século.
WALSH, Rodolfo. (1985). "Esa mujer". *Obra literaria completa*. México D.F.: Siglo Veintiuno Editores, 161-171.
WELLINGA, Klaas. (1991). "*Castigo divino* de Sergio Ramírez". *La nueva novela histórica*. Ed. Hub. HERMANS y Maarten STEENMEIJER. Número especial de *Foro Hispánico* 1. Amsterdam/Atlanta: Rodopi, 93-104.
WHINKS, R.W. (ed.). (1969). *The Historian as Detective. Essays on Evidence*. New York/London: Harper & Row Publishers.
WHITE, Hayden. (1973). *Metahistory: The Historical Imagination in Nineteenth Century Europe*. Baltimore: The Johns Hopkins University Press.
— (1978). *Tropics of Discourse: Essays in Cultural Criticism*. Baltimore: The Johns Hopkins University Press.
— (1987). *The Content of the Form: Narrative Discourse and Historical Representation*. Baltimore: The Johns Hopkins University Press.
— (1992). "Historical Emplotment and the Problem of Truth". *Probing the Limits of Representation: Nazism and the "Final Solution"*. Ed. S. FRIEDLÄNDER. Cambridge, MA: Harvard University Press, 37-53.
— (1994). "Forward". *The Names of History. On the Poetics of Knowledge*, de Jacques Rancière. Trad. Hassan Melehy. Minneapolis/London: University of Minnesota Press, vii-xix.
WHITE, Steven. (1986). *Culture & Politics in Nicaragua: Testimonies of Poets and Writers*. New York: Lumen Books.

WICKS, Ulrich. (1989). *Picaresque Narrative, Picaresque Fictions. A Theory and Research Guide*. New York: Greenwood Press.
WILLIAMS, Raymond. (1977). *Marxism and Literature*. Oxford: Oxford University Press.
WOOLF, Virginia. (1989). *A Room of One's Own*. San Diego: Harcourt Brace & Company.
YATES, Donald (ed.). (1964). *El cuento policial latinoamericano*. México D.F.: Ediciones Andrea.
YOUNG, Iris Marion. (1987). "Impartiality and the Civic Public: Some Implications of Feminist Critiques of Moral and Political Theory". *Feminism as Critique. Essays on the Politics of Gender in Late-Capitalist Societies*. Ed. Seyla BENHABIB y Drucilla CORNELL. Oxford: Polity Press, 57-76.
YÚDICE, George. (1989). "¿Puede hablarse de la posmodernidad en América Latina?". *Revista de crítica literaria latinoamericana* 29, 105-128.
— (1991). "El conflicto de posmodernidades". *Nuevo Texto Crítico* 7, 19-33.
— (1992). "Postmodernity and Transnational Capitalism in Latin America". *On Edge: The Crisis of Contemporary Latin American Culture*. Ed. George YÚDICE, Jean FRANCO y Juan FLORES. Minneapolis: University of Minnesota Press, 1-28.
ZAGORIN, Perez. (1990). "Historiography and Postmodernism: Reconsiderations". *History and Theory* 29.3, 263-274.
— (1999). "History, the Referent, and Narrative: Reflections on Postmodernism Now". *History and Theory* 38.1, 1-24.
— (2000). "A Rejoinder to a Postmodernist". *History and Theory* 39.2, 201-209.
ZAMMITO, John. (1998). "Ankersmit's Postmodernist Historiography". *History and Theory* 37.3, 330-346.
ZAMUDIO, José. (1973). *La novela histórica en Chile*. Santiago de Chile: Francisco Aguirre.
ZEVALLOS, Estanislao. (1961). *Callvucurá y la dinastía de los Piedra*. Buenos Aires: Hachette.
ZUFFI, María Griselda. (1998). "Atravesando géneros: cuerpo y violencia en *Santa Evita*". *Romance Languages Annual* 10.2, 869-73.
ZUÑIGA, Francés de. (1950). *Crónica de Don Francesillo de Zúñiga*. Vol. 36 de *Biblioteca de autores españoles. Curiosidades bibliográficas. Colección escogida de obras raras de amenidad y erudición*. Ed. Adolfo de CASTRO. Madrid: Ediciones Atlas, 9-62.
ŽIŽEK, Slavoj. (1995). *The Sublime Object of Ideology*. London/New York: Verso.